D1700773

Soul
FOOD

Soul FOOD

DAS KOCHBUCH MIT 120 REZEPTEN

zum Glücklichsein

Katharina Küllmer

Vorwort

Essen ist einfach etwas Wunderbares und soll vor allem eines: glücklich machen! Mein Buch „Soul Food" ist daher eine Sammlung meiner liebsten Rezepte, die mich und meine Familie durchs ganze Jahr begleiten.

Meine Liebe zu Kräutern und Gewürzen inspiriert mich täglich aufs Neue und so finden sich auch in diesem Buch die leckersten Soul-Food-Kreationen, die immer mit einer großen Extra-Prise an spannenden Aromen versehen sind. Ich möchte dich hier mit auf meine ganz persönliche Reise durch die Welt dieser beeindruckenden Geschmacksvielfalt mitnehmen. Meine Liebe zu Kräutern, Gewürzen und besonderen Aromen wächst stetig - täglich blubbern Marmeladen, Saucen und Essenzen auf meinem Landhausherd, immer mit einer gewissen Portion Spannung versehen.

Inspiriert von dem Angebot der verschiedenen Märkte und Bauern in meiner Region habe ich meine ganz persönliche Sammlung an meinen liebsten Wohlfühl-Rezepten zusammengestellt. Sie greift meine absoluten Glücklichmach-Produkte auf und verwandelt sie mal mit besonderen Gewürzen, mal mit exotischen Aromen und aufregenden Kombinationen in ein einzigartiges Soul Food der Extraklasse. Meine Küche ist global, von vielen Länderküchen inspiriert und nach meinem ganz persönlichen Geschmack zu meiner ganz eigenen Wohlfühl-Küche verfeinert.

Ich habe den Wunsch, Menschen mit meinen Büchern zu inspirieren, sie in meine ganz eigene Welt der kulinarischen Möglichkeiten und der Vielfalt an Aromen zu entführen und ihnen besondere Genussmomente zu bescheren. Ich möchte sie wieder an den heimischen Herd holen und ihnen Mut machen, in der Küche auch mal zu experimentieren und mit den verschiedensten Zutaten zu spielen. Denn Aromen, Gewürze und Kräuter haben für mich eine unschätzbare Kraft, denn sie erzeugen Spannung, sorgen für Gaumenkitzel und unvergessliche Geschmacksexplosionen. Sie machen ein Rezept erst lebendig und lösen so viele Emotionen aus. Soul Food soll all das in einem Gericht vereinen und die Menschen glücklich, zufrieden und satt machen.

In diesem besonderen Soul Food-Band finden alle Genießer spannende Rezepte, die vor Aromen und glücklich machenden Zutaten nur so strotzen. In all meinen Büchern lege ich dabei immer besonders großen Wert auf gesundes Essen, denn gerade als Mutter möchte man seine Liebsten und sich selber möglichst gesund ernähren. Doch gesundes Essen bedeutet nicht gleich Verzicht auf Soul Food.

In diesem Buch findest du eine große Auswahl an gesundem und selbstgemachten Essen, aber auch viele, manchmal auch einfach nur sündige Leckereien. Trotz dessen ist mir Ausgewogenheit immer ein besonderes Anliegen und diese Sammlung an Rezepten zeigt, wie wundervoll groß die Bandbreite von Wohlfühl-Essen ist: mal gesund und vitaminreich, mal gespickt mit kleinen Kaloriensünden – aber immer mit einer großen Prise Aromenfeuerwerk und der sicheren Garantie stets glücklich zu machen.

Ich wünsche dir viel Freude mit dieser wundervollen Sammlung an Soul-Food-Rezepten.

Deine Katharina

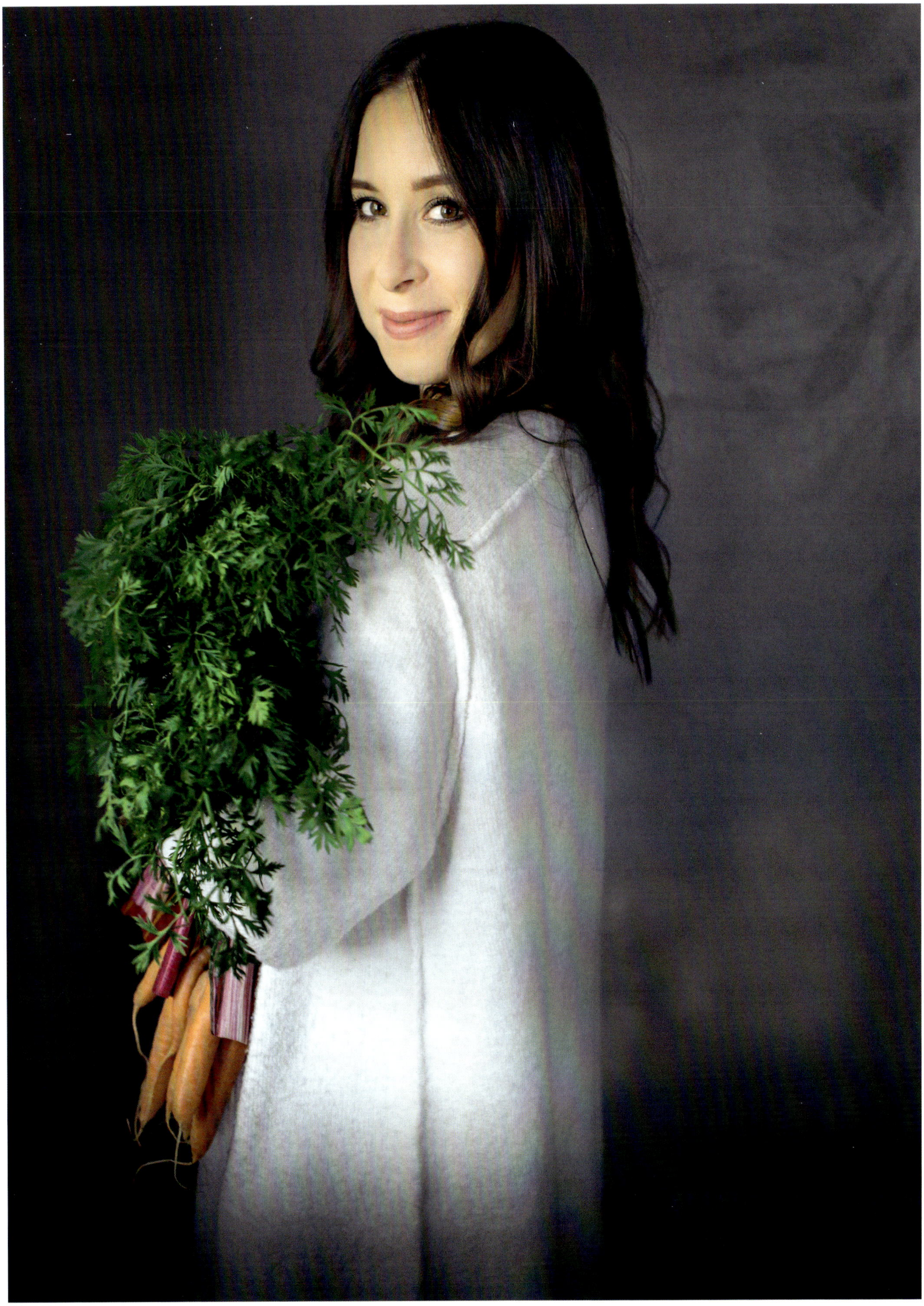

Inhalt

Frühstück

Brombeer-Thymian-Marmelade	12
Feigen-Butter	14
Pekannuss-Butter	18
Grapefruit-Rote-Bete-Marmelade	19
Rhabarber-Marmelade mit French Toast	20
Kürbis-Scones	22
Peanutbutter Energy Balls	24
Schoko-Granola mit Blutorangensirup	26
Lebkuchen-Granola-Bowl	28
Mandel-Milchreis	29
Smoothie-Crumble-Bowl	30
Açai Bowl	32
Pflaumen-Açai-Bowl	34
Buchweizen-Dattel-Granola mit Bananen-Pancakes	36
Salbei-Karamell-Ricotta-Pancakes	38
Herzhafter Frühstückskuchen	40
Quinoa Bowl mit pochiertem Ei	42
Herzhafte Avocado-Edamame-Waffeln	44

Brote, Snacks, Dips und Cremes

Tomaten-Marmelade	50
Rote-Bete-Pesto	52
Kürbiskern-Butter	54
Honig-Mango-Creme	55
Edamame-Dip	56
Süßkartoffel-Creme	58
BBQ-Sauce	59
Kräuterbrot mit Schnittlauchbutter	60
Quick-Pickeld-Gemüse	62
Auberginen-Hummus mit Knäckebrot	64
Grünes Hummus mit Dinkel-Naan-Brot	66
Kürbis-Salbei-Brot mit Kürbisbutter	68
Crostini mit Ziegenkäse-Bacon-Crumble	70
Gestampften Bohnen und Spinat im Roggensandwich	72
Zimt-Pfirsiche und Ricotta auf Roggenbrot	74
Pikantes Edamame-Avocado-Sandwich	76
Spinatbrot mit Cashew Cheese	78
Röstmöhren mit Pfeffer-Honig	82
Gefüllte Kichererbsen-Puffer	84
Kürbisspalten mit Himbeer-Ketchup	85
Gemüsechips mit Cashew-Erdnuss-Creme	86

Suppen

Vegane Zucchini-Pho-Bowl	90
Wärmende Möhren-Ingwer-Suppe	94
Weiße Bohnensuppe mit Croûtons	96
Spinat-Lauch-Suppe mit gefüllten Zucchiniblüten	98
Ramen mit wachsweichem Ei	102
Thailändische Erdnuss-Kokos-Suppe	104
Erbsensuppe mit Gemüsepommes	106
Marokkanische Kichererbsen-Linsen-Suppe	110

Salate

Frühlingshafter Kartoffelsalat	114
Wildkräutersalat mit Erdbeeren	116
Gebratener Halloumi mit Kichererbsen-Quinoa-Salat	118
Apfel-Fenchel-Salat	120
Wassermelonensalat	121
Gurkensalat	122
Bunte Tomaten mit Miso-Tahini-Dinkel-Salat	124
Brokkoli-Blumenkohl-Salat	128
Spinat-Lachs-Salat mit Rosenaroma	130
Wildreis mit Haselnusscreme	131
Grünkohl-Kichererbsen-Salat	132
Soba-Nudelsalat mit Ingwer-Tahini-Dressing	136

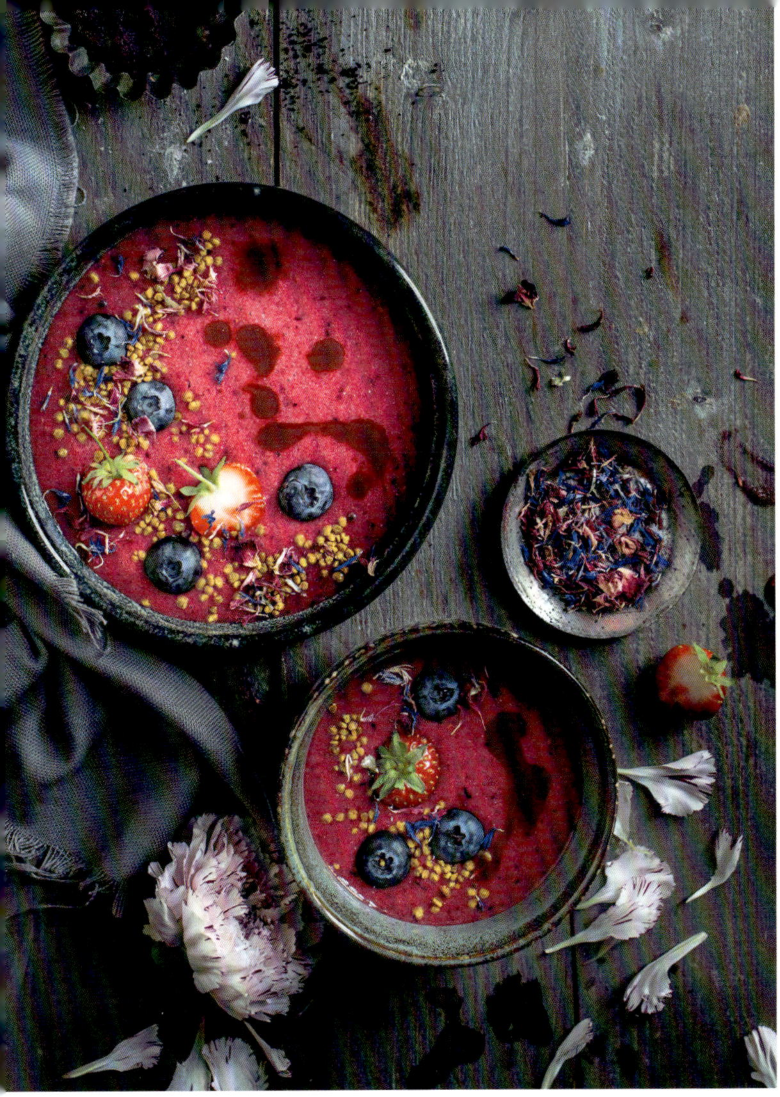
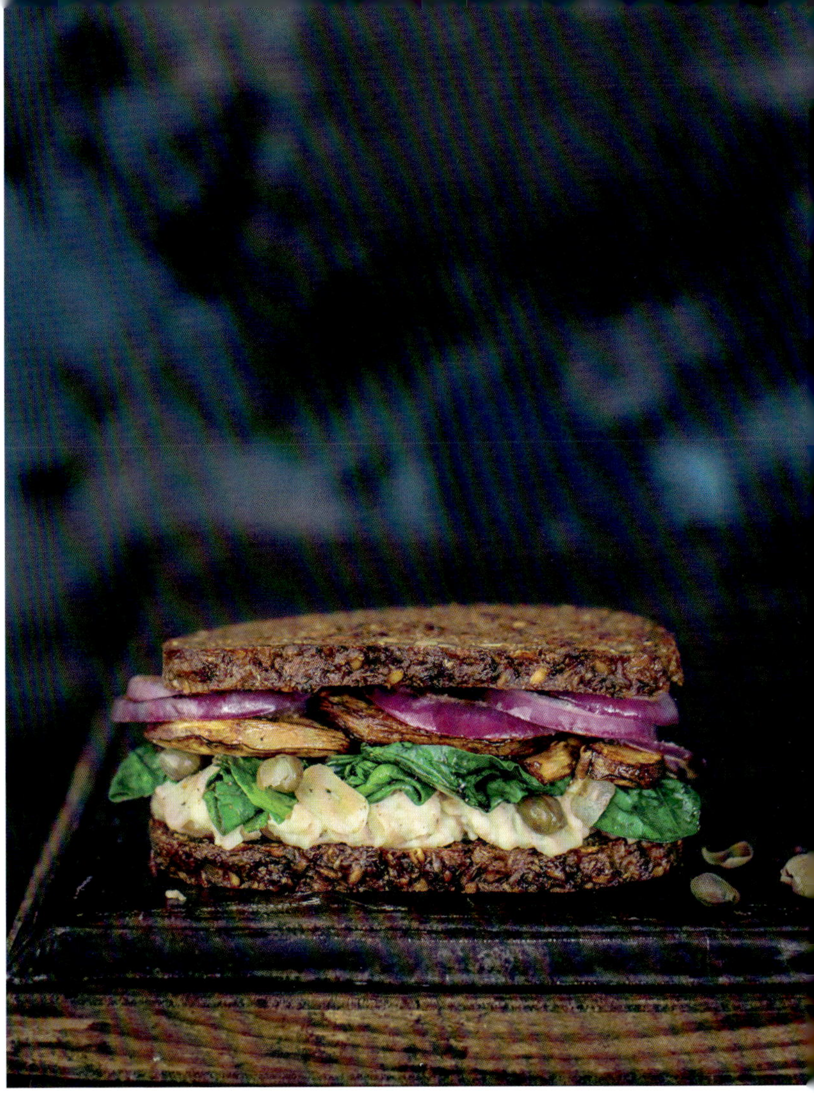
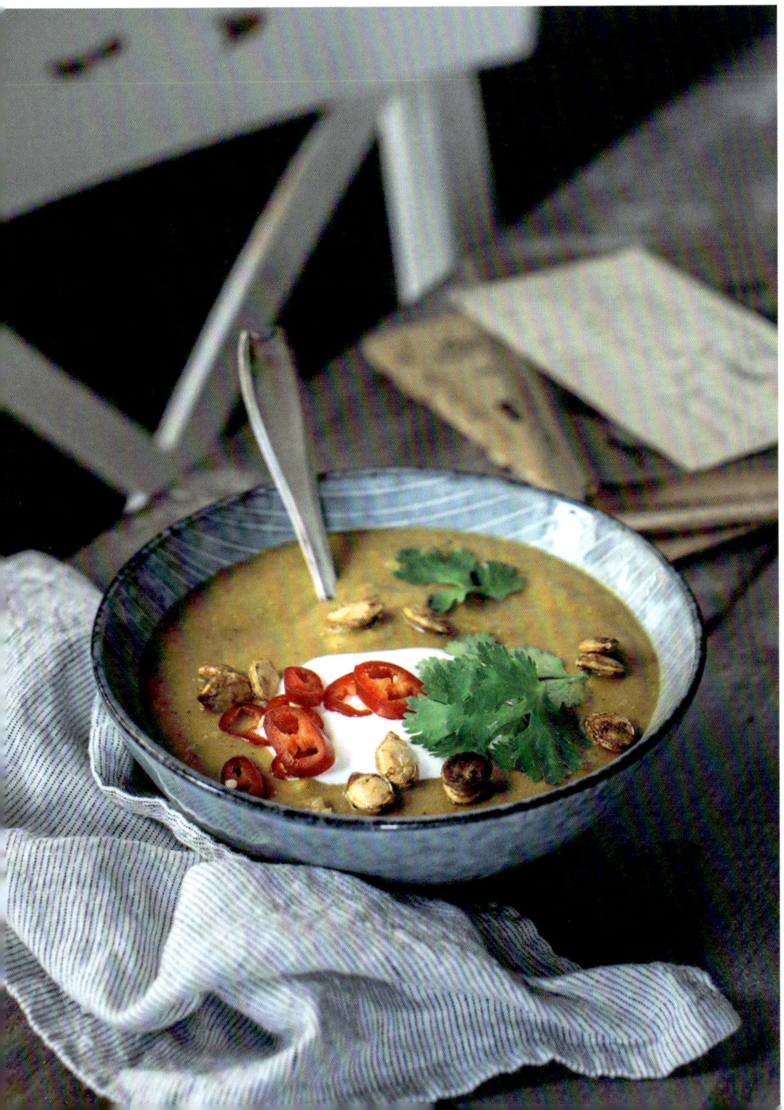
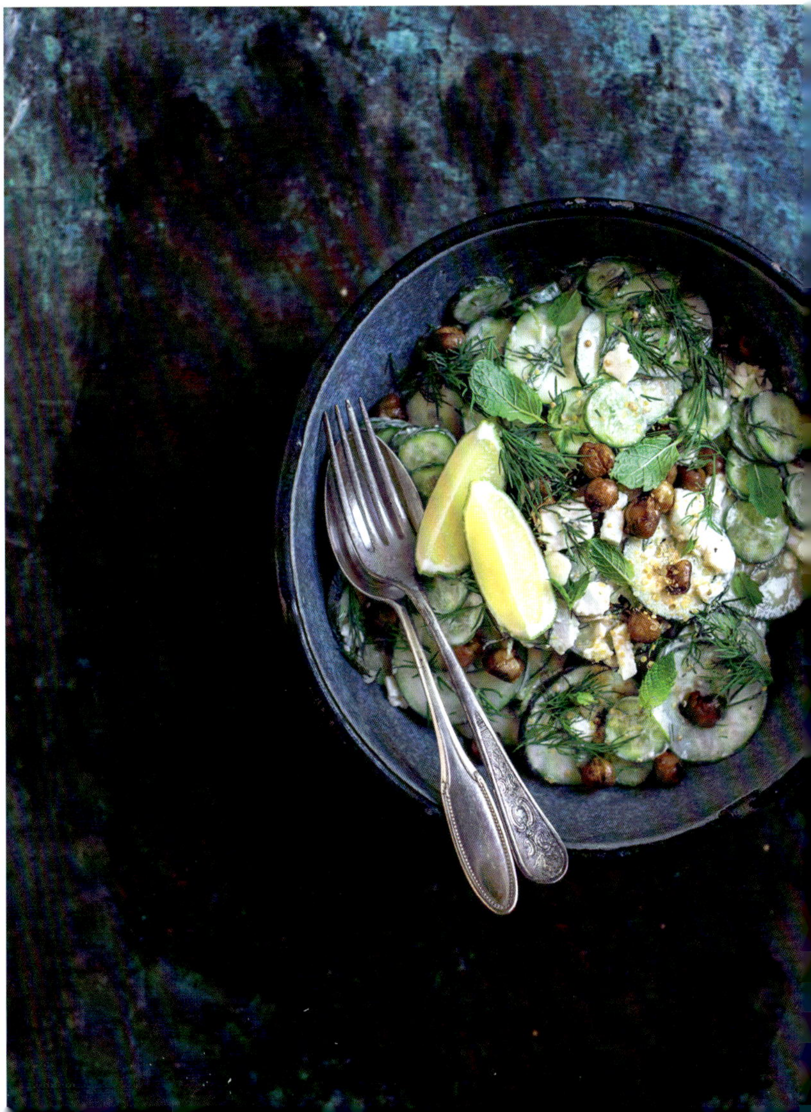

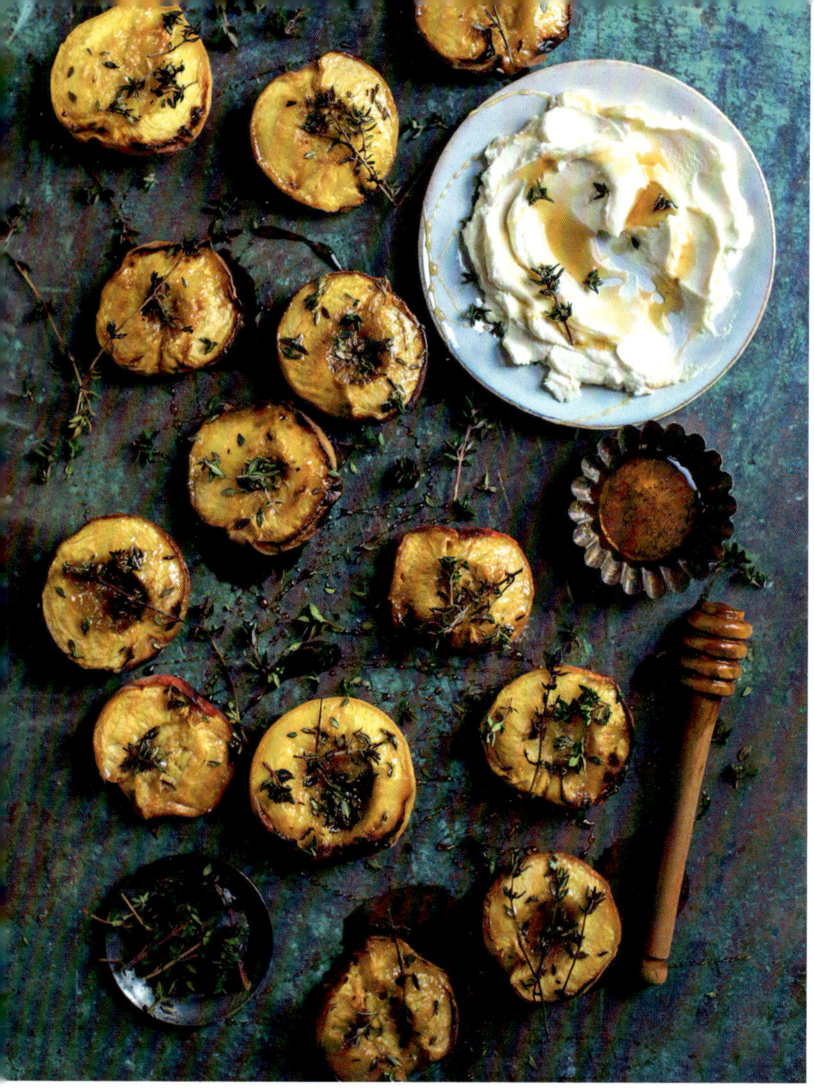
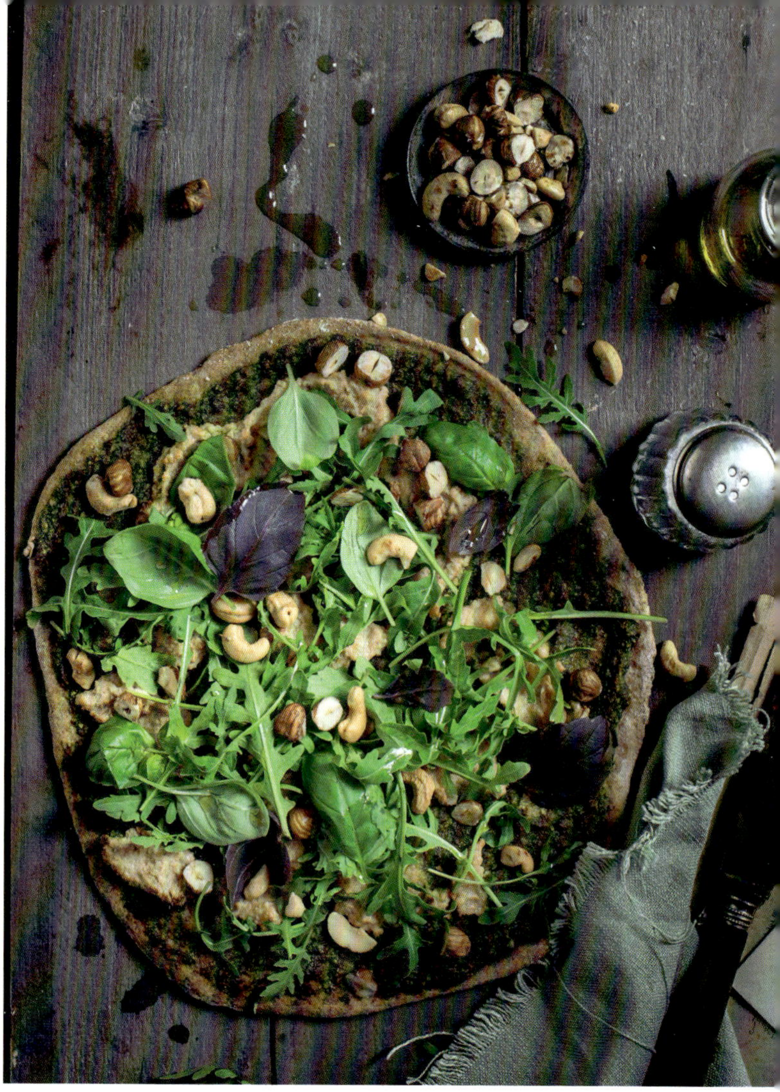
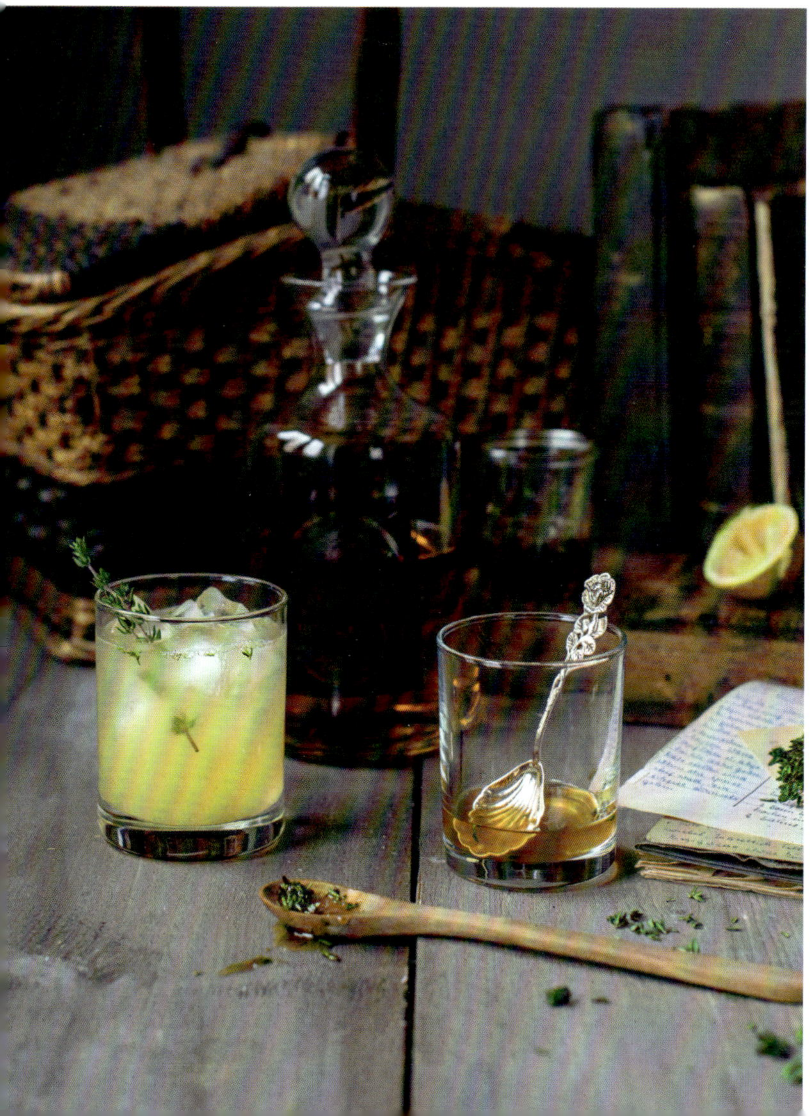
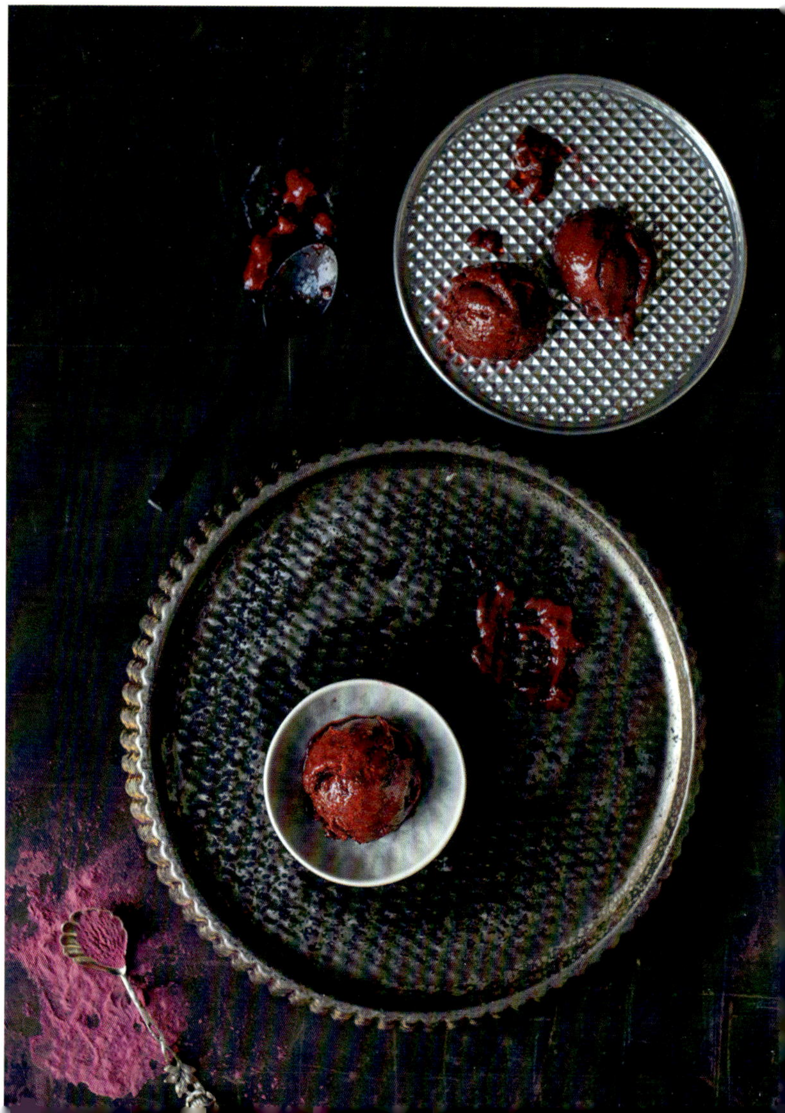

HAUPTGERICHTE

Ricotta-Thymian-Pfirsiche aus dem Ofen	140
Platte geröstete Kartoffeln mit Avocado und Koriander	142
Ofengemüse mit Rote-Bete-Pesto	144
Kichererbsen-Crêpes mit Röstgemüse	146
Lachs mit Erdnusskruste	148
Blumenkohl-Quinoa-Bratlinge	149
Gedämpfte Teigtaschen mit Zucchini-Spinat-Füllung	152
Hackbällchen mit Granatapfelglasur	154
Salad Wraps mit Mango-Koriander-Salsa	156
Quiche mit Kohl und Gruyère	158
Erbsen-Falafel-Bowl	160
Tacos mit Pulled Jackfruit	164
Geröstete Teigtaschen mit Erdnuss-Sauce	166
Hackbällchen in Thymian-Pilz-Sauce	168
Mangold-Wraps mit Süßkartoffel-Hummus	170
Ravioli mit Hackfleisch-Nuss-Füllung	174
Knusprige Hähnchen-Ananas-Waffel-Sandwiches	176
Buchweizen-Tortilla mit Linsen-Walnuss-Ragout	180
Ziegenfrischkäse-Tortellini in Kürbissauce	184
Frühlingsrollen mit veganem Chili	186
Salsa-Tacos mit Pulled Mushrooms	188
Linguine alla Carbonara	190
Bao Burger mit BBQ Pulled Pork	194
Dinkel-Pizza mit Spinatpesto	198
Chorizo-Lasagne	200
Grüne-Sauce-Burger	202
Linguine mit Ragù	206
Kichererbseneintopf mit Avocado-Minz-Salat	208
Grilled Cheese Sandwich	212
Miso-Tofu-Bowl	214
Kürbis-Gnocchi	218
Spinat-Gnocchi	220
Rote-Bete-Tortellini	222
Orangen-Hähnchen mit Grünkohl-Wildreis-Salat	224
Socca-Pizza mit Mandel-Rucola-Pesto	226
Buchweizen-Risotto	228

KUCHEN, DESSERTS UND RAW BITES

Dunkler gesalzener Gugel mit Chai-Nugat	232
Macarons mit Grapefruit-Ricotta-Füllung	236
Buttriger Scotch-Apfelkuchen	238
Donuts mit Espresso-Glasur	240
Zitronen-Granita	242
Raw Brownie Bites mit Salzkaramell	244
Matcha Nicecream	248
Zimtrollen mit Earl-Grey-Frosting	250
Pfeffrige Erdbeer-Marmeladen-Babka	252
Süße Süßkartoffelscheiben im Ofen geröstet	254
Donuts mit Rosen-Icing	258
Schoko-Mandelmilch-Popsicles	260
Pfirsich-Pies mit Zitronenthymian	262
Brombeer-Açai-Eis	264
Schokoladen-Zucchini-Kuchen mit Avocado-Frosting	268
Layered Nicecream	270
Zitronen-Ingwer-Popsicles mit Gurke	272

SMOOTHIES, GETRÄNKE UND DRINKS

Pistazien-Matcha-Latte	276
Chocolate Lassi	278
Açai Smoothie	280
Geeiste Golden Milk	282
Holundersaft	284
Limonade aus gegrilltem Pfirsich	288
Champagner mit Birnen-Salbei-Sirup	290
Rosendrink	292
Drink mit Whisky-Thymian-Honig	294

REZEPTREGISTER 296

Frühstück

In den letzten Jahren habe ich immer mehr gemerkt, wie wichtig ein gelungener Start in den Tag ist. Zu meinem persönlichen Morgenritual gehören immer ein Wasser mit Zitronensaft und eine Golden Milk. Je nach Bedarf frühstücke ich dazu größere oder kleinere Gerichte. Fällt mein Hunger eher klein aus, reichen mir schon zu meinen Getränken meine selbst gemachten und unheimlich leckeren Peanutbutter Energy Balls. Wenn ich jedoch Appetit auf etwas mehr habe, liebe ich ein knuspriges Granola mit frischen Früchten, herzhafte Waffeln mit gesunder Avocado oder eine warme Quinoa Bowl mit aromatischen Kräutern. Mit einem ausgewogenen und köstlichem Frühstück fühle ich mich fit und glücklich und somit für den bevorstehenden Tag gewappnet. In den kühlen Monaten ist besonders ein warmes Frühstück ein toller Start in den Tag, das den Körper und die Seele wärmt sowie das eigene Wohlbefinden steigert. Egal, was eure Vorlieben sind: Kleine oder große Frühstücksgerichte, warm oder kalt – bei meinen Rezepten gibt es für jeden von euch die passende Idee für ein echtes Soul-Food-Frühstück, das einen gelungenen Start in den Tag garantiert.

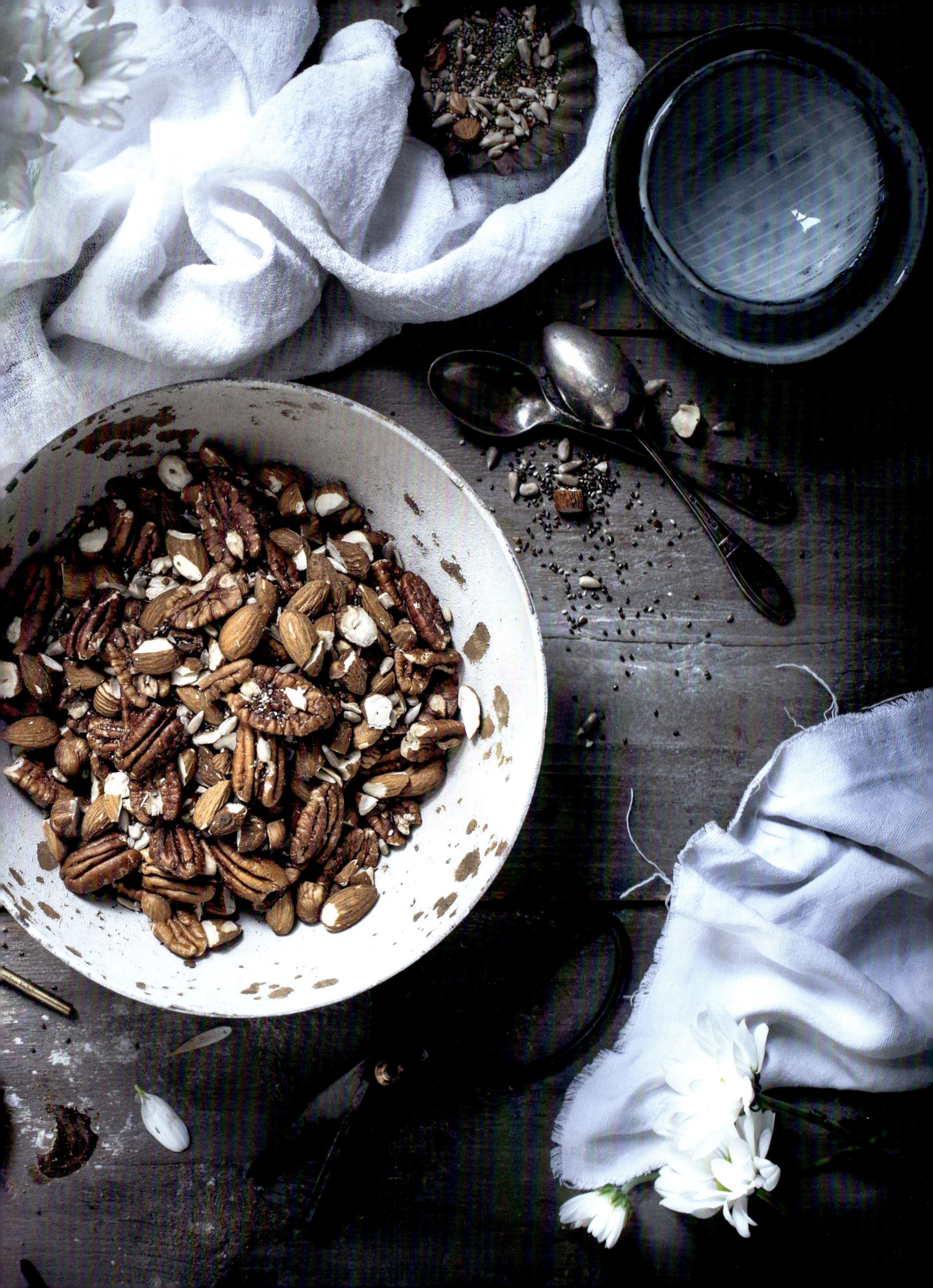

Brombeer-Thymian-MARMELADE

BROMBEERE | PFEFFER | THYMIAN

Für 1 Glas (à 350g)

350 g frische Brombeeren
200 g Zucker
2 EL Saft von 1 Zitrone
3 Zweige frischer Thymian
Salz
1 TL frisch gemahlener schwarzer Pfeffer

vegan | glutenfrei | laktosefrei

Ich liebe Marmeladen, die es in sich haben, die mit Schärfe überraschen und zugleich sehr süß sind. Diese Marmelade gehört zu meinen liebsten. Sie ist so vielseitig einsetzbar und dabei auch allein auf einem Brötchen sehr, sehr lecker. Überhaupt lohnt es sich, viele Marmeladen zu machen. Man hat immer etwas Leckeres für sein Sonntagsbrötchen, kann Gebäck und Plätzchen damit füllen, hat einen aufregenden Dip für würzigen Käse und sogar zu Fleisch und Wildgerichten passt solch eine Marmelade unglaublich gut.

Zubereitung

Die Brombeeren waschen und zusammen mit dem Zucker und dem Zitronensaft einmal aufkochen lassen. Umrühren und dann ca. 15 Minuten sanft köcheln lassen.

Kurz vor Ende der Kochzeit den Thymian waschen, trocken tupfen, die Thymianblättchen entgegen der Wuchsrichtung von den Zweigen streifen und unter die Marmelade rühren.

Die Marmelade nun noch mit 1 Prise Salz und dem Pfeffer ein wenig würzen und dann zu Croissants, Weißbrot oder Käse genießen.

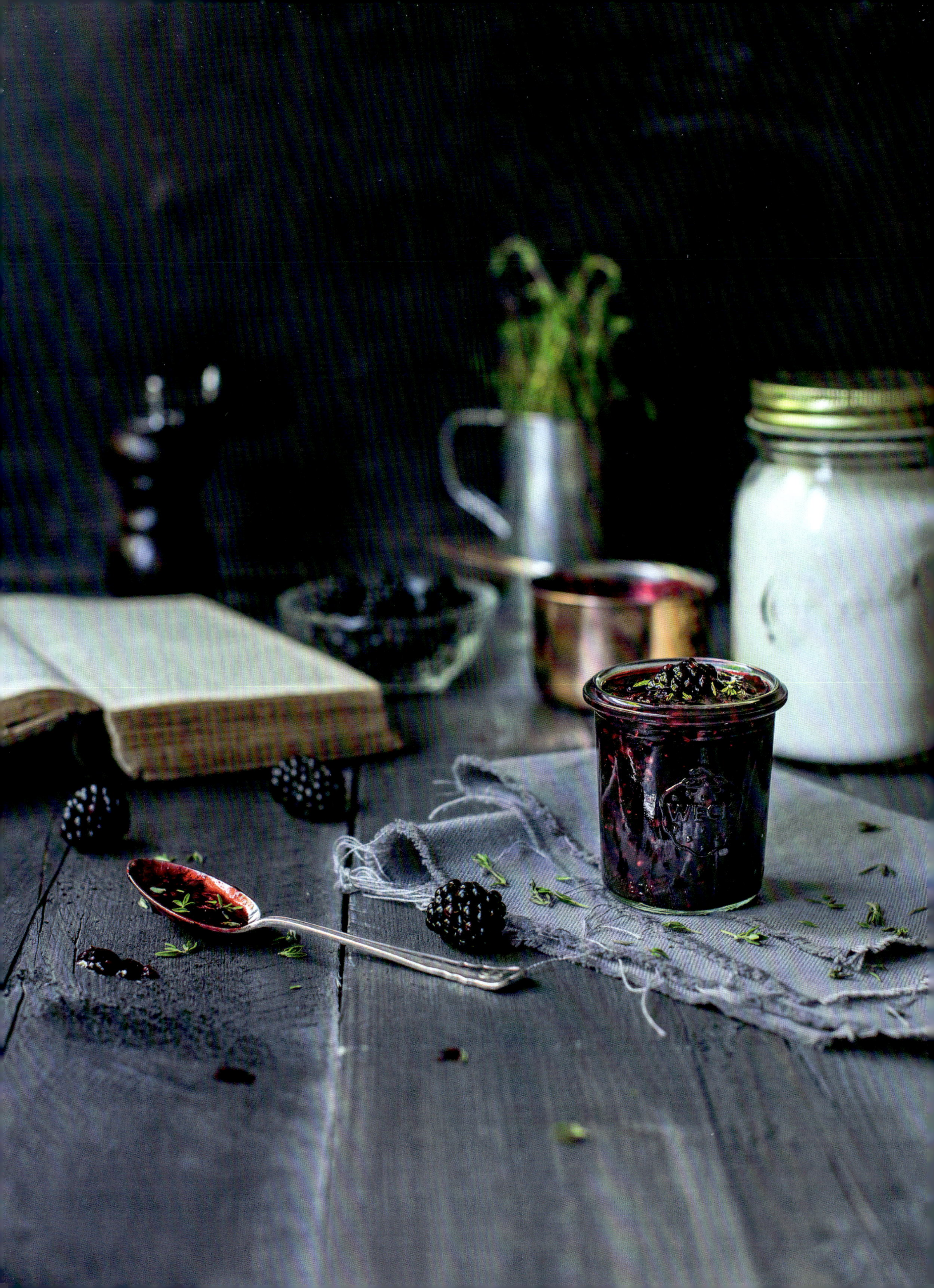

Feigen-BUTTER

Feige | Orange | Zimt

Für 1 Glas (à 400 g)

450 g frische Feigen
60 g Rohrzucker
120 g Zucker
20 g Zuckerrübensirup
1 EL Apfelessig
1 EL Saft von 1 Zitrone
½ TL Salz
1 TL gemahlener Zimt
1 Prise Muskat
abgeriebene Schale von ½ Bio-Orange

AUSSERDEM

Filetiermesser
Schraubglas (400 ml)

vegan   glutenfrei   laktosefrei

Diese Feigen-Butter heißt deshalb so, weil sie ebenso reichhaltig und cremig ist wie Butter. Die Kombination von fruchtig-süßen Feigen, würzigem Zimt und frisch-säuerlicher Orangenschale ist unschlagbar. Ziegenkäse ist ihr bester Freund!

Zubereitung

Die Feigen waschen, vierteln und den Stielansatz entfernen. Die Feigen mit allen Zutaten bis auf die Orangenschale mischen, 50 ml Wasser hinzufügen und alles etwa 40 Minuten bei geschlossenem Deckel sanft köcheln lassen. Danach die Mischung weitere 20 Minuten ohne Deckel köcheln lassen, bis die Feigen sehr weich sind und nur noch ein wenig Restflüssigkeit vorhanden ist.

In der Zwischenzeit die Schale der Orange mit einem Sparschäler abschälen und das Weiße mithilfe eines Filetiermessers entfernen. Die Schale hacken und zusammen mit der Feigenmischung im Mixer zu einer feinen Paste pürieren.

Die Feigen-Butter in ein Schraubglas geben und kühl aufbewahren.

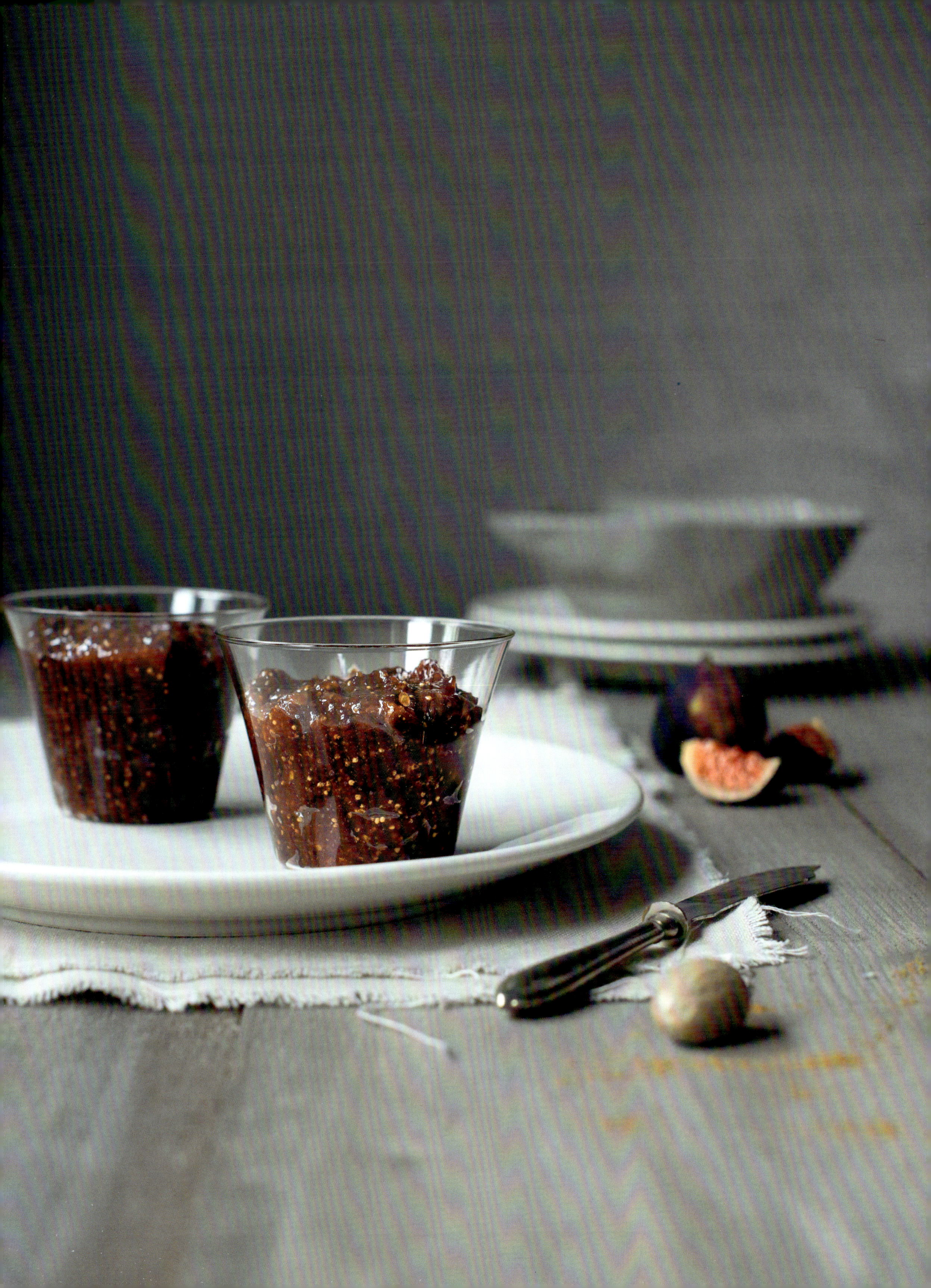

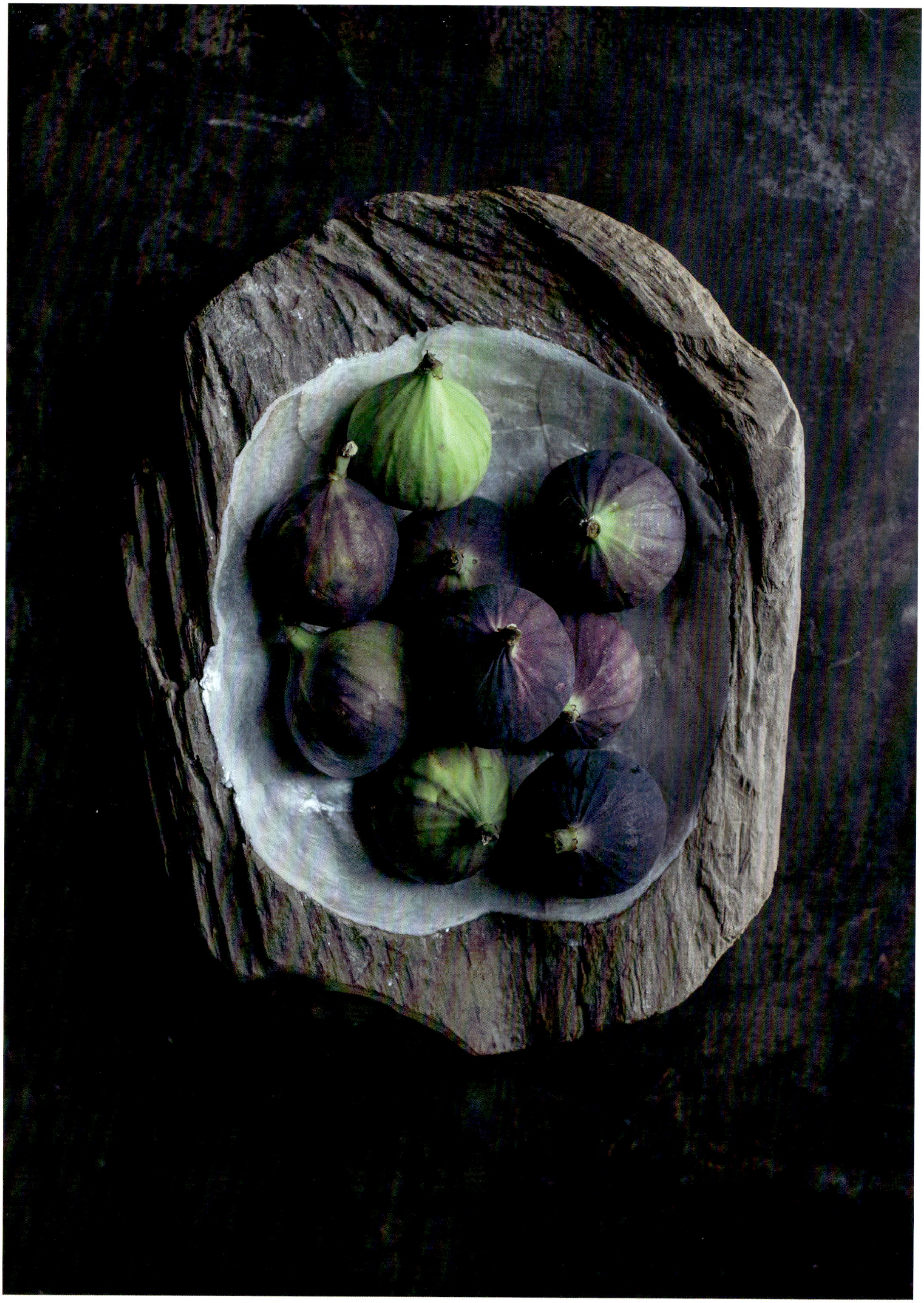

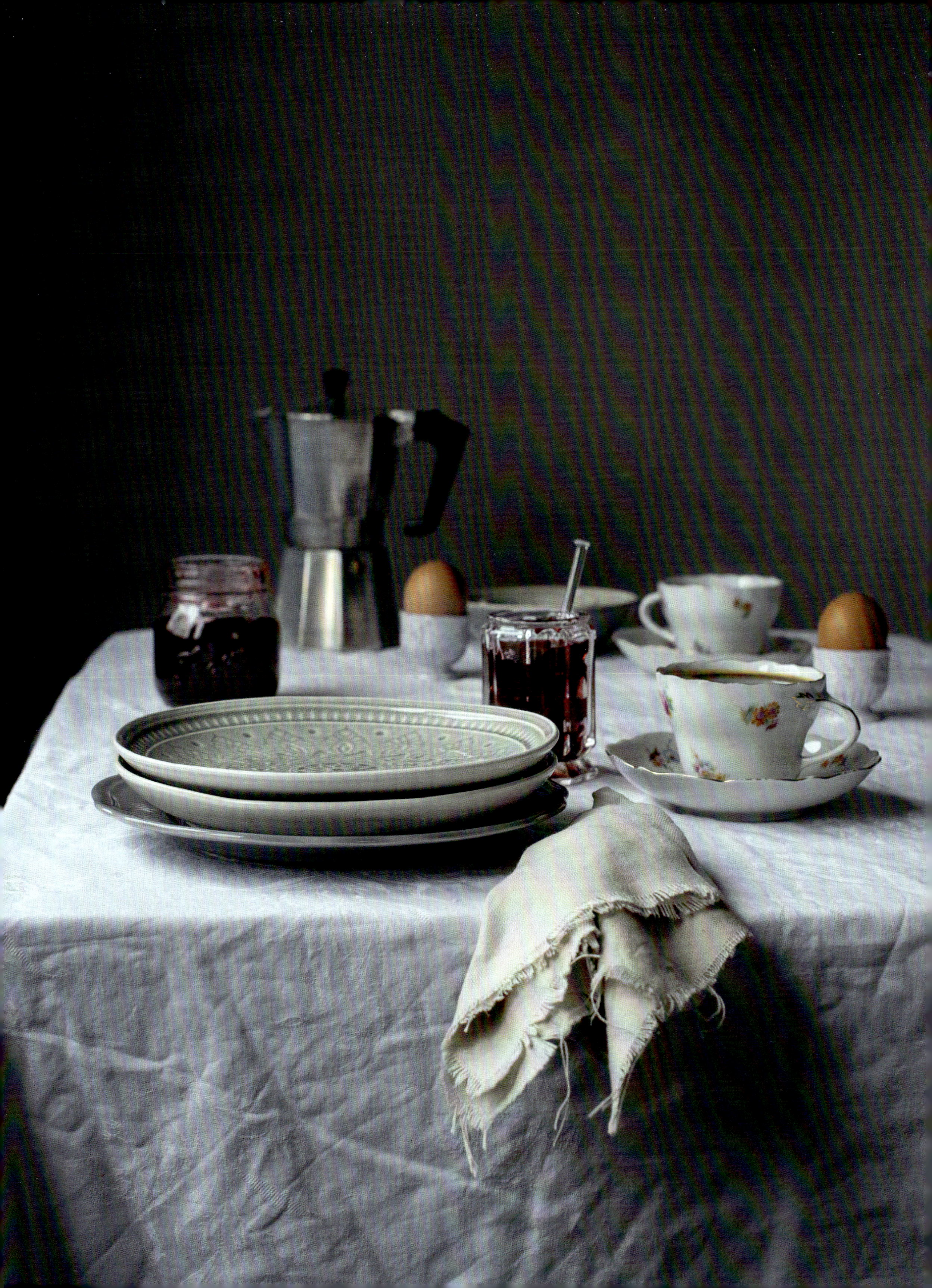

Pekannuss-BUTTER

Pekannuss | Vanille | Meersalz

Für 1 Glas (à 200g)

200 g Pekannusskerne
Mark von 1 Vanilleschote
¼ TL Meersalz

AUSSERDEM

Hochleistungsmixer
Schraubglas (200 ml)

vegan   glutenfrei   laktosefrei

Ich habe eine Schwäche für Nussbutter. Der Geschmack von Nüssen ist sehr intensiv, und man kann sie mit unendlich vielen leckeren Dingen kombinieren. Mit Waffeln, geröstetem Gemüse oder Pancakes sowie auf einem asiatischen Burger mit einem Linsenbratling, etwas Ingwer und einem Spinatsalat. Aber auch pur auf dem Brötchen oder Brot macht sich die Nussbutter ganz hervorragend. Die Pekannuss-Butter mit Vanille und Meersalz, dazu ein Croissant und ein Tee – so sieht bei mir häufig ein schnelles Frühstück aus.

Zubereitung

Eine Pfanne erhitzen und die Pekannüsse bei mittlerer Hitze einige Minuten rösten, bis sie anfangen zu duften. Die Vanilleschote längs aufschlitzen und mit einem Messerrücken das Mark herauskratzen. Das Meersalz fein mörsern.

Die Nüsse in den Hochleistungsmixer geben, das Vanillemark und das Salz dazugeben und die Nüsse zunächst auf einer langsamen Stufe mahlen, nach kurzer Zeit dann auf der höchsten Stufe mixen. Die Nüsse mit einem Stößel immer wieder in Richtung der Klingen drücken. Zunächst entsteht „Nussmehl", nach 1–2 Minuten wird daraus eine cremige glänzende Butter.

Die Pekannuss-Butter in ein sauberes Schraubglas füllen und anschließend im Kühlschrank aufbewahren.

Grapefruit-Rote-Bete-Marmelade

Grapefruit | Rote Bete | Rosmarin

Für 1 Glas (à 350 g)

2 große Bio-Grapefruits
100 g frische Rote Bete
Saft von 1 Zitrone
400 g Zucker
1 ½ EL frische Rosmarinnadeln

AUSSERDEM

Schraubglas (350 ml)

vegan | glutenfrei | laktosefrei

Rote Bete ist in der Küche absolut unterschätzt und wird viel zu selten verwendet. Schade! Schon als Kind habe ich Rote Bete sehr geliebt und sie glasweise gegessen. Diese Zitrusfrucht-Marmelade wird dank der erdigen Note der Roten Bete zu einem ganz besonderen Aufstrich. Rosmarin bringt ein wenig Kräuteraroma hinein, und fertig ist eine Marmelade, die sowohl den Frühstückstisch bereichert als auch zu allerlei Gebäck, Grissini und auch Käse passt. Einfach himmlisch!

Zubereitung

Die Grapefruits waschen und mit der Schale in einen größeren Topf legen. Mit ausreichend Wasser bedecken, sodass sie schwimmen. Die Früchte bei geschlossenem Deckel etwa 2 Stunden garen, bis sie ganz weich sind.

In der Zwischenzeit die Rote Bete schälen und fein raspeln. Die Grapefruits abkühlen lassen, grob hacken, die Kerne entfernen und dann etwas feiner hacken. Die gehackten Grapefruits samt dem ausgetretenen Saft in einen Topf geben, den Zitronensaft, Zucker und die Rote Bete hinzufügen. Die Mischung ungefähr 10 Minuten sprudelnd kochen lassen und eventuell mit einem Stabmixer noch ein wenig feiner mixen.

Die Rosmarinnadeln grob hacken, unter die noch warme Mischung rühren und die fertige Marmelade sofort in ein sauberes Schraubglas füllen.

Rhabarber-Marmelade
MIT FRENCH TOAST

Rhabarber | Zimt | Granola | Skyr

Für 4 Personen

FÜR DIE MARMELADE

500 g Rhabarber
5 EL Zucker

FÜR DEN FRENCH TOAST

8 Scheiben Toastbrot
50 ml Milch (3,5 % Fett)
2 Eier (Größe M)
½ TL gemahlener Zimt
Salz
4 TL Zucker
2 EL Butter
120 g Skyr
Granola nach Belieben, z. B. Lebkuchen-Granola (S. 28)

AUSSERDEM

runder Ausstecher (Ø 8 cm)
4 Schraubgläser (je 250 ml)

Ein Frühstück im Glas, das wirklich glücklich macht: zimtiger French Toast geschichtet mit Rhabarber-Marmelade, Granola und Skyr, einem traditionellen isländischen Milchprodukt. Zum Reinlegen gut. Ein kleines Gläschen, und schon startet man satt und glücklich in den Tag.

Zubereitung

Für die Marmelade den Rhabarber schälen, in kleine Stücke schneiden und mit dem Zucker in einen Topf geben. Bei mittlerer Hitze ca. 10 Minuten köcheln lassen.

Für den French Toast Kreise aus dem Toastbrot ausstechen. Milch, Eier, Zimt, 1 Prise Salz und Zucker in einer flachen Schale verquirlen und die Toast-Kreise darin wenden. Die Butter in einer Pfanne zerlassen und die Toasts auf beiden Seiten goldgelb braten.

In jedes Schraubglas abwechselnd French Toast, Rhabarber-Marmelade, Skyr und etwas Granola schichten – jeweils 2 Schichten. Zum Schluss mit etwas Granola garnieren und genießen.

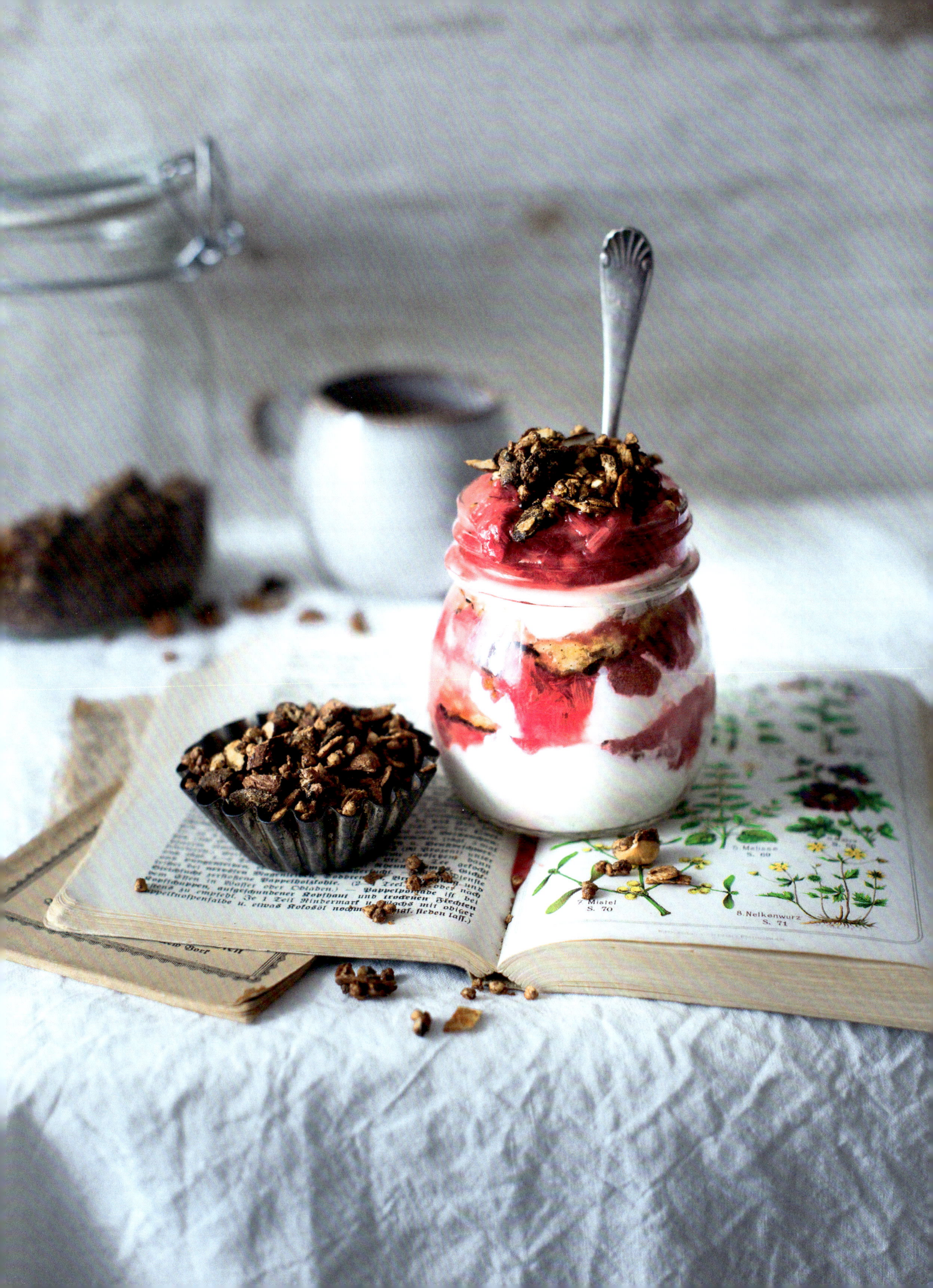
7 Mistel
S. 70
8 Nelkenwurz
S. 71

Kürbis- SCONES

Kürbis | Zimt | Ingwer | Salbei | Haselnuss | Malzbier

Für 4 Personen

FÜR DIE SCONES

300 g Hokkaido-Kürbis

335 g Weizenmehl (Type 405), plus etwas für die Arbeitsfläche

100 g Zucker

1 ½ TL Backpulver

½ TL Salz

1 TL gemahlener Zimt

1 Stück Ingwer (7 cm)

120 g eiskalte Butterstückchen

1 Ei (Größe L)

3 EL Sahne

80 g Haselnusskerne

1 ½ EL Zucker

Meersalz

6 große frische Salbeiblätter

FÜR DIE GLASUR

80 g Puderzucker

2 EL Malzbier

Sobald der Herbst beginnt, kann man überall die schönsten Rezepte mit Kürbis entdecken, und jedes Café bietet eine eigene Version der Kürbissuppe an. Doch nicht nur Herzhaftes kann man aus dem tollen Herbstgemüse zaubern: Kürbiscupcakes, Kürbismarmelade und auch Kürbis-Salbei-Brot mit Kürbisbutter (siehe S. 68) sind echte Köstlichkeiten und wahre Seelenwärmer. Da der Kürbis so vielseitig einsetzbar ist, habe ich außerdem noch Kürbis-Gnocchi (siehe S. 218) gemacht.

Zubereitung

Für die Scones den Kürbis waschen, in kleine Stücke schneiden und in Salzwasser 10 Minuten weich kochen. In einem Sieb abtropfen lassen und die Würfel pürieren.

Den Ofen auf 220 °C Ober-/Unterhitze vorheizen. Mehl, Zucker, Backpulver, Salz und Zimt gut miteinander vermischen. Den Ingwer fein reiben und dazugeben. Die Butterstückchen mit den Händen so in die Mehlmischung einarbeiten, dass noch kleine Stücke der Butter zu sehen sind und eine bröselige Masse entsteht. Das Ei mit der Sahne verquirlen, 200 g Kürbispüree unterheben und zur Mehlmischung geben. Den Teig nur so lange bearbeiten, bis alles miteinander verbunden, aber der Teig noch recht bröselig und feucht ist.

Haselnüsse grob hacken, in einer Pfanne ohne Fett anrösten, dann den Zucker hinzugeben und karamellisieren lassen. Mit 1 Prise Meersalz würzen und anschließend auf einem Teller abkühlen lassen. Die Salbeiblätter fein hacken. Den Salbei und ⅔ der Haselnüsse unter den Teig heben, nur kurz durchkneten.

Den Teig auf eine bemehlte Arbeitsfläche legen und etwas Mehl einarbeiten. Zu einer dicken Scheibe von ungefähr 20 cm Durchmesser formen, dabei noch etwas Mehl zur Hilfe nehmen. Der Teig klebt ein wenig, aber mit Geduld und etwas Mehl kann man ihn gut verarbeiten. Den Teig mit einem bemehlten Messer in 6 Dreiecke schneiden. Auf ein mit Backpapier ausgelegtes Backblech legen, dabei zwischen den einzelnen Dreiecken etwas Platz lassen. Im Ofen auf der mittleren Schiene etwa 15 Minuten backen.

Für die Glasur den Puderzucker mit dem Malzbier glatt rühren. Die fertigen Scones mit der Glasur beträufeln, mit den restlichen Haselnüssen bestreuen und am besten noch warm genießen.

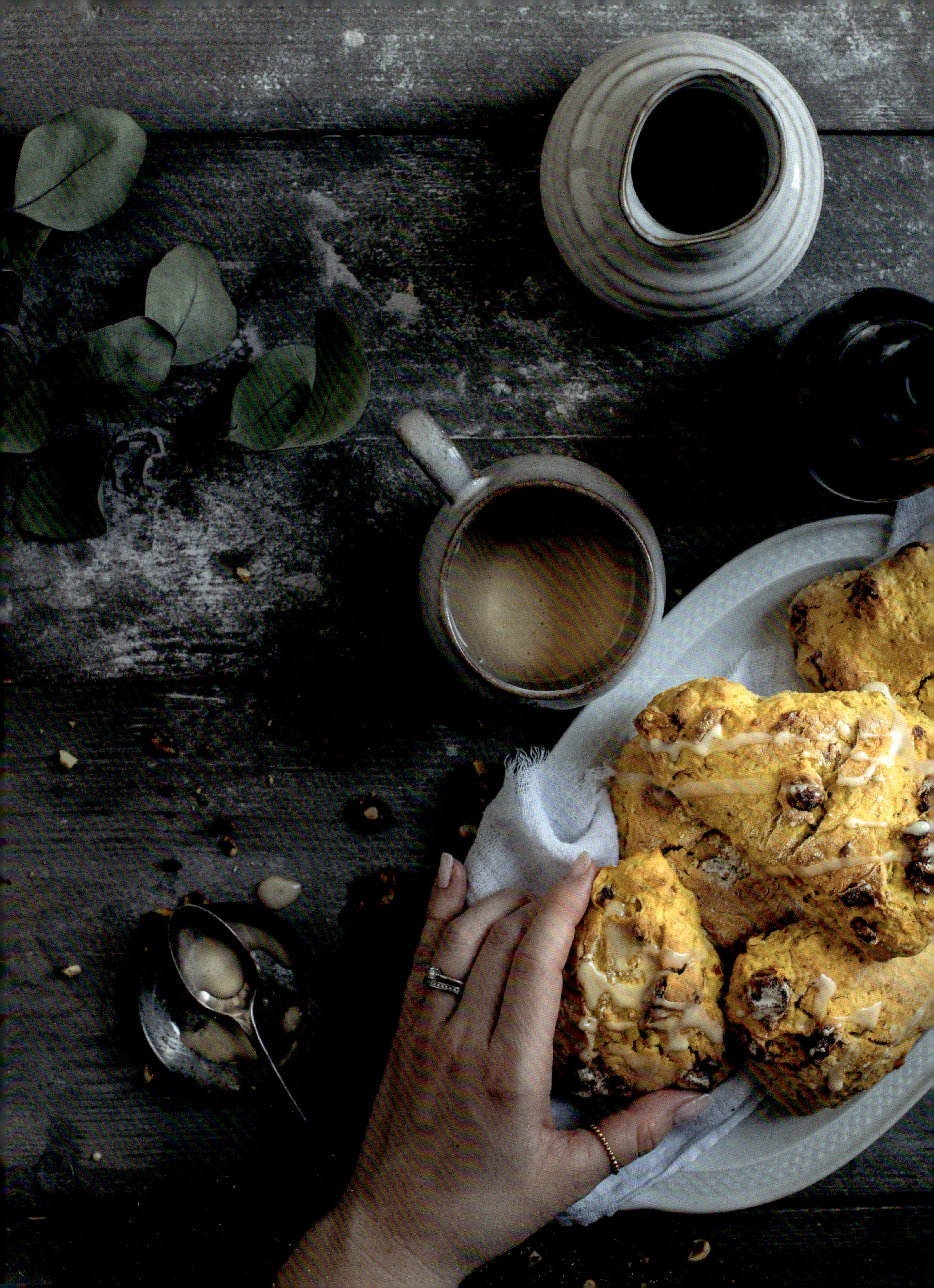

Peanutbutter ENERGY BALLS

Mandel | Erdnuss | Dattel | Schokolade | Blüten

Für ca. 12 Stück

130 g Mandeln

25 g geröstete, gesalzene Erdnusskerne

120 g getrocknete, entsteinte Datteln

35 g Erdnussmus

3 EL Kakaopulver

3 EL getrocknete essbare Blüten

AUSSERDEM

Hochleistungsmixer

vegan | glutenfrei | laktosefrei

Energy Balls sind die Power-Lieferant Nummer eins bei uns zu Hause. Irgendwie mögen zwar nur wir Mädels diese Dinger, doch das ist mir gerade recht: So bleiben mehr von diesen leckeren Energy Balls für uns übrig. Sie geben nicht nur einen ordentlichen Energiekick, sondern schmecken dazu auch noch unheimlich gut! Man kann die Energy Balls zudem superleicht abwandeln, indem man mehr verschiedene Nüsse verwendet oder mit den Pulvern experimentiert. Schau mal unten in den Tipp.

Zubereitung

Die Mandeln in einer Pfanne ohne Fett anrösten. Mit Erdnüssen, Datteln und dem Erdnussmus in einen Hochleistungsmixer geben und zu einer homogen Masse mixen. Es dürfen aber ruhig noch Nussstückchen zu sehen sein, damit die Energy Balls einen schönen Biss haben. Aus der Masse kleine Bällchen formen und in dem Kakaopulver oder den Blüten wälzen.

TIPP | Die Energy Balls könnt ihr in den unterschiedlichsten Pulvern wälzen: Açai-Pulver, Spinat-Pulver, Kokosflocken, gehackter kandierter Ingwer, gemahlene Kurkuma und vieles mehr. Lasst eurer Kreativität ruhig freien Lauf! Wenn ihr verschiedene Pulver nehmt, macht das auch optisch richtig was her.

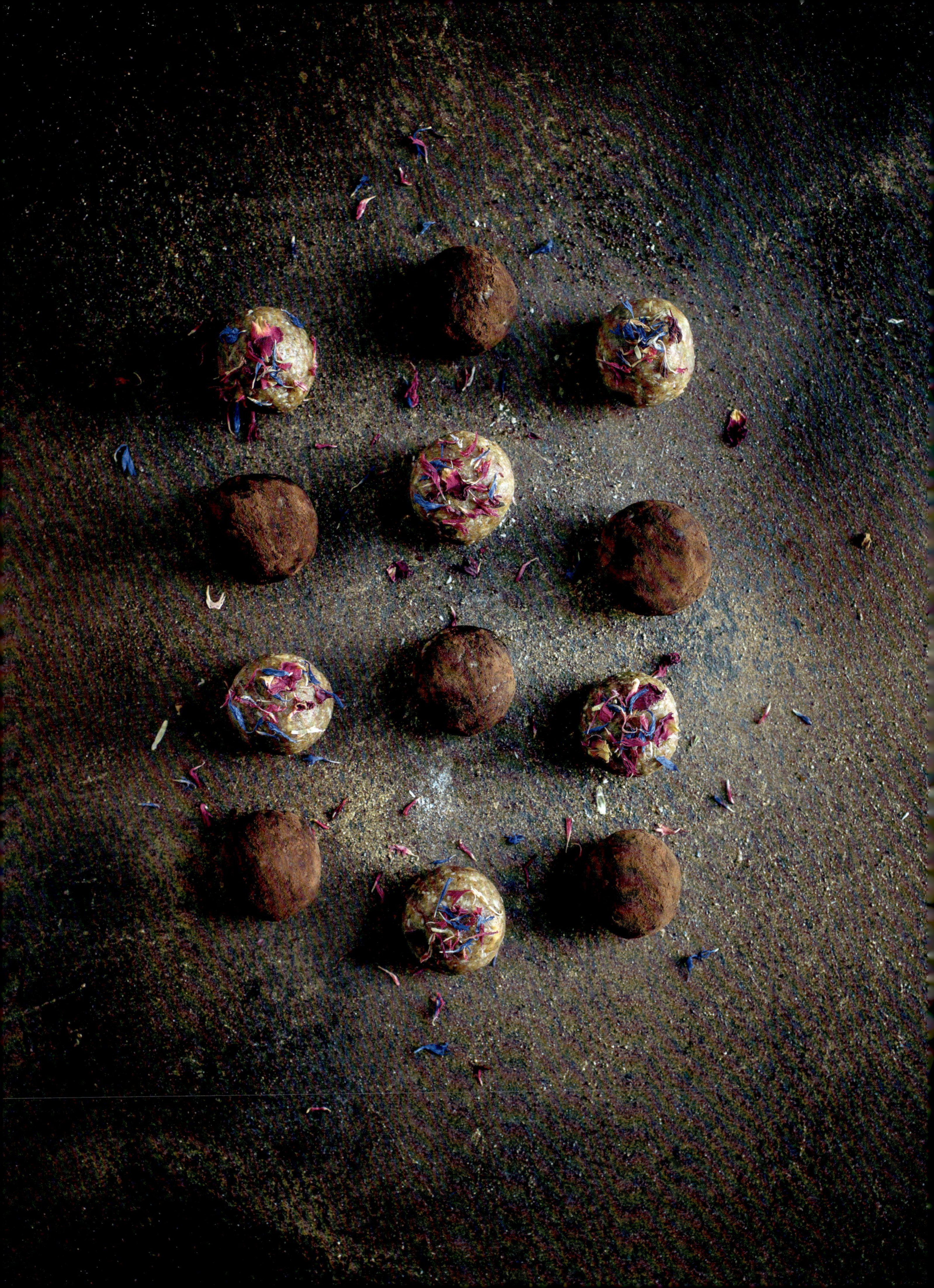

Schoko-Granola mit BLUTORANGENSIRUP

ZIMT | SCHOKOLADE | NUSS | GRANATAPFEL | BLUTORANGENSIRUP

FÜR 4 PERSONEN

FÜR DAS GRANOLA

100 g Mandeln

50 g Sonnenblumenkerne

50 g Chia-Samen

100 g Pekannusskerne

80 g Haselnusskerne

3 EL geschrotete Leinsamen

3 EL flüssiger Honig (alternativ Ahornsirup)

2 TL gemahlener Ceylon-Zimt

2 EL Kakaopulver

50 g Raw Chocolate (100 %)
(alternativ Raw Cacao Nibs)

FÜR DEN SIRUP

2 Blutorangen

ZUM SERVIEREN

½ Granatapfel

400 g griechischer Joghurt

glutenfrei

Man kann nie genug Granola vorrätig haben: fürs Frühstück, für den kleinen Hunger zwischendurch, oder wenn einen die Naschlust überkommt. Das Tolle ist, dass man beim Granola so wunderbar kreativ sein und die Zutaten nach Lust und Laune zusammenstellen kann. Lediglich das Verhältnis von trockenen zu flüssigen Zutaten muss stimmen. Zu diesem Schoko-Granola passen auch Walnüsse, Erdnüsse, Pinienkerne oder Rosinen. Eine Prise Tonkabohne oder Vanillemark ist super. Aber auch etwas Kardamom ist prima ... ganz wie du Lust hast.

ZUBEREITUNG

Den Ofen auf 180 °C Umluft vorheizen und ein Backblech mit Backpapier auslegen.

Die Mandeln grob hacken und mit den Sonnenblumenkernen, Chia-Samen, Pekannüssen, Haselnüssen und Leinsamen in einer großen Schüssel mischen.

Den Honig oder Ahornsirup mit Zimt und Kakaopulver verrühren, zur Nussmischung geben und alles gut verrühren. Die Mischung anschließend gleichmäßig auf dem Backblech verteilen.

Das Granola auf der mittleren Schiene 10 Minuten backen. Zwischendurch mehrmals umrühren und wieder gut verteilen. Das Granola aus dem Ofen nehmen und auskühlen lassen. Die Schokolade mittelfein hacken und unter das abgekühlte Granola rühren. Alternativ kann man auch Raw Cacao Nibs nehmen.

Für den Sirup die Blutorangen auspressen und in einen kleinen Topf geben. Den Saft etwa 10 Minuten bei schwacher Hitze einköcheln lassen, bis ein Sirup entstanden ist. Den Sirup abkühlen lassen.

Die Kerne des Granatapfels auslösen. Den Joghurt auf vier Schüsseln verteilen. Das Granola hinzufügen, mit Granatapfelkernen bestreuen und alles mit dem abgekühlten Blutorangensirup beträufeln.

TIPP | Das Granola hält sich in einem verschlossenen Glasgefäß ein paar Wochen, ihr könnt also gleich etwas auf Vorrat machen.

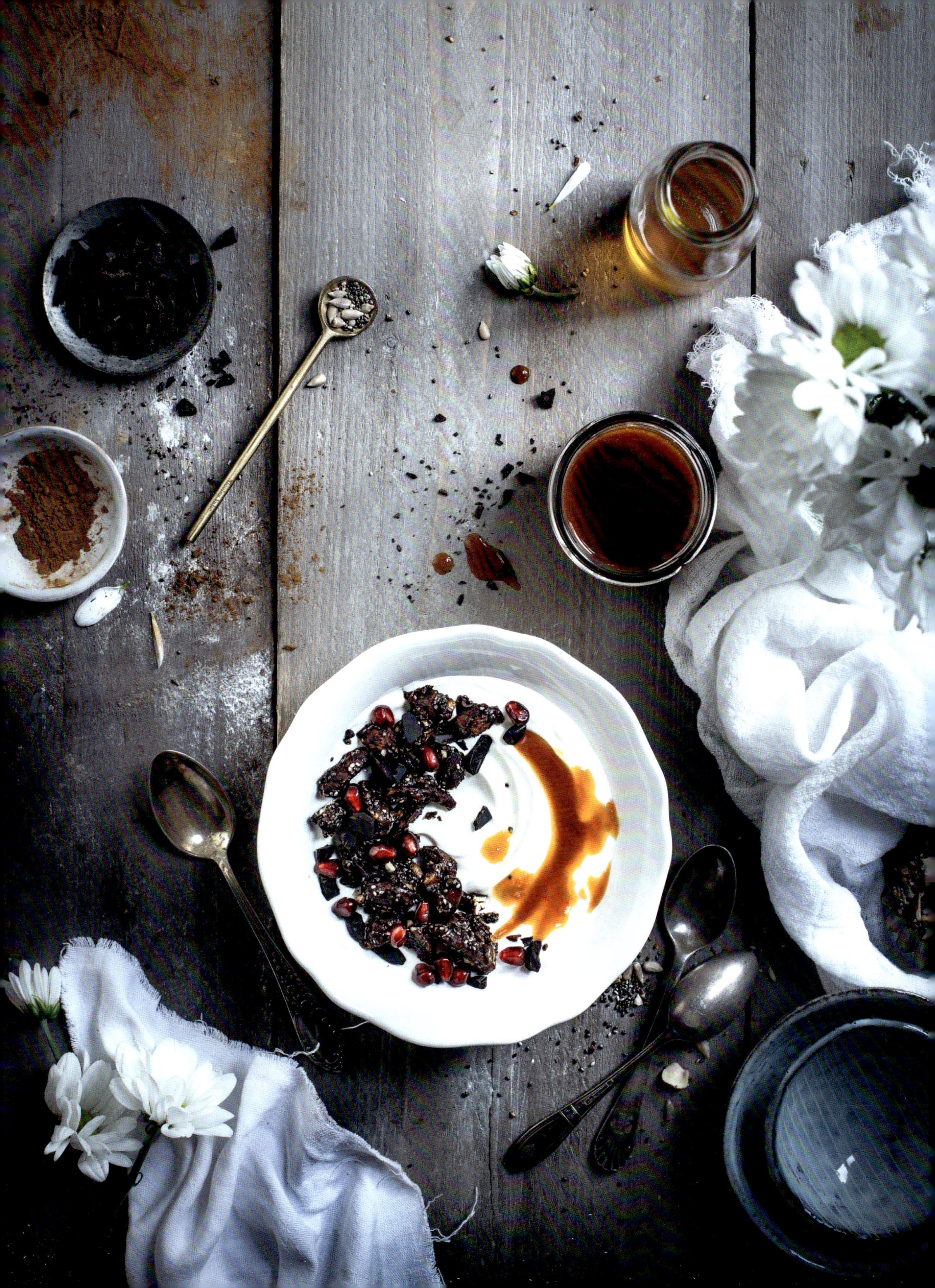

Lebkuchen-
GRANOLA-BOWL

BUCHWEIZEN | MANDEL | HASELNUSS | ZIMT | KARDAMOM | KORIANDER | ORANGE

Für 250g Granola

FÜR DAS GRANOLA

100 g Buchweizen

110 g Mandeln

30 g Kürbiskerne

45 g Haselnusskerne

20 g gehackte Pistazien

2 EL Ahornsirup

1 EL schwarzer Sesam

¼ TL geriebene Muskatnuss

2 ½ TL gemahlener Zimt

½ TL gemahlener Anis

ausgelöster und gemahlener Samen aus 1 Kardamomkapsel

½ TL gemahlener Koriander

abgeriebene Schale von 1 Bio-Orange

1 Prise Salz

ZUM SERVIEREN

Joghurt (3,5 % Fett)

½ Grapefruit pro Person

2 EL Granatapfelkerne pro Person

1 EL kandierter Ingwer

vegan | glutenfrei | laktosefrei

Lebkuchengewürze, Nüsse, Orange und Ahornsirup – alle vereint in einem köstlich-knusprigen Granola. Die Variante gehört zu meinem absoluten Klassiker und muss bei mir, gerade im Winter, immer vorrätig sein. Man kann dieses Granola auf viele Arten kombinieren. Mit Joghurt, Grapefruit, Granatapfel und kandiertem Ingwer ist es ein köstliches Winter-Frühstück.

Zubereitung

Für das Granola den Ofen auf 180 °C Umluft vorheizen. Alle Zutaten in eine Schüssel geben und gut miteinander mischen. Das Granola auf ein mit Backpapier ausgelegtes Blech geben und im Ofen auf der mittleren Schiene etwa 15 Minuten rösten. Dabei immer wieder mal wenden.

Für ein köstliches Winter-Frühstück das Granola mit Joghurt servieren. Die Grapefruit heiß waschen und in Scheiben schneiden. Die Grapefruit-Scheiben mit Granatapfelkernen und kandiertem Ingwer zusammen mit dem Granola und dem Joghurt in der Schüssel anrichten.

Mandel-MILCHREIS

Mandeldrink | Tonkabohne | Zimt | Birne | Ingwer

Für 4 Personen

FÜR DEN MILCHREIS

250 g Rundkornreis
1 l Mandeldrink
½ TL Salz
Mark von 1 Vanilleschote
6 TL Zucker
2 TL gemahlener Zimt
ca. ¼ geriebene Tonkabohne

FÜR DIE KARAMELLISIERTE BIRNE

1 Birne
1 EL Ahornsirup

FÜR DAS BIRNEN-INGWER-GELEE

650 g Birnen (alternativ 400 ml Birnensaft)
300 g Zucker
1 ½ EL geriebener Ingwer

FÜR DAS TOPPING

40 g Haselnusskerne
1 EL Buchweizen
1 TL Ahornsirup

vegan | laktosefrei

Gegen einen köstlichen, warmen Milchreis an einem dunklen Herbstmorgen habe ich nichts einzuwenden. Und wenn er dann auch noch mit Zimt, Tonkabohne, karamellisierten Birnen und einem Birnen-Ingwer-Gelee daherkommt, dann starte ich mehr als glücklich in den Tag.

Zubereitung

Den Ofen auf 180 °C Ober-/Unterhitze vorheizen und ein Backblech mit Backpapier auslegen.

Für den Milchreis den Reis mit dem Mandeldrink, Salz und dem Vanillemark in einen Topf geben. Aufkochen lassen, dann die Hitze reduzieren und den Reis leise köchelnd unter gelegentlichem Rühren 25 Minuten garen. Danach Zucker, Zimt und geriebene Tonkabohne dazugeben.

In der Zwischenzeit die Birne waschen, vierteln, das Kerngehäuse entfernen und in feine Scheiben schneiden. Auf das Backblech legen, mit Ahornsirup bestreichen und im Ofen auf der mittleren Schiene etwa 15 Minuten karamellisieren.

Für das Gelee die Birnen ebenfalls waschen, vierteln, das Kerngehäuse entfernen und mit einem Entsafter entsaften. Man benötigt 400 ml Saft. Den Saft mit dem Zucker und dem Ingwer aufkochen und für 30 Minuten bei reduzierter Hitze köcheln lassen.

Die Haselnüsse grob hacken und zusammen mit dem Buchweizen einige Minuten in einer Pfanne rösten. Den Ahornsirup dazugeben und unterrühren.

Den Milchreis mit den karamellisierten Birnenscheiben, dem Birnengelee und dem Haselnuss-Buchweizen-Gemisch servieren.

Smoothie-CRUMBLE-BOWL

Pfirsich | Beere | Banane | Zimt | Vanille | Granola

Für 4 Personen

FÜR DAS GRANOLA (200 G)

- 100 g Buchweizen
- 40 g gehobelte Mandeln
- 30 g Kürbiskerne
- 45 g Haselnusskerne
- 20 g gehackte Pistazien
- 2 EL Ahornsirup
- 1 EL schwarzer Sesam
- 1 TL Tahini (siehe S. 120)
- 1 TL gemahlener Zimt
- 1 Prise Salz
- 1 EL Blütenpollen

FÜR DIE SMOOTHIE-BOWL

- 2 in Stücke geschnittene und gefrorene (mehrere Stunden, am besten über Nacht) Bananen
- 440 g entsteinte Pfirsiche (z. B. Weinbergpfirsiche)
- 200 g gemischte rote Beeren
- 140 g Erdbeeren
- 360 ml Milch (3,5 % Fett) (alternativ Pflanzendrinks, z. B. Hafer-, Kokos- oder Mandeldrink)
- 1 Prise Salz
- 2 TL gemahlener Zimt
- Mark von ½ Vanilleschote

AUSSERDEM

Hochleistungsmixer

glutenfrei

Diese Smoothie-Bowl schmeckt nach Pfirsich-Crumble, Sommerbeeren, Sonne und Urlaubsfreude. Wenn Beeren und Pfirsiche bei uns reif und saftig an Büschen und Bäumen hängen, dann ist die beste Zeit für diese Smoothie-Bowl. Morgens barfuß durch das taunasse Gras laufen, die Beeren von den Sträuchern pflücken, schnell in der Küche den Smoothie mixen und mit knusprigem Granola-Crumble zum Frühstück genießen – ein traumhaft schöner Start in den Tag.

Zubereitung

Für das Granola den Ofen auf 180 °C Umluft vorheizen. Alle Zutaten mit Ausnahme der Blütenpollen in eine Schüssel geben und gut miteinander mischen. Das Granola auf ein mit Backpapier ausgelegtes Blech geben, gut verteilen und auf der mittleren Schiene im Ofen etwa 15 Minuten rösten. Dabei immer wieder wenden. Herausnehmen und abkühlen lassen. Die Blütenpollen unterheben.

Für die Smoothie-Bowl die gefrorenen Bananenstücke, Pfirsiche und Beeren mit Milch, Salz, Zimt und Vanillemark in einen Hochleistungsmixer geben und zu einem feinen Smoothie mixen.

Den Smoothie in Schalen gießen, Granola darübergeben und zum Frühstück oder als Snack für zwischendurch genießen.

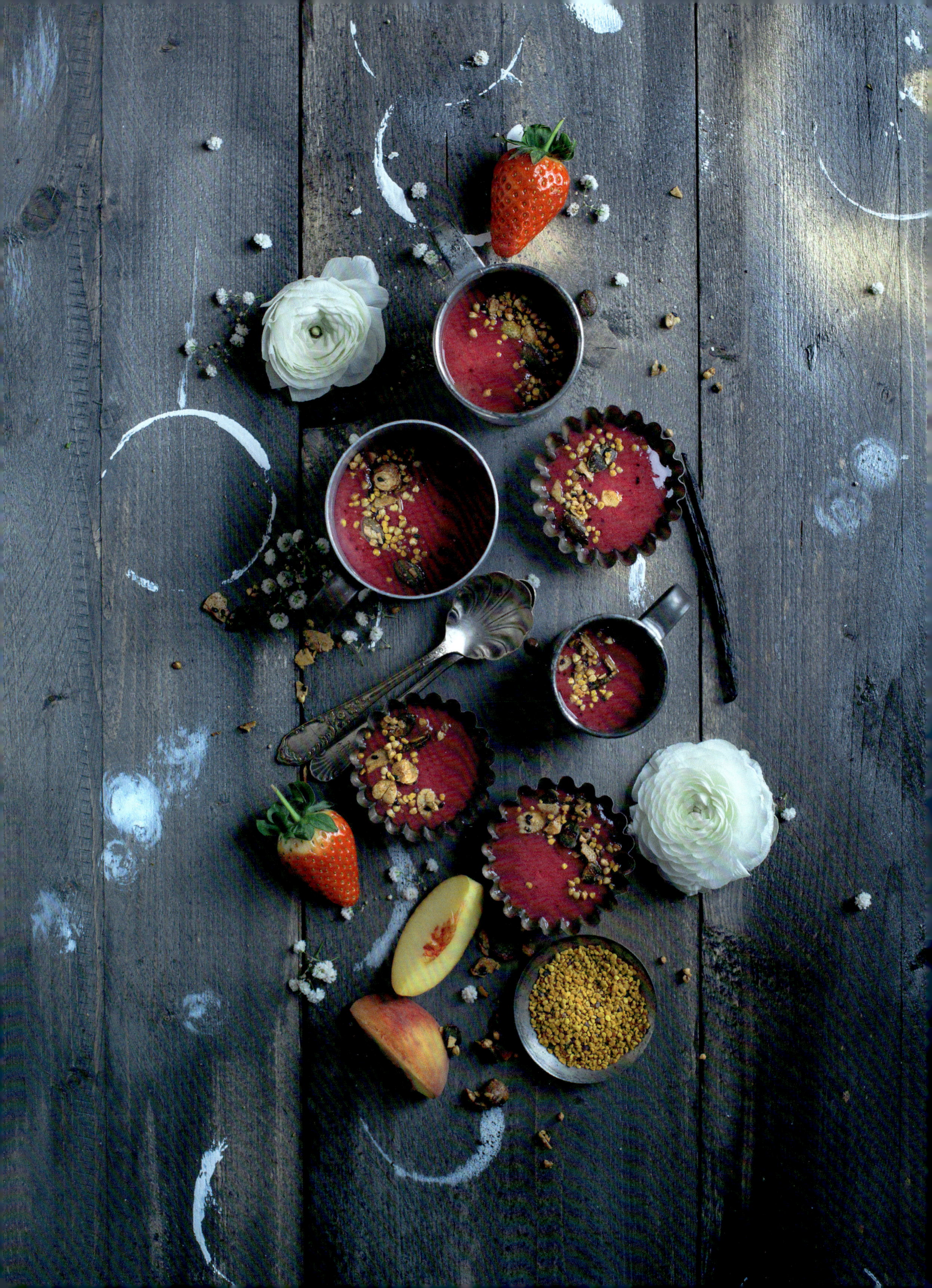

Açai BOWL

Açai | Banane | Kokos | Beeren

Für 1 große Portion

200 g gefrorene Bananenscheiben
200 g TK-Brombeeren
200 ml Joghurt (3,5 % Fett)
2 EL Açai-Pulver
1 Handvoll gemischte Beeren
ein paar Kirschen
2 EL Kokosflocken
1 TL Chia-Samen

AUSSERDEM

Hochleistungsmixer

glutenfrei

Eisiges Frühstücksglück! Wer träumt nicht davon, ganz ohne schlechtes Gewissen ein leckeres Eis zum Frühstück zu essen? Mit dieser Açai Bowl gelingt das garantiert. Die Cremigkeit entsteht durch gefrorene Früchte. Das Açai-Pulver, gewonnen aus einer Beere, die im Amazonasgebiet heimisch ist, kurbelt den Stoffwechsel an und enthält Dutzende Antioxidantien. Für das restliche Glück sorgen eine Handvoll gemischtes Lieblingsobst und ein wenig Knusperkram.

Zubereitung

Die gefrorenen Bananenscheiben und die TK-Brombeeren zusammen mit dem Joghurt und dem Açai-Pulver in einen Hochleistungsmixer geben und so lange mixen, bis eine cremig-eisige Masse entsteht. Das eisige Frühstücksglück nun noch mit den Beeren und Kirschen belegen und Kokosflocken und Chia-Samen darüberstreuen. Schnell löffeln und sein Glück kaum fassen können: gesundes Eis zum Frühstück!

Man kann diese Açai-Bowl natürlich auch mit anderen Früchten zubereiten. Anstatt der gefrorenen Brombeeren passen z. B. auch Himbeeren, Blaubeeren, Kirschen oder Erdbeeren.

TIPP | Das Granola hält sich in einem verschlossenen Glasgefäß ein paar Wochen, ihr könnt also gleich etwas auf Vorrat machen.

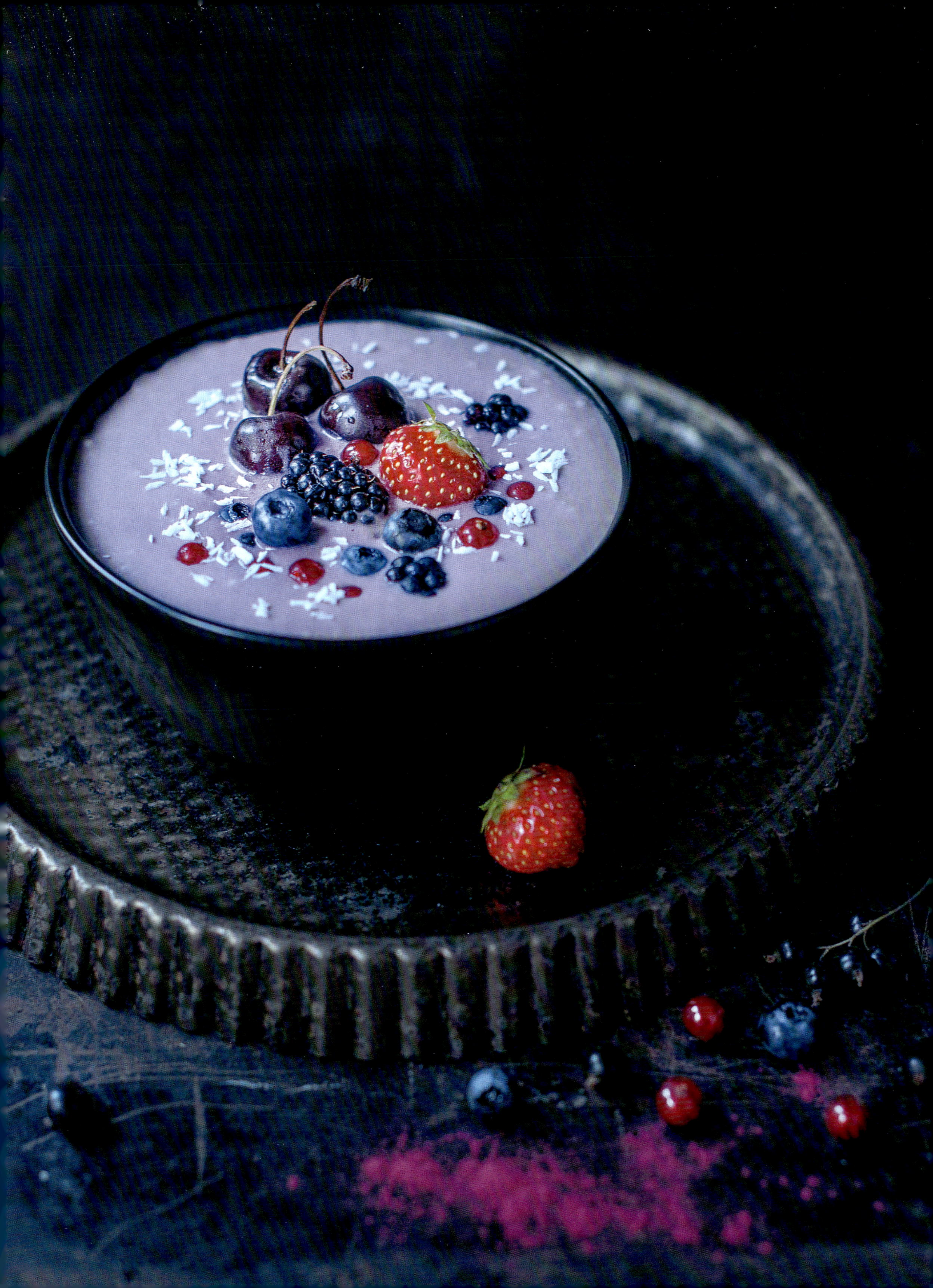

Pflaumen-Açai-BOWL

Pflaume | Beeren | Açai | Cashews | Lakritz

FÜR 4 PERSONEN

400 g Pflaumen
1 TL Kokosöl
2 TL Kokosblütenzucker
80 g TK-Heidelbeeren
100 g TK-Himbeeren
1 EL Açai-Pulver
4 TL Cashewmus
2 TL süßer Lakritz-Sirup

ZUM GARNIEREN

100 g verschiedene Früchte
2 EL Blütenpollen
1 EL getrocknete essbare Blüten

AUSSERDEM

4 Eiswürfel

vegan | glutenfrei | laktosefrei

Açai sind nicht nur beliebt, sondern auch sehr gesund. In diesem Buch (siehe S. 32) findet ihr ein weiteres Rezept mit den beliebten Beeren, die bei uns meist als Pulver angeboten werden. Bei dieser Açai-Bowl spielen Pflaumen, Heidelbeeren, Himbeeren und Cashewmus eine Rolle. Ein köstlicher Pflaumen-Lakritz-Sirup macht aus der Açai-Bowl einen supergesunden Nachtisch. Ich finde die Kombination unschlagbar.

ZUBEREITUNG

Die Pflaumen waschen, entsteinen und in kleine Stücke schneiden. Das Kokosöl in einer Pfanne erhitzen und die Pflaumen darin bei schwacher Hitze andünsten. Mit dem Kokosblütenzucker karamellisieren. Die Hälfte der Pflaumen zusammen mit Heidelbeeren, Himbeeren, Açai-Pulver, Cashewmus, 80 ml Wasser und 4 Eiswürfeln zu einem cremigen Smoothie mixen.

Die restlichen Pflaumen mit dem Lakritz-Sirup in ein hohes Gefäß geben und mit dem Stabmixer pürieren. Die Masse durch ein Haarsieb in eine Schüssel streichen.

Den Pflaumen-Açai-Smoothie in Schalen füllen, mit dem Pflaumen-Lakritz-Sirup beträufeln und nach Belieben mit ein paar Früchten, Blütenpollen und getrockneten Blüten dekorieren.

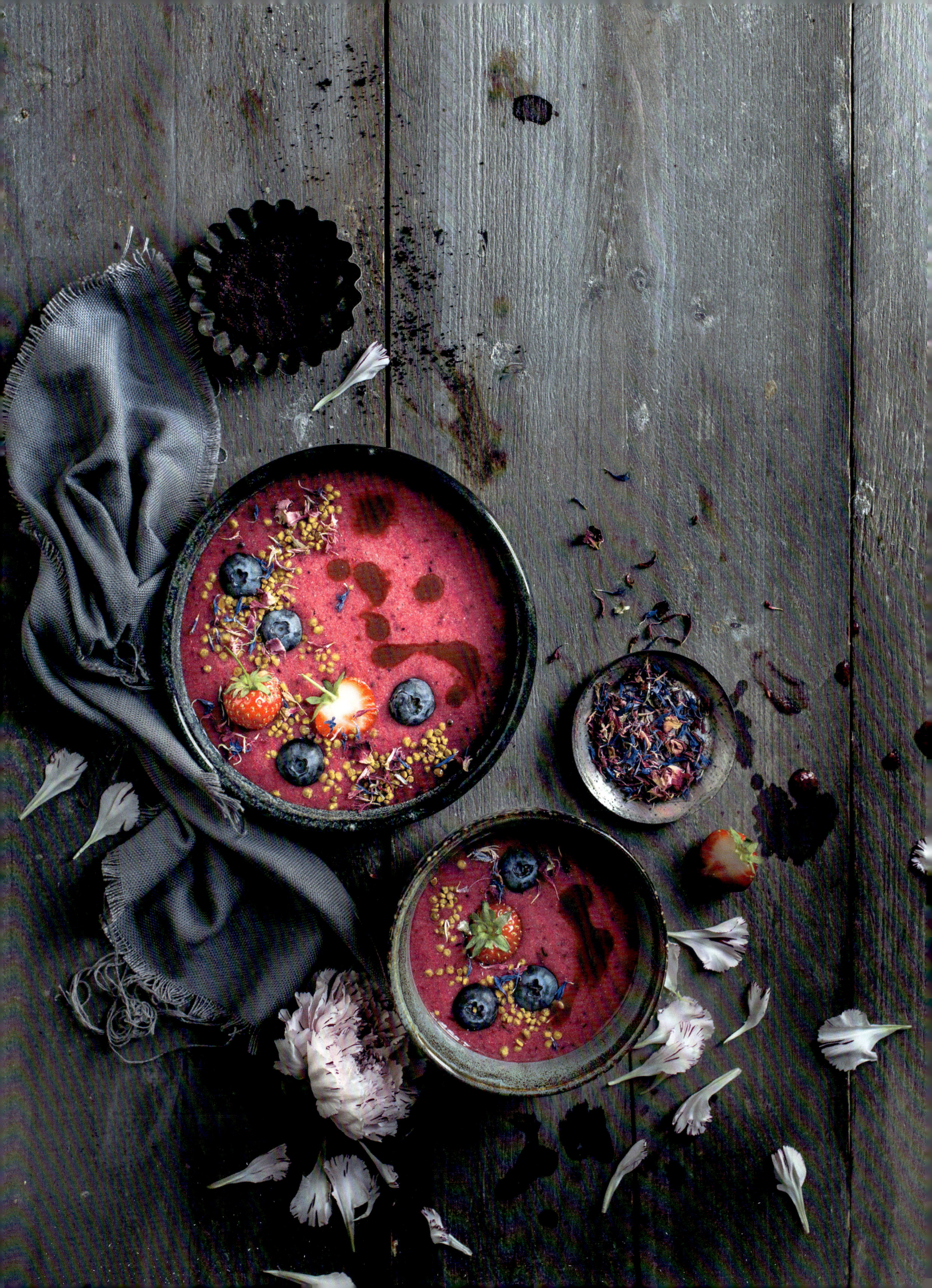

Buchweizen-Dattel-Granola mit BANANEN-PANCAKES

Banane | Nuss | Dattel | Buchweizen | Blütenpollen | Honig

FÜR 4 PERSONEN

FÜR 200 G GRANOLA

- 100 g Buchweizen
- 40 g gehobelte Mandeln
- 30 g Kürbiskerne
- 45 g grob gehackte Haselnusskerne
- 20 g gehackte Pistazien
- 2 EL Ahornsirup
- 4 EL grob gehackte Datteln
- 1 TL gemahlener Zimt
- 1 Prise Salz
- 2 EL Blütenpollen

FÜR DIE PANCAKES

- 140 g Haferflocken
- 4 EL Dinkelmehl
- 260 ml Mandeldrink
- 170 g Banane
- 4 TL Backpulver
- 3 TL Leinsamen
- 2 TL Flohsamenschalen
- Kokosöl zum Ausbacken
- Joghurt (nach Belieben)
- flüssiger Honig (nach Belieben)

laktosefrei

Pancakes mit Bananen geben mir Power für einen langen Tag. Das Granola, vollgepackt mit leckersten Nüssen, Kernen und Blütenpollen, macht nicht nur crunchigen Spaß beim Essen, sondern sorgt für einen zusätzlichen Powerschub. So energiegeladen kann man gut in den Tag starten.

ZUBEREITUNG

Für das Granola den Ofen auf 180 °C Umluft vorheizen. Alle Zutaten mit Ausnahme der Blütenpollen in eine Schüssel geben und gut miteinander mischen. Auf ein mit Backpapier ausgelegtes Blech geben und auf der mittleren Schiene im Ofen etwa 15 Minuten rösten. Zwischendurch ab und zu wenden. Das fertige Granola herausnehmen, abkühlen lassen und die Blütenpollen untermischen.

Für die Pancakes alle Zutaten in einen Standmixer geben und zu einem homogenen Teig verarbeiten. Etwas Kokosöl in eine Pfanne geben und mit einem Küchentuch auswischen, damit nicht zu viel Öl in der Pfanne ist. Dann die Pancakes portionsweise backen: Nur jeweils 1 EL Teig pro Pancake in die Pfanne geben, denn kleine Pancakes lassen sich leichter wenden.

Die fertigen Pancakes mit dem Buchweizen-Dattel-Granola und nach Belieben mit etwas Joghurt und Honig servieren.

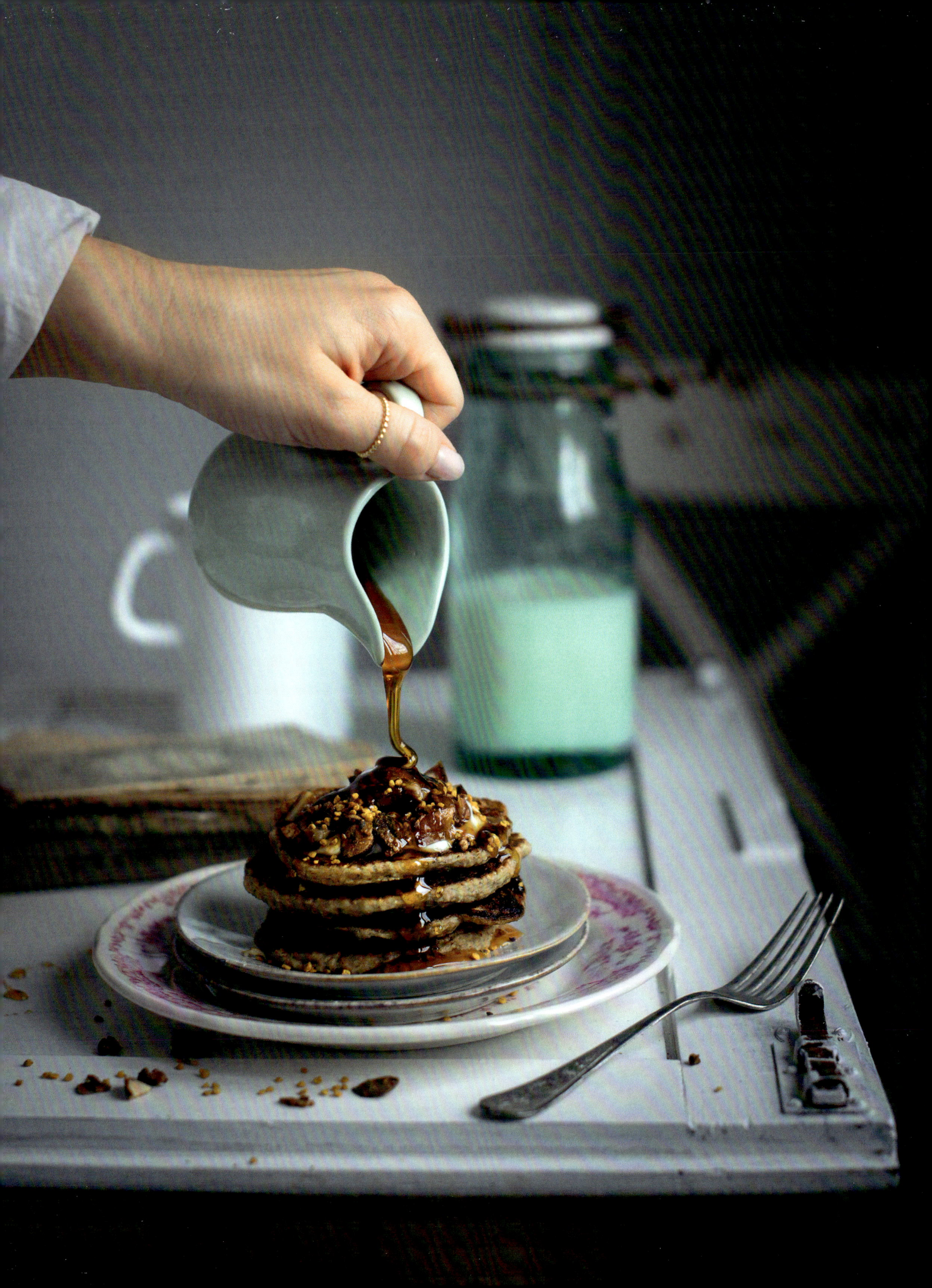

Salbei-Karamell-
RICOTTA-PANCAKES

Ricotta | Zitrone | Salbei | Karamell | Buchweizen | Schwarze Johannisbeere

Für ca. 20 kleine Pancakes

FÜR DIE PANCAKES

225 g Weizenmehl (Type 405)

3 EL Zucker

2 TL Backpulver

1 TL Salz

225 ml Milch (3,5 % Fett)

170 g Ricotta

3 Eier (Größe M)

abgeriebene Schale von 3 Bio-Zitronen

3 EL zerlassene Butter

2 EL Kokosöl

FÜR DAS SALBEI-KARAMELL

130 g Zucker

300 ml Milch (3,5 % Fett)

60 g Butter

½ Bund frischer Salbei

½ TL Salz

FÜR DEN BUCHWEIZEN

1 EL Kokosöl

40 g Buchweizen

ZUM SERVIEREN

100 g schwarze Johannisbeeren

AUSSERDEM

Schraubglas (300 ml)

Diese Pancakes sind ein wunderbares Beispiel dafür, dass Salziges und Süßes traumhaft harmonieren. Salzige Ricotta-Pancakes, zuckrig-süßes Karamell, erdiger Salbei und fruchtig-saure Johannisbeeren sind ein wahres Dream-Team und sowohl zum Frühstück als auch zum Mittagessen absolut unwiderstehlich. Der geröstete Buchweizen sorgt für einen spannenden Knuspereffekt.

Zubereitung

Für die Pancakes Mehl, Zucker, Backpulver und Salz in einer großen Rührschüssel gut mischen. In einer weiteren Schüssel Milch, Ricotta, Eier, abgeriebene Zitronenschale und die zerlassene Butter gut miteinander verquirlen, anschließend zur Mehlmischung geben und mit dem Mixer kurz durchrühren. Eine große beschichtete Pfanne erhitzen, etwas Öl hineingeben und bei mittlerer Hitze immer 3–4 kleine Pancakes auf einmal ausbacken. Die Pancakes wenden, wenn der Teig anfängt Bläschen zu bilden und die Unterseite goldig-braun ist. Die fertigen Pancakes warm halten, bis der Teig aufgebraucht ist.

Für das Karamell den Zucker in einer heißen Pfanne goldgelb karamellisieren lassen und mit der Milch ablöschen. Vorsicht, das spritzt ein wenig! Die Karamell-Milch gut durchrühren, bis der Zucker wieder vollständig geschmolzen ist und eine sirupartige Konsistenz hat. Zum Schluss die Butter einrühren, bis sie geschmolzen ist. Den Salbei waschen, trocken tupfen und Blätter abzupfen. Die Salbeiblätter quer in feine Streifen schneiden und zusammen mit dem Salz in das noch heiße Karamell rühren.

Das Salbei-Karamell in ein sauberes Schraubglas füllen und auf Zimmertemperatur abkühlen lassen. Schmeckt wunderbar zu den Ricotta-Pancakes.

Für den gerösteten Buchweizen eine beschichtete Pfanne erhitzen und das Öl hineingeben. Den Buchweizen darin für wenige Sekunden knusprig braten, aus der Pfanne nehmen und dann auf Küchenpapier abkühlen lassen. Der knusprige Buchweizen sorgt für Spannung auf den Pancakes.

Die Johannisbeeren waschen und von den Stielen abstreifen.

Pro Teller mehrere Pancakes übereinanderschichten, etwas gerösteten Buchweizen daraufgeben, mit Salbei-Karamell beträufeln, mit ein paar Schwarzen Johannisbeeren dekorieren … und genießen.

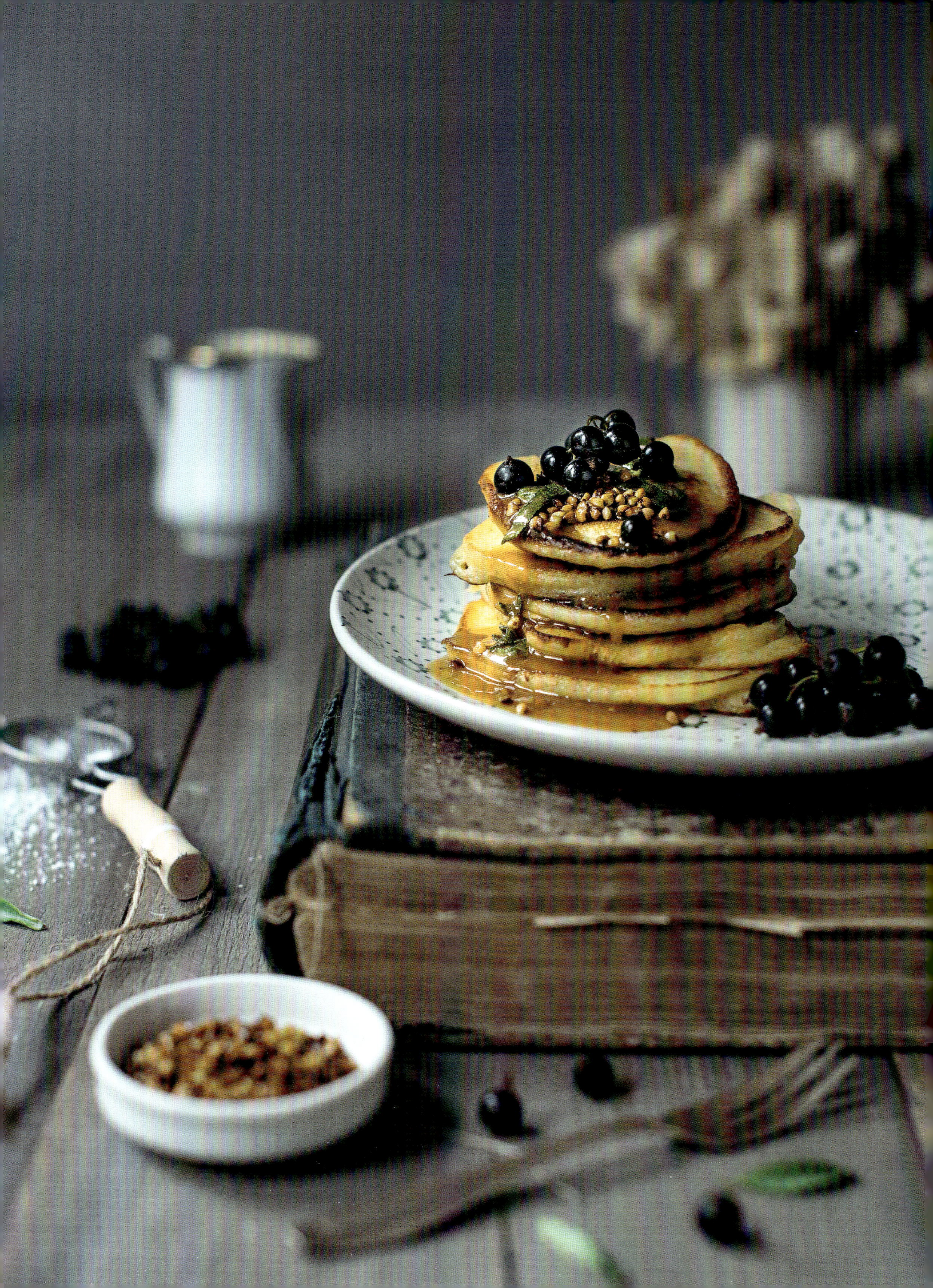

Herzhafter FRÜHSTÜCKSKUCHEN

Zucchini | Parmesan | Ricotta | Erbse | Frühlauch

FÜR 4 PERSONEN

1 kleine Schalotte
2 Knoblauchzehen
1 EL Olivenöl
250 g Zucchini
65 g Parmesan
75 g Weizenmehl (Type 405)
½ TL Weinsteinbackpulver
2 TL Meersalz
1 TL frisch gemahlener schwarzer Pfeffer
¼ TL geriebene Muskatnuss
3 Eier (Größe M)
150 g Ricotta
300 g frische grüne Erbsen
Butter oder Kokosöl für die Form
2 Stangen Frühlauch

AUSSERDEM

Auflaufform (20 x 20 cm)

Wer hätte gedacht, dass so viel grünes und frisch geerntetes Gemüse in einen Frühstückskuchen passt? Das Ergebnis ist köstlich: herzhaft, würzig und voll mit den Aromen, die die ersten Sommermonate uns bringen.

ZUBEREITUNG

Den Ofen auf 200 °C Umluft vorheizen. Die Schalotte und den Knoblauch fein würfeln und im Öl einige Minuten glasig anschwitzen. Die Zucchini waschen, mittelfein raspeln und mit Knoblauch, Schalotte, Parmesan, Mehl, Backpulver, Salz, Pfeffer und Muskat in eine Schüssel geben. Alles gut vermengen. Die Eier verquirlen und unter die Mischung rühren. Ricotta und Erbsen unterheben.

Die Auflaufform einfetten und den Teig hineingeben. Frühlauch in feine Ringe schneiden und darauf verteilen. Im Ofen für etwa 25 Minuten backen, bis der Kuchen goldgelb ist. Herausnehmen, etwas abkühlen lassen. Dann in Stücke schneiden und lauwarm oder kalt genießen.

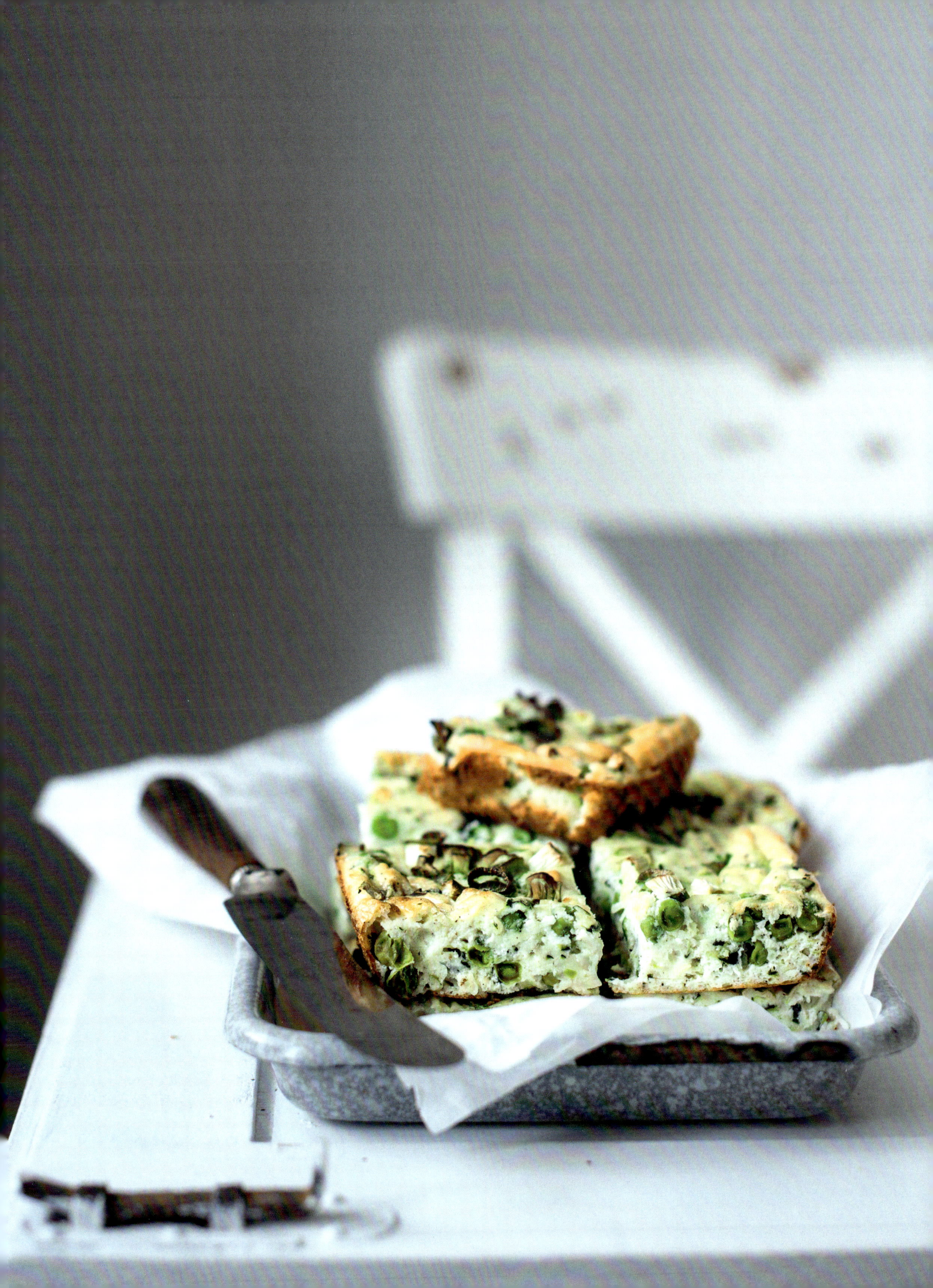

Quinoa Bowl mit POCHIERTEM EI

CHEDDAR | PARMESAN | WIRSING | PANCETTA | APFEL | CHAMPIGNON | TRÜFFEL

FÜR 4 PERSONEN

FÜR DIE QUINOA BOWL

400 g Hokkaido-Kürbis

5 TL Kokosöl

2 ¼ TL Meersalz

1 ¼ TL Baharat (Gewürzmischung)

160 g Rotkohl

400 g bunte Quinoa

1 EL Olivenöl

140 g bunter Mangold

FÜR DAS KRÄUTERÖL

½ Bund frische glatte Petersilie

½ Bund frischer Dill

140 ml Olivenöl

¼ TL Meersalz

FÜR DIE POCHIERTEN EIER

2 EL Apfelessig

4 Eier (Größe M)

glutenfrei laktosefrei

Ein warmes Frühstück, das richtig satt macht. Das Gericht ist aber auch als Lunch oder Abendessen toll. Ich liebe es, wenn das flüssige Eigelb über die Quinoa und das Gemüse läuft und sich alles zu einer wunderbaren Leckerei vereint. Die selbst gerösteten Kürbiskerne aus dem Hokkaido-Kürbis geben köstlichen Crunch.

ZUBEREITUNG

Den Ofen auf 180 °C Ober-/Unterhitze vorheizen. Den Kürbis waschen und entkernen, die Kerne beiseitestellen. Den Kürbis in dünne Scheiben schneiden oder hobeln. In einer Schüssel 2 TL Kokosöl mit ½ TL Meersalz und 1 TL Baharat verrühren, den Kürbis hinzugeben und darin wenden, bis die Scheiben mit dem Gewürzöl überzogen sind. Ein Backblech mit Backpapier auslegen und den Kürbis auf einer Hälfte ausbreiten.

Nun die Kürbiskerne von den Fasern befreien. Dazu die Kerne in eine Schüssel geben und mit reichlich Wasser bedecken. Die Kerne schwimmen nach oben, sodass man sie leicht aus den Fasern lösen kann. Die Kürbiskerne auf Küchenpapier legen und trocken tupfen, dabei werden die letzten Faserreste entfernt. In einer Schale ¼ TL Baharat, ¼ TL Meersalz und 1 TL Kokosöl vermischen. Die Kürbiskerne hinzugeben und darin wenden, bis sie mit dem Gewürzöl überzogen sind. Die Kerne zum Kürbis auf das Backblech legen. Den Rotkohl in feine Streifen schneiden, mit 1 TL Kokosöl und ½ TL Meersalz mischen und ebenfalls auf das Backblech geben. Das Gemüse und die Kürbiskerne im vorgeheizten Ofen auf der mittleren Schiene ca. 15–20 Minuten rösten. Die Kürbiskerne dabei einmal wenden.

In der Zwischenzeit Quinoa mit 800 ml Wasser aufkochen und etwa 10 Minuten gar köcheln lassen. Abtropfen lassen und mit Olivenöl und ½ TL Meersalz würzen. Den Mangold waschen, trocken tupfen und Blätter und Stiele in dünne Streifen schneiden. In einer Pfanne 1 TL Kokosöl erhitzen und den Mangold darin einige Minuten anschwitzen. Mit ½ TL Meersalz würzen.

Für das Kräuteröl Petersilie und Dill waschen, trocken schütteln und grob hacken. Die Kräuter in ein hohes Gefäß geben, Olivenöl und Meersalz hinzufügen und mit dem Stabmixer zu einem Kräuteröl mixen.

Für die pochierten Eier in einem mittelgroßen Topf 2 l Wasser zum Kochen bringen. Essig hinzufügen und die Temperatur reduzieren, bis das Wasser nur noch siedet. 1 Ei in eine Tasse aufschlagen und darauf achten, dass das Eigelb unverletzt bleibt. Mit einem Holzlöffel einen Strudel im Wasser bilden, das Ei vorsichtig ins Wasser gleiten lassen und 3–4 Minuten pochieren. Das Ei mit einer Schöpfkelle herausnehmen, auf einen Teller geben und warm halten. Mit den restlichen Eiern genauso verfahren. Kürbis, Kürbiskerne, Rotkohl und Mangold unter die Quinoa heben und auf Teller verteilen. Mit je einem pochierten Ei anrichten, mit Kräuteröl beträufeln.

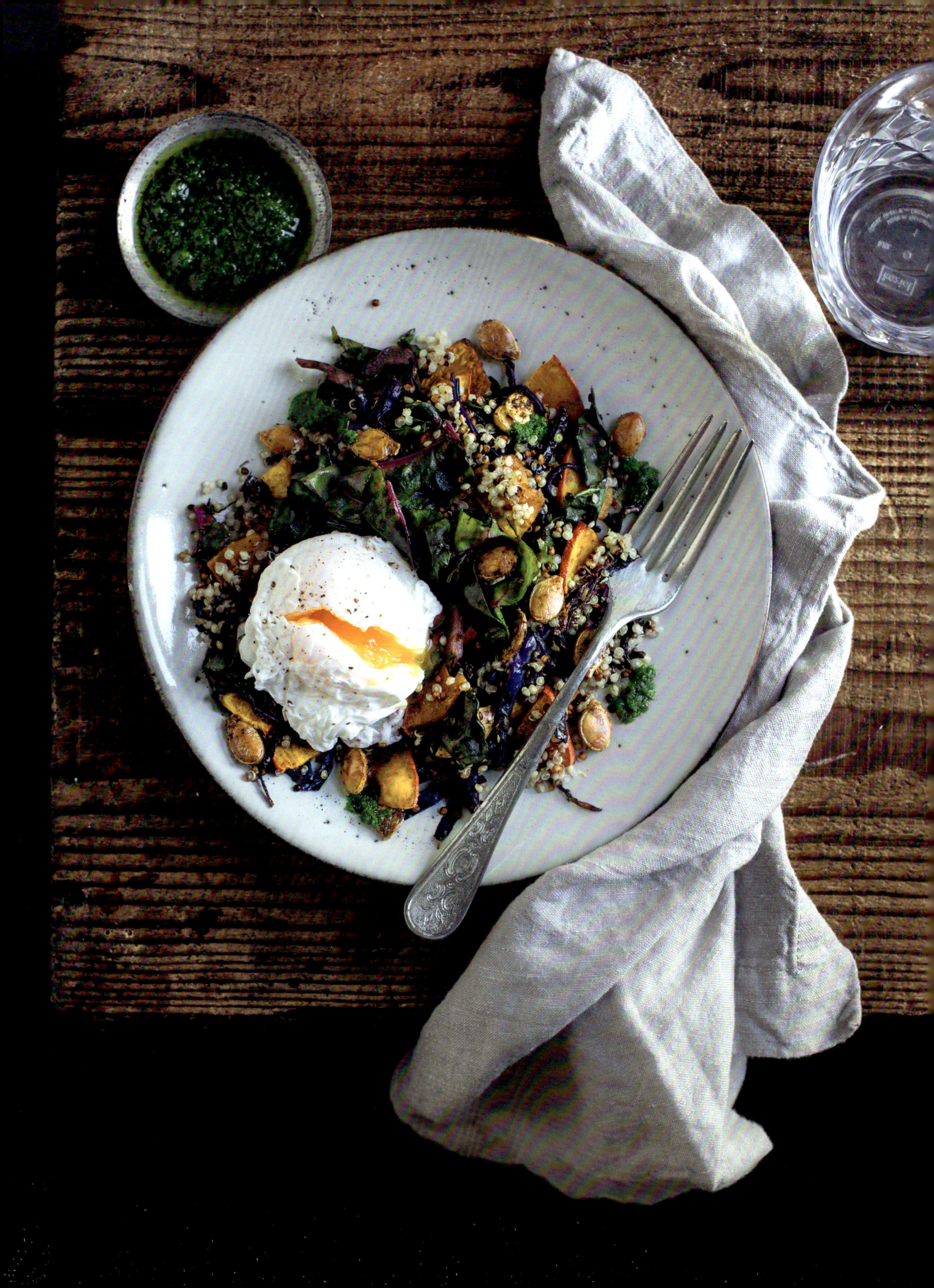

Herzhafte AVOCADO-EDAMAME-WAFFELN

Dinkel | Kurkuma | Dukkah | Edamame | Sesam | Haselnuss | Avocado

Diese Waffeln mache ich oft, denn sie sind so wunderbar würzig und pikant. Sie schmecken einfach toll mit den Edamame-Bohnen und der Avocado. Wenn ich eine Alternative möchte, esse ich die Waffeln mit einem Spinat-Rührei sowie mit einem leckeren Hummus.

FÜR 4 PERSONEN

FÜR DIE WAFFELN

- 50 g Haferflocken
- 240 g Dinkelvollkornmehl
- 2 TL Backpulver
- 2 TL gemahlene Kurkuma
- 1 TL Cayennepfeffer
- 2 TL gemahlener Kreuzkümmel
- 2 TL Salz
- 300 ml Mandeldrink
- 2 TL Saft von 1 Zitrone
- 120 g Soja-Joghurtalternative
- 60 ml flüssiges Kokosöl, plus etwas mehr für das Waffeleisen
- 30 ml Ahornsirup
- 60 g Baby-Spinat

ZUBEREITUNG

Für den Waffelteig Haferflocken, Mehl, Backpulver und die Gewürze in einer Schüssel miteinander vermischen. In einer zweiten Schüssel Mandeldrink, Zitronensaft, Soja-Joghurtalternative, erhitztes und flüssiges Kokosöl und Ahornsirup mischen. Dann die flüssigen Zutaten zu den festen geben und alles zu einem glatten Teig verrühren. Quellen lassen, während der Spinat vorbereitet wird.

Den Spinat waschen, trocken schleudern, fein hacken und unter den Teig rühren.

Ein Waffeleisen erhitzen, mit etwas Kokosöl einpinseln und den Teig portionsweise zu knusprigen Waffeln backen. Fertige Waffeln im Backofen warm halten.

Weiter geht's auf der nächsten Seite.

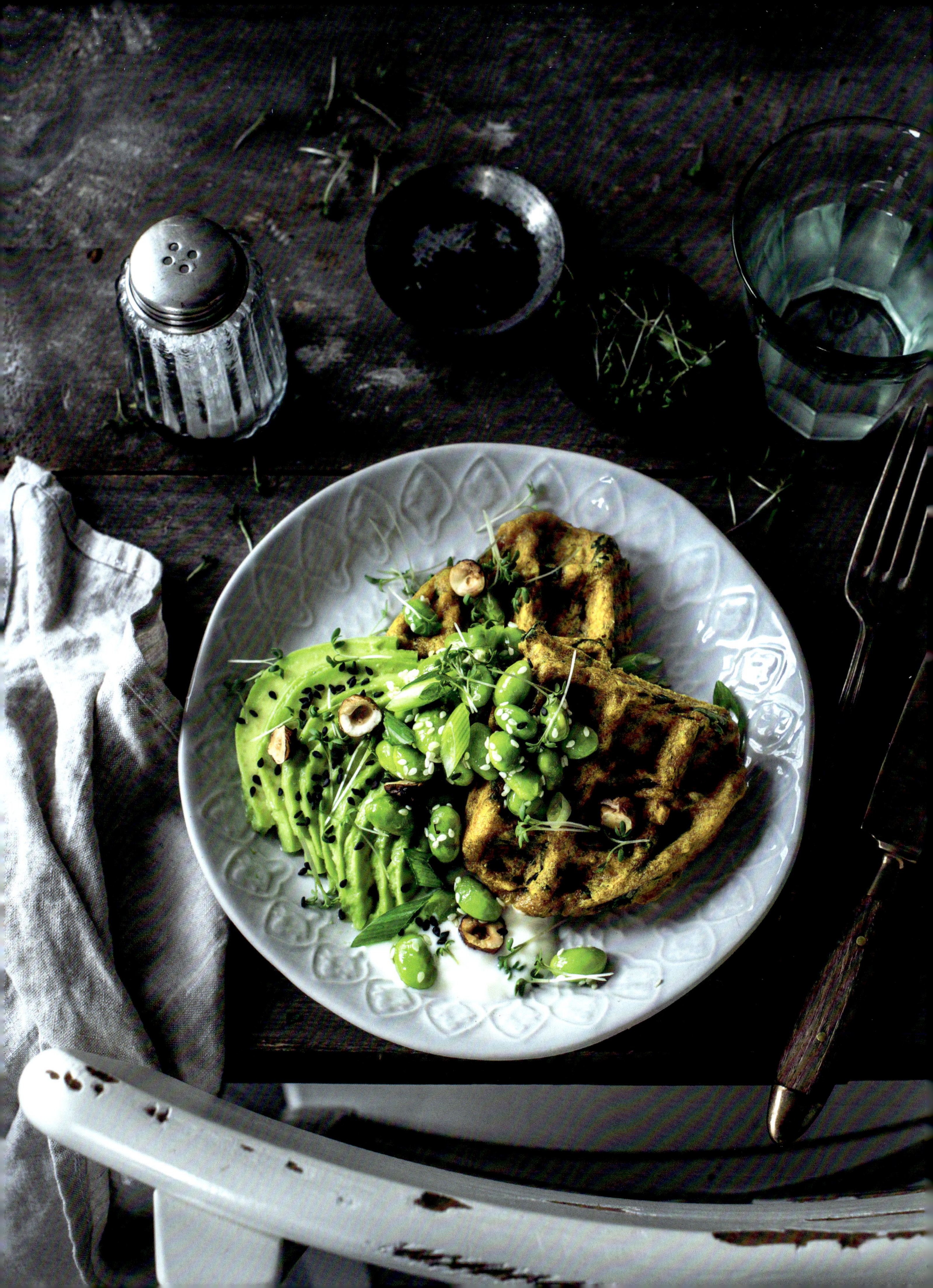

FÜR DIE DUKKAH-GEWÜRZMISCHUNG

200 g gemischte Kerne
(z. B. Haselnusskerne, Mandeln, Pistazien)

40 g gemahlener Koriander

40 g gemahlener Kreuzkümmel

1 TL gemahlener Ceylon-Zimt

2 TL Meersalz

abgeriebene Schale von 1 Bio-Zitrone

1 TL schwarzer Pfeffer

60 g weißer Sesam

60 g schwarzer Sesam

FÜR DEN BELAG

2 EL Olivenöl

200 g TK-Edamame

2 EL weißer Sesam

1 TL Meersalz

40 g Haselnusskerne

1 TL Kokosblütenzucker

4 Avocados

Saft und Zesten von 2 Bio-Zitronen

8 EL Soja-Joghurtalternative

ZUM GARNIEREN

2 Frühlingszwiebeln

schwarzer Sesam

Gartenkresse

AUSSERDEM

Waffeleisen

vegan | laktosefrei

Währenddessen für die Dukkah-Gewürzmischung alle Zutaten bis auf den Sesam in einen Mixer geben und kurz mixen, bis die Kerne mittelfein sind. Den Sesam hinzufügen und vermischen.

Für den Belag das Olivenöl in einer Pfanne erhitzen und die Edamame darin anschwitzen. Sesam und Meersalz hinzugeben, dann die Edamame vom Herd nehmen. Die Haselnüsse grob hacken und in einer Pfanne ohne Fett kurz anrösten. Den Zucker hinzufügen, umrühren und karamellisieren lassen.

Für die Garnitur die Frühlingszwiebeln waschen, putzen und in feine Ringe schneiden.

Für den Belag die Avocados halbieren, die Kerne entfernen, das Fruchtfleisch quer in Scheiben schneiden, mit einem Löffel auslösen und mit Zitronensaft beträufeln.

Die Waffeln auf Teller geben. Jeweils einen Klecks Soja-Joghurtalternative danebensetzen. Edamame und Avocadoscheiben auf die Waffeln geben, mit Zitronenzesten, karamellisierten Haselnüssen, schwarzem Sesam, Frühlingszwiebeln, Kresse und Dukkah-Gewürzmischung bestreuen.

TIPP Die Dukkah-Gewürzmischung könnt ihr über Salate oder Gemüse streuen. Als Kruste für Fisch und Fleisch ist sie aber auch wunderbar. Ich verwende Dukkah in vielen meiner Rezepte. Sie hält sich in einem Schraubglas viele Wochen frisch.

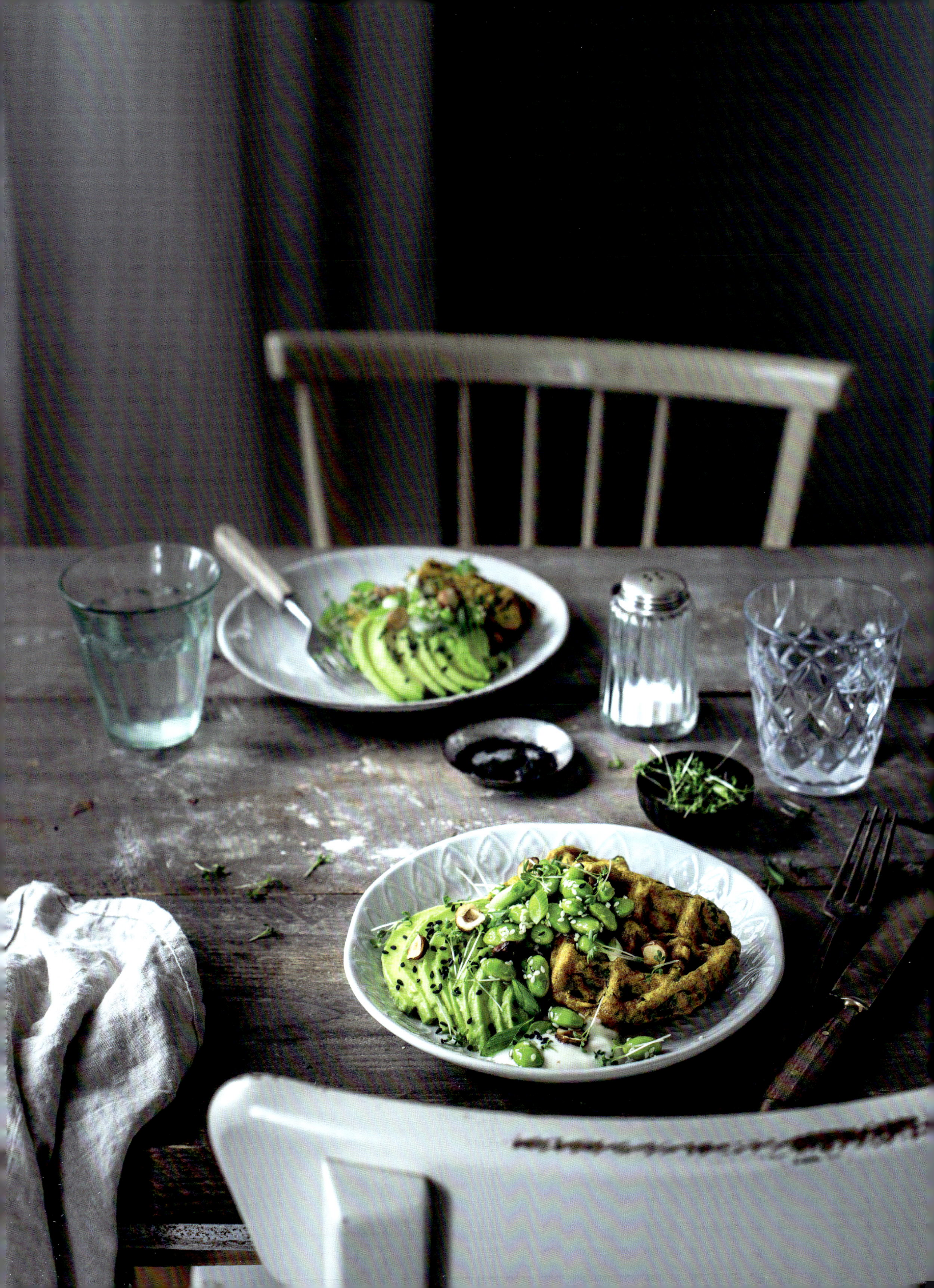

Brote, Snacks, Dips & Cremes

Brote, Sandwiches und kleine Snacks sind prima für den kleinen Hunger zwischendurch. Ich liebe es vor allem, mein Brot selbst zu machen. So weiß ich ganz genau, was drinnen ist, und das sind bei mir neben den üblichen Zutaten meist noch Gewürze, Kräuter oder auch Nüsse. Komplizierte Rezepte mit langen Gehzeiten mag ich allerdings nicht, denn ich möchte das duftende Brot immer schnell aus dem warmen Ofen holen können. Als Aufstrich dazu eignen sich Dips und Cremes mit Edamame, Cashewkernen oder Avocado, dazu jede Menge frischer Kräuter, Nüsse und Gemüse und obendrauf ein paar Sprossen, ein paar Früchte und scharfsaure Quick Pickles für den besonderen Kick! So wird das Brot zu einem wahren Gaumenschmaus, dass nicht nur satt, sondern auch glücklich macht.

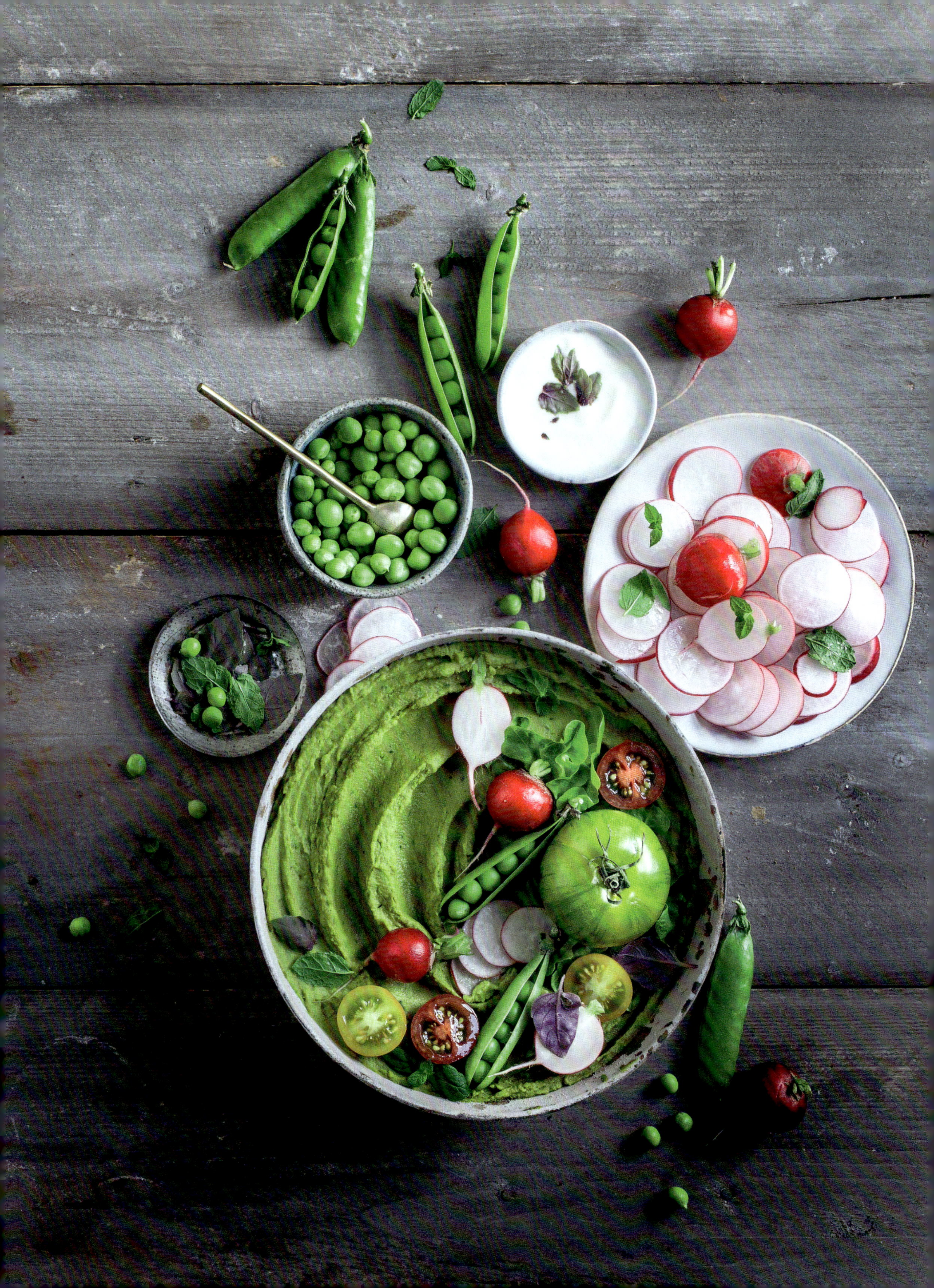

Tomaten- MARMELADE

Tomate | Chili | Lorbeer

Für 1 Glas (à 250 g)

500 g unterschiedliche Sorten Tomaten
½ Bio-Zitrone
140 g Zucker
½ TL Salz
½ TL Apfelessig
2 gemörserte Nelken
1 getrocknete, gemörserte Chilischote
1 kleines Lorbeerblatt

AUSSERDEM

Schraubglas (250 ml)

vegan | glutenfrei | laktosefrei

Die Tomaten-Marmelade ist so vielseitig verwendbar, dass sie gleich in mehreren Rezepten hier im Buch wieder auftaucht. Ganz klassisch könnt ihr sie zu einer wunderbaren Käseplatte mit frischen Früchten und jeder Menge Nüssen servieren. Doch die Tomatenmarmelade macht mit ihrem fruchtig-scharfen Geschmack viele andere Gerichte zu wahren Geschmackexplosionen. So bekommt die Chorizo-Lasagne (siehe S. 200) durch die Süße der Marmelade ihre ganz eigene Note.

Zubereitung

Die Tomaten waschen, vom Stielansatz befreien und in mittelgroße Würfel schneiden. Die Zitrone heiß waschen, die Schale abreiben und den Saft auspressen. Die Tomaten mit Zitronenschale, Zitronensaft und den restlichen Zutaten in einen Topf geben und bei kleiner Hitze etwa 1 Stunde lang köcheln lassen, bis die Marmelade glänzt und eingedickt ist. Das Lorbeerblatt entfernen, die Tomaten-Marmelade noch heiß in ein sauberes Schraubglas füllen und kühl lagern.

TIPP | Die Marmelade ist auch ein wunderbarer Brotaufstrich und passt hervorragend auf ein Sandwich mit Bacon, Salat und Parmesanhobeln.

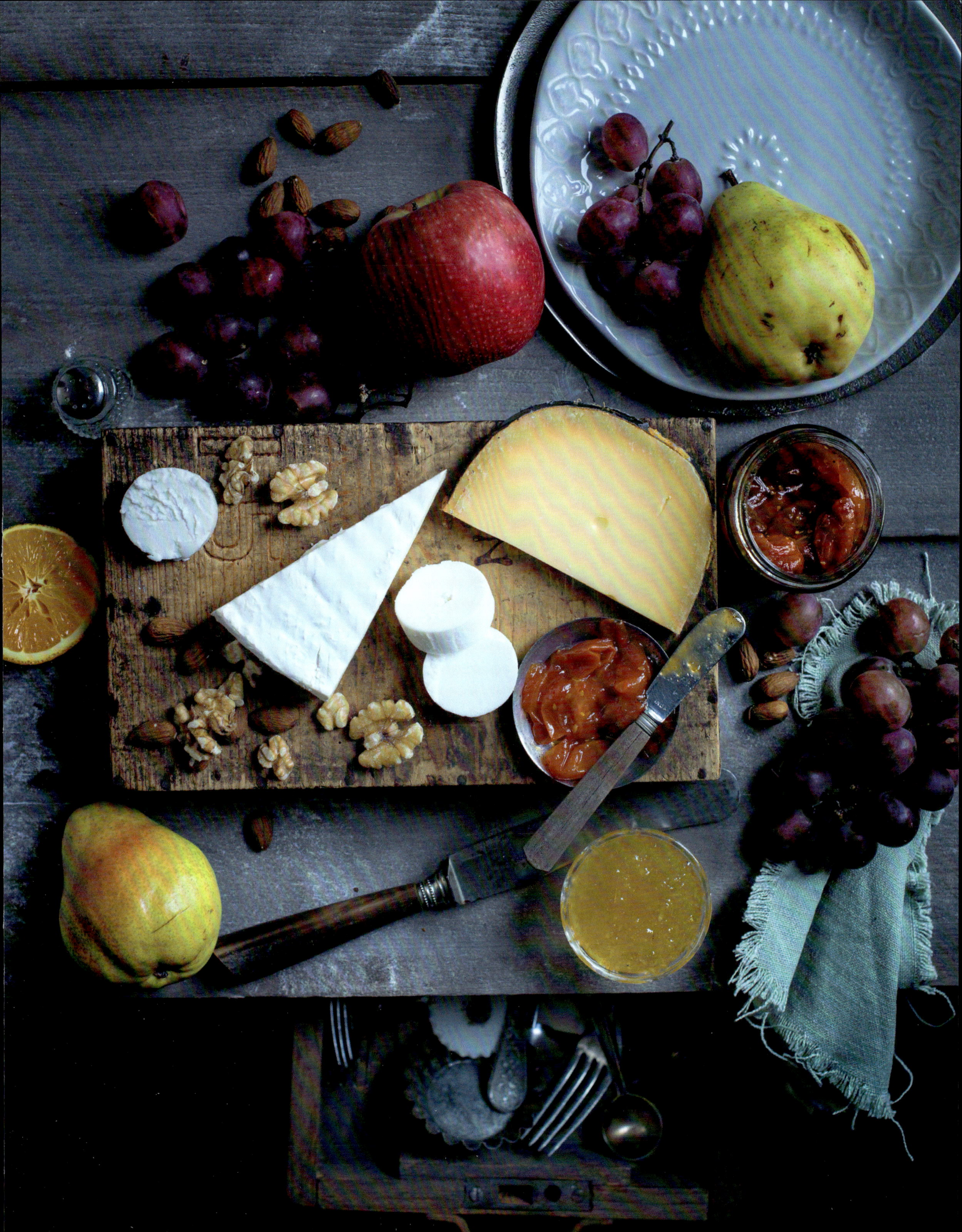

Rote-Bete-PESTO

Rote Bete | Orange | Haselnuss | Parmesan

Für 2 Gläser (à 200g)

300 g frische Rote Bete

2 Bio-Orangen

2 EL Rohrohrzucker

1 EL Apfelessig

2 EL Olivenöl

1 TL Salz, plus etwas Salz zum Verfeinern

80 g grob gehackte Haselnusskerne

70 ml Olivenöl, plus etwas mehr nach Bedarf

2 EL geriebener Parmesan

glutenfrei

Rote Bete liebe ich ja seit Kindheitstagen. Pesto auch. Ein Rote-Bete-Pesto musste daher in dieses Kochbuch. Dieses hier ist besonders lecker durch den Orangenabrieb und die gerösteten Haselnüsse. Das Ofengemüse aus diesem Buch (siehe S. 144) lässt sich wunderbar in das Pesto dippen.

Zubereitung

Den Backofen auf 180 °C Ober-/Unterhitze vorheizen. Die Rote Bete vom Blattgrün befreien. Große Knollen schälen, kleine nur waschen, dann je nach Größe vierteln oder achteln. Eine Orange auspressen. Den Orangensaft, Zucker, Apfelessig, Olivenöl und Salz in einer Schüssel mischen. Die Rote Bete zur Marinade geben, durchrühren, dann alles auf ein mit Backpapier belegtes Blech geben und im Ofen auf der zweiten Schiene von unten ungefähr 1 Stunde garen. Zwischendurch immer mal wieder wenden. In den letzten 5 Minuten die grob gehackten Haselnüsse dazugeben. Anschließend alles abkühlen lassen.

In der Zwischenzeit die zweite Orange heiß waschen, die Schale abreiben und den Saft auspressen. Die Rote-Bete-Nuss-Mischung mit dem Orangensaft und dem Olivenöl zu einem Pesto mixen. Hierfür eignet sich ein Stabmixer oder ein Standmixer. Das Pesto mit Parmesan, dem Orangenabrieb und Salz verfeinern und eventuell noch etwas mehr Öl angießen, um es flüssiger zu machen.

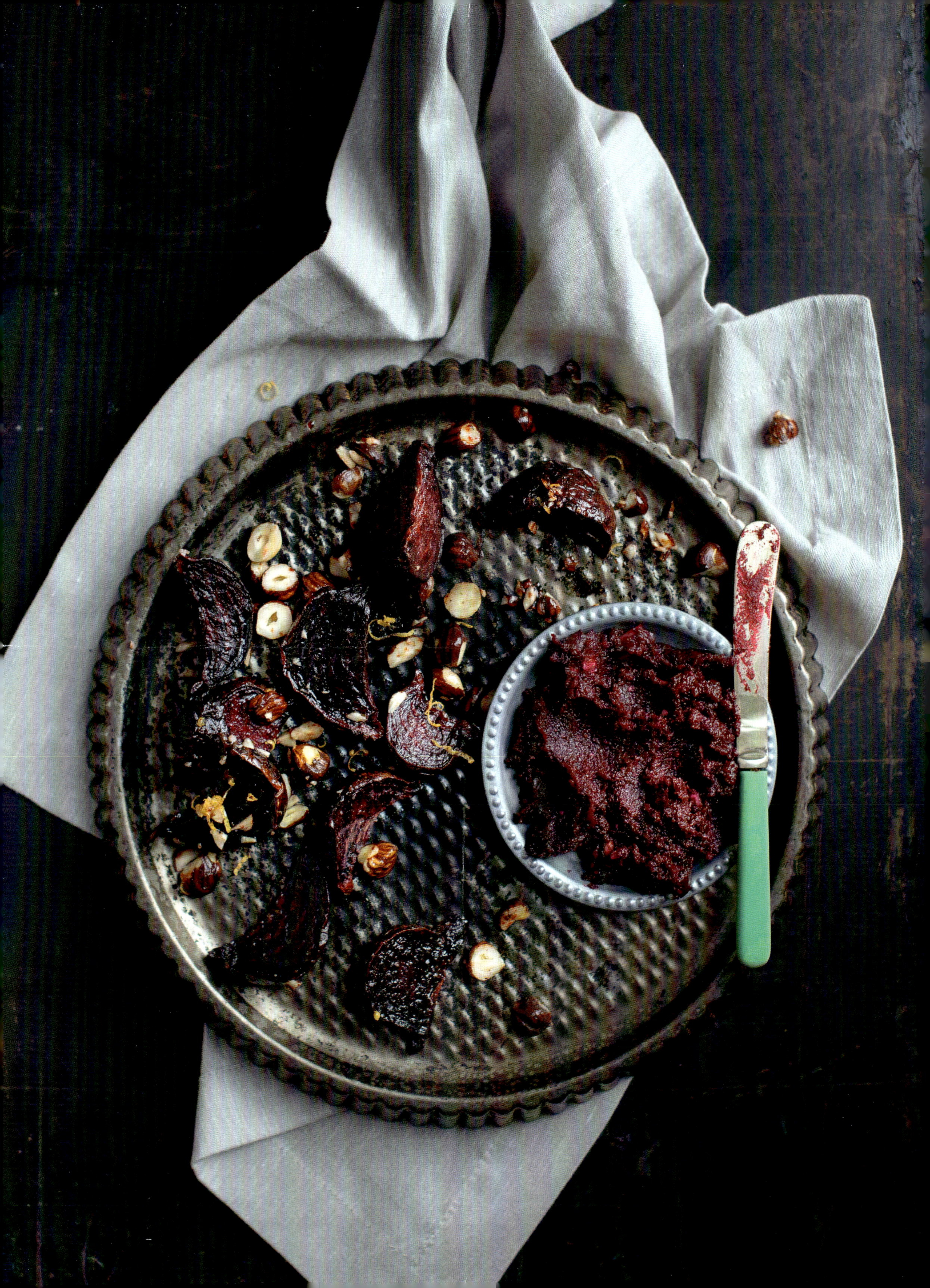

Kürbiskern-BUTTER

Kürbiskern | Honig | Chili

Für 1 Glas (à 200g)

200 g Kürbiskerne
1 EL flüssiger Honig
¼ TL Meersalz
1 getrocknete rote Chilischote

AUSSERDEM

Hochleistungsmixer
Schraubglas (200 ml)

glutenfrei laktosefrei

Diese Butter schmeckt sehr intensiv nach Kürbiskernen, ist recht scharf und unglaublich nussig im Geschmack. Ich liebe sie sehr und mache sie immer wieder, denn sie gehört für mich zu meinen liebsten Frühstücksaufstrichen.

Zubereitung

Eine Pfanne erhitzen und die Kürbiskerne bei mittlerer Hitze einige Minuten rösten, bis sie anfangen zu duften und aufzuplatzen. Den Honig dazugeben und unter die Kürbiskerne rühren, bis alle vom Honig bedeckt sind.

Die Kerne abkühlen lassen und dann in einen Hochleistungsmixer geben. Das Meersalz fein mörsern und zusammen mit der Chilischote ebenfalls in den Mixer geben und alles zunächst auf einer langsamen Stufe, nach kurzer Zeit dann auf der höchsten Stufe mixen. Die Kerne mit einem Stößel immer wieder in Richtung der Klingen drücken. Zunächst entsteht eine Art Mehl, nach 1–2 Minuten wird daraus eine cremige, glänzende Butter.

Die scharfe Kürbiskern-Butter in ein sauberes Schraubglas füllen und dann im Kühlschrank aufbewahren.

Honig- MANGO-CREME

MANGO | HONIG

Für 1 Glas (à 280 g)

1 Mango
80 g flüssiger Honig
¼ TL Salz
1 frische rote Chilischote

glutenfrei | laktosefrei

Diese Creme ist wunderbar fruchtig und süß. Sie passt hervorragend zu asiatischen Gerichten, zu Salaten und auch zu einem würzigen Käse. Wer mag, kann die Creme auch pikant schärfen: Cayennepfeffer oder eine hineingemixte Chilischote machen aus ihr eine feurige Variante.

Zubereitung

Die Mango schälen und entkernen. Für die Creme werden 200 g Mango-Fruchtfleisch benötigt. Das Fruchtfleisch in grobe Stücke schneiden. Mit Honig, Salz und nach Belieben mit der Chilischote in einen Messbecher geben und mit einem Stabmixer zu einer feinen Creme pürieren.

TIPP | Die Honig-Mango-Creme kann man auch mit Zitronenschale und Ingwer würzen. Sie ist ein köstliches Salatdressing für einen Grünkohlsalat mit Äpfeln, Croûtons und karamellisierter Hähnchenbrust.

Edamame-DIP

Edamame | Limette | Kapern | schwarzer Sesam

Für ca. 600g Dip

FÜR DEN EDAMAME-DIP

- 400 g gepalte TK-Edamame
- 150 g Kichererbsen (aus dem Glas)
- 50 ml Olivenöl
- 1 ½ TL Salz
- Schale von 1 Bio-Limette

ZUM GARNIEREN

- Olivenöl (nach Belieben)
- 1 EL Sonnenblumenkerne
- 1 EL Kapern
- Schale von 1 Bio-Limette
- 1 TL schwarzer Sesam

vegan | glutenfrei | laktosefrei

Dieser Dip ist neben meinem heißgeliebten Hummus mein neuer Liebling. Jede Sorte Rohkost kann man in die Edamame-Creme dippen. Daneben gibt sie einen prima Aufstrich ab, wie gemacht für mein nussiges Spinatbrot (siehe S. 78). Toll ist der Edamame-Dip auch auf einem Sandwich mit Avocado, Gurke, Koriander und Quick-Pickled-Zwiebeln (siehe S. 62), oder in einem (Salat-)Wrap.

Zubereitung

Die Edamame mit den Kichererbsen, 50 ml Wasser, Olivenöl, Salz und Limettenschale in ein hohes Gefäß geben und mit dem Stabmixer zu einer Creme pürieren.

Den Edamame-Dip in eine Schale geben. Nach Belieben mit etwas Olivenöl beträufeln und mit Sonnenblumenkernen, Kapern, Limettenschale und schwarzem Sesam garnieren.

TIPP | Der Edamame-Dip lässt sich wunderbar abwandeln. Man kann z. B. Petersilie oder Koriander untermixen. Wer es noch würziger mag, kann auch eine Variante mit Ingwer und Chili ausprobieren.

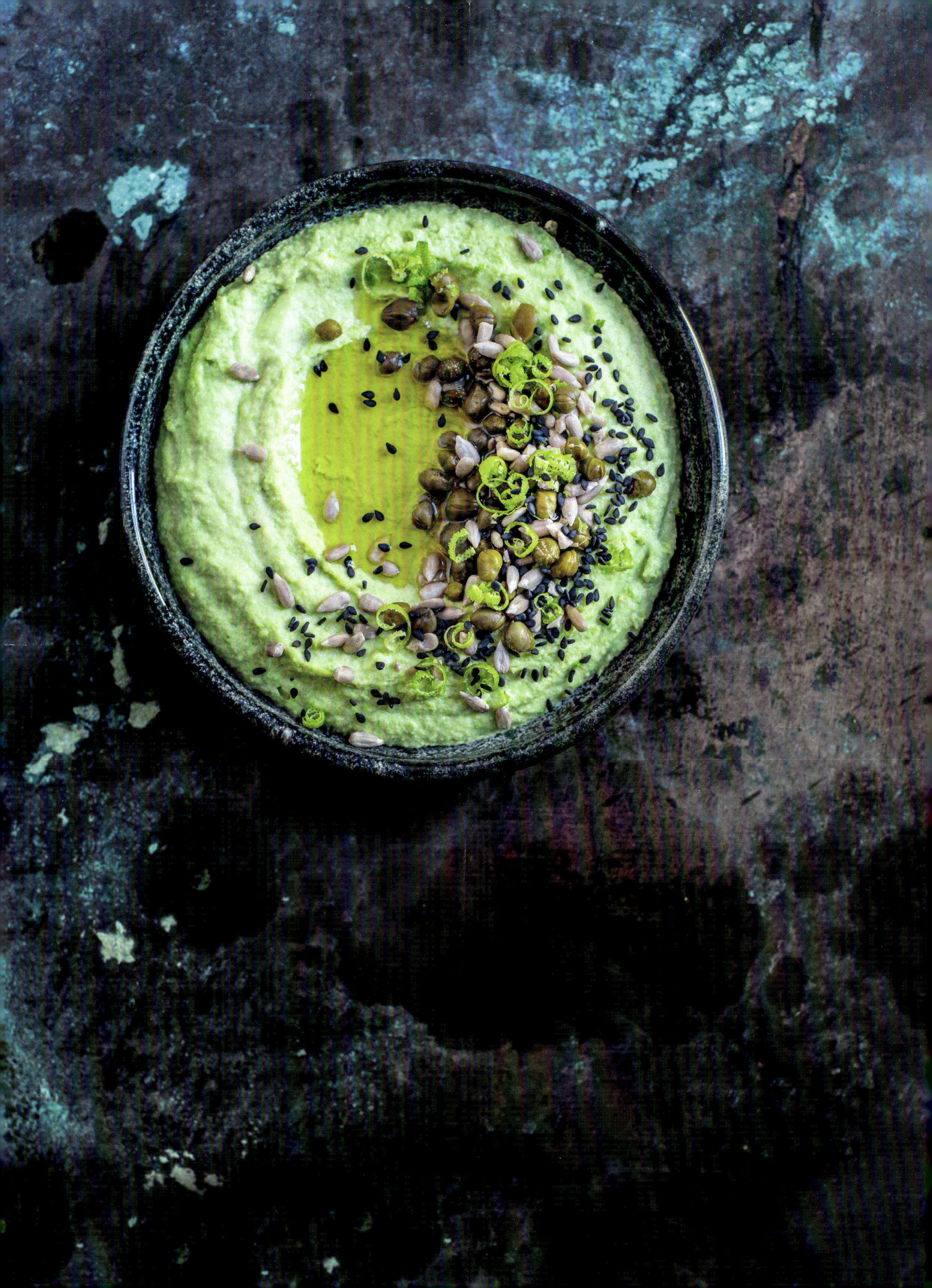

Süßkartoffel- CREME

Süßkartoffel | Kokos | Kreuzkümmel | Zimt

Für ca. 450 g Creme

350 g Süßkartoffeln
Salz
120 ml Kokosmilch
1 frische rote Chilischote
2 TL Kreuzkümmel
1 TL gemahlener Zimt

vegan | glutenfrei | laktosefrei

Ich liebe samtig-cremige Salatdressings, die von der Konsistenz eher einem Dip ähneln. Dieses Dressing aus Süßkartoffeln bringt Würze und Schärfe mit sich, macht den Salat auch etwas sättigender und passt toll zu Grünkohl-Kreationen. Aber auch ein Knoblauch-Naan lässt sich toll darin eindippen.

Zubereitung

Für die Süßkartoffel-Creme die Kartoffeln schälen, in grobe Würfel schneiden und in Salzwasser 10–15 Minuten weich kochen. Abgießen und abtropfen lassen, dann zusammen mit der Kokosmilch und der grob gehackten Chilischote in ein hohes Gefäß geben und mit einem Stabmixer zu einer glatten Creme pürieren. Anschließend mit Kreuzkümmel, Zimt und Salz kräftig würzen.

Wenn die Creme zu dick ist, noch ein wenig Kokosmilch dazugeben. Die Süßkartoffel-Creme im Kühlschrank lagern und innerhalb weniger Tage verbrauchen.

BBQ-Sauce

Cola | Kreuzkümmel | Liquid Smoke

Für 1 Glas (à 450 g)

370 g Ketchup
80 g Rohrzucker
550 ml Cola
30 ml Apfelessig
3 TL Kreuzkümmel
20 ml Liquid Smoke (Raucharoma)

AUSSERDEM

Schraubglas (450 ml)

vegan glutenfrei laktosefrei

Diese selbst gemachte BBQ-Sauce ist alles andere als gesund – das gebe ich zu. Doch sie ist einfach köstlich und jede Sünde wert. Ich mache immer eine große Portion davon, so hat man schnell etwas zur Hand, wenn man sein Abendbrot in ein aufregendes Sandwich verwandeln möchte oder der selbst gemachte Burger noch einen Extrakick Rauch und Würze braucht. Mein Pulled Pork und die Bao Buns (siehe S. 194) sind ohne diese Sauce gar nicht denkbar.

Zubereitung

Ketchup, Zucker, Cola, Essig, Kreuzkümmel und Liquid Smoke in einen Topf geben und 1 Stunde sanft einköcheln lassen. Zwischendurch immer wieder rühren. Anschließend vom Herd nehmen und etwas abkühlen lassen.

Die fertige Sauce in ein Schraubglas füllen und kühl lagern.

Kräuterbrot mit SCHNITTLAUCHBUTTER

Frühlingskräuter | Zitrone | Schnittlauch

Für 1 kleines Brot

FÜR DAS KRÄUTERBROT

320 g Weizenmehl (Type 405)

1 TL Backpulver

2 TL Salz

70 g Gartenkräuter (Pimpernelle, Borretsch, Kresse, Sauerampfer etc.)

210 ml Buttermilch

abgeriebene Schale von 1 Bio-Zitrone

Butter und Mehl für die Form

FÜR DIE SCHNITTLAUCHBUTTER

200 g Sahne

1 Bund frischer Schnittlauch

½ TL Meersalz

abgeriebene Schale von ½ Bio-Zitrone

AUSSERDEM

Dutch Oven
(gusseiserner Topf mit Deckel)
oder 2 runde Backformen (20 cm Ø)

Dieses Brot duftet nach einem sommerlichen Kräuterbeet und jeder Menge Zitrone. Die Schnittlauchbutter ist die beste Begleitung, die man sich dazu wünschen kann. Butter und Brot sind so reichhaltig, so duftend lecker, dass ich nichts weiter brauche, um glücklich zu sein. Die Schnittlauchbutter habe ich extra für meine Schwiegermutter Annegret in diese Sammlung aufgenommen – sie ist für sie das Highlight bei jedem Familien-Brunch.

Zubereitung

Den Ofen auf 220 °C Ober-/Unterhitze vorheizen.

Für das Brot die trockenen Zutaten in einer Schüssel mischen. Die Gartenkräuter fein hacken und mit der Buttermilch und der Zitronenschale in die Schüssel geben. Den Teig kurz mit einem Löffel vermengen, dann auf einer bemehlten Arbeitsplatte sehr kurz kneten und zu einer Kugel formen.

Den Dutch Oven oder eine Backform ausfetten und mehlen. Den Teig hineinlegen, ein Kreuz hineinschneiden und die Form mit dem Deckel oder einer weiteren Kuchenform abdecken. Das Brot 25 Minuten backen. Danach den Deckel abnehmen und weitere 5 Minuten backen, bis das Brot eine schöne goldgelbe Farbe hat.

In der Zwischenzeit für die Schnittlauchbutter die Sahne in ein hohes Gefäß geben und mit dem Handrührgerät so lange schlagen, bis sie steif wird. Weiterschlagen, bis sich die flüssigen von den festen Bestandteilen trennen. Das kann ungefähr 5 Minuten dauern. Die feste Butter aus der entstandenen Buttermilch nehmen und zwischen den Händen die letzte Flüssigkeit herausdrücken. Die Buttermilch beiseitestellen – sie kann später anderweitig verwendet werden. Die Butter wieder in das Gefäß geben.

Den Schnittlauch waschen, grob hacken und zur Butter geben. Mit einem Stabmixer in die Butter einarbeiten, bis diese schön grün ist. Die Butter mit Salz und Zitronenschale verfeinern.

Das knusprige Brot am besten noch warm mit der Schnittlauchbutter genießen.

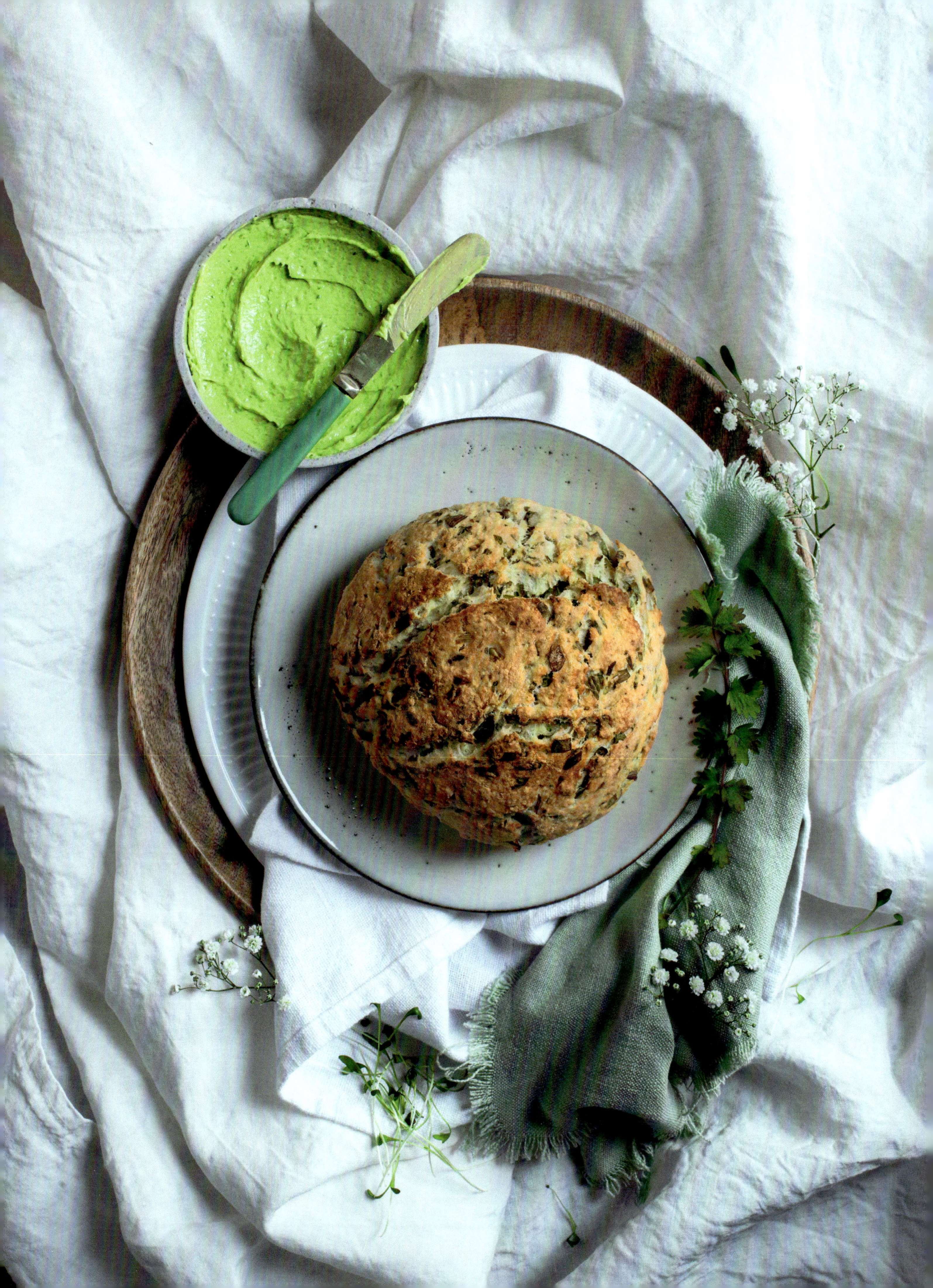

Quick-Pickled-Gemüse

Rote Bete | Möhre | Radieschen | rote Zwiebel | Dill

Für 1 Glas (à 1 l)

180 g Rote Bete
1 TL Kokosöl
Salz
250 g kleine Möhren
120 g Radieschen
140 g rote Zwiebeln
400 ml Apfelessig
40 g flüssiger Honig (alternativ Ahornsirup)
1 Bund frischer Dill

AUSSERDEM

Schraubglas (1 l)

glutenfrei | laktosefrei

Ich dachte immer, ich wäre nicht so der Fan von sauer Eingelegtem. Aber dieses Quick-Pickled-Gemüse kombiniere ich zu vielen Rezepten. Gerade die Zwiebeln und Radieschen passen großartig in Wraps, auf Sandwiches und auch zu Hummus. Daher ist es nicht verwunderlich, dass sie in diesem Buch oft zum Einsatz kommen. Sie verleihen jedem Gericht eine pikant-saure Note, die oft das Tüpfelchen auf dem i ist.

Zubereitung

Den Ofen auf 180 °C Umluft vorheizen. Ein Backblech mit Backpapier belegen.

Für das eingelegte Gemüse zunächst die Rote Bete vorgaren. Hierzu die Rote Bete gut waschen, schälen und anschließend je nach Größe vierteln oder in Spalten schneiden. Das Kokosöl in einer großen Schüssel mit 1 Prise Salz vermengen und die Rote Bete darin wenden. Auf das Backblech geben und im Ofen etwa 25 Minuten rösten.

In der Zwischenzeit die Möhren putzen und längs halbieren. Die Radieschen putzen, die Zwiebeln schälen und in dicke Spalten schneiden.

Den Apfelessig mit 400 ml Wasser und dem Honig oder Ahornsirup in einen Topf geben und aufkochen lassen. Die Rote Bete, Möhren, Radieschen und Zwiebeln hinzufügen. Sofort vom Herd nehmen und auskühlen lassen. Den Dill waschen, fein hacken und zum Gemüse geben.

Das Gemüse mit dem Sud in ein großes Glas füllen. Das Quick-Pickled-Gemüse ist im Kühlschrank 1 Woche haltbar.

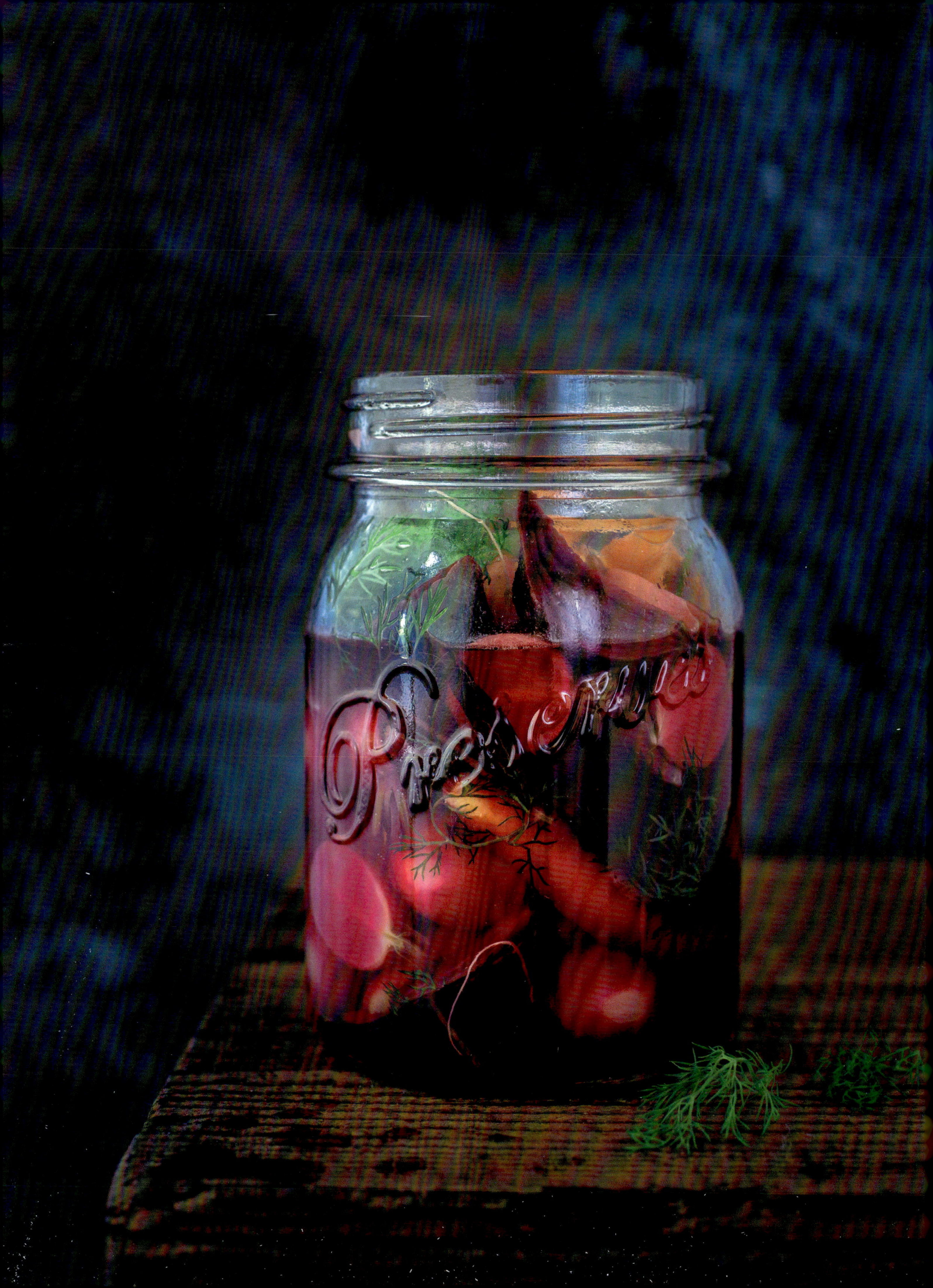

Auberginen-Hummus mit KNÄCKEBROT

Aubergine | Kichererbse | Knoblauch | Kreuzkümmel | Curry | Parmesan

Für 4 Personen

FÜR DAS KNÄCKEBROT

- 80 g Dinkelmehl (Type 630)
- 60 g Haferflocken
- 100 g Kernmischung
- 10 g weißer Sesam
- 40 g Leinsamen
- 20 g Parmesan
- ½ TL Salz
- 1 ½ EL Olivenöl

FÜR DAS AUBERGINEN-HUMMUS

- 2 Auberginen
- 2 Knoblauchzehen
- 280 g gekochte Kichererbsen
- 1 ½ TL Kreuzkümmel
- ¼ TL rotes Curry
- ¼ TL Paprikaflocken
- 1 TL Salz
- 30 ml Olivenöl
- 1 EL Joghurt (3,5 % Fett)
- 1 EL Tahini (siehe S. 120)
- ½ Bund frische glatte Petersilie

Ein kerniges Knäckebrot, das ich immer und immer wieder backe. Es schmeckt einfach viel zu gut – gesundes Snacken kann so lecker sein! Und wenn man mir das Brot mit dem köstlichen Auberginen-Knoblauch-Hummus serviert, kann ich ohnehin nicht widerstehen, denn mit Hummus kriegt man mich immer. Deshalb gibt es hier im Buch auch gleich mehrere Hummus-Rezepte.

Zubereitung

Für das Knäckebrot alle Zutaten in einer Schüssel vermischen und 250 ml Wasser hinzugießen. Gut verrühren und 15 Minuten quellen lassen. Den Ofen auf 180 °C Ober-/Unterhitze vorheizen und zwei Backbleche mit Backpapier auslegen. Den Knäckebrot-Teig dünn auf eines der Backbleche streichen und im Ofen etwa 15 Minuten auf der mittleren Schiene backen.

Für das Hummus die Auberginen der Länge nach halbieren und mit der Schnittfläche nach unten auf das zweite Backblech legen. Den Knoblauch mit der Schale in Alufolie wickeln und zu den Auberginen legen. Zum Knäckebrot in den Ofen geben und auf der unteren Schiene etwa 35 Minuten backen.

Das Knäckebrot nach 15 Minuten aus dem Ofen nehmen, in Scheiben schneiden und weitere 25 Minuten backen, dann aus dem Ofen holen und abkühlen lassen. Erst dann wird das Knäckebrot richtig kross.

Für das Hummus die gebackenen Auberginen mit einem Löffel aushöhlen. Den Knoblauch aus der Schale drücken. Das Auberginen-Mus und den ausgelösten Knoblauch in eine Schüssel geben. Die restlichen Zutaten mit Ausnahme der Petersilie hinzugeben und mit einem Stabmixer zu einer feinen Creme pürieren. Die Petersilie grob hacken, zum Hummus geben und noch einmal kurz pürieren.

Das Knäckebrot mit dem Hummus servieren.

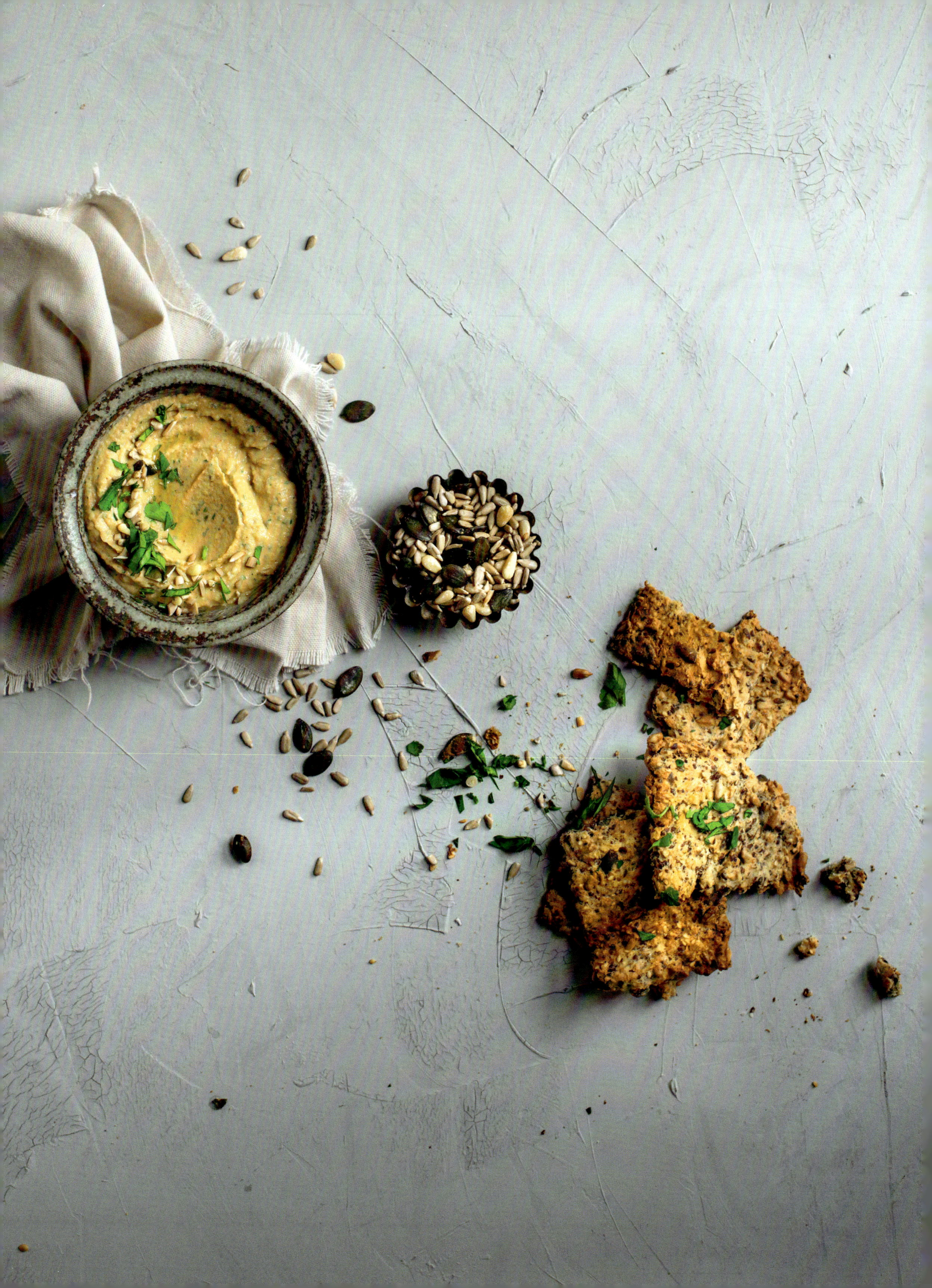

Grünes Hummus mit DINKEL-NAAN-BROT

Brokkoli | Kichererbse | Petersilie | Kreuzkümmel

FÜR 4 PERSONEN

FÜR DAS HUMMUS

400 g Brokkoli
½ TL Natron
1 Bund frische glatte Petersilie
260 g Kichererbsen (aus dem Glas)
60 ml Olivenöl
1 TL Salz
1 ½ TL Cayennepfeffer
2 TL gemahlener Kreuzkümmel

ZUM GARNIEREN

10 frische grüne Erbsenschoten
50 g fein gewürfelte Tomaten
½ Bund Radieschen
2 EL frische Minzblättchen
2 EL lila Basilikumblättchen

FÜR DAS NAAN-BROT

300 g Dinkelvollkornmehl
1 TL Backpulver
1 TL Meersalz
240 g griechischer Joghurt
2 EL Olivenöl

Ein leckeres Hummus ist so vielseitig einsetzbar. Es passt als Dip für ein opulentes Rohkostbuffet, als Brotaufstrich oder als Beigabe in Buddha Bowls mit Wildreis, Süßkartoffel, Avocado, Nüssen, gerösteten Kichererbsen und Rucola. Freunde und Familie wissen: In meinem Kühlschrank steht meist ein frisches Hummus. Nicht selten führt sie der Weg direkt dorthin. Sogar aufs Frühstücksbrötchen gebe ich einen Klecks Hummus mit Gurke, Dukkah und einem aufgeschnittenen wachsweich gekochten Ei.

ZUBEREITUNG

Für das Hummus den Brokkoli in kleine Röschen teilen, dabei den großen Strunk entfernen. Die Röschen waschen. In einem Topf Salzwasser mit dem Natron zum Kochen bringen, den Brokkoli hineingeben und etwa 10 Minuten köcheln lassen. In der Zwischenzeit eine Schüssel mit Wasser und Eiswürfeln füllen. Den fertigen Brokkoli in ein Sieb geben und sofort im Eiswasser abschrecken, damit er seine grüne Farbe behält. Gut abtropfen lassen.

Die Petersilie waschen, trocken schütteln und grob hacken. Den Brokkoli mit Kichererbsen, Petersilie, Olivenöl, den Gewürzen sowie 1 TL Salz mit dem Stabmixer zu einer feinen Creme pürieren. Das grüne Hummus in eine große Schale geben und mit frischen Erbsenschoten, Tomatenwürfeln, Radieschen sowie den Minz- und lila Basilikumblättchen dekorieren.

Für das Naan das Mehl mit Backpulver, Salz und Joghurt in eine Schüssel geben und zu einem Teig verkneten. Sobald sich die Zutaten miteinander verbinden, 4 TL Wasser hinzufügen. Alles zu einem glatten Teig kneten.

Den Teig auf einer bemehlten Arbeitsfläche flach ausrollen, dann in acht Stücke teilen und zu etwa ½ cm dünnen Brotfladen ausrollen. Einen Fladen in einer sehr heißen Pfanne ohne Fett 1–2 Minuten backen, wenden und die gebackene Seite mit etwas Öl bestreichen. Die zweite Seite ebenfalls 1–2 Minuten backen. Den fertigen Fladen auf einen Teller legen und im Ofen warm halten. Mit den restlichen Fladen ebenso verfahren.

Die fertigen Naan-Brote mit dem grünen Hummus servieren und genießen.

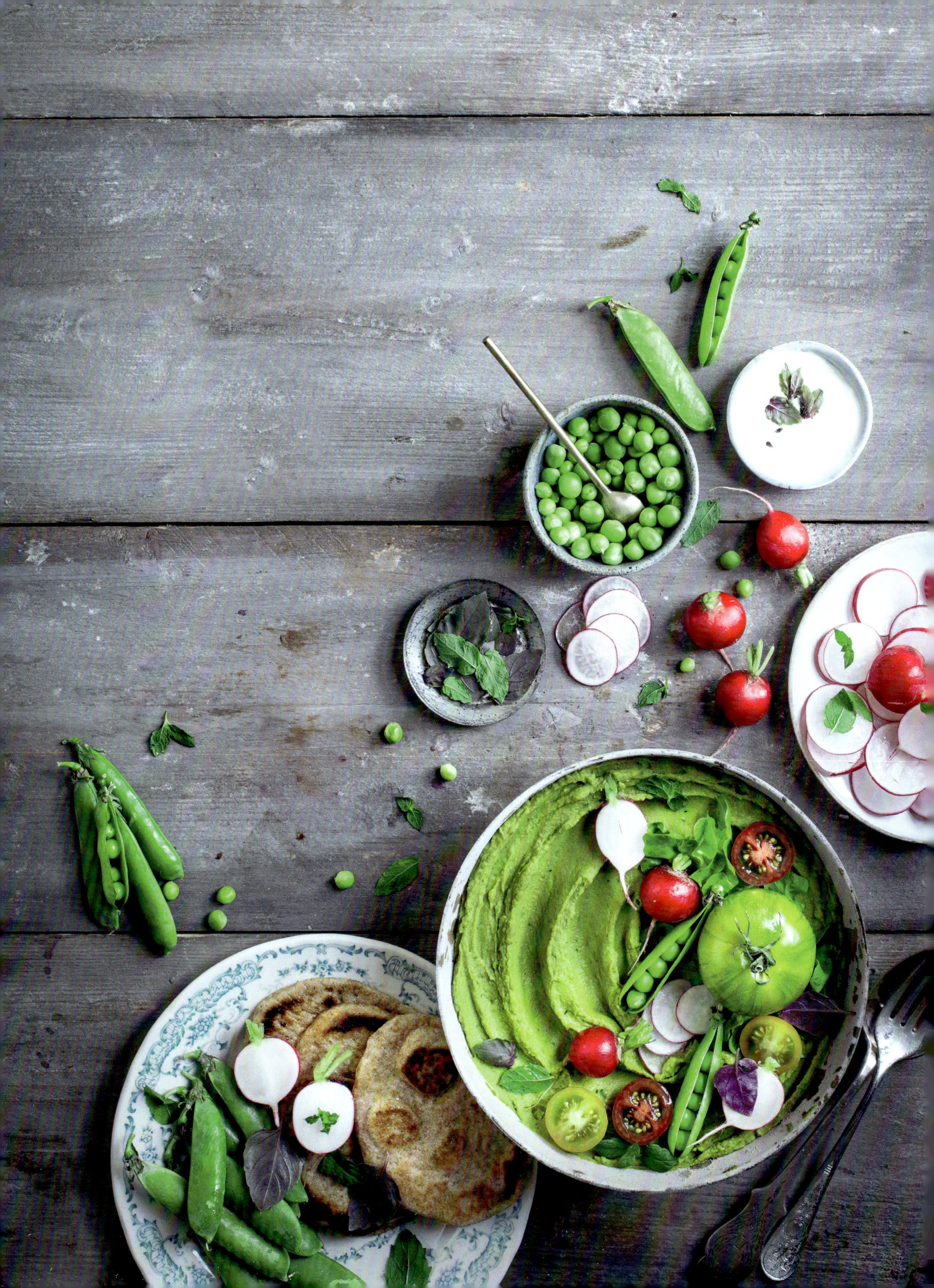

Kürbis-Salbei-Brot mit KÜRBISBUTTER

Kürbis | Salbei | Pumpkin Spice | Zimt | Ingwer | Orange

FÜR 4 PERSONEN

FÜR DAS BROT

- 280 g Hokkaido-Kürbis
- 1 ½ EL Ahornsirup
- ¼ TL Salz
- Fett und Mehl für die Form
- 320 g Weizenmehl (Type 405)
- 1 TL Backpulver
- 2 TL Salz
- ½ TL Pumpkin Spice (Gewürzmischung)
- 210 ml Buttermilch
- ½ Bund frischer Salbei

FÜR DIE KÜRBISBUTTER (CA. 250 G)

- 320 g Hokkaido-Kürbis
- 90 g Zuckerrübensirup
- 3 TL gemahlener Zimt
- ¼ TL gemahlene Nelken
- ¼ TL geriebene Muskatnuss
- 1 EL frisch geriebener Ingwer
- Meersalz
- abgeriebene Schale von 1 kleinen Bio-Orange

AUSSERDEM

- Dutch Oven (gusseiserner Topf mit Deckel) oder 2 runde Backformen (20 cm Ø)
- evtl. Schraubgläser (je ca. 250 ml)

Der Duft dieses Brotes ist unbeschreiblich: würzig, süß und kräuterig. Ich liebe es sehr. Wenn ich Freunde und Familie zu einem Herbst-Menü einlade, dann stelle ich gerne etwas Kürbis-Salbei-Brot mit Kürbisbutter auf den Tisch – zum ersten Glas Wein ist es einfach ein Gedicht.

ZUBEREITUNG

Den Ofen auf 220 °C Ober-/ Unterhitze vorheizen. Ein Backblech mit Backpapier auslegen.

Die Kerne aus dem Kürbis mit einem Löffel auslösen. Den Kürbis in Scheiben, dann in kleine Würfel schneiden. Die Kürbiswürfel mit dem Ahornsirup vermengen, salzen, auf dem Backblech verteilen und im vorgeheizten Ofen 20–25 Minuten backen. Nach der Hälfte der Zeit mit einem Löffel durchmischen.

Den Dutch Oven oder eine Backform ausfetten und mehlen. Mehl, Backpulver, Salz und Pumpkin Spice mischen. Die Buttermilch hinzugeben und mit einem Holzlöffel zu einem glatten Teig verrühren. Den Salbei waschen, trocken tupfen und in feine Streifen schneiden, dann zusammen mit den karamellisierten Kürbiswürfeln zum Teig geben. Noch einmal durchrühren. Den Teig auf der bemehlten Arbeitsfläche zu einer Kugel formen und in die vorbereitete Form legen. Mit dem Deckel oder einer weiteren Kuchenform abdecken und auf der mittleren Schiene 20 Minuten backen. Weitere 5–10 Minuten offen backen.

In der Zwischenzeit die Kürbisbutter zubereiten. Dafür die Kerne aus dem Kürbis auslösen. Den Kürbis in kleine Stücke schneiden und 10–15 Minuten in Salzwasser köcheln lassen, bis die Kürbisstücke weich sind. Das Wasser abgießen und den Kürbis mit dem Stabmixer pürieren. Das Püree mit Zuckerrübensirup, Zimt, Nelke, Muskat, dem geriebenen Ingwer und 1 Prise Salz würzen. Zuletzt die Kürbisbutter mit der Orangenschale abschmecken.

> **TIPP**
> Ihr könnt gleich etwas mehr von der Kürbisbutter machen und sie in Schraubgläsern im Kühlschrank aufbewahren. Denn die Butter schmeckt auch super zu einem Nussbrot, passt hervorragend zu Buchweizen-Pancakes und ist köstlich zusammen mit Granola in einem Joghurt.

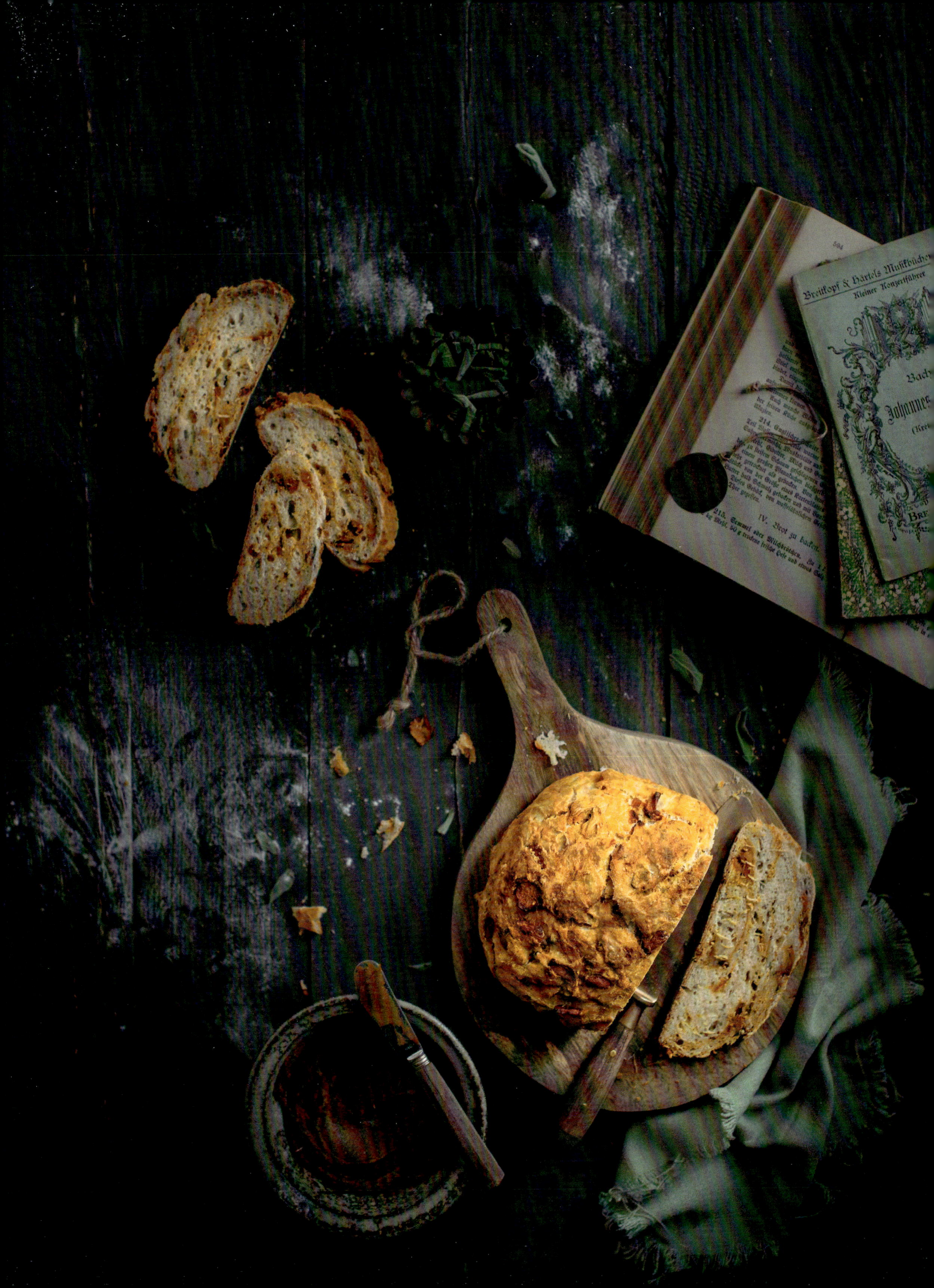

Crostini mit ZIEGENKÄSE-BACON-CRUMBLE

Bacon | Haselnuss | Blaubeere | Thymian | Ziegenkäse

Für 4 Personen

FÜR DEN BACON-HASELNUSS-CRUMBLE

25 g Bacon (ca. 4–5 Scheiben)
50 g Haselnusskerne
1 TL Zucker

FÜR DIE BLAUBEEREN

250 g Blaubeeren
2 EL Ahornsirup

FÜR DIE CROSTINI

1 große Stange Weißbrot
(z. B. Baguette oder Ciabatta)
8 Zweige frischer Thymian
400 g Ziegenkäse

Ich liebe es, auf den ersten Blick gegensätzliche Aromen in einem Gericht zu vereinen. Würziger Ziegenkäse, knuspriger Crumble aus Bacon und Haselnuss sowie süße Blaubeeren und Thymian gehen für diese Crostini eine harmonische Verbindung ein. Überzeugt euch selbst!

Zubereitung

Für den Crumble den Bacon in einer Pfanne ohne Fett bei starker Hitze knusprig braten und anschließend auf einem Küchenkrepp abtropfen lassen.

Die Haselnüsse sehr grob hacken und anschließend in der ausgewischten Pfanne kurz ein wenig rösten. Den Bacon ebenfalls grob hacken und mit dem Zucker zu den Haselnüssen in die Pfanne geben. Den Bacon-Haselnuss-Crumble ungefähr 1 Minute bei mittlerer Hitze in der Pfanne schwenken, bis sich der Zucker als leichte Karamellschicht über den Crumble gelegt hat. Den Crumble auf Backpapier auskühlen lassen.

Die Blaubeeren waschen, die Hälfte davon mit 3 EL Wasser in einen Topf geben und bei starker Hitze etwa 2 Minuten unter ständigem Rühren köcheln lassen. Den Ahornsirup und die restlichen Blaubeeren unterrühren, die Mischung vom Herd nehmen und auskühlen lassen.

Das Brot in Scheiben schneiden und kurz im Ofen bei 180 °C Ober-/Unterhitze rösten. Den Thymian waschen, trocken tupfen und die Thymianblättchen von den Zweigen streifen. Den Ziegenkäse in Scheiben schneiden und auf die noch warmen Crostini-Scheiben legen.

Die Crostini mit Blaubeeren, Thymian und Bacon-Haselnuss-Crumble servieren.

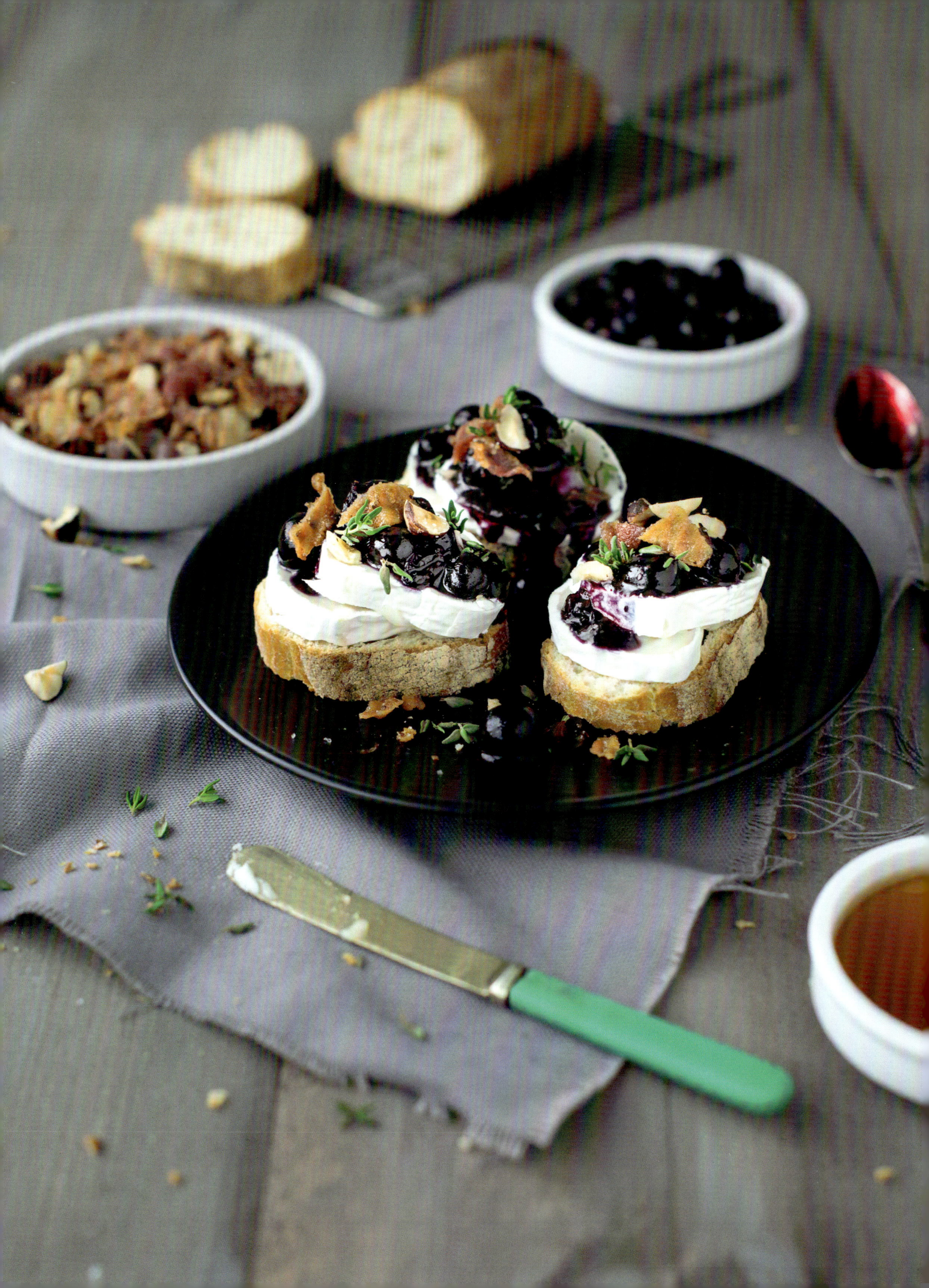

Gestampfte Bohnen und Spinat im ROGGENSANDWICH

Roggen | weiße Bohne | Kubebenpfeffer | Champignon | Spinat | Knoblauch | Kapern

FÜR 4 PERSONEN

- 250 g weiße Bohnen (aus der Dose)
- 2 EL Olivenöl
- ½ TL Meersalz
- ½ TL Kubebenpfeffer
- 2 große rote Zwiebeln
- 2 Knoblauchzehen
- 50 g Spinat
- 2 TL Sonnenblumenöl
- 200 g braune Champignons
- 2 EL Sojasauce
- 8 Scheiben Roggenvollkornbrot
- 4 EL Kapern

vegan | laktosefrei

Ein Sandwich, das schnell zubereitet und echtes Soul Food ist. Das Roggenbrot bekommt durch das Rösten eine leicht süße, nussige Note und ist eine tolle Basis für ganz unterschiedliche Beläge. In diesem Rezept habe ich es mit einem Stampf aus weißen Bohnen, Zwiebeln, Knoblauch, Spinat, Pilzen und Kapern belegt – das macht auf jeden Fal satt und zufrieden!

ZUBEREITUNG

Die Bohnen mit dem Olivenöl zerdrücken und mit je ¼ TL Meersalz und Kubebenpfeffer würzen. Ist der Stampf zu dick, kann man ihn mit einem kleinen Schuss Wasser etwas verdünnen.

Zwiebeln und Knoblauch schälen und in dünne Scheiben schneiden. Den Spinat waschen und trocken schleudern. In einer Pfanne ½ TL Sonnenblumenöl erhitzen und die Zwiebeln darin kurz anschwitzen. Beiseitestellen. Wieder ½ TL Sonnenblumenöl erhitzen und den Knoblauch darin kurz anschwitzen, dann den Spinat hinzugeben und zusammenfallen lassen. Mit je 1 Prise Meersalz und Kubebenpfeffer würzen und beiseitestellen. Die Champignons putzen und in 2 cm dicke Scheiben schneiden, mit ½ TL Sonnenblumenöl in der Pfanne anbraten. Mit Sojasauce ablöschen und etwas reduzieren.

Das restliche Sonnenblumenöl (½ TL) in einer zweiten Pfanne erhitzen und das Brot darin bei mittlerer Hitze von beiden Seiten anrösten.

Die Brote mit dem Bohnenstampf bestreichen und mit Zwiebeln, Knoblauch, Spinat und Pilzen belegen. Mit den Kapern garnieren und mit einer weiteren Brotscheibe abdecken.

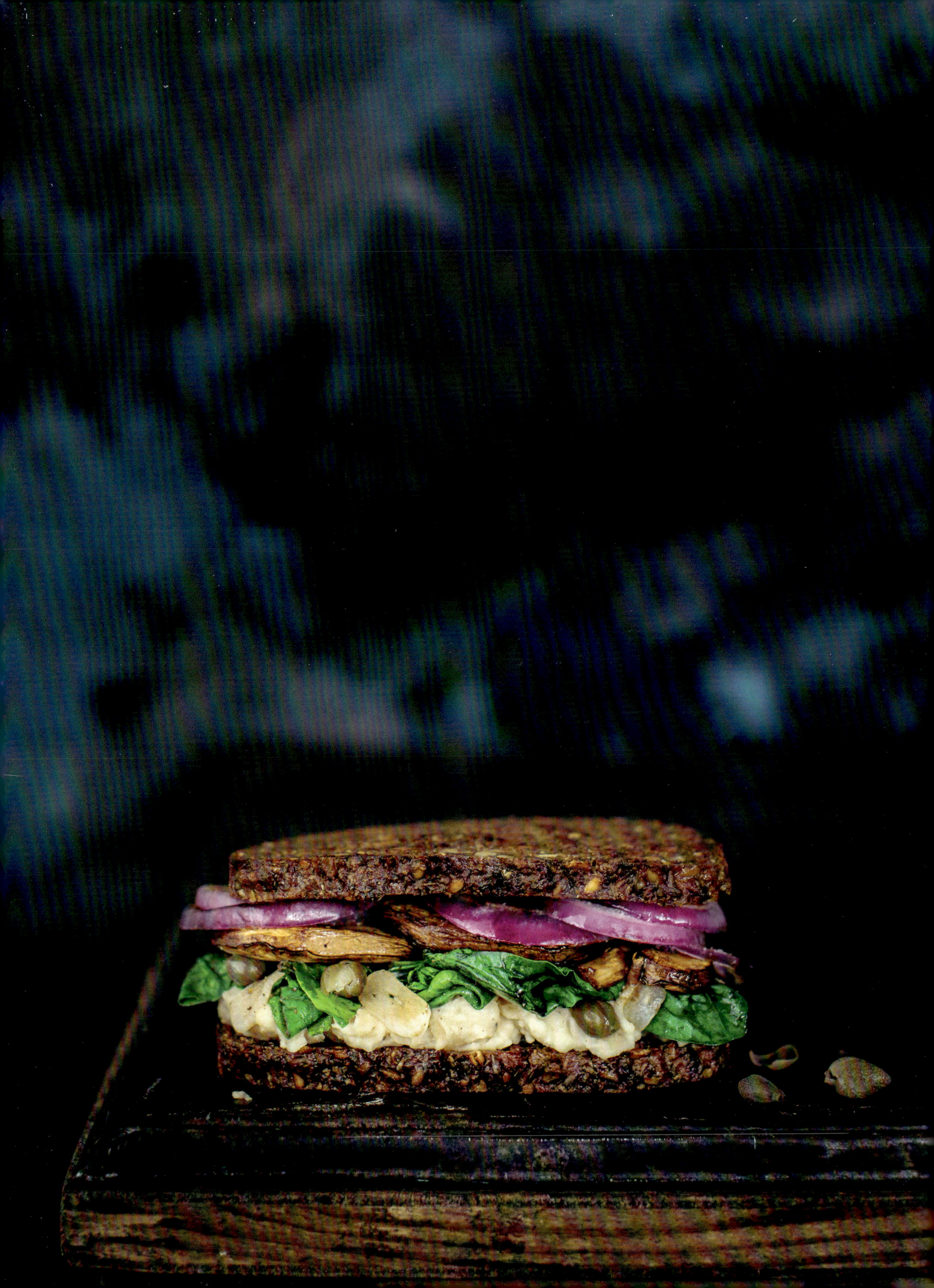

Zimt-Pfirsiche und Ricotta auf ROGGENBROT

ROGGEN | PFIRSICH | KUBEBENPFEFFER | CEYLON-ZIMT | BROMBEERE | RICOTTA | THYMIAN

FÜR 4 PERSONEN

- 4 Pfirsiche
- 4 TL Kokosöl
- ½ TL gemahlener Ceylon-Zimt
- 4 TL Zuckerrübensirup
- 1 TL Kubebenpfeffer
- 120 g Brombeeren
- 8 Scheiben Roggenvollkornbrot
- 10 Zweige frischer Thymian
- 8 EL Ricotta
- 4 EL geriebener Parmesan

Diese Kombination aus Roggenbrot, Pfirsichen, Thymian, Ricotta und Brombeeren ist einfach eine Wucht. Fruchtig, herzhaft, pfeffrig – eine außergewöhnliche Kombination. Wenn man die Brote in kleinere Häppchen schneidet, sind sie auch eine feine Begleitung zu einem Aperitif.

ZUBEREITUNG

Die Pfirsiche waschen, entsteinen und in 1 cm dünne Scheiben schneiden. In einer Pfanne 2 TL Kokosöl erhitzen und die Pfirsiche darin kurz andünsten. Zimt, Zuckerrübensirup und ½ TL Kubebenpfeffer dazugeben und kurz ziehen lassen. Die Pfirsiche aus der Pfanne nehmen und die Brombeeren hineingeben, ebenfalls kurz ziehen lassen, dann einen Schuss Wasser hinzufügen und sanft köcheln lassen. Die Brombeeren leicht zerquetschen.

In einer zweiten Pfanne 2 TL Kokosöl erhitzen und die Brotscheiben darin bei mittlerer Hitze anrösten.

Den Thymian waschen und trocken tupfen. Die Blättchen von den Thymianzweigen zupfen und einige Blättchen zum Garnieren beiseitelegen. Den Ricotta mit Thymian, dem restlichen Kubebenpfeffer (½ TL) und Parmesan verrühren.

Die Brote mit dem Ricotta bestreichen und mit Pfirsichen und Brombeeren belegen. Mit Thymianblättchen bestreuen und servieren.

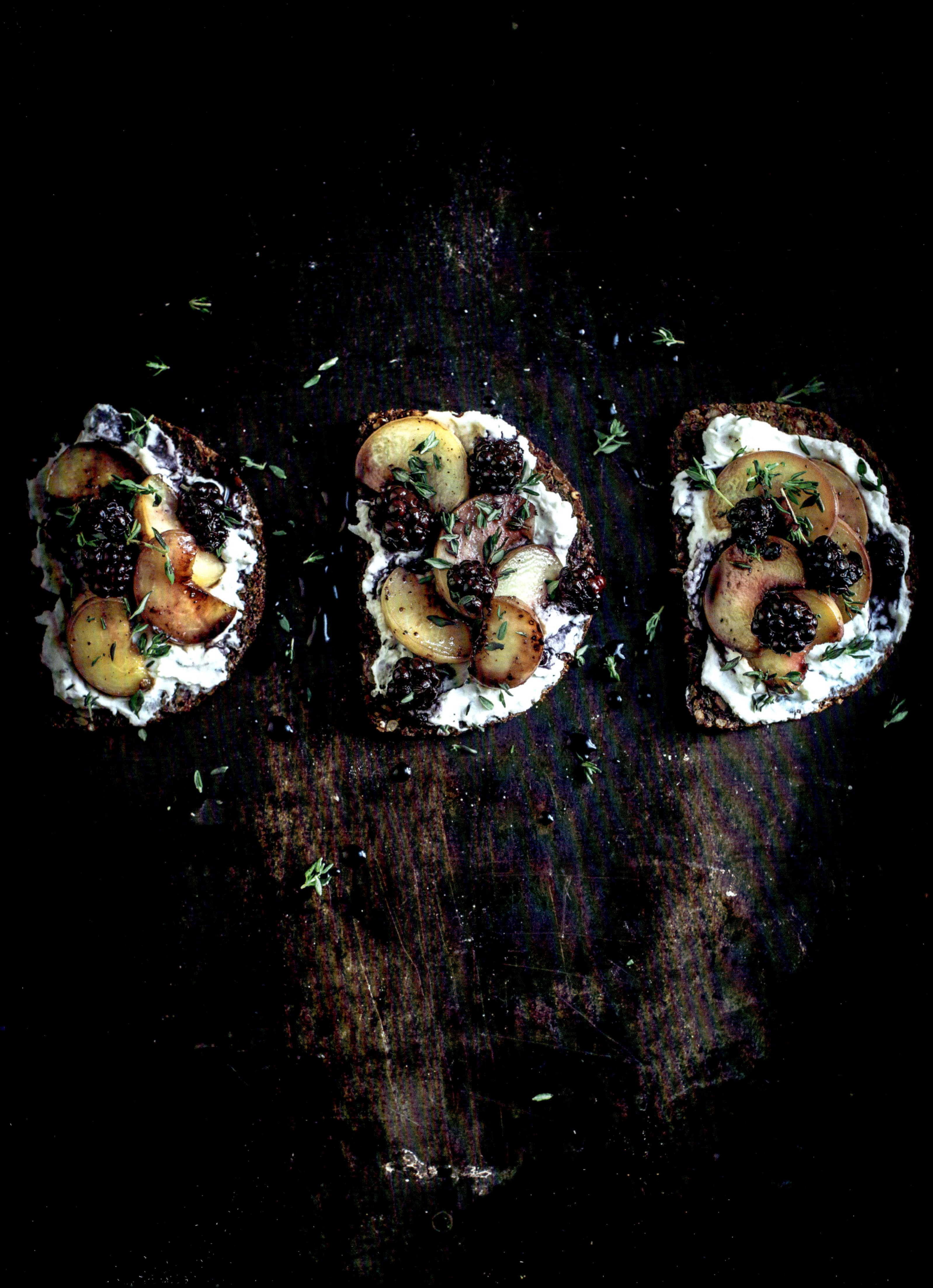

Pikantes Edamame-Avocado-Sandwich

ROGGEN | EDAMAME | AVOCADO | QUICK-PICKLED-ZWIEBEL | GURKE | KORIANDER

FÜR 4 PERSONEN

2 EL gepalte TK-Edamame

Meersalz

8 EL Edamame-Dip (siehe S. 56)

2 Avocados

Saft von 1 Zitrone

1 EL Kokosöl

8 Scheiben Roggenvollkornbrot

1 Bund frisches Koriandergrün

100 g Bio-Salatgurke

8 EL Quick-Pickled-Zwiebeln (siehe S. 62)

2 EL schwarzer Sesam

vegan | laktosefrei

Ich bin normalerweise kein Freund einer klassischen Brotzeit, und vor allem abends esse ich lieber warm. Doch mit diesem Sandwich kann man mich jeden Abend glücklich machen: Das knusprige Brot mit dem cremigen Edamame-Dip ist allein schon köstlich. Mit der Avocado werde ich dann richtig zum Fan. Und die Quick-Pickled-Zwiebeln, Gurke, Koriander und schwarzer Sesam machen die Brotzeit zu einem Abendbrot de luxe.

ZUBEREITUNG

Die Edamame mit einer Gabel leicht zerdrücken, mit Salz würzen und unter den Edamame-Dip rühren. Die Avocados halbieren, die Kerne entfernen, das Fruchtfleisch quer in Spalten schneiden und mit einem Löffel vorsichtig auslösen. Die Avocadoscheiben mit dem Zitronensaft beträufeln, damit sie nicht braun werden. Ebenfalls leicht salzen.

Das Kokosöl in einer Pfanne erhitzen und das Brot darin bei mittlerer Hitze von beiden Seiten anrösten. Mit etwas Salz würzen. Den Koriander waschen, trocken schütteln und grob hacken. Die Gurke in Scheiben schneiden.

4 Brotscheiben auf Teller legen und mit dem Edamame-Dip bestreichen. Mit Avocado, Koriander, Gurke und Quick-Pickled-Zwiebeln belegen, mit Sesam bestreuen und mit jeweils einer weiteren Brotscheibe abdecken.

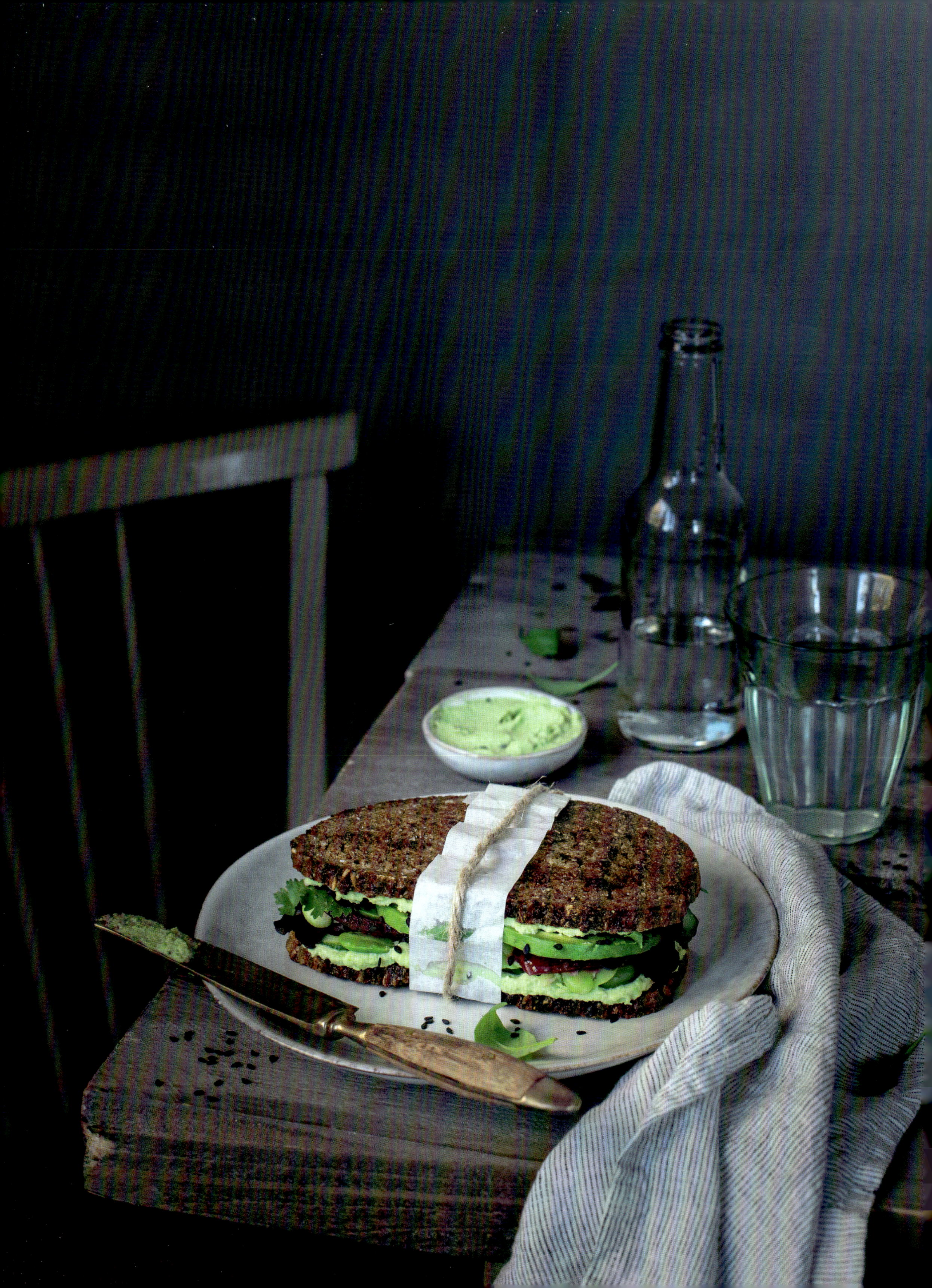

Spinatbrot mit CASHEW CHEESE

SPINAT | WALNUSS | HASELNUSS | SCHWARZER SESAM | CASHEW | EI | AVOCADO | ZITRONE | GURKE

Für 1 Brot

FÜR DEN CASHEW CHEESE

100 g geröstete, gesalzene Cashewkerne

½ Bund frischer Schnittlauch

Salz

FÜR DAS SPINATBROT

70 g Walnusskerne

120 g Haselnusskerne

130 g Dinkelvollkornmehl

70 g Dinkelmehl (Type 630)

2 TL Backpulver

65 g geschroteter Leinsamen

70 g Sonnenblumenkerne

65 g Chia-Samen

2 EL schwarzer Sesam

80 g Baby-Spinat

5 EL Apfelmark

4 EL Ahornsirup

300 g griechischer Joghurt

80 ml Olivenöl

1 TL Meersalz

2 EL Pinienkerne

1 EL schwarzer Sesam

Dieses Brot ist saftig, durch die vielen Nüsse richtig kernig, und es steckt voller gesunder Zutaten. Wenn man damit frühstückt, startet man mit viel Power in den Tag. Ich mag zu so einem kernigen Brot gern einen cremigen Aufstrich, zum Beispiel Avocado-Kichererbsen-Mash und Cashew Cheese, und noch ein bisschen Frische durch Gurke, Kresse und Schnittlauch. Das kreiert eine besonders tolle Kombination von Geschmäckern und Texturen.

Zubereitung

Für den Cashew Cheese die Cashewkerne in eine Schale geben, mit Wasser bedecken und 2 Stunden einweichen lassen.

Die Backform mit Backpapier auslegen.

Für das Brot Walnüsse und Haselnüsse grob hacken. 50 g Haselnüsse beiseitestellen. Die restlichen Haselnüsse (70 g) und die Walnüsse in einer Pfanne ohne Fett rösten. Die Mehlsorten mit Backpulver, Leinsamen, Sonnenblumenkernen, den gerösteten Nüssen, Chia-Samen und Sesam mischen.

Den Baby-Spinat waschen und mit 45 ml Wasser mit dem Stabmixer sehr fein pürieren. Das Spinatpüree in einer großen Schüssel mit Apfelmark, Ahornsirup, Joghurt, Olivenöl und Meersalz verrühren. Die Mehlmischung hinzugeben und alles gut miteinander verrühren. Den Teig in die vorbereitete Backform geben und darin 15 Minuten quellen lassen.

Weiter geht's auf der nächsten Seite.

Brote, Snacks, Dips & Cremes

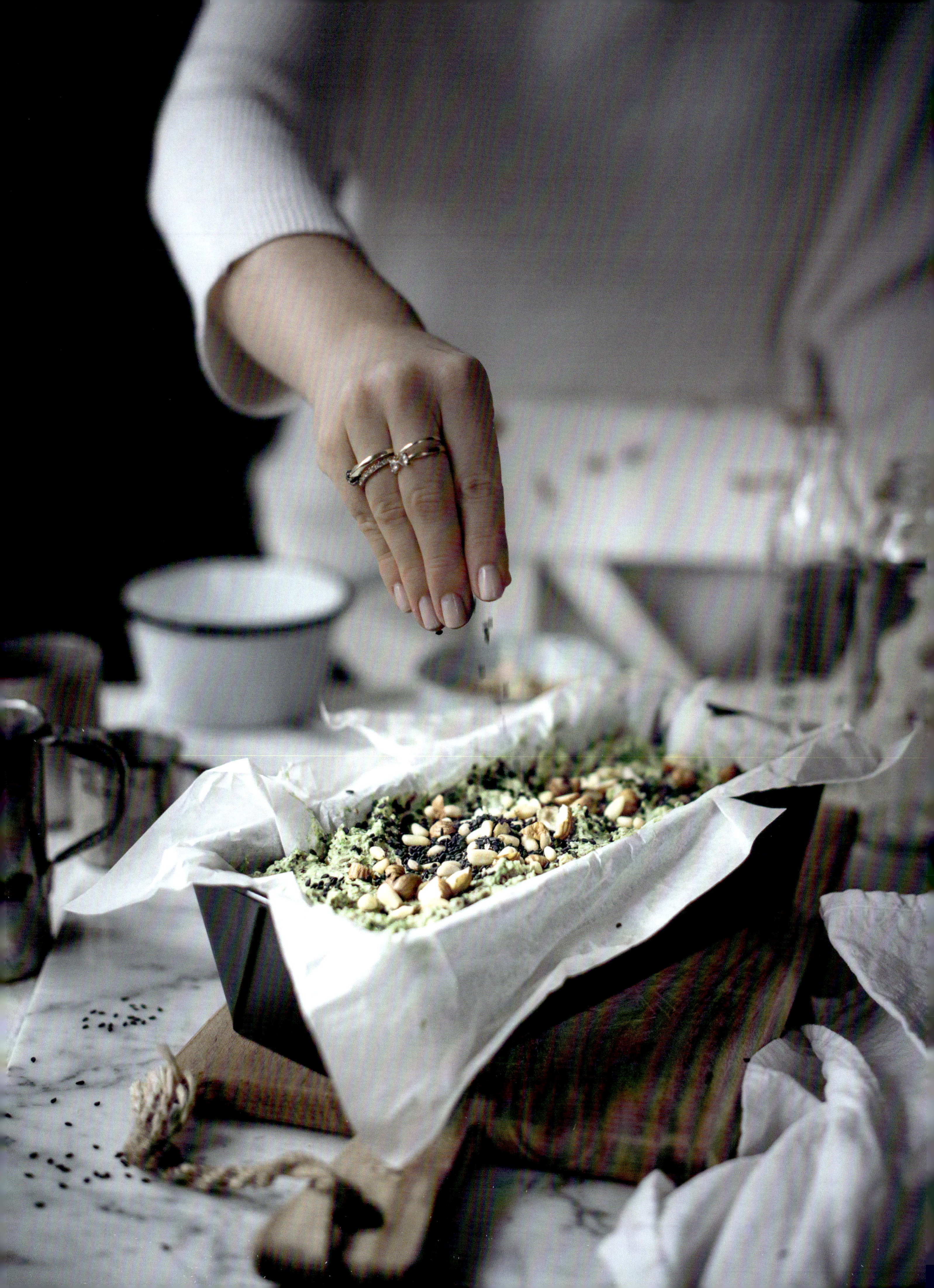

FÜR DEN AVOCADO-KICHERERBSEN-MASH

2 Eier (Größe M)

1 Avocado

40 g Baby-Spinat

200 g Kichererbsen (aus dem Glas)

Saft von 1 Zitrone

½ TL Meersalz

ZUM GARNIEREN

½ Bio-Salatgurke

1 Handvoll Salat

Brunnenkresse

AUSSERDEM

Kastenform (10 x 25 cm)

In der Zwischenzeit den Ofen auf 180 °C Ober-/Unterhitze vorheizen. Das Brot mit Pinienkernen, Sesam und den restlichen gehackten Haselnüssen (50 g) bestreuen und im heißen Ofen auf der mittleren Schiene 20 Minuten backen. Anschließend die Temperatur auf 160 °C reduzieren, das Brot mit Alufolie abdecken und weitere 40 Minuten backen. Kurz vor Ende der Backzeit die Stäbchenprobe machen. Das Brot aus dem Ofen nehmen und vollständig auskühlen lassen.

In der Zwischenzeit für den Cashew Cheese das Wasser von den Cashewkernen abgießen. Die Cashews mit 20 ml Wasser in ein hohes Gefäß geben und mit dem Stabmixer pürieren. Den Schnittlauch waschen, trocken schütteln und fein hacken. Unter den Cashew Cheese rühren und mit 1 Prise Salz würzen.

Für den Avocado-Kichererbsen-Mash die Eier hart kochen. Die Avocado halbieren, den Kern entfernen und das Fruchtfleisch mit einem Löffel auslösen. Den Spinat waschen und trocken schütteln. Avocado mit Spinat, Kichererbsen, Zitronensaft und Meersalz mit dem Stabmixer ganz grob pürieren. Die Eier auskühlen lassen, schälen und fein hacken. Unter den Avocado-Mash rühren.

Für die Garnitur die Gurke waschen und in dünne Scheiben schneiden, den Salat waschen und trocken schleudern.

Das Brot in Scheiben schneiden und diese mit dem Avocado-Kichererbsen-Mash bestreichen und mit Gurke, Kresse und Salat belegen. Falls Brot übrig bleibt, hält es sich, in Alufolie oder Butterbrotpapier gewickelt, einige Tage.

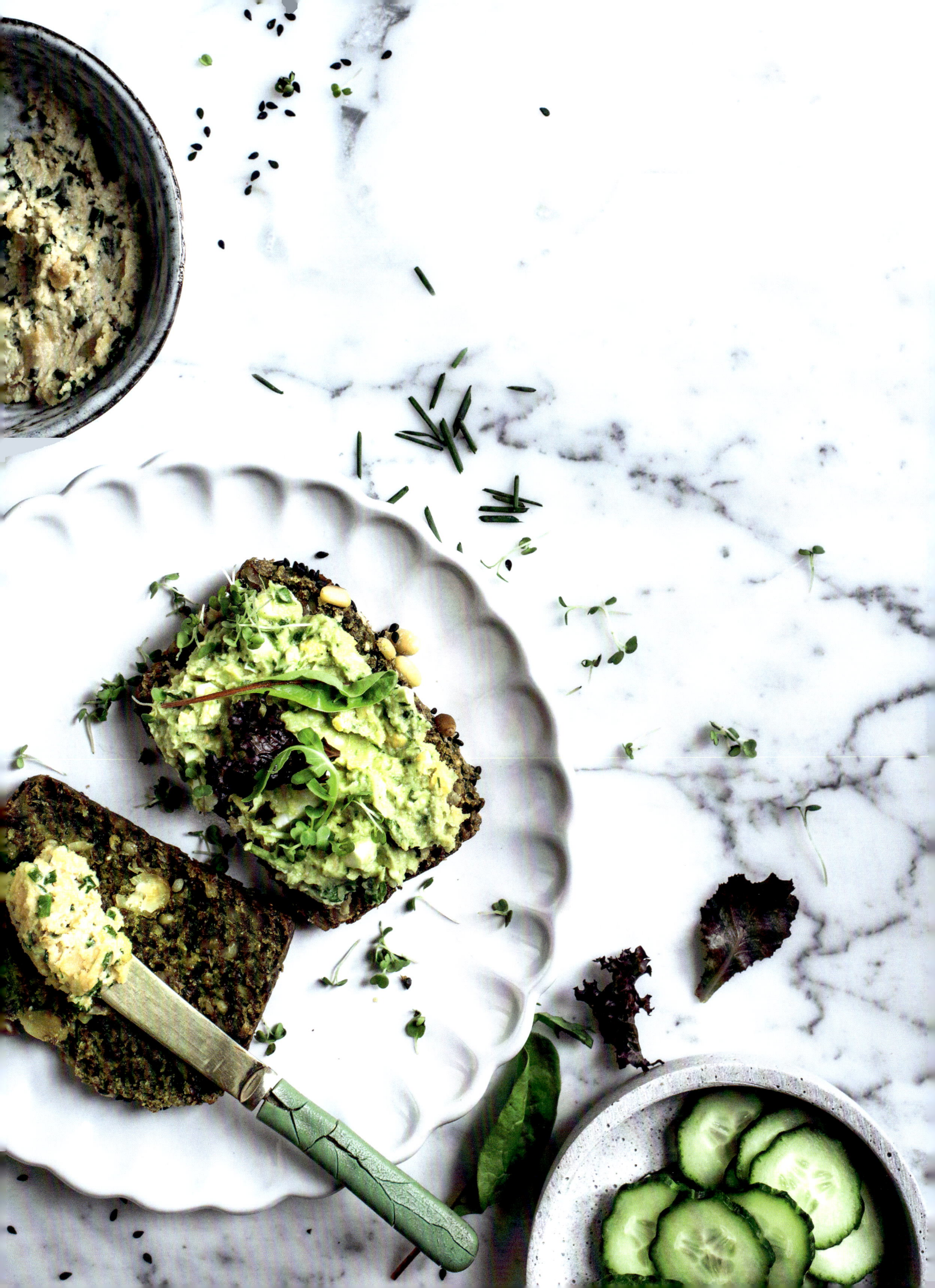

Röstmöhren mit PFEFFER-HONIG

Möhre | Honig | Minze | Granatapfel | weißer Sesam

FÜR 4 PERSONEN

FÜR DIE MÖHREN

1 Bund Möhren
1 EL Olivenöl
2 TL flüssiger Honig
¼ TL Meersalz

FÜR DEN PFEFFER-HONIG

½ TL schwarze Pfefferkörner
3 EL flüssiger Honig

FÜR DIE ERDNUSSCREME

4 TL Erdnussmus
3 EL Joghurt (3,5 % Fett)

ZUM GARNIEREN

2 EL frische Minzblätter
½ Granatapfel
weißer Sesam

glutenfrei

Diese gerösteten Möhren sind eine außergewöhnliche Beilage für einen knackigen Salat und gebratenen Halloumi. Als Einlage in einem Wrap schmecken sie auch prima, und ganz besonders dekorativ sind sie als Garnitur für ein Grünes Hummus (siehe S. 66).

ZUBEREITUNG

Den Ofen auf 180 °C Ober-/Unterhitze vorheizen und ein Backblech mit Backpapier auslegen.

Die Möhren putzen. Das Olivenöl mit Honig und Meersalz verrühren und die Möhren damit bestreichen. Die Möhren auf das Backblech legen und im vorgeheizten Ofen etwa 20 Minuten rösten.

Für den rauchigen Pfeffer-Honig den Pfeffer ganz grob mahlen. In einem kleinen Topf bei schwacher Hitze rösten, bis duftende Rauchschwaden aufsteigen. Den Honig dazugeben und auskühlen lassen.

Für die Erdnusscreme das Erdnussmus mit dem Joghurt glatt rühren.

Die Minzblätter waschen und trocken schütteln. Den Granatapfel halbieren und die Kerne auslösen.

Die gerösteten Möhren auf eine Platte geben und mit dem rauchigen Pfeffer-Honig, Erdnusscreme, Minzblättern, Granatapfelkernen und Sesam garnieren.

TIPP | Ihr könnt das Möhrengrün aufheben, waschen, fein hacken und ebenfalls über die gerösteten Möhren geben.

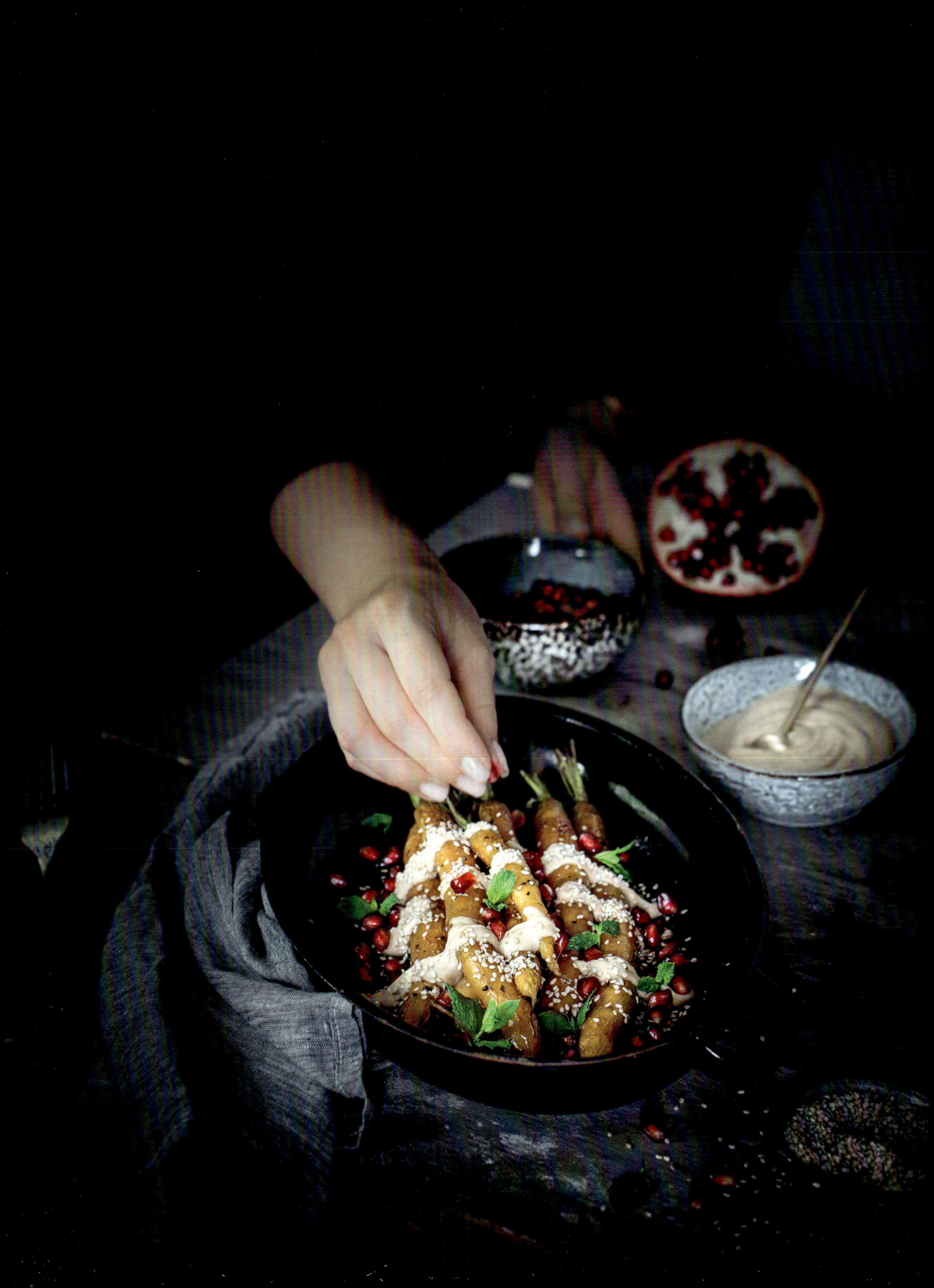

Gefüllte KICHERERBSEN-PUFFER

Kichererbse | Zucchini | Frühlingszwiebel | Feta | Cayennepfeffer | Majoran

Für 4 Personen

FÜR DIE KICHERERBSEN-PUFFER

150 g Zucchini

200 g Kichererbsen (aus dem Glas)

50 g frische grüne Erbsen

2 Frühlingszwiebeln

2 EL frischer Majoran

100 g Feta

2 Eier (Größe M)

1 TL Salz

¼ TL Cayennepfeffer

frisch gemahlener schwarzer Pfeffer

150 g Kichererbsenmehl

ZUM SERVIEREN

½ Bund frischer Majoran

200 g Hummus (siehe z. B. S. 64 und 66)

100 g Joghurt (3,5 % Fett)

glutenfrei

Superleckere Kichererbsen-Puffer gefüllt mit allerlei Leckereien wie Erbsen, Zucchini, Frühlingszwiebeln, Feta und Majoran. Diese kleinen Dinger sind ratzfatz weggenascht. Ich mag dazu am liebsten Hummus und Joghurt.

Zubereitung

Den Ofen auf 180 °C Ober-/Unterhitze vorheizen und ein Backblech mit Backpapier auslegen.

Die Zucchini waschen, grob raspeln, in ein Tuch geben und den Saft ausdrücken. Die Zucchiniraspel mit Kichererbsen und Erbsen in eine Schüssel geben. Die Frühlingszwiebeln waschen, putzen und in feine Ringe schneiden, den Majoran waschen, trocken schütteln und fein hacken. Den Feta fein zerbröckeln. Frühlingszwiebeln, Majoran und Feta zum Gemüse geben.

Die Eier mit den Gewürzen verquirlen. Zum Gemüse geben und alles gut miteinander verrühren. Anschließend das Kichererbsenmehl hinzufügen und alle Zutaten zu einer homogenen Masse vermengen.

Aus der Teigmasse mit leicht feuchten Händen 10–12 kleine Puffer formen und auf dem Backblech platzieren. Die Kichererbsen-Puffer im vorgeheizten Ofen ungefähr 15–20 Minuten backen.

In der Zwischenzeit den Majoran waschen, trocken schütteln und die Blättchen von den Stielen streifen. Die Kichererbsen-Puffer mit Hummus und Joghurt servieren, nach Belieben mit Majoranblättchen garnieren.

Kürbisspalten mit
HIMBEER-KETCHUP

Kürbis | Himbeere | Sternanis | Koriander | Voatsiperifery-Pfeffer | Kreuzkümmel

Für 1 Glas (à 450g)

FÜR DEN HIMBEER-KETCHUP

⅓ Sternanis

250 g Himbeeren

1 TL Senf

je 1 Msp. Salz und Cayennepfeffer

1 TL Kokosblütenzucker

1 Msp. Voatsiperifery-Pfeffer (sog. Urwald-Pfeffer aus Madagaskar)

FÜR DIE KÜRBISSPALTEN

450 g Hokkaido-Kürbis

20 ml Olivenöl (alternativ Kokosöl)

½ TL Meersalz

½ TL gemahlener Kreuzkümmel

FÜR DIE KÜRBISKERNE

1 TL Kokosöl

Salz

1 Msp. Cayennepfeffer

¼ TL Kokosblütenzucker

ZUM GARNIEREN

1 Bund frisches Koriandergrün

Zesten von 1 Bio-Zitrone

vegan | glutenfrei | laktosefrei

Dieser Himbeer-Ketchup ist eine Wucht. Ich könnte ihn zu so vielem essen: Tortillas mit Hummus, Salat und Halloumi, auf einem Burger mit Pulled Mushrooms, Avocadocreme und Rucola … In diesem Rezept veredelt er würzige Kürbisspalten mit Koriander, Zitrone und gerösteten Hokkaido-Kürbiskernen. Es ist nämlich viel zu schade, die Kerne aus dem Kürbis einfach zu entsorgen: Kürbiskerne sind so gesund und zudem noch recht schnell geröstet. Abends auf der Couch snacken sie sich fast von alleine weg.

Zubereitung

Den Ofen auf 180 °C Ober-/Unterhitze vorheizen und ein Backblech mit Backpapier auslegen.

Für den Himbeer-Ketchup den Sternanis mörsern. Die Himbeeren mit Sternanis, Senf, Salz, Cayennepfeffer, Kokosblütenzucker und Voatsiperifery-Pfeffer mit einem Stabmixer pürieren.

Den Kürbis waschen. Die Kerne und Fasern herauslösen und beiseitestellen, das Kürbisfleisch in Spalten schneiden. Olivenöl, Meersalz und Kreuzkümmel in einer großen Schüssel verrühren und die Kürbisspalten darin wenden, bis sie rundum mit dem Würzöl überzogen sind. Auf das Backblech geben.

Die Kürbiskerne mit den Fasern in eine Schüssel mit Wasser geben. Die Kerne schwimmen nach oben, sodass man sie leicht aus den Fasern lösen kann. Die Kerne auf ein Küchenpapier legen, von den restlichen Fasern befreien und mit einem weiteren Küchenpapier trocken tupfen, dabei bleiben die letzten Faserreste daran haften. Kokosöl mit 1 Prise Salz, Cayennepfeffer und Kokosblütenzucker in einer Schüssel verrühren und die Kürbiskerne darin wenden. Die Kerne zu den Kürbisspalten auf das Backblech legen und beides im vorgeheizten Ofen 20 Minuten rösten. Die Kürbiskerne dabei einmal durchrühren.

In der Zwischenzeit den Koriander waschen, trocken schütteln, die Blätter abzupfen und grob hacken. Die gerösteten Kürbisspalten mit dem Himbeer-Ketchup servieren und nach Belieben mit etwas Koriander, Zitronenzesten und ein paar Kürbiskernen garnieren.

Gemüsechips mit
CASHEW-ERDNUSS-CREME

Wirsing | Rote Bete | Grünkohl | Cashew | Erdnuss | Tahini

FÜR 4 PERSONEN

FÜR DIE GEMÜSECHIPS

10 Wirsingblätter
10 Grünkohlblätter
6 EL Olivenöl
1½ TL Salz
½ TL Cayennepfeffer
1 große frische Rote Bete
3 EL Olivenöl

FÜR DIE CASHEW-ERDNUSS-CREME

30 g geröstete, gesalzene Cashewkerne
70 g geröstete, gesalzene Erdnusskerne
2 EL Tahini (siehe S. 120)
1 Msp. Cayennepfeffer

AUSSERDEM

Hochleistungsmixer
Glasgefäß (ca. 100 ml)

vegan | glutenfrei | laktosefrei

Mmmhhhh, wie ich diese Chips liebe. So würzig und dabei noch so gesund – die machen süchtig. Sogar meine Tochter kann nicht genug davon bekommen. So macht snacken Spaß! Bei den Gewürzen sind eurer Kreativität keine Grenzen gesetzt, probiert die Chips zur Abwechslung auch mit Kreuzkümmel oder Currypulver. Und nach dem Backen könnt ihr die Chips noch mit Parmesan oder Sesam bestreuen.

ZUBEREITUNG

Den Ofen auf 120 °C Umluft vorheizen. Zwei Backbleche mit Backpapier auslegen.

Die Wirsingblätter und die Grünkohlblätter waschen, trocken tupfen, den großen Strunk entfernen und die Blätter in kleine Stücke schneiden. In eine Schüssel geben. Olivenöl, 1 TL Salz und Cayennepfeffer hinzugeben und alles mit den Händen vermengen, dabei den Kohl etwas massieren.

Die Rote Bete schälen (am besten mit Handschuhen) und in sehr dünne Scheiben schneiden oder hobeln. Mit Olivenöl und ½ TL Salz marinieren.

Wirsing, Grünkohl und Rote Bete auf die Backbleche verteilen. Darauf achten, dass das Gemüse nicht übereinanderliegt. Beide Backbleche in den Ofen schieben und das Gemüse etwa 15 Minuten rösten, bis es leicht knusprig ist, dabei nach der Hälfte der Garzeit die Backbleche tauschen. Das gegarte Gemüse herausnehmen und 5 Minuten auf den Backblechen ruhen lassen.

In der Zwischenzeit für die Cashew-Erdnuss-Creme die Cashewkerne und Erdnüsse in einem Hochleistungsmixer zu einem Nussmus mahlen. Tahini und Cayennepfeffer hinzufügen und kurz untermixen. Die Cashew-Erdnuss-Creme hält sich in einem Glasgefäß 1 Woche.

TIPP | Wenn ihr keinen Mixer habt, könnt ihr auf hochwertiges gekauftes Erdnussmus zurückgreifen und es mit Tahini und Cayennepfeffer verfeinern. Die Cashewkerne entfallen dann.

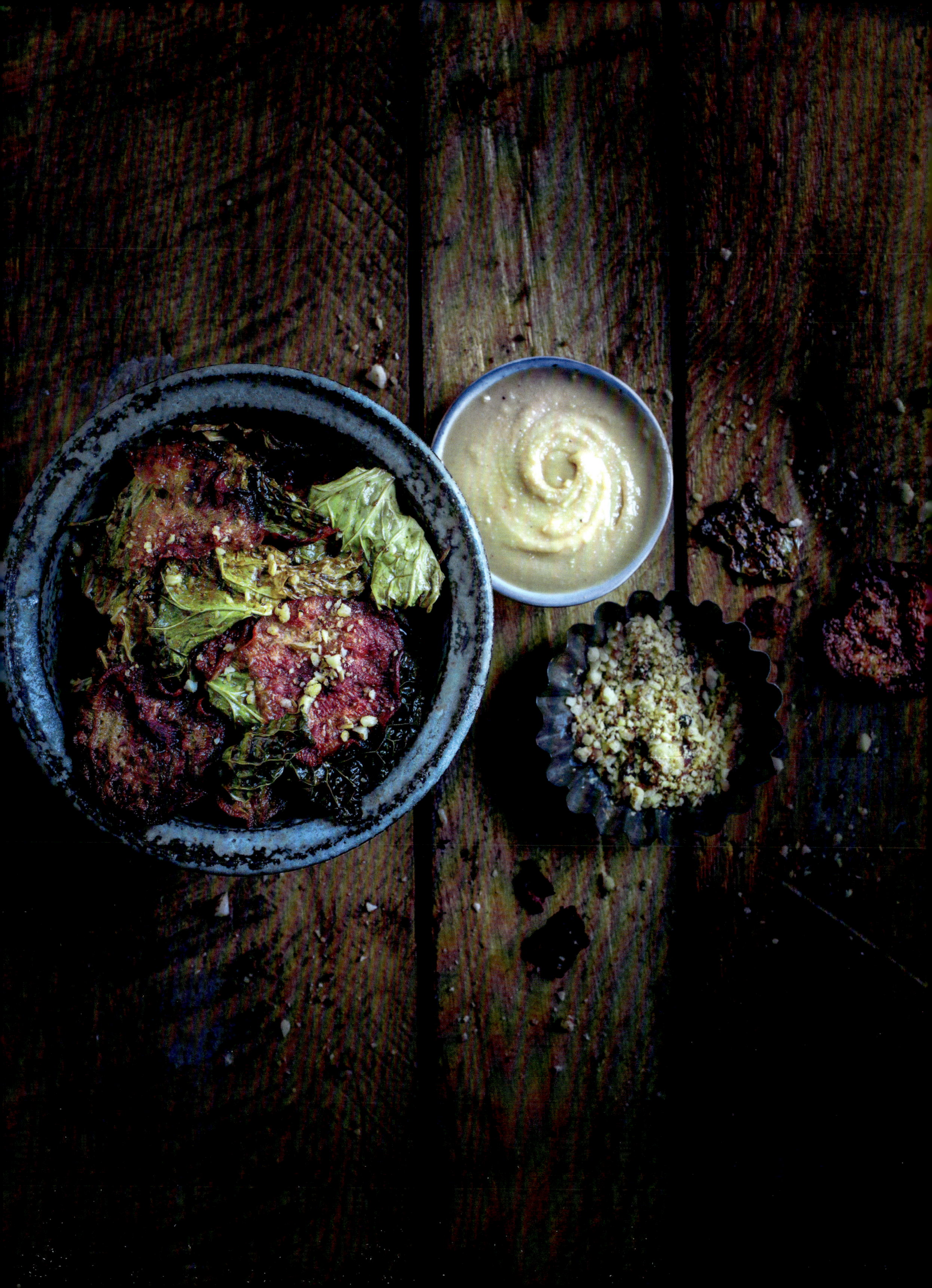

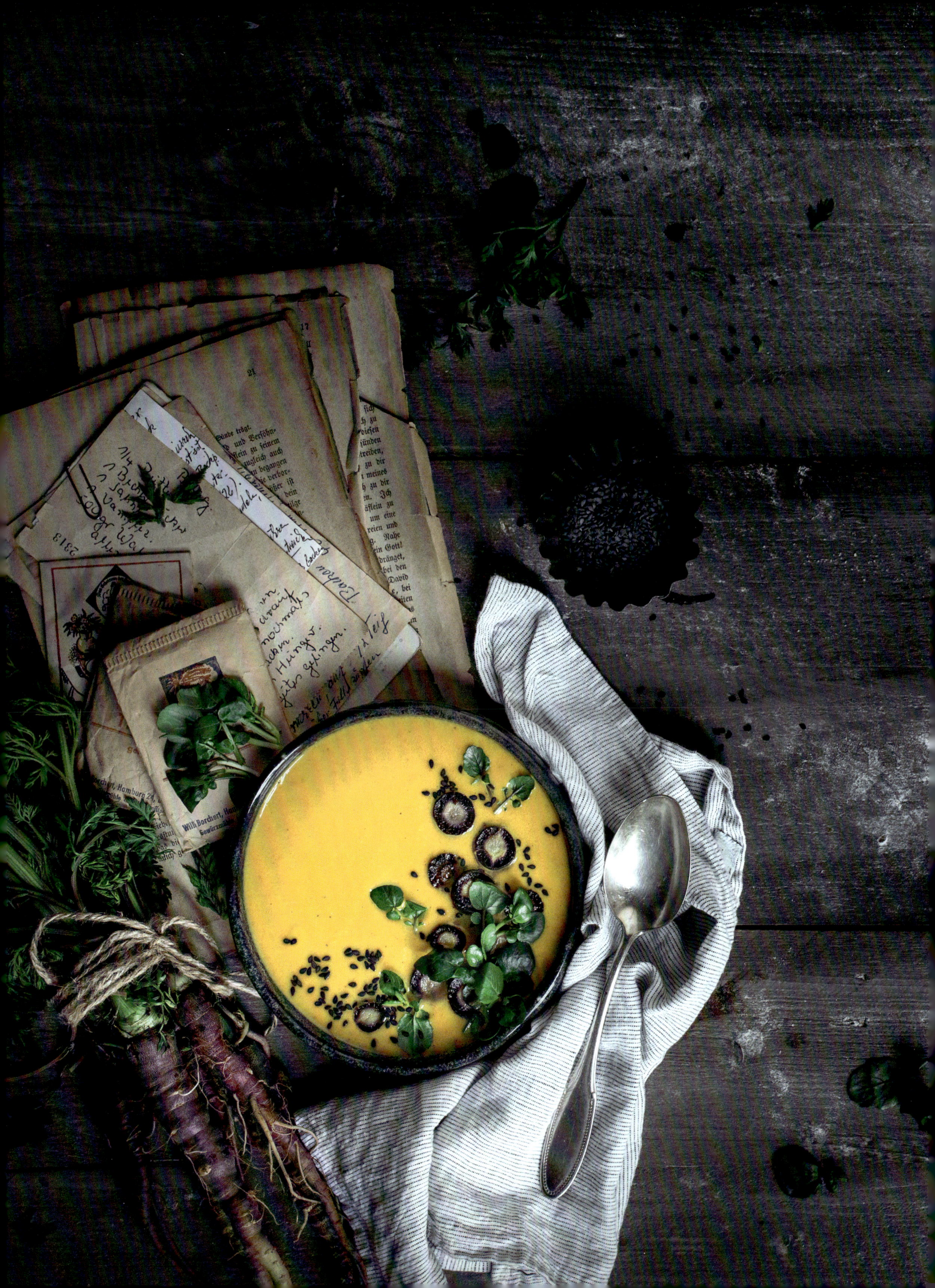

Suppen

An kalten Wintertagen hilft oft nur eine heiße Suppe. Sich nach einem Spaziergang im Schneegestöber gemütlich vor den Kamin zu kuscheln, eine köstliche Suppe zu löffeln und den Flammen beim Tanzen zuzusehen, das ist etwas Wunderbares. Doch auch wenn es draußen wärmer ist, sind Suppen eine köstliche und leichte Möglichkeit, den Hunger zu stillen. Suppen sind nicht nur echtes Soul Food, sondern sie sind auch gut für unseren Körper: Denn eine selbst gekochte Suppe mit viel Gemüse belastet die Verdauung nicht, ist reich an Vitaminen, Ballaststoffen und Mineralien und ist außerdem gut für unseren Flüssigkeitshaushalt. Eine Suppe ist eben ein Rundum-Wohlfühl-Paket für Körper und Seele!

Vegane ZUCCHINI-PHO-BOWL

STERNANIS | NELKE | ZUCCHINI | CAYENNEPFEFFER | LIMETTE | PILZE | KORIANDER | PAK CHOI

FÜR 4 PERSONEN

FÜR DIE BRÜHE

- 1 Schalotte
- 2 Knoblauchzehen
- 35 g frischer Bio-Ingwer
- 1 TL Kokosöl
- 500 g Suppengrün
- 1 frische rote Chilischote
- 60 g Champignons
- 2 getrocknete Shiitake-Pilze
- 2 EL Sojasauce (Tamari)
- 3 Sternanis
- 4 Nelken
- 1 TL gemahlener Ceylon-Zimt
- 1 l Gemüsebrühe

Diese vegane Variante einer Pho Bowl lässt keine Wünsche offen. Sie ist herrlich würzig, leicht scharf und schmeckt einfach himmlisch. Für unseren Gaumen sind die für eine Pho charakteristischen Gewürze eher weihnachtlich. Doch in dieser Suppe sind sie auch im Frühling, Sommer und Herbst unschlagbar. Eine köstliche, wärmende Suppe mit tollen Einlagen, die mich rundum glücklich macht.

ZUBEREITUNG

Den Ofen auf 200 °C Ober-/Unterhitze vorheizen und ein Backblech mit Backpapier auslegen.

Die Schalotte und den Knoblauch schälen und in grobe Stücke schneiden. Den Ingwer waschen und ungeschält in grobe Stücke schneiden. Das Kokosöl in einem Topf erhitzen und Schalotte, Knoblauch und Ingwer darin anschwitzen. Das Suppengrün putzen, waschen und grob würfeln. Die Chilischote ebenfalls in grobe Stücke schneiden.

Alles zum Suppenansatz in den Topf geben. Die Champignons putzen, in Scheiben schneiden und mit den getrockneten Shiitake-Pilze ebenfalls in den Topf geben. Das Gemüse anbraten, bis sich leichte Röststoffe bilden, dann mit der Sojasauce ablöschen, die Gewürze hinzufügen und mit der Gemüsebrühe aufgießen. Die Brühe 30 Minuten sanft köcheln lassen.

Weiter geht's auf der nächsten Seite.

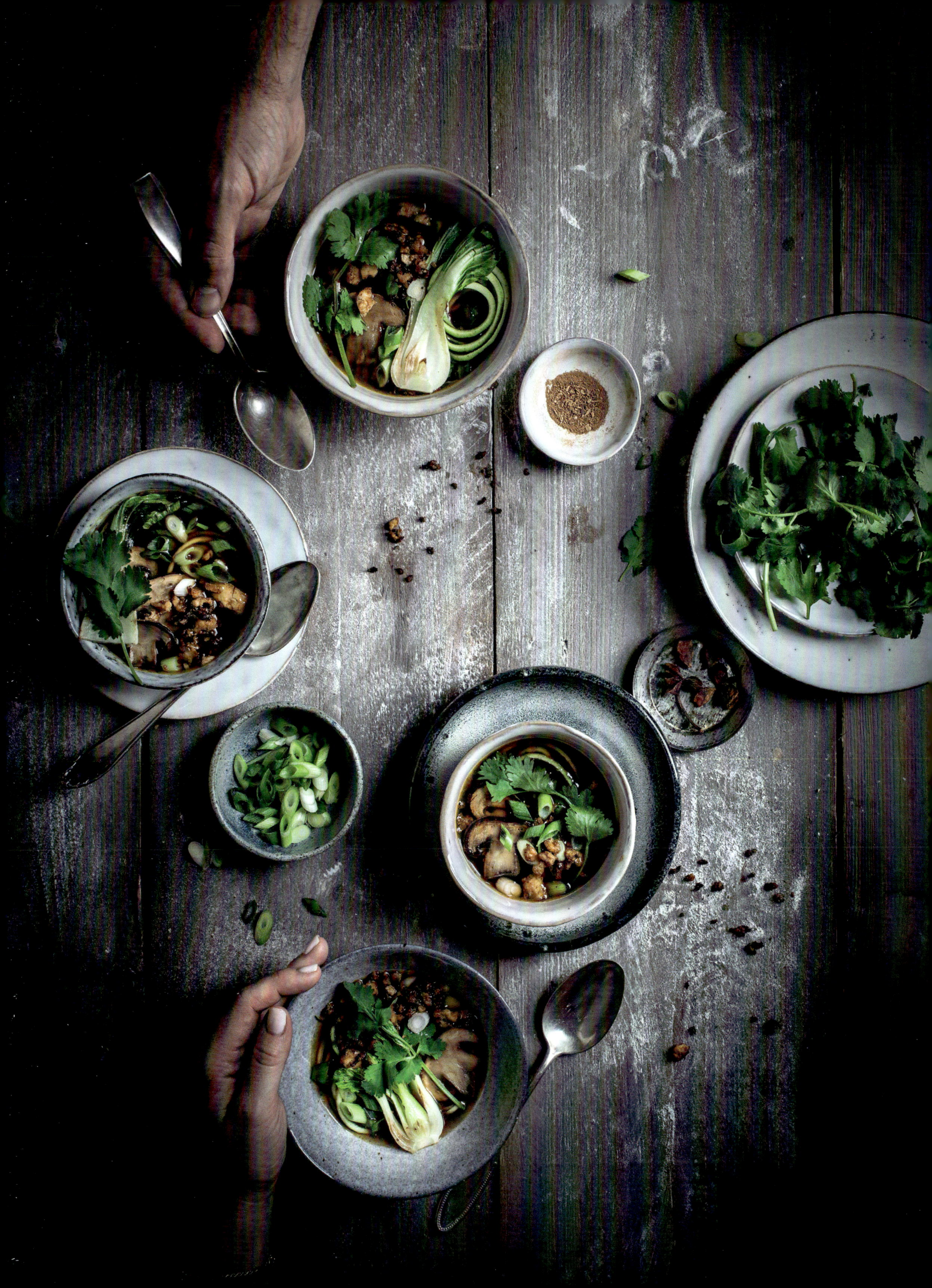

FÜR DEN TOFU

400 g Tofu

2 TL Kokosöl

1 TL Cayennepfeffer

2 TL Sojasauce

FÜR DIE SUPPENEINLAGE

250 g gemischte Pilze (z. B. braune Champigons, Kräuterseitlinge …)

2 TL Kokosöl

Salz

4 kleine Pak Choi

1 Bund frisches Koriandergrün

1 frische rote Chilischote

2 Frühlingszwiebeln

250 g Zucchini

2 Bio-Limetten

AUSSERDEM

Spiralschneider

vegan | glutenfrei | laktosefrei

In der Zwischenzeit den Tofu mit den Händen zerbröseln. Das Kokosöl mit Cayennepfeffer und Sojasauce verrühren und mit dem Tofu vermengen. Den Tofu auf das Backblech geben und im Ofen etwa 20 Minuten rösten, dann herausnehmen und in einer Schüssel beiseitestellen.

Die Brühe durch ein Sieb passieren, das ausgekochte Gemüse entfernen. 6 EL Brühe über den Tofu geben und verrühren, die restliche Brühe warm halten.

Für die Einlage die Pilze putzen und in mundgerechte Stücke schneiden. In einer Pfanne 1 TL Kokosöl erhitzen, die Pilze darin anbraten und mit 1 Prise Salz würzen. Herausnehmen und beiseitestellen. Den Pak Choi waschen, halbieren und in 1 TL Kokosöl bei schwacher Hitze andünsten. Den Koriander waschen, trocken schütteln und grob hacken. Die Chilischote entkernen und in feine Ringe schneiden. Die Frühlingszwiebeln ebenfalls in feine Ringe schneiden. Die Zucchini mit einem Spiralschneider zu Zucchininudeln drehen, alternativ in feine Streifen schneiden. Die Limetten heiß waschen und in dünne Scheiben schneiden.

Pilze, Zucchininudeln, Pak Choi und Tofu auf vier Suppenschalen verteilen. Mit der Brühe aufgießen und mit Koriander, Chiliringen, Frühlingszwiebeln und Limettenscheiben garnieren.

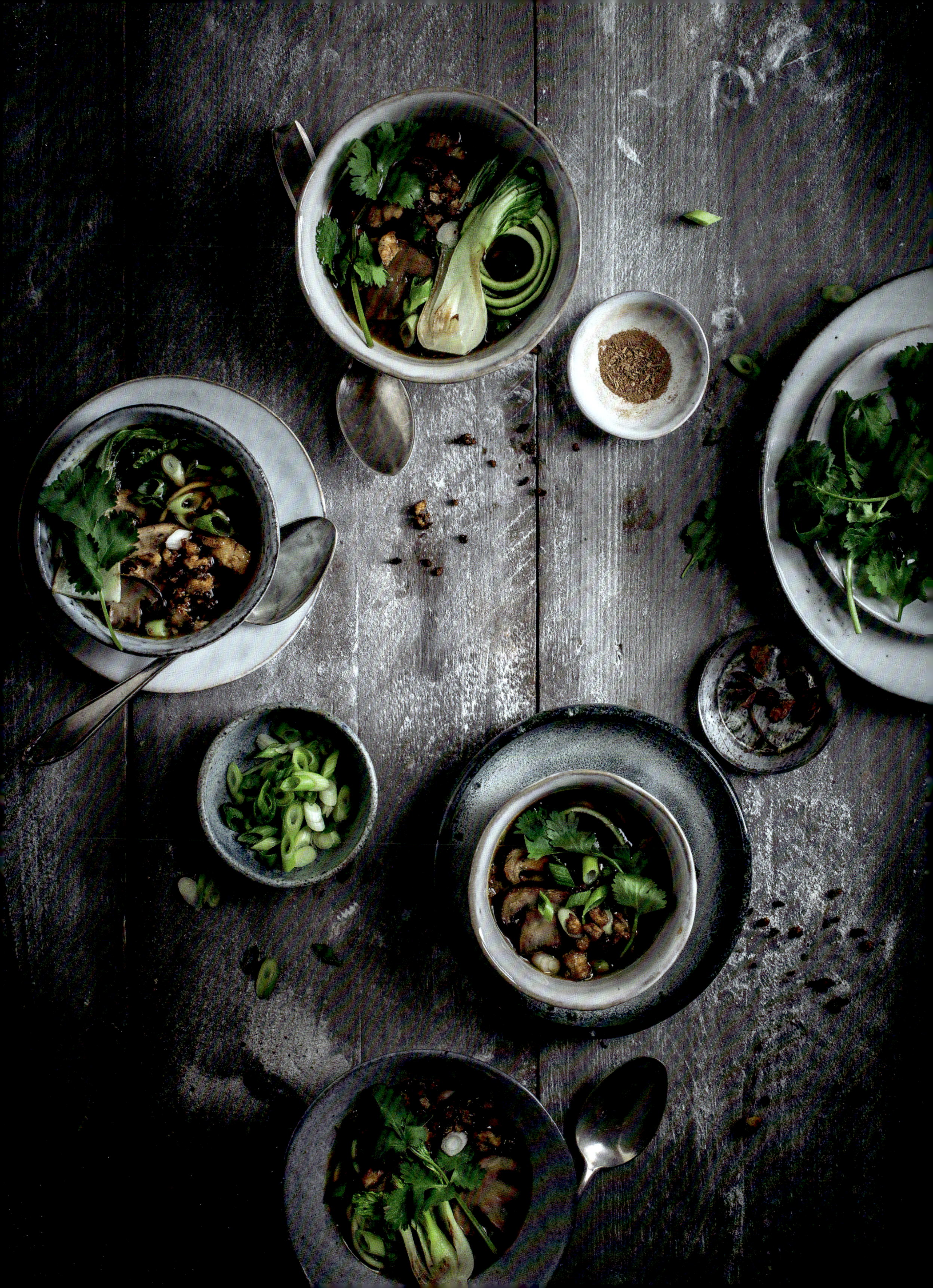

Wärmende MÖHREN-INGWER-SUPPE

Möhre | Ingwer | Zimt | Curry | Kokos | Brunnenkresse | schwarzer Sesam

FÜR 4 PERSONEN

1 Schalotte
1 Knoblauchzehe
1 TL Kokosöl
Salz
400 g Möhren
40 g frischer Ingwer
½ TL gemahlener Ceylon-Zimt
½ TL Cayennepfeffer
½ TL Currypulver
1 TL gemahlene Kurkuma
½ TL gelbe Currypaste
½ TL schwarzer Pfeffer
500 ml Gemüsebrühe
400 ml Kokosmilch

ZUM GARNIEREN

2 violette Möhren
½ TL Kokosöl
schwarzer Sesam
Brunnenkresse

vegan | glutenfrei | laktosefrei

Diese Möhren-Ingwer-Suppe koche ich an kühlen Tagen, an denen mein Körper und meine Seele etwas Wärmendes brauchen. Sie ist im Handumdrehen gemacht, und dann kann man sich mit einer großen Schale auf die Couch kuscheln und aufwärmen. Ingwer, Curry und Cayennepfeffer sorgen für ordentlich Schärfe, die Kokosmilch macht die Suppe schön samtig, und der Zimt gibt ihr eine weiche Note. Die Gewürze, die ich verwende, haben in der traditionellen Naturheilkunde einen festen Platz, und sie machen diese Suppe zu einer Wohltat nicht nur für die Seele, sondern auch für den Körper.

ZUBEREITUNG

Die Schalotte schälen und fein würfeln. Den Knoblauch ebenfalls schälen und sehr fein hacken. Das Kokosöl in einem Topf erhitzen, die Schalotten- und Knoblauchwürfel mit 1 Prise Salz in den Topf geben und bei mittlerer Hitze anschwitzen.

Die Möhren waschen und in Scheiben schneiden. Den Ingwer schälen und fein hacken. Beides in den Topf geben und einige Minuten bei schwacher Hitze anschwitzen. Dabei immer wieder umrühren. Ceylon-Zimt, Cayennepfeffer, Currypulver, Kurkuma, Currypaste und schwarzen Pfeffer dazugeben und kurz unter Rühren anrösten. Mit Gemüsebrühe und Kokosmilch aufgießen. Einen Deckel auflegen und die Suppe etwa 20 Minuten sanft köcheln lassen, bis die Möhren weich sind.

In der Zwischenzeit die violetten Möhren waschen und in dünne Scheiben schneiden. Das Kokosöl in einer Pfanne erhitzen, die Möhren darin bei schwacher Hitze andünsten und mit 1 Prise Salz würzen.

Die Suppe mit dem Stabmixer pürieren und mit etwas Salz abschmecken. Die Möhren-Ingwer-Suppe in tiefe Teller geben und mit den violetten Möhrenscheiben, etwas schwarzem Sesam und Brunnenkresse garnieren.

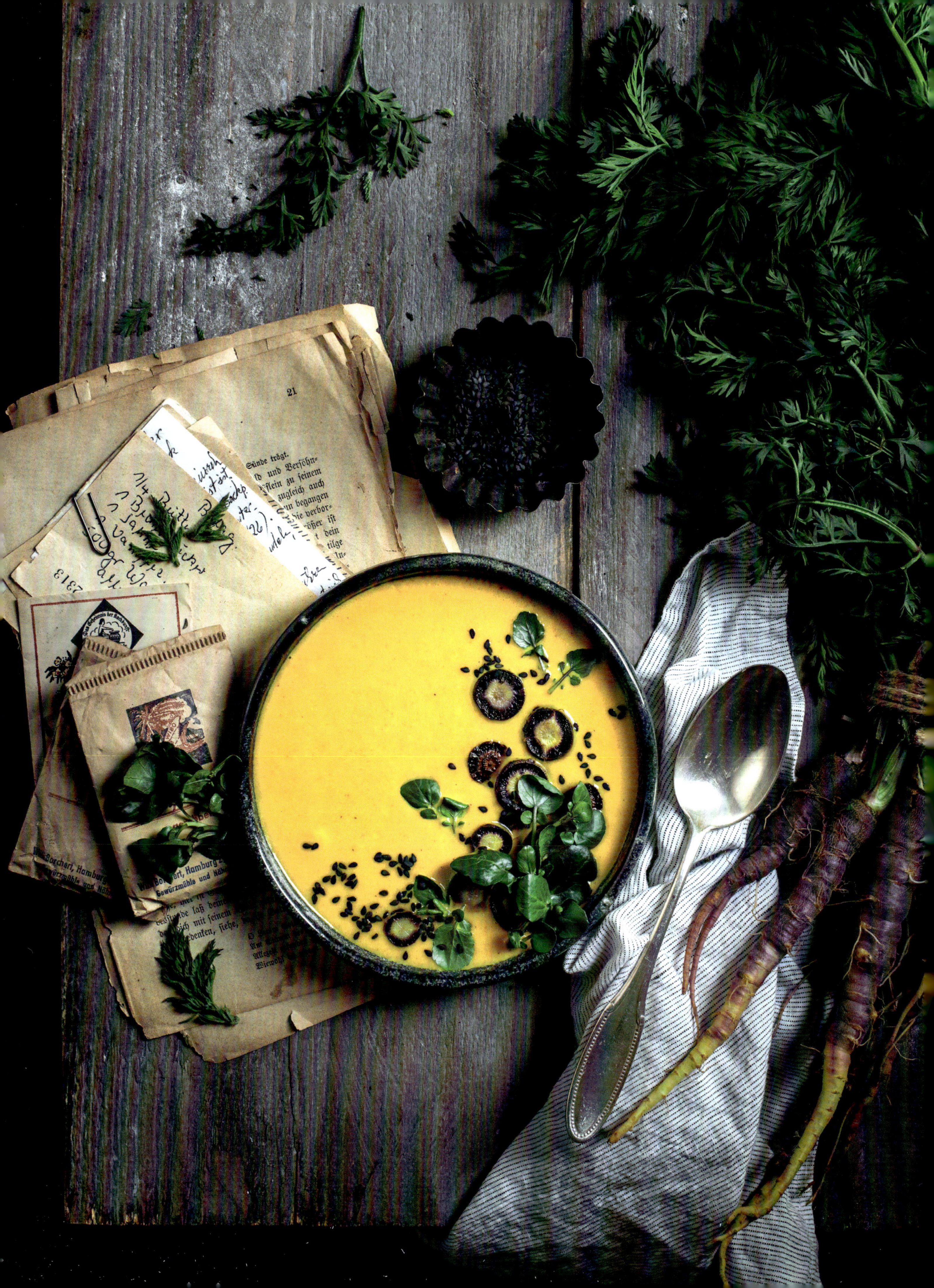
21
Sünde trägt.
Wilh. Borchart, Hamburg

Weisse Bohnensuppe MIT CROÛTONS

weiße Bohne | Roggen | Zimt | Sonnenblumenkerne | Sprossen | Kresse

FÜR 4 PERSONEN

FÜR DIE BOHNENSUPPE

250 g weiße getrocknete Bohnen (alternativ 500 g gekochte weiße Bohnen)

2 Schalotten

1 Knoblauchzehe

1 TL Kokosöl

1 TL Ahornsirup

750 ml Gemüsebrühe

½ TL gemahlener Kreuzkümmel

FÜR DIE CROÛTONS

100 g Roggenvollkornbrot

2 EL Kokosöl

¼ TL gemahlener Ceylon-Zimt

Salz

ZUM GARNIEREN

50 g Sonnenblumenkerne

1 TL Ahornsirup

4 EL Brunnenkresse

4 EL Sprossen

vegan | laktosefrei

Weiße Bohnen, die ich zu einer cremigen Suppe mixe, werden mit zimtigen Roggenbrot-Croûtons, Sonnenblumenkernen und jeder Menge Kresse und Sprossen zu einer meiner Lieblingssuppen. Wenn man auf fertig gekochte Bohnen zurückgreift, ist die Suppe sogar ein superschnelles Gericht.

ZUBEREITUNG

Am Vortag die getrockneten Bohnen vollständig mit Wasser bedecken und über Nacht einweichen.

Am nächsten Tag das Wasser abgießen, die Bohnen abspülen, mit der dreifachen Menge Wasser in einen Topf geben und etwa 1 ½ Stunden garen, bis sie weich sind.

In der Zwischenzeit die Schalotten und den Knoblauch schälen und fein hacken. Das Kokosöl in einem Topf erhitzen und Schalotten und Knoblauch darin anschwitzen. Den Ahornsirup hinzufügen und unter Rühren leicht karamellisieren. Die gegarten Bohnen hinzufügen, mit der Gemüsebrühe aufgießen und abgedeckt ungefähr 5 Minuten sanft köcheln lassen. Den Kreuzkümmel hinzufügen und die Suppe mit dem Stabmixer pürieren. Warm halten.

Für die Garnitur die Sonnenblumenkerne in einer Pfanne ohne Fett anrösten, dann den Ahornsirup dazugeben und karamellisieren. Herausnehmen und beiseitestellen.

Für die Croûtons das Roggenbrot in kleine Würfel schneiden. Das Kokosöl in der Pfanne erhitzen und die Brotwürfelchen darin rösten. Immer wieder umrühren. Die Croûtons mit Zimt und 1 Prise Salz würzen.

Die Bohnensuppe in Schalen anrichten und mit Croûtons, Sonnenblumenkernen, Kresse und Sprossen servieren.

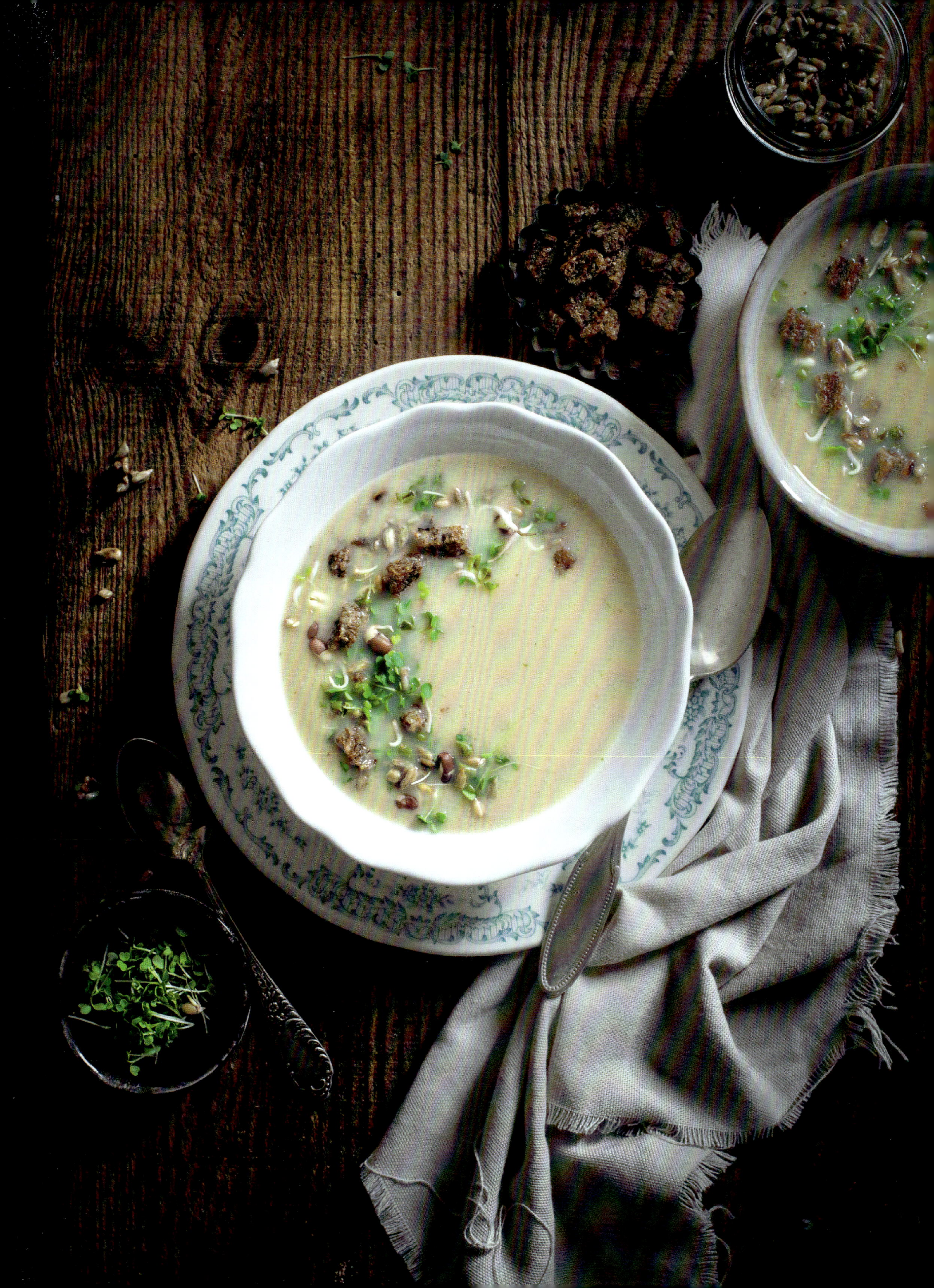

Spinat-Lauch-Suppe mit GEFÜLLTEN ZUCCHINIBLÜTEN

SPINAT | LAUCH | ZUCCHINIBLÜTE | CASHEW | DILL

FÜR 4 PERSONEN

FÜR DEN CASHEW CHEESE

80 g geröstete, gesalzene Cashewkerne

⅓ Bund frischer Dill

1 Msp. Meersalz

1 Msp. Kubebenpfeffer

FÜR DIE SPINAT-LAUCH-SUPPE

1 Lauchstange

200 g Kartoffeln

1 EL Kokosöl

1,5 l Gemüsebrühe

100 g Spinat

Salz

frisch gemahlener Pfeffer

FÜR DIE ZUCCHINIBLÜTEN

4 kleine Zucchiniblüten samt Mini-Zucchini

1 TL Sonnenblumenöl

ZUM GARNIEREN

50 g geröstete, gesalzene Cashewkerne

¼ TL Kubebenpfeffer

1 EL Ahornsirup

vegan | glutenfrei | laktosefrei

Diese Suppe ist für sich allein schon sehr lecker und mit ihrer schönen grünen Farbe auch ein echter Hingucker. Doch den besonderen Clou bekommt sie durch die mit Cashew Cheese gefüllten Zucchiniblüten. Als knuspriges Topping obendrauf gibt es karamellisierte Cashewkerne.

ZUBEREITUNG

Für den Cashew Cheese die Cashewkerne vollständig mit Wasser bedecken und 2 Stunden einweichen lassen.

Den Ofen auf 180 °C Ober-/Unterhitze vorheizen und ein Backblech mit Backpapier auslegen.

Für die Suppe den Lauch längs halbieren und gründlich waschen, sodass alle Erdreste entfernt werden. Den Lauch in Ringe schneiden. Die Kartoffeln schälen und in Würfel schneiden. In einem Topf 1 EL Kokosöl erhitzen. Die Lauchringe und die Kartoffelwürfel darin anschwitzen. Die Gemüsebrühe hinzufügen und alles etwa 20–25 Minuten offen köcheln lassen.

In der Zwischenzeit für den Cashew Cheese das Wasser von den Cashewkernen abgießen, die Kerne in ein hohes Gefäß geben und mit dem Stabmixer pürieren. Den Dill waschen, trocken schütteln und fein hacken. Unter den Cashew Cheese rühren und mit Salz und Kubebenpfeffer abschmecken.

Die Zucchiniblüten ganz vorsichtig waschen und die Blütenstempel mit einem kleinen Messer herausschneiden. Dazu die Blütenblätter an einer Seite ganz leicht einritzen, damit man an den Stempel kommt. Die Blüten vorsichtig mit dem Cashew Cheese füllen und die Blütenblätter oben wieder zusammendrehen. Die Zucchiniblüten auf das Backblech legen, mit Öl bepinseln und im Ofen 5 Minuten backen.

Für die Suppe den Spinat waschen und zu Lauch und Kartoffeln in die Brühe geben, kurz zusammenfallen lassen und die Suppe dann mit einem Stabmixer pürieren. Mit Salz und Pfeffer abschmecken.

Für die Garnitur Cashewkerne und Kubebenpfeffer in die Pfanne geben und kurz rösten. Mit dem Ahornsirup beträufeln und karamellisieren lassen.

Die Suppe in tiefe Teller geben und mit den gefüllten Zucchiniblüten und den Cashewkernen anrichten.

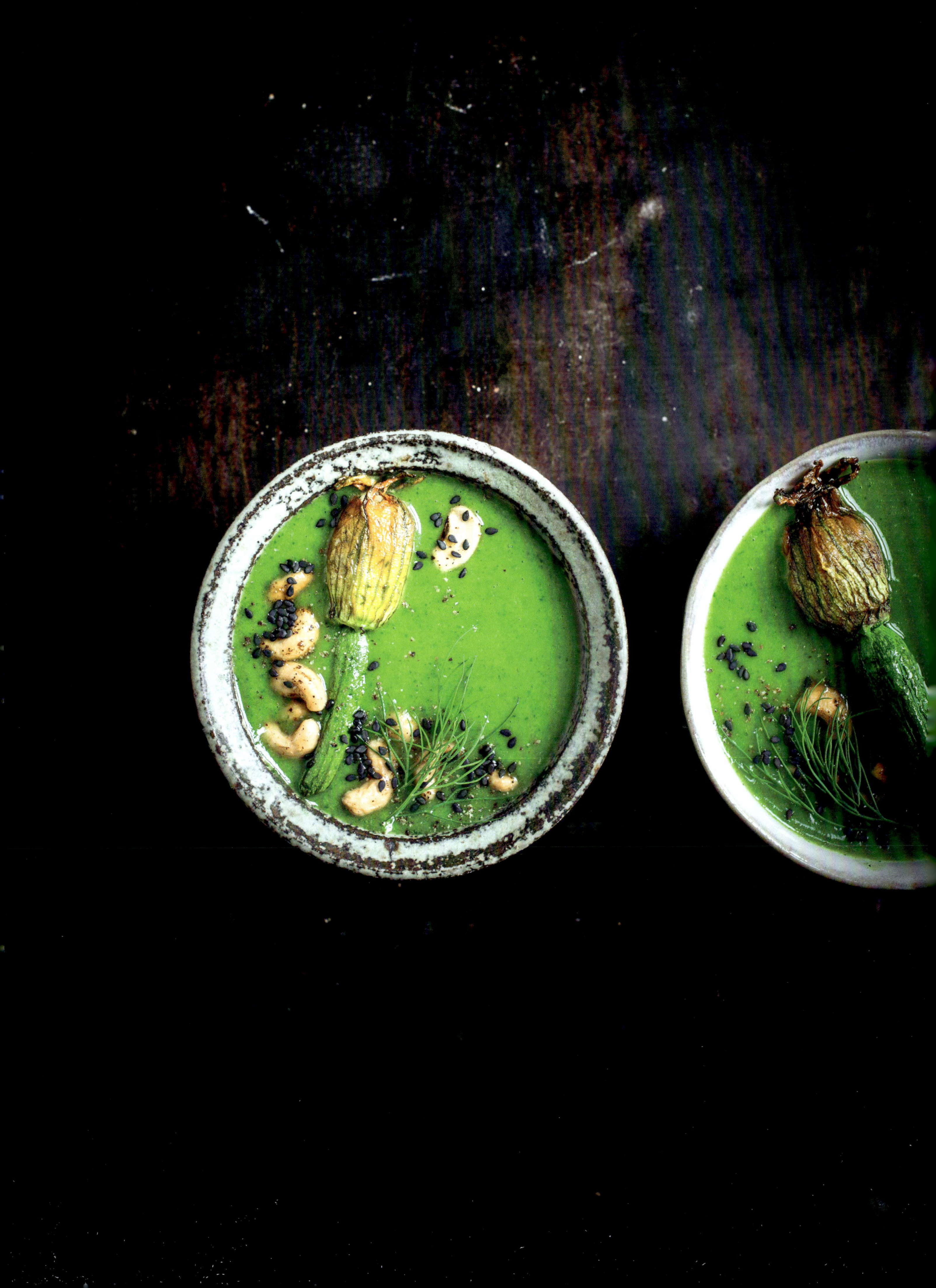

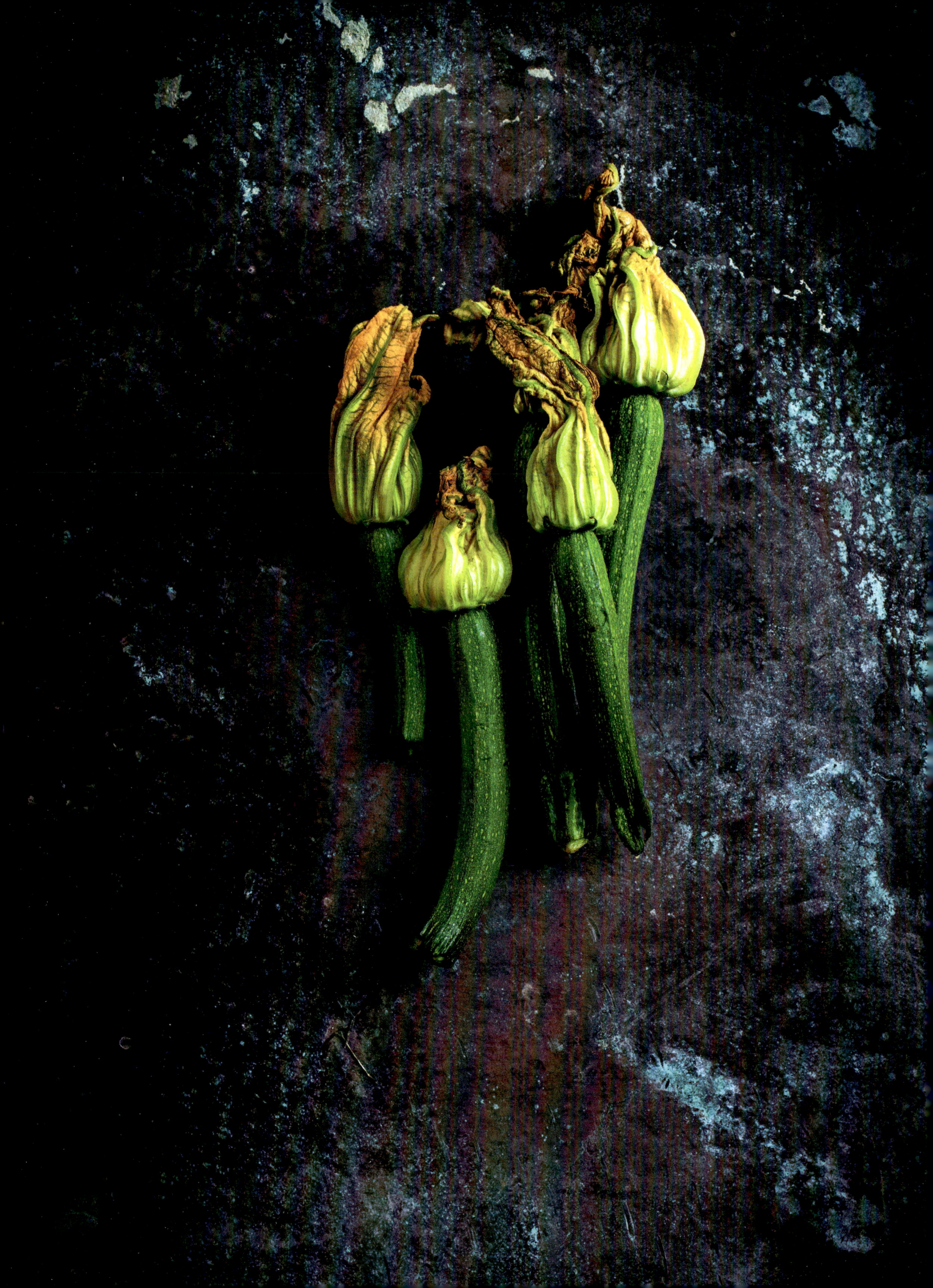

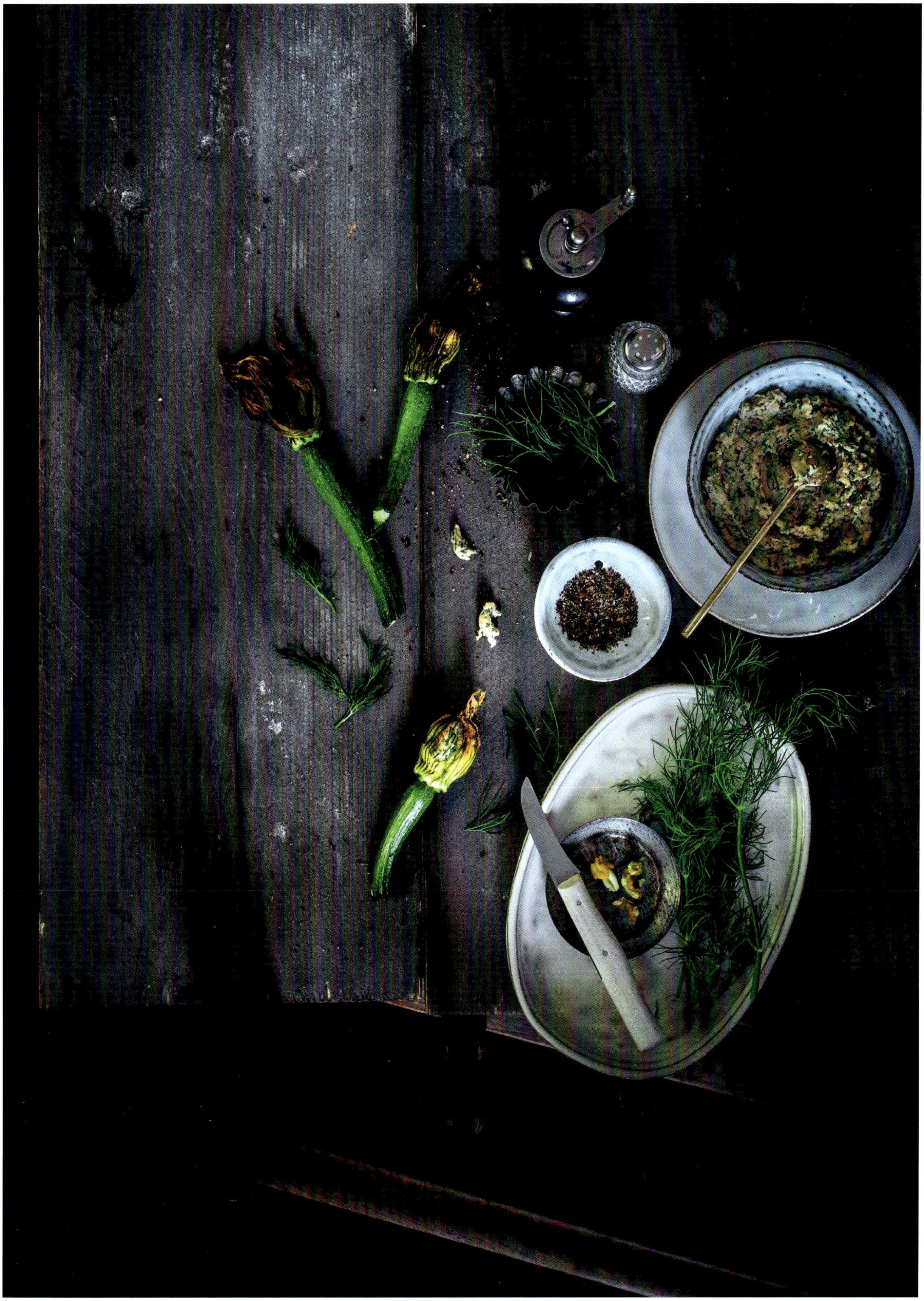

Ramen mit WACHSWEICHEM EI

Soja-Ei | Kürbis | Zitrone | Koriander | Ingwer

FÜR 2 PERSONEN

FÜR DIE EINLAGE

4 Eier (Größe M)
4 EL Sojasauce
50 g getrocknete Mungobohnen
500 g Hokkaido-Kürbis
3 EL Olivenöl
Salz
1 ½ EL Rohrzucker
2 EL Ahornsirup
1 frische grüne und 1 frische rote Chilischote
2 Frühlingszwiebeln
1 Bio-Zitrone
2 große Kräuterseitlinge
½ TL Kokosöl
frisch gemahlener schwarzer Pfeffer
1 Bund frischer Koriander
150 g getrocknete Ramen oder Mie-Nudeln
1 kleines Stück frischer Ingwer

FÜR DIE SUPPE

2 EL frischer Ingwer
1 frische rote Chilischote
1 TL Kokosöl
2 EL Sojasauce
1 l Hühnerbrühe

AUSSERDEM

1 Gefrierbeutel mit Zip-Verschluss
Filetiermesser

laktosefrei

Seit meiner Kindheit liebe ich Nudelsuppe, denn sie erinnert mich an meine Großeltern, besonders an meinen Opa: Er hat die Nudeln immer selbst gemacht und dann in einer intensiv duftenden Brühe serviert. Diese asiatische Nudelsuppe verbindet für mich daher Nostalgie und Food-Trend, ist also wie für mich gemacht. Und wahrscheinlich gibt es von Ramen, einer asiatischen Nudelsuppe mit viel Einlage, kaum einen größeren Fan als mich.

ZUBEREITUNG

Die Eier in einem kleinen Topf genau 6 Minuten kochen, dann ist das Eigelb wachsweich und das Eiweiß hart. Die Eier herausnehmen, in eiskaltem Wasser abschrecken und schälen. Die Sojasauce in einen Gefrierbeutel mit Zip-Verschluss geben und die abgekühlten Eier hineinlegen. Über Nacht im Kühlschrank marinieren.

Die Mungobohnen mit Wasser übergießen und 2–3 Stunden einweichen. Anschließend 40 Minuten weich kochen, dann abseihen und abkühlen lassen.

Den Backofen auf 200 °C Ober-/ Unterhitze vorheizen. Den Kürbis halbieren, die Kerne mit einem Löffel herauskratzen und den Kürbis in kleine Würfel (2 x 2 cm) schneiden. Die Kürbiswürfel mit Olivenöl, 1 TL Salz und ½ EL Zucker vermengen. Ein Backblech mit Backpapier auslegen und die Kürbiswürfel darauf verteilen. Im vorgeheizten Ofen auf der mittleren Schiene 25 Minuten rösten, dann mit Ahornsirup vermengen und 1–2 Minuten unter dem Backofengrill karamellisieren.

In der Zwischenzeit die Suppenbasis vorbereiten. Ingwer schälen, zusammen mit der Chilischote fein hacken und in Kokosöl leicht anschwitzen. Mit Sojasauce ablöschen und mit Hühnerbrühe aufgießen. Die Brühe abgedeckt etwa 10 Minuten leicht köcheln lassen.

Für die Einlage nun die Chilischoten und die Frühlingszwiebeln waschen und in feine Ringe schneiden. Die Schale der Zitrone mit einem Sparschäler abschälen, das restliche Weiße an der Schale mit einem Filetiermesser entfernen und die Schale dann in feine Streifen schneiden. Die Kräuterseitlinge mit einem Pinsel von Erde befreien und längs in Scheiben schneiden. Die Pilze in dem Kokosöl scharf anbraten, 1 EL Zucker dazugeben und die Pilze durchschwenken, bis der Zucker geschmolzen und leicht karamellisiert ist. Salzen, pfeffern und warm halten. Den Koriander waschen und grob zerzupfen.

Die Nudeln in eine kleine Schüssel geben, mit kochendem Wasser übergießen und 2–3 Minuten ziehen lassen. Das Wasser abgießen und die Nudeln mit einer Schere grob zerschneiden. Den Ingwer schälen und in feine Scheibchen schneiden. Nudeln, Mungobohnen und Kürbis auf zwei große Schalen verteilen und mit der heißen Brühe aufgießen. Chili, Frühlingszwiebeln, Zitronenschale, Pilze, Koriander und Ingwer hinzugeben und die Suppe mit den marinierten, halbierten Eiern servieren.

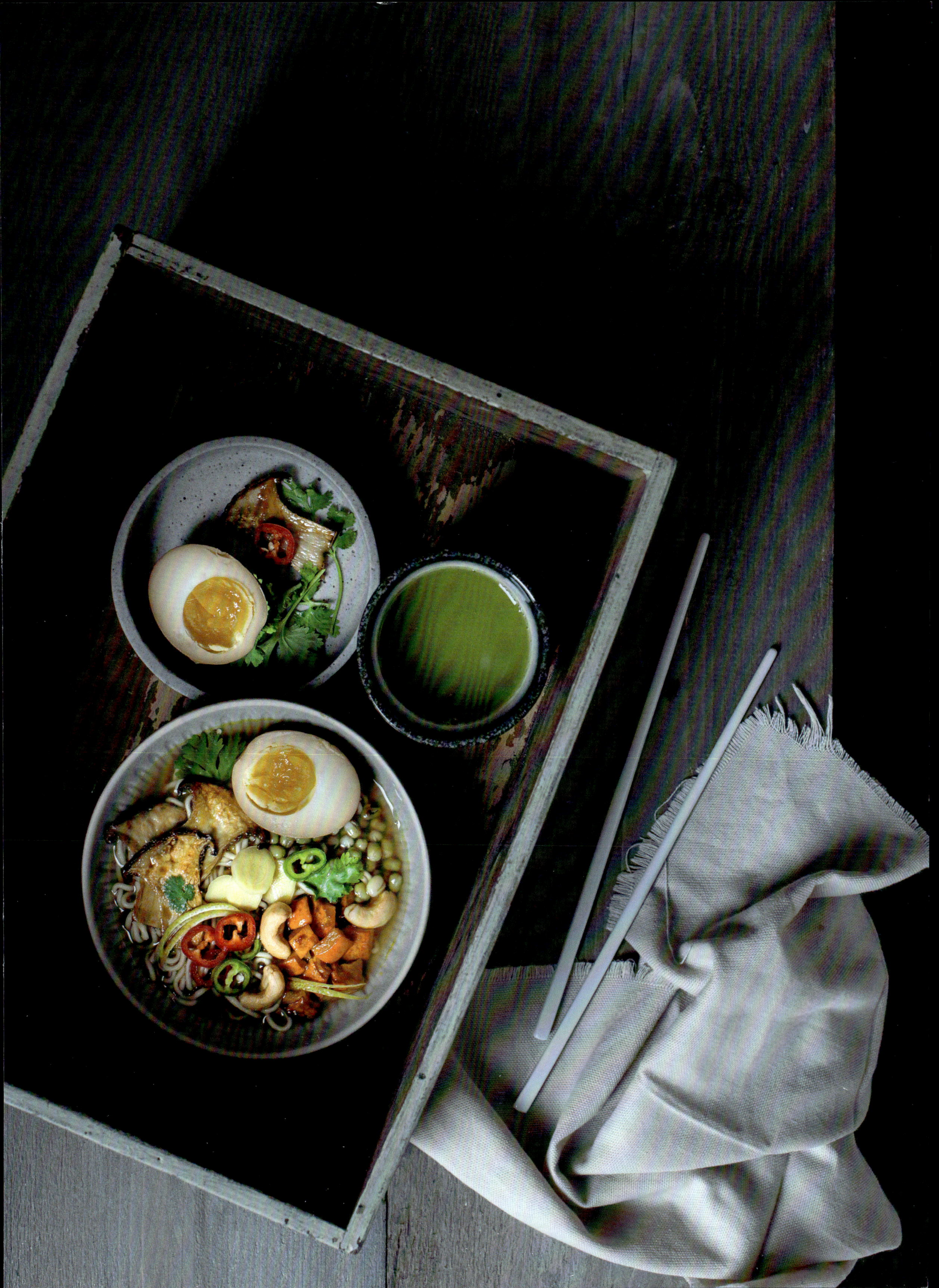

Thailändische ERDNUSS-KOKOS-SUPPE

ERDNUSS | CURRY | KOKOS | CAYENNEPFEFFER | KORIANDER | FRÜHLINGSZWIEBEL | MINZE

FÜR 4 PERSONEN

FÜR DEN TOFU

400 g Tofu

2 TL Kokosöl

3 EL Sojasauce (Tamari)

1 TL Cayennepfeffer

1 TL Currypulver

1 TL rosenscharfes Paprikapulver

FÜR DIE SUPPE

2 Schalotten

30 g frischer Ingwer

2 TL Kokosöl

5 TL scharfe gelbe Currypaste

600 ml Kokosmilch

400 ml Gemüsebrühe

4 EL Erdnussmus

ZUM GARNIEREN

½ Bund frische Minze

1 Bund frisches Koriandergrün

2 Frühlingszwiebeln

4 EL geröstete, gesalzene Erdnusskerne

vegan | glutenfrei | laktosefrei

Eine köstlich scharfe Suppe, die durch die Kokosmilch schön cremig wird. Die Basis ist schon superlecker, und den besonderen Kick gibt ihr Spicy Tofu. Der wird zerbröselt, scharf gewürzt, knusprig geröstet und anschließend mit einer kleinen Menge Sojasauce vermengt, dadurch bekommt er eine Textur wie Hackfleisch. Ich habe diese Suppe für Freunde zubereitet, und selbst die Fleischliebhaber waren begeistert.

ZUBEREITUNG

Den Ofen auf 180 °C Ober-/Unterhitze vorheizen und ein Backblech mit Backpapier auslegen.

Den Tofu mit den Händen zerbröseln und in einer Schüssel mit Kokosöl, 2 EL Sojasauce, Cayennepfeffer, Currypulver und Paprikapulver mischen. Den Tofu auf das Backblech geben, gut verteilen und im Ofen etwa 35 Minuten knusprig rösten. Zwischendurch immer wieder umrühren. Den fertigen Tofu mit der restlichen Sojasauce (1 EL) vermengen.

Für die Suppe die Schalotten schälen und fein würfeln. Den Ingwer schälen und fein hacken. Das Kokosöl in einem großen Topf erhitzen, Schalotten und Ingwer darin anschwitzen. Die gelbe Currypaste hinzufügen und kurz mitrösten, dann mit Kokosmilch und Gemüsebrühe ablöschen. Alles 5 Minuten köcheln lassen, dann das Erdnussmus hinzugeben.

Für die Garnitur die Minze und den Koriander waschen. Die Minzblätter und den Koriander grob hacken. Die Frühlingszwiebeln waschen, putzen und in dünne Ringe schneiden.

Die Thai-Erdnuss-Kokos-Suppe auf Schalen aufteilen und den Spicy Tofu, Minze, Koriander und Erdnüsse dazugeben.

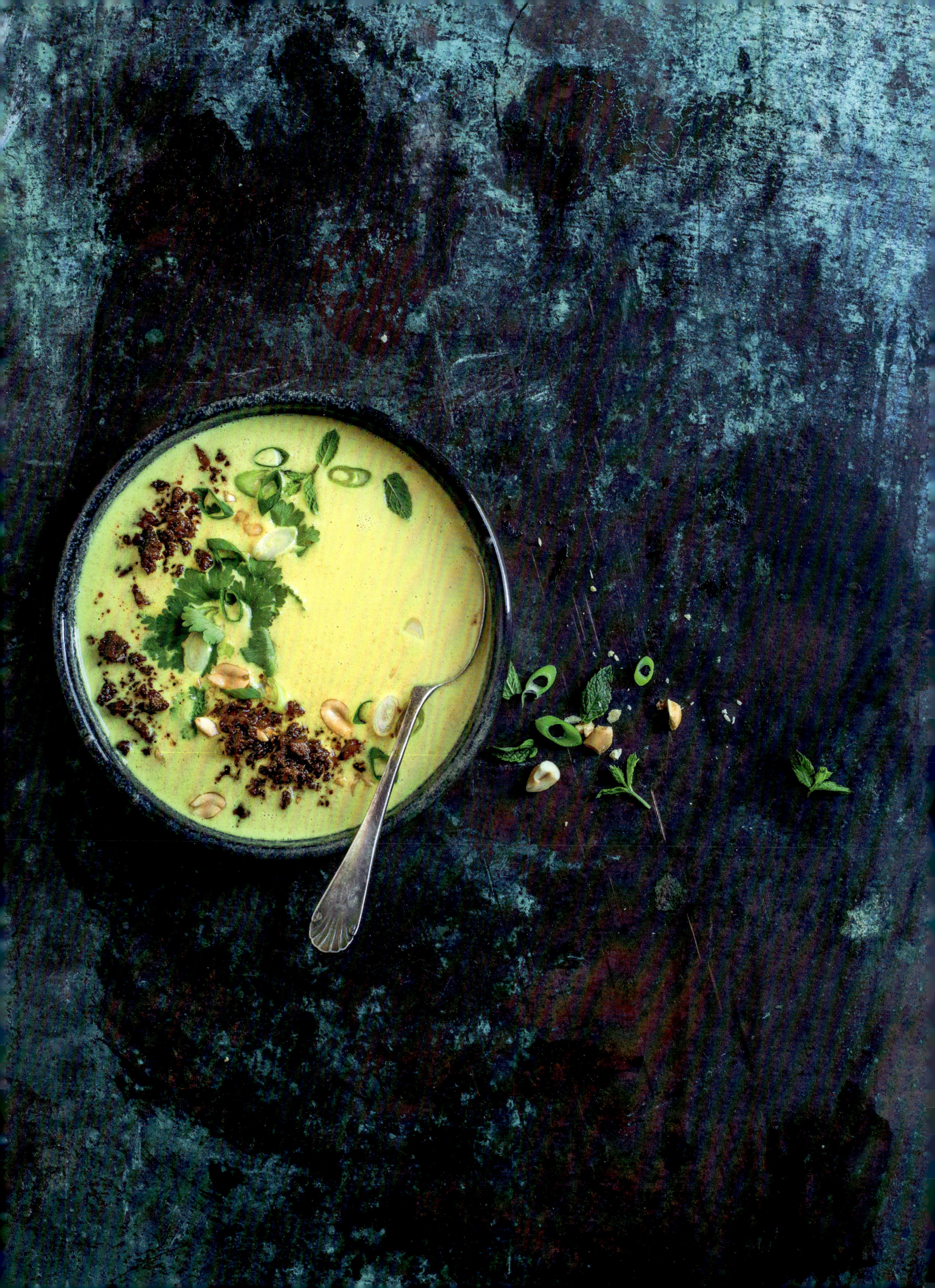

Erbsensuppe mit GEMÜSEPOMMES

ERBSE | ZITRONE | MÖHRE | PETERSILIENWURZEL | MÖHRENGRÜN

FÜR 4 PERSONEN

FÜR DIE GEMÜSEPOMMES

400 g Möhren (mit Grün)

400 g Petersilienwurzel

4 EL Olivenöl

½ TL Meersalz

½ TL Cayennepfeffer

abgeriebene Schale von 1 Bio-Zitrone

FÜR DIE SUPPE

2 kleine Schalotten

2 EL Butter

3 kg frische grüne Erbsen

1,1 l Gemüsebrühe

Zucker

400 g Sahne

2 TL Meersalz

1 TL frisch gemahlener schwarzer Pfeffer

abgeriebene Schale von 2 Bio-Zitronen

ZUM SERVIEREN

Crème fraîche

Rucolakresse (o. Ä.)

AUSSERDEM

Auflaufform (20 x 12 cm)

glutenfrei

Grün, grüner – Sommer. Wenn eine Suppe den Frühsommer repräsentiert, dann ist es diese Erbsensuppe. Die Farben, die Aromen, der Duft ... Ich kann es immer kaum erwarten, bis sich der Frühsommer einstellt. Die Gemüsepommes sind der perfekte Begleiter zur Suppe. Sie bekommen durch das fein gehackte Möhrengrün einen weiteren Frischekick.

ZUBEREITUNG

Den Ofen auf 180 °C vorheizen. Die Möhren putzen, das Möhrengrün hacken und beiseitestellen. Möhren und Petersilienwurzeln waschen und in kleine Stifte, ähnlich wie Pommes, schneiden. Mit Olivenöl, Salz und Cayennepfeffer würzen und in eine Auflaufform geben. Die Gemüsestifte etwa 30 Minuten im Ofen rösten. Herausnehmen, 2 EL gehacktes Möhrengrün und die Zitronenschale unterheben.

Für die Suppe die Schalotten fein würfeln und die Butter in einem Topf zerlassen. Die Schalottenwürfel glasig anschwitzen, dann die Erbsen dazugeben. Kurz anschwitzen, mit der Gemüsebrühe ablöschen und 1 Prise Zucker hinzufügen. Den Deckel aufsetzen und die Suppe bei mittlerer Hitze etwa 5 Minuten köcheln lassen, bis die Erbsen weich sind. Die Erbsen zusammen mit der Brühe mit einem Stabmixer pürieren.

Wenn man möchte, kann man die Suppe auch durch ein Sieb passieren, aber ich mag es bei dieser Suppe lieber handfest und habe die Erbsen daher nur püriert. Die Sahne hinzugeben, kurz untermixen und einmal aufkochen lassen. Die Suppe mit Salz, Pfeffer und Zitronenschale würzen, mit Crème fraîche und Rucolakresse garnieren und mit den Gemüsepommes servieren.

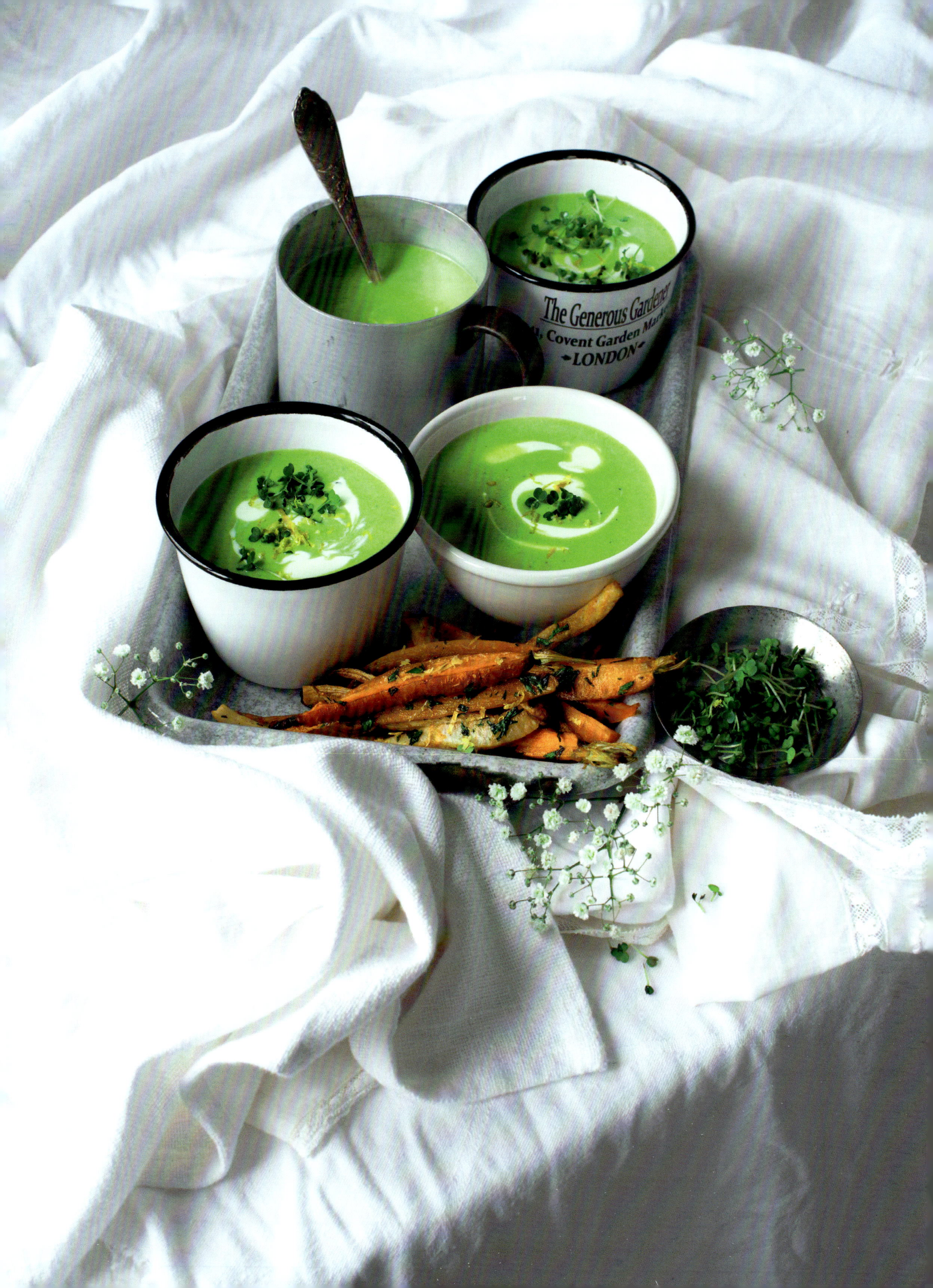
The Generous Gardener
LONDON

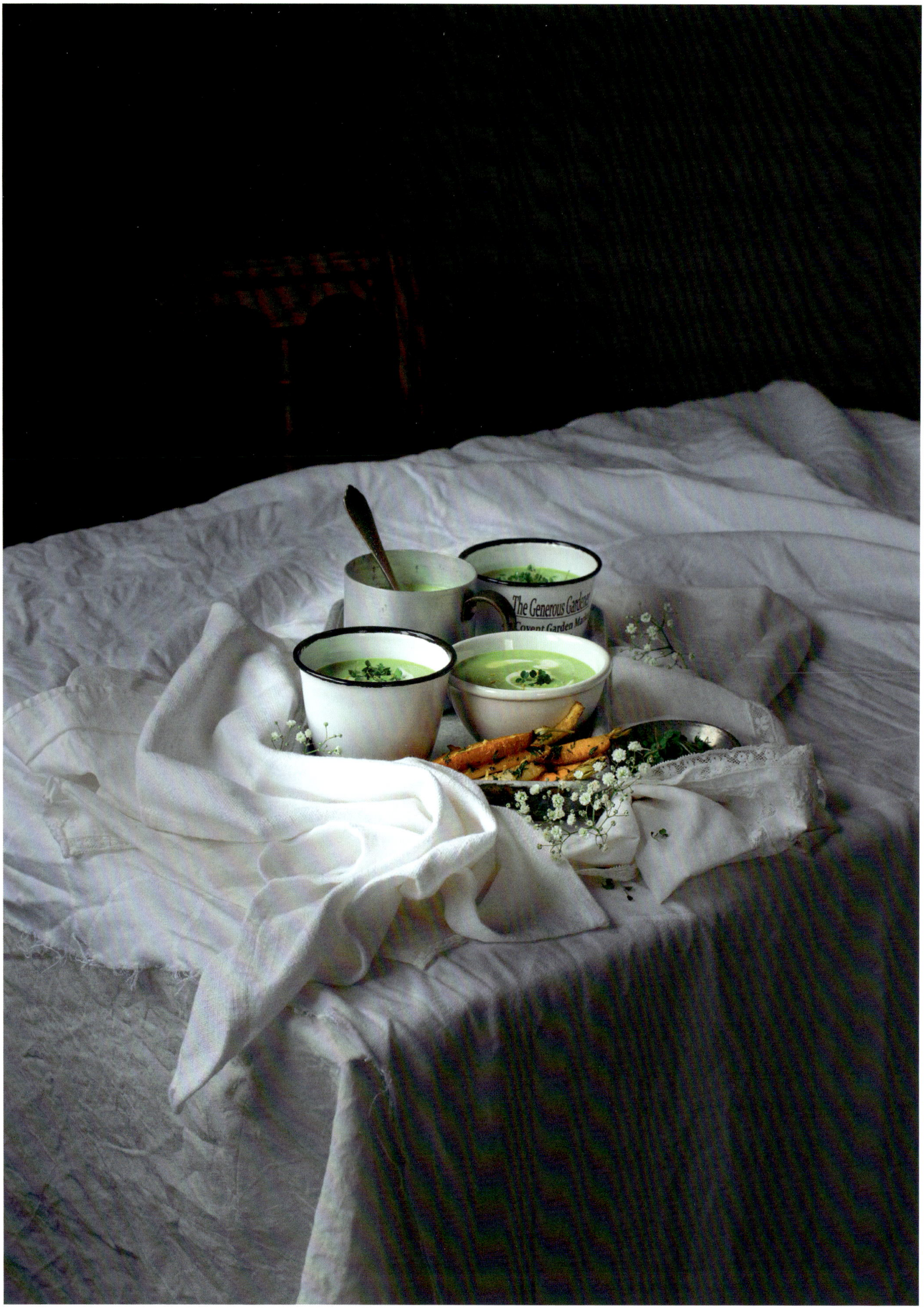
The Generous
Covent Garden

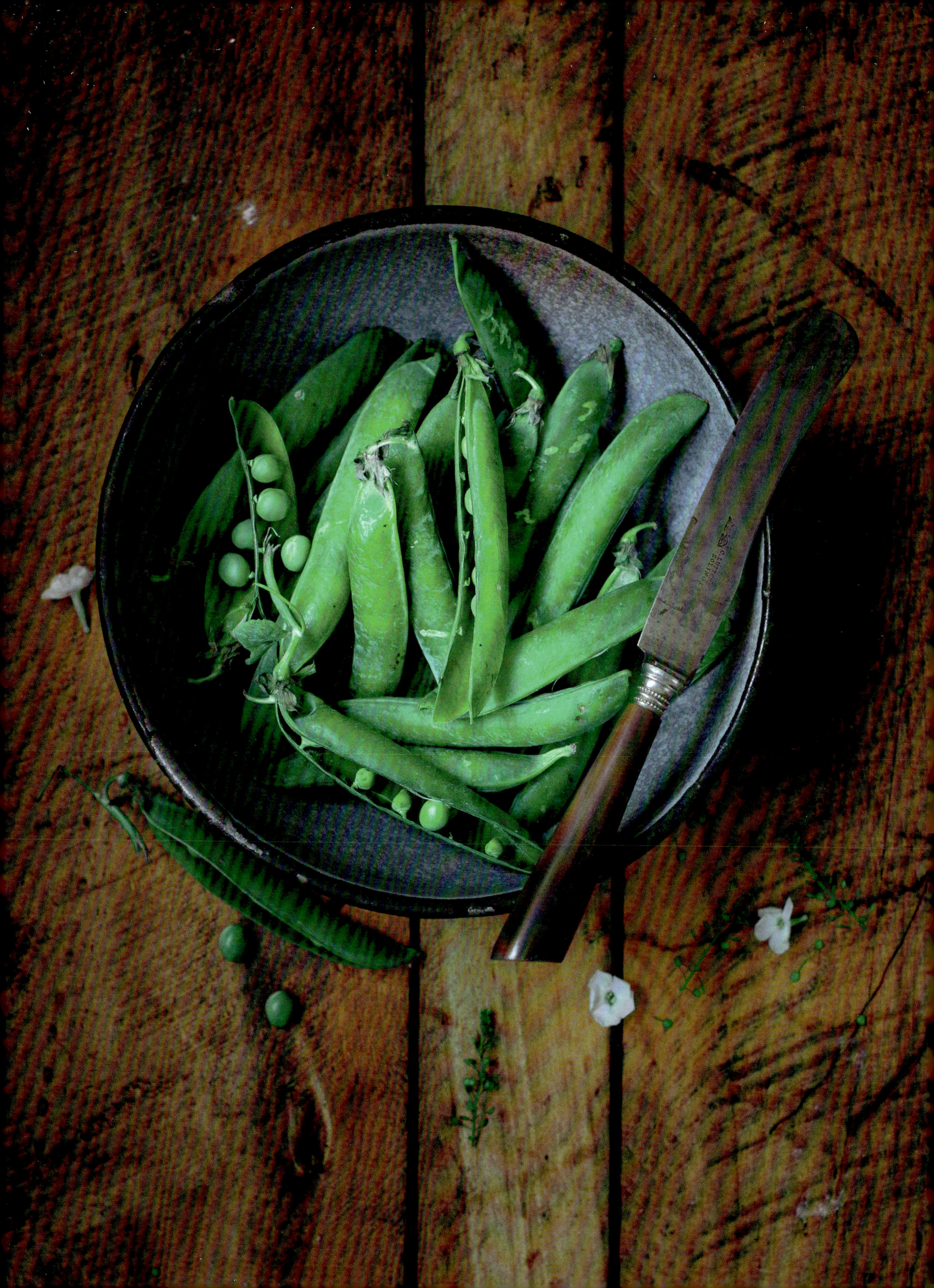

Marokkanische KICHERERBSEN-LINSEN-SUPPE

Kichererbse | Linse | Hokkaido | Koriander | Kreuzkümmel | Harissa | Zimt

FÜR 4 PERSONEN

FÜR DIE SUPPE

1 Schalotte
1 Knoblauchzehe
70 g Möhren
160 g Hokkaido-Kürbis
1 TL Kokosöl
200 g rote Linsen
1 TL Korianderkörner
1 TL gemahlener Kreuzkümmel
2 TL Currypulver
1 TL Harissa-Pulver
½ TL gemahlener Ceylon-Zimt
½ TL Baharat (Gewürzmischung)
1 Msp. Muskatnuss
900 ml Gemüsebrühe
Salz (nach Belieben)
200 g Kichererbsen (aus dem Glas)

ZUM SERVIEREN

2 frische rote Chilischoten
2 Bund frisches Koriandergrün
Kürbiskerne (siehe S. 85)
200 g Crème fraîche

AUSSERDEM

Mörser

glutenfrei

Für diese Suppe verwende ich marokkanische Gewürze. Sobald ich den ersten Löffel davon esse, gibt sie mir ein Gefühl von Wärme, Gemütlichkeit und ein wenig Exotik, denn sie schmeckt leicht scharf und nach Tausendundeiner Nacht. Toll dazu ist auch ein selbst gemachter Tortillafladen (siehe S. 164), den ich mit Crème fraîche bestreiche und dann aufrolle.

ZUBEREITUNG

Die Schalotte und den Knoblauch schälen und beides in kleine Würfel schneiden. Die Möhre waschen und fein würfeln. Den Kürbis ebenfalls waschen, Kerne und Fasern entfernen und das Kürbisfleisch in kleine Würfel schneiden. Das Kokosöl in einem großen Topf zerlassen und Möhre, Kürbis und Linsen darin bei schwacher Hitze unter Rühren wenige Minuten andünsten.

Die Korianderkörner im Mörser gut zerstoßen und mit Kreuzkümmel, Currypulver, Harissa, Ceylon-Zimt, Baharat und Muskatnuss zum Gemüse in den Topf geben. Kurz mit anrösten und dann mit Gemüsebrühe auffüllen. Alles bei schwacher Hitze etwa 10 Minuten köcheln lassen, bis der Kürbis und die Linsen weich sind. Die Suppe pürieren und nach Belieben mit etwas Salz abschmecken. Die Kichererbsen zur Suppe geben und erwärmen.

In der Zwischenzeit die Chilischoten entkernen und in feine Ringe schneiden. Das Koriandergrün waschen, trocken schütteln und grob hacken.

Die Suppe in tiefe Teller geben und mit Chiliringen, Kürbiskernen, Koriandergrün und je einem Klecks Crème fraîche servieren.

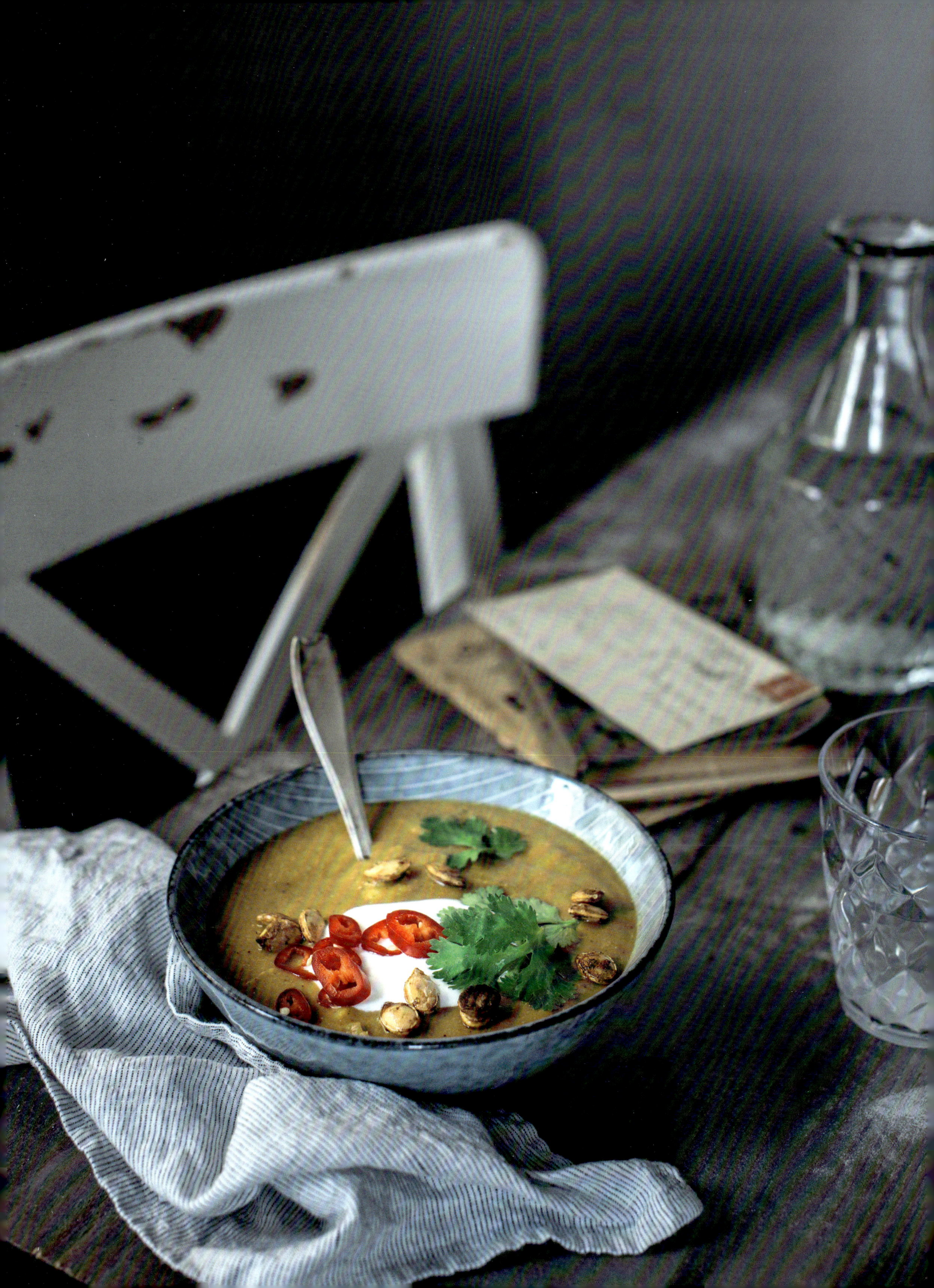

Salate

Wer sich unter „Salat" nur ein paar grüne Blätter vorstellt, der sollte schnell zu den Rezepten vorblättern. Denn für mich ist ein Salat etwas ganz anderes: eine bunte Mischung aus vielen unterschiedlichen Geschmacksrichtungen und Texturen. Da ist zunächst mal die Basis. Sie sollte gesund sein und sättigen. Dafür eignen sich Kichererbsen, Wildreis, Quinoa, Dinkel, oder auch Buchweizen-Nudeln ganz prima. Dazu kommt dann viel Grünzeugs, jede Menge geröstetes Gemüse und eine Handvoll frischer Kräuter. Damit es spannend wird, gebe ich verschiedene Gewürze dazu, gern auch einen Hauch Frucht oder Süße, zum Beispiel durch Granatapfelkerne, frische Früchte, Datteln oder Ahornsirup. Knusprige Nüsse geben meinem Salat schließlich noch den richtigen Crunch. Hier findest du eine Auswahl meiner superleckeren Lieblingssalate mit echtem Soul-Food-Potential!

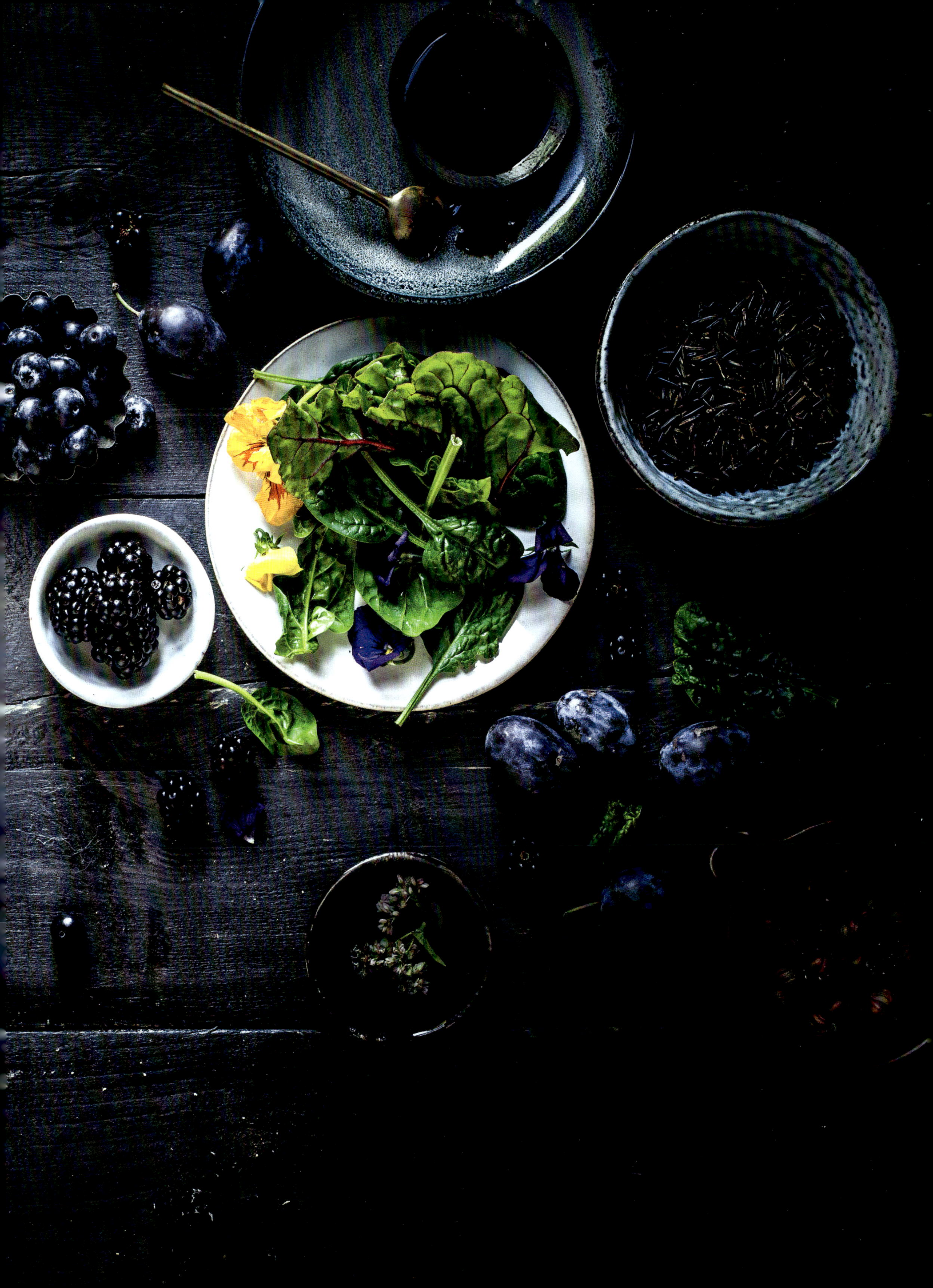

Frühlingshafter KARTOFFELSALAT

Kartoffel | Ingwer | Möhre | Orange | Kichererbse | Spinat | grüner Spargel | Radieschen

FÜR 4 PERSONEN

FÜR DIE OFENKARTOFFELN

2 kg kleine Drillinge

2 TL Salz | 5 EL Olivenöl

2 TL rosenscharfes Paprikapulver

FÜR DIE INGWER-MÖHREN

400 g kleine Möhren

1 daumengroßes Stück Ingwer

2 TL Olivenöl | 1 TL Salz

4 EL flüssiger Honig

abgeriebene Schale von 1 Bio-Orange

FÜR DIE KICHERERBSEN

150 g gegarte Kichererbsen

2 EL Olivenöl

½ TL Cayennepfeffer | ¼ TL gemahlene Kurkuma

½ TL Salz

½ TL getrockneter Thymian | ½ Bund frischer Dill

FÜR DEN GEMÜSESALAT

½ Gurke

1 Bund grüner Spargel | 1 Bund Radieschen

2 Handvoll Spinat | Rucolakresse

ZUM SERVIEREN

200 g Schafskäse

Auberginen-Hummus (siehe S. 64)

Dukkah (siehe S. 46)

AUSSERDEM

Auflaufform (20 x 30 cm)

glutenfrei

Kartoffeln sind nicht meine liebste Beilage. Doch wenn sie geröstet sind, ist das eine ganz andere Sache. Und wenn sich im Frühling auch noch knackfrisches Gemüse, karamellisierte Ingwer-Möhren, gebackene Kichererbsen, Schafskäse, Auberginen-Hummus und Dukkah dazugesellen, dann ... liebe ich Kartoffeln sogar. Für das frühlingshafte Erlebnis braucht man etwas knackfrischen grünen Spargel, Baby-Spinat, Gurke, Radieschen und Kresse. So bin ich im 7. Kartoffel-Himmel!

ZUBEREITUNG

Den Ofen auf 180 °C Ober-/Unterhitze vorheizen. Die Kartoffeln waschen, halbieren und in eine große Auflaufform legen. Mit Salz, Olivenöl und Paprikapulver mischen und etwa 30–40 Minuten goldgelb rösten.

Die Möhren waschen und der Länge nach halbieren. Den Ingwer fein hacken, mit Öl, Salz und Honig in eine Auflaufform geben und alles gut vermischen. Im Ofen ebenfalls ungefähr 30 Minuten rösten. Anschließend die abgeriebene Orangenschale untermischen.

Die Kichererbsen mit Olivenöl und den Gewürzen sowie dem Dill vermengen und in eine Auflaufform geben. Ebenfalls 20 Minuten im Ofen rösten.

Für den Gemüsesalat die Gurke waschen und in dünne Scheiben hobeln. Den grünen Spargel mit dem Sparschäler in dünne Streifen schneiden. Die Radieschen waschen, putzen, halbieren. Spinat verlesen und waschen. Gurke, Spargel, Radieschen und Spinat mit der Rucolakresse in einer großen Schüssel mischen.

Die Ofenkartoffeln, die gebackenen Kichererbsen und die karamellisierten Möhren zum Gemüse geben und alles gut mischen. In eine große Schale füllen. Den Schafskäse darüberbröseln und viel Auberginen-Hummus und Dukkah dazu reichen. Ich liebe es, den frühlingshaften Kartoffelsalat in einer großen Schale auf den Tisch zu stellen, sodass sich jeder nach Herzenslust bedienen kann.

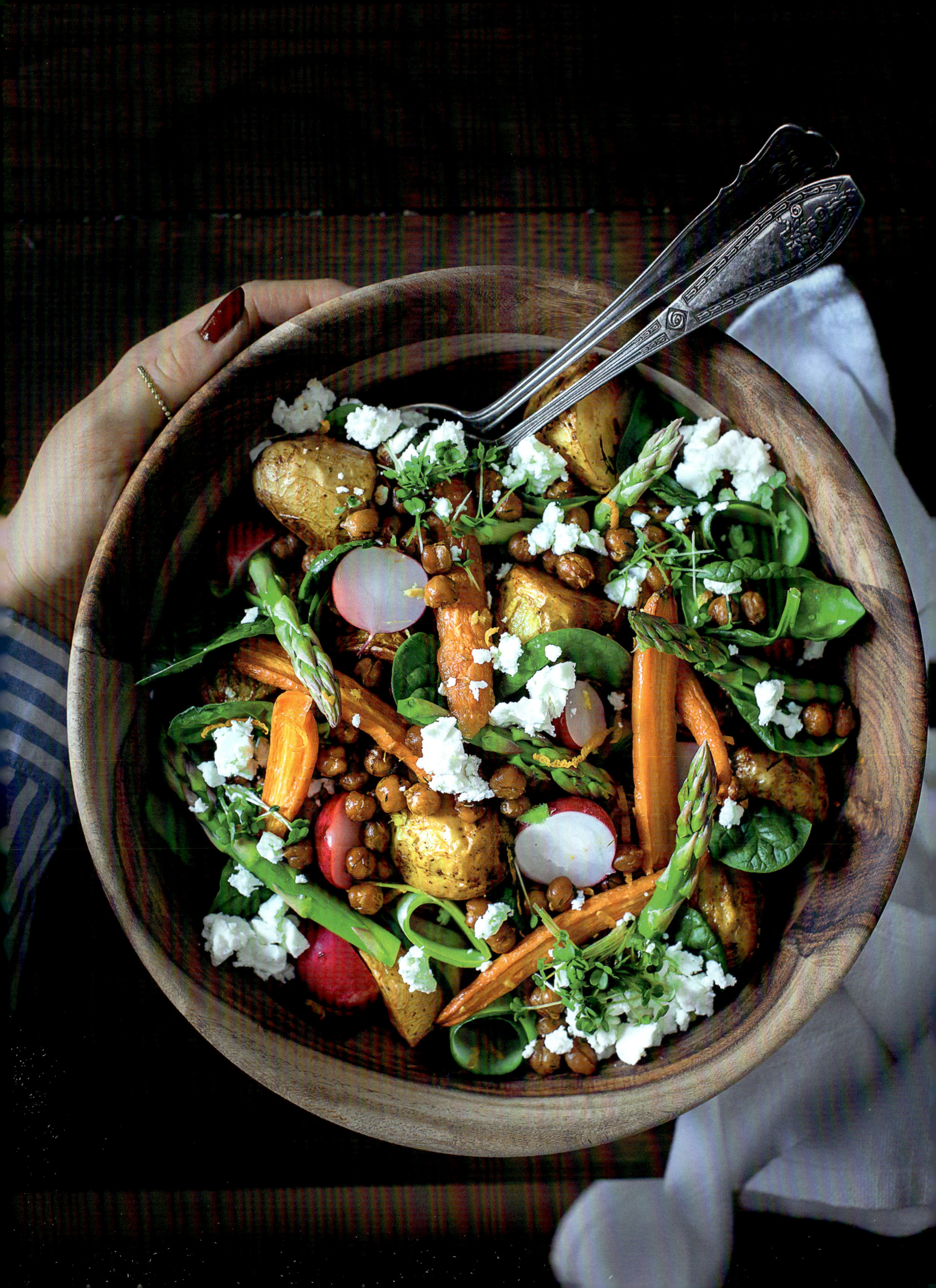

Wildkräutersalat
MIT ERDBEEREN

WILDKRÄUTER | PORTULAK | GRÜNER SPARGEL | RADIESCHEN | ERDBEERE | PISTAZIE | SCHWARZER SESAM

FÜR 4 PERSONEN

FÜR DEN SALAT

12 Stangen grüner Spargel
1 TL Zucker
½ TL Meersalz
1 Bund bunte junge Radieschen
250 g Erdbeeren
4 Handvoll gemischte Wildkräuter
2 Handvoll Portulak
4 EL Pistazien
4 EL Shiso-Kresse
1 EL schwarzer Sesam
4 EL gehobelter Parmesan

FÜR DAS DRESSING

50 g Portulak
70 ml Olivenöl
½ TL Meersalz
abgeriebene Schale von ½ Bio-Zitrone

ZUM SERVIEREN

4 Scheiben Malzbrot
Butter

laktosefrei

Ein frühlingshafter Salat, der ohne viel Schnickschnack auskommt. Er wird allein durch die Aromen der einzelnen Zutaten zu etwas ganz Besonderem. Nach den kalten Wintermonaten lässt uns dieser Wildkräutersalat endlich wieder an blühende Wiesen und Nachmittage in der Sonne denken.

ZUBEREITUNG

Den Spargel waschen und die unteren, etwas holzigen Enden abschneiden. Jede Stange in 3 Stücke teilen und längs halbieren. Spargel mit Zucker und Salz bestreuen, kurz durchmengen und 10 Minuten zur Seite stellen. Durch das Zucker-Salz-Gemisch wird der Spargel zarter.

Die Blätter von den Radieschen entfernen, bei großen Radieschen auch die Wurzeln. Radieschen waschen und halbieren. Die Erdbeeren in einer Schüssel mit Wasser waschen – unter fließendem Wasser werden sie schnell matschig. Erdbeeren halbieren. Die Wildkräuter und den Portulak verlesen und waschen.

Den Spargel, die Erdbeeren und die Radieschen zusammen mit den Wildkräutern und dem Portulak auf Tellern anrichten und mit Pistazien, Shiso-Kresse, schwarzem Sesam und Parmesanhobeln bestreuen.

Für das Dressing den Portulak verlesen, waschen und mit Olivenöl, Meersalz und Zitronenschale in ein hohes Gefäß geben. Mit einem Stabmixer zu einem feinen grünen Dressing mixen. Das Malzbrot mit etwas Butter in der Pfanne rösten. Dressing und Malzbrot zum Salat servieren.

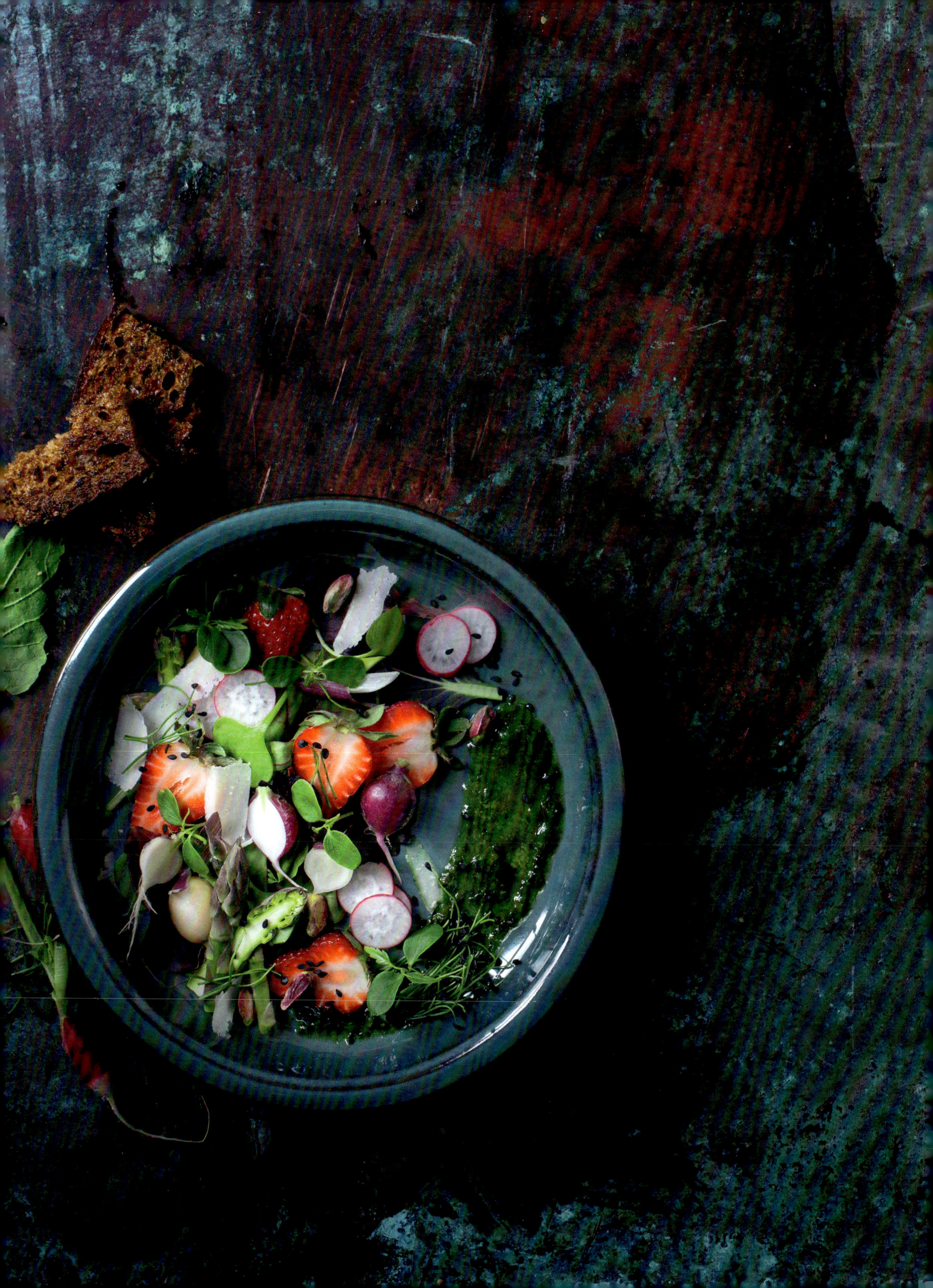

Gebratener Halloumi mit KICHERERBSEN-QUINOA-SALAT

QUINOA | KICHERERBSE | BABY-SPINAT | ORANGE | GRAPEFRUIT | HASELNUSS | HALLOUMI | KORIANDER

FÜR 4 PERSONEN

FÜR DEN SALAT

150 g bunte Quinoa
2 TL Kokosöl
200 g Kichererbsen (aus dem Glas)
1 EL Sojasauce (Tamari)
¼ TL Cayennepfeffer
50 g Baby-Spinat
½ TL Meersalz
1 Orange
1 Grapefruit
1 Bund frisches Koriandergrün
½ Bund frische glatte Petersilie
1 Frühlingszwiebel
4 EL Granatapfelkerne
1 TL flüssiger Honig
1 Msp. gemahlener Kreuzkümmel
¼ TL frisch gemahlener schwarzer Pfeffer
225 g Halloumi
Saft von 1 Limette

FÜR DIE NUSSCREME

150 g Haselnusskerne
1–2 EL Joghurt (3,5 % Fett)

AUSSERDEM

Filetiermesser
Hochleistungsmixer

glutenfrei

Einer meiner liebsten Salate und ein wahrliches Aromenfeuerwerk: nussige Quinoa, salzig-scharfe Kichererbsen, dazu die Frische von Koriander, Petersilie und ein wenig Baby-Spinat, die fruchtige Säure von Orange, Grapefruit und Granatapfel, köstlicher Crunch von karamellisierten Haselnüssen ... Gebratener Halloumi, Mandelmus und Limette runden das Feuerwerk ab. Dieser Salat macht glücklich!

ZUBEREITUNG

Die Quinoa abspülen und nach Packungsanweisung al dente garen, dann in ein Sieb geben und abtropfen lassen. In einer Pfanne 1 TL Kokosöl erhitzen und die Kichererbsen darin andünsten. Mit Sojasauce ablöschen, mit dem Cayennepfeffer würzen und unter Rühren die Flüssigkeit reduzieren. Kichererbsen und Quinoa in eine große Schüssel geben.

Den Baby-Spinat waschen und trocken schleudern. In einer Pfanne 1 TL Kokosöl erhitzen und den Spinat darin zusammenfallen lassen. Mit ¼ TL Meersalz würzen und zur Quinoa geben. Die Orange und die Grapefruit schälen und mit einem Filetiermesser das Fruchtfleisch von der Schale befreien. Die Filets in kleine Stücke schneiden und ebenfalls zur Quinoa geben.

Koriander und Petersilie waschen, trocken schütteln und fein hacken. Die Frühlingszwiebel waschen, putzen und in feine Ringe schneiden. Frühlingszwiebel und Granatapfelkerne unter den Salat heben.

Für die Nusscreme die Haselnüsse in einer Pfanne ohne Fett rösten, 100 g davon im Hochleistungsmixer zu einem Nussmus mahlen und mit dem Joghurt glatt rühren.

Die restlichen Nüsse (50 g) in der Pfanne mit dem Honig karamellisieren. Mit Kreuzkümmel und Pfeffer würzen und ebenfalls zum Salat geben. Den Kichererbsen-Quinoa-Salat mit ¼ TL Salz würzen.

Den Halloumi in Scheiben schneiden, die Scheiben vierteln und in einer Pfanne bei schwacher Hitze von beiden Seiten goldgelb braten.

Den Kichererbsen-Quinoa-Salat auf Teller geben und den warmen Halloumi darauf anrichten. Den Salat mit Limettensaft beträufeln und dazu die Nusscreme reichen.

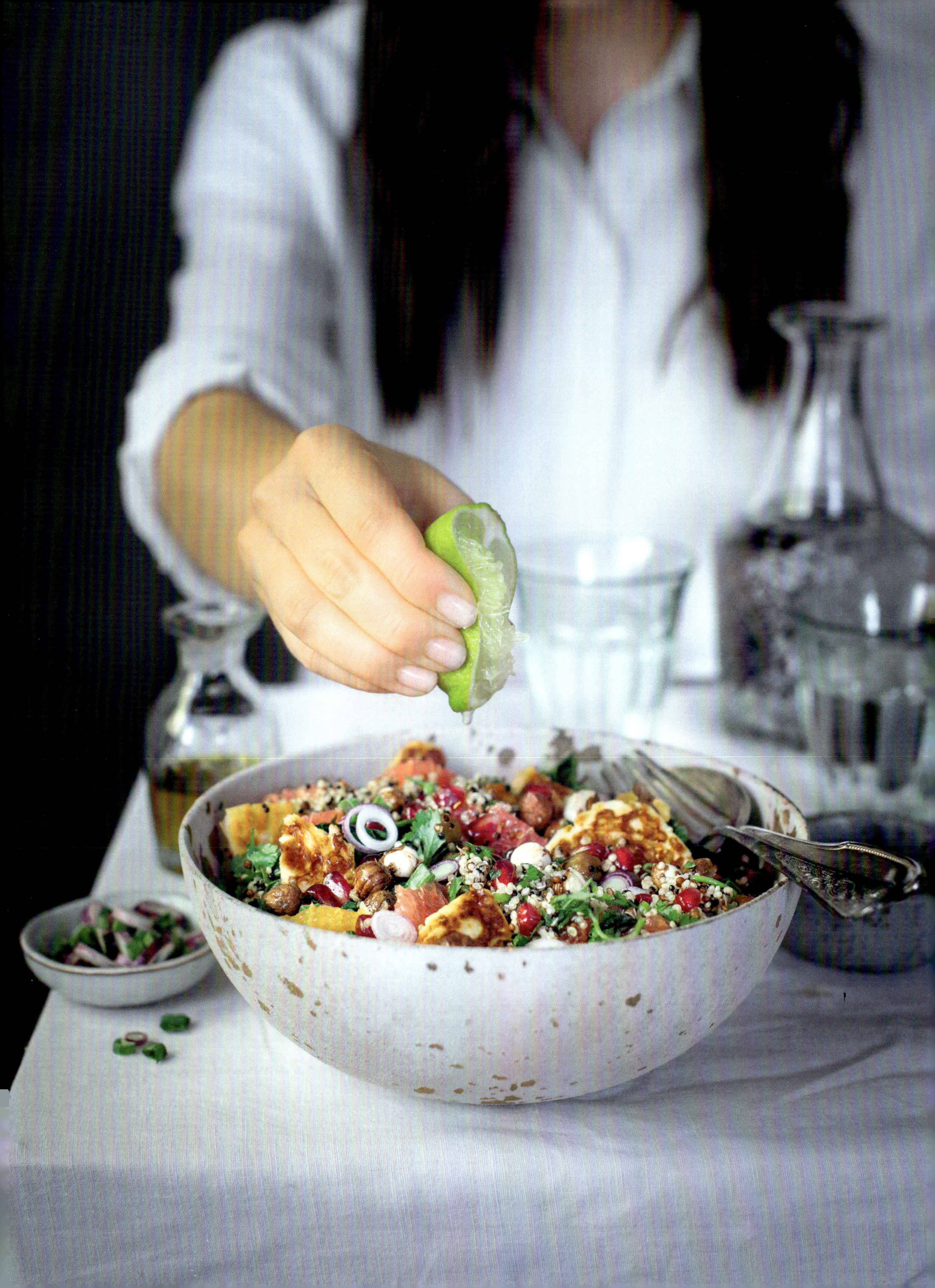

Apfel-Fenchel-SALAT

Apfel | Fenchel | Couscous | Pecorino | Rosine | Tahini

FÜR 4 PERSONEN

FÜR DEN KARAMELLISIERTEN COUSCOUS

- 100 g Couscous
- 2 EL Ahornsirup
- Salz

FÜR DAS TAHINI

- 300 g Sesam mit Schale
- 40 ml Sesamöl
- 30 ml Rapsöl
- 1 ½ TL Salz

FÜR DEN SALAT

- 2 Äpfel
- ½ Fenchelknolle
- 1 Kohlrabi
- 100 g Pecorino
- 2 Handvoll Rosinen

FÜR DAS DRESSING

- 200 g Joghurt (3,5 % Fett)

AUSSERDEM

- Schraubglas (300 ml)

Hauchdünn geschnittener Apfel, Kohlrabi und Fenchel – gepaart mit Pecorino, Rosinen und Tahini. So macht mir ein leichtes Mittagessen Spaß! Für den besonderen Crunch sorgt karamellisierter Couscous: einfach nur köstlich. Mit dem gerösteten Couscous kann man auch wunderbar Salate garnieren, Smoothies toppen oder einen Hauch Knusper auf ein Avocado-Brot bringen.

ZUBEREITUNG

Den Couscous ohne Fett in eine Pfanne geben und einige Minuten unter leichtem Rühren rösten. Ahornsirup dazugeben und leicht karamellisieren lassen. Mit 1 kleinen Prise Salz abschmecken und auf Backpapier auskühlen lassen.

Für das selbst gemachte Tahini die Sesamkörner in einer großen Pfanne bei mittlerer Hitze rösten. Damit sie nicht ansetzen, alle 1–2 Sekunden umrühren, bis die Körnchen goldgelb sind und zu duften beginnen. Abkühlen lassen, mit den beiden Ölsorten und dem Salz in einen Mixer geben und zu einer feinen Paste pürieren. Das Tahini kann man in einem Schraubglas im Kühlschrank einige Wochen aufbewahren.

Für den Salat Äpfel und Fenchel waschen, den Kohlrabi schälen. Den Fenchel putzen und das Fenchelgrün beiseitestellen. Äpfel, Fenchel, Kohlrabi und Pecorino in dünne Scheiben hobeln und auf einem Teller anrichten. Rosinen, karamellisierten Couscous und etwas Fenchelgrün darüberstreuen.

Für das Dressing 2–3 TL Tahini mit dem Joghurt vermengen – wer es gern kräftig mag, kann natürlich auch etwas mehr Tahini verwenden. Den Tahini-Joghurt zum Salat reichen.

TIPP Der Sesam mit Schale verleiht dem Tahini den kräftigen Sesamgeschmack. Wer eine mildere Variante möchte, kann auf den Sesam ohne Schale zurückgreifen.

Wassermelonen-SALAT

Wassermelone | Nektarine | Schafskäse | Rucola | Granola | Pumpernickel

FÜR 4 PERSONEN

2 große Scheiben Pumpernickel

2 EL Kokosöl

3 Handvoll Rucola

1 ganze Wassermelone

2 reife Nektarinen

400 g Schafskäse

4 EL Granola (siehe z. B. S. 30)

2 EL schwarzer Sesam

Wassermelonen-Salat mit Feta ist ein Sommer-Klassiker. Ich mag ihn so sehr, dass ich euch meine Variante davon unbedingt zeigen muss. Ich liebe ihn mit Nektarinen, Granola, Pumpernickel-Croûtons, schwarzem Sesam und Rucola. Es gibt unzählige Varianten, aber am wichtigsten ist die Mischung aus zuckrig-süßer eiskalter Melone, herzhaftem Schafskäse, würzig-scharfen Kräutern oder Rucola und knusprigen Toppings. Ich könnte diesen Salat im Sommer schüsselweise verdrücken. Das Tolle ist, dass man sehr gesättigt ist, ohne sich schwer zu fühlen – für mich ist das im Sommer besonders wichtig.

ZUBEREITUNG

Den Pumpernickel in kleine Würfel schneiden und in der Pfanne mit 1 EL Kokosöl knusprig rösten. Anschließend auf Küchenpapier abtropfen lassen. Den Rucola verlesen und waschen, in eine Schüssel geben und mit einigen Spritzern Olivenöl beträufeln.

Die kalte Wassermelone von der Schale befreien, in mundgerechte Stücke schneiden und kurz in der Grillpfanne grillen. Dadurch bekommt sie eine ganz besondere Süße. Dann noch einmal kurz in den Gefrierschrank geben, damit sie richtig schön kalt wird. Die Nektarinen halbieren, den Stein entfernen und das Fruchtfleisch in feine Scheiben schneiden.

Die Melone mit den Nektarinen in eine große Schüssel geben, den Schafskäse mit der Hand darüberbröseln, den Rucola hinzugeben und alles mit Granola, schwarzem Sesam und den Pumpernickel-Croûtons bestreuen.

Gurken-SALAT

Gurke | Kichererbse | Cayennepfeffer | Feta | Dill | Minze | Limette

FÜR 4 PERSONEN

- 1 TL Kokosöl
- 200 g Kichererbsen (aus dem Glas)
- 1 EL Sojasauce (Tamari)
- ¼ TL Cayennepfeffer
- 1 kg gemischte Bio-Gurken (Landgurken, kleine Gurken, Salatgurken)
- 70 g Joghurt (3,5 % Fett)
- 1 TL Salz
- Saft und abgeriebene Schale von 1 Bio-Limette
- frisch gemahlener schwarzer Pfeffer
- ½ Bund frischer Dill
- ½ Bund frische Minze
- 1 EL Senfsamen
- 150 g Feta

AUSSERDEM

Mörser

glutenfrei

Ein knackiger Gurkensalat ist eine feine Sache. Man braucht nur wenige Zutaten, und schon hat man eine erfrischende Beilage. Mit Halloumi oder Falafeln wird daraus eine vollwertige Mahlzeit. Diesem Salat geben Dill, Minze und Limette sein Aroma. Reichhaltig wird der Gurkensalat durch die würzigen, leicht scharfen Kichererbsen und den kräftigen Feta.

ZUBEREITUNG

Das Kokosöl in einer Pfanne erhitzen und die Kichererbsen darin von allen Seiten anschwitzen. Die Sojasauce hinzufügen und unter gelegentlichem Rühren bei mittlerer Hitze einköcheln lassen. Kichererbsen mit Cayennepfeffer würzen und abkühlen lassen.

In der Zwischenzeit die Gurken waschen, trocken tupfen und ungeschält in dünne Scheiben schneiden. Den Joghurt in eine große Schüssel geben und mit Salz, Limettensaft und -schale sowie etwas Pfeffer abschmecken.

Dill und Minze waschen und trocken schütteln, die Minzblätter von den Stielen abzupfen. Die Kräuter fein hacken. Kräuter, Gurkenscheiben und Kichererbsen zum Joghurt geben.

Die Senfsamen im Mörser grob zerstoßen, den Feta mit den Händen zerkrümeln. Den Gurkensalat in einer großen Schale anrichten, die Senfsamen darüberstreuen, den Feta über den Salat geben und servieren.

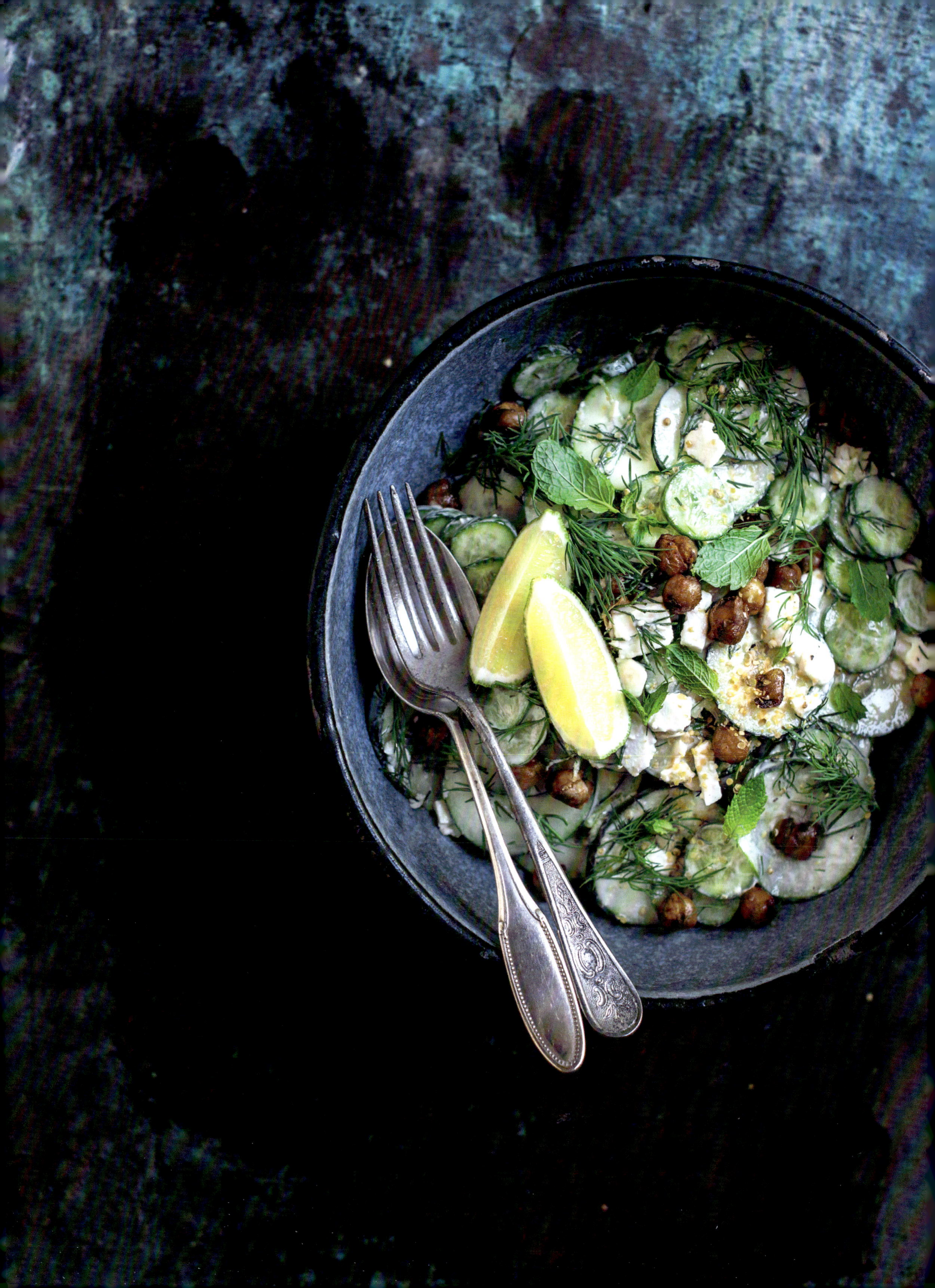

Bunte Tomaten mit MISO-TAHINI-DINKEL-SALAT

Tomate | Dinkel | Dill | Minze | Miso | Tahini | Ahornsirup

FÜR 4 PERSONEN

200 g Dinkel

Salz

2 TL Olivenöl

1 Bund frischer Dill

1 Bund frische Minze

600 g bunte Tomaten (verschiedene Sorten)

½ Bio-Salatgurke

FÜR DAS DRESSING

2 TL Miso-Paste (Hatcho Miso)

4 TL Tahini

6 EL Sojasauce (Tamari)

4 TL Ahornsirup

4 TL Nussdrink

vegan | laktosefrei

Ich finde es großartig, dass es mittlerweile wieder so viele verschiedene Sorten von Tomaten gibt. Diesen Salat mache ich gern im Hochsommer, zu ihrer Haupterntezeit. Kunterbunte Tomaten werden durch einen Dinkelsalat mit Dill und Minze, Gurke und ein würziges Miso-Tahini-Dressing aufgepeppt. Ganz einfach – und so richtig schön sommerlich.

ZUBEREITUNG

Den Dinkel in der doppelten Menge Salzwasser etwa 10 Minuten kochen. Anschließend in einem Sieb abtropfen lassen, in eine Schüssel geben und das Olivenöl unterrühren. Dill und Minze waschen, trocken schütteln und die Minzeblätter von den Stielen zupfen. Die Kräuter fein hacken und unter den Dinkel heben.

Für das Dressing die Misopaste in 4 EL kochendem Wasser auflösen. Zusammen mit Tahini, Sojasauce, Ahornsirup und Nussdrink zu einem glatten Dressing rühren.

Die Tomaten waschen und dünn aufschneiden. Die Gurke waschen und in dünne Scheiben hobeln.

Den Dinkel auf einem großen Teller anrichten. Die Tomaten- und Gurkenscheiben daraufgeben und den Salat mit dem Dressing beträufeln.

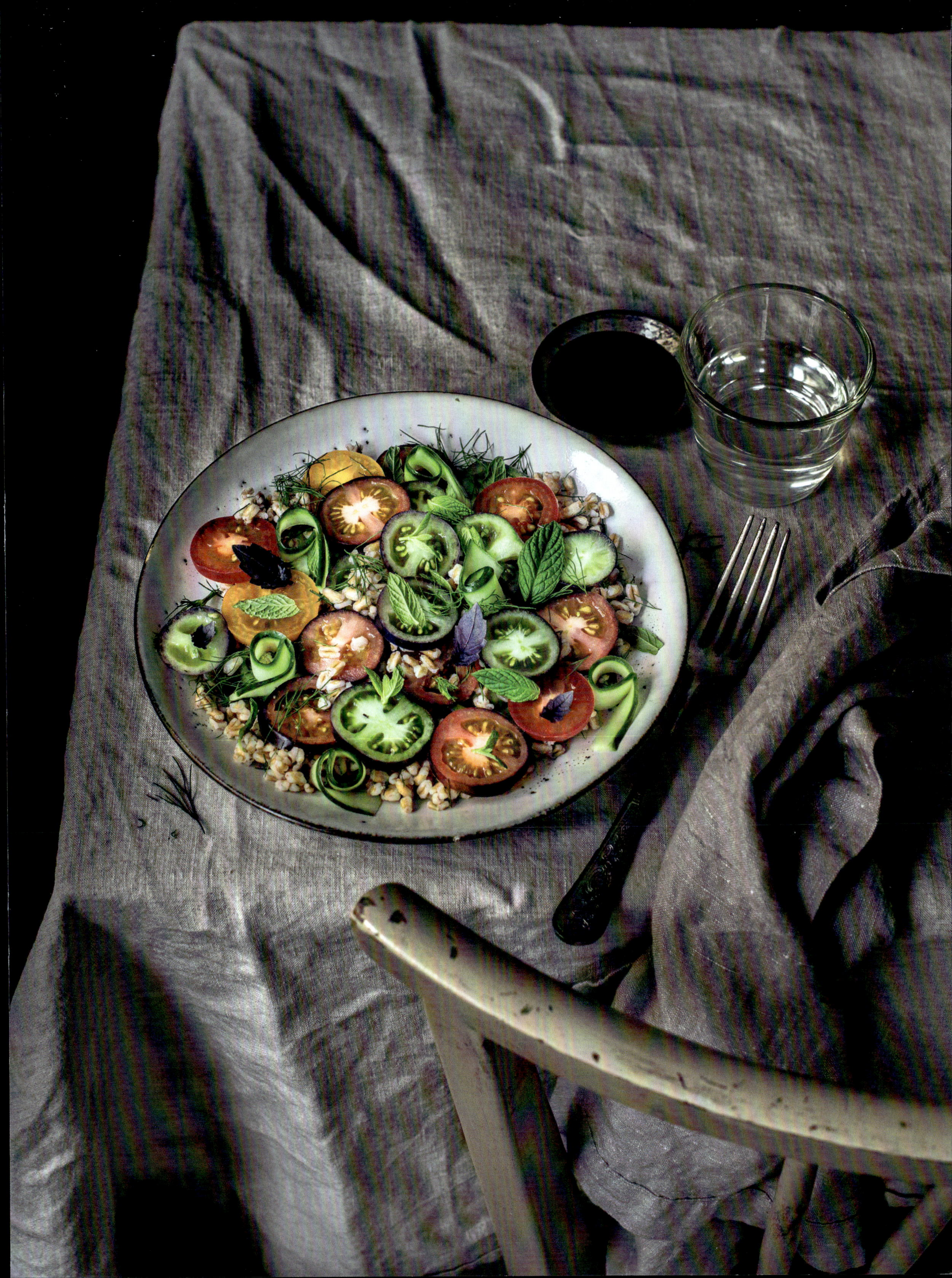

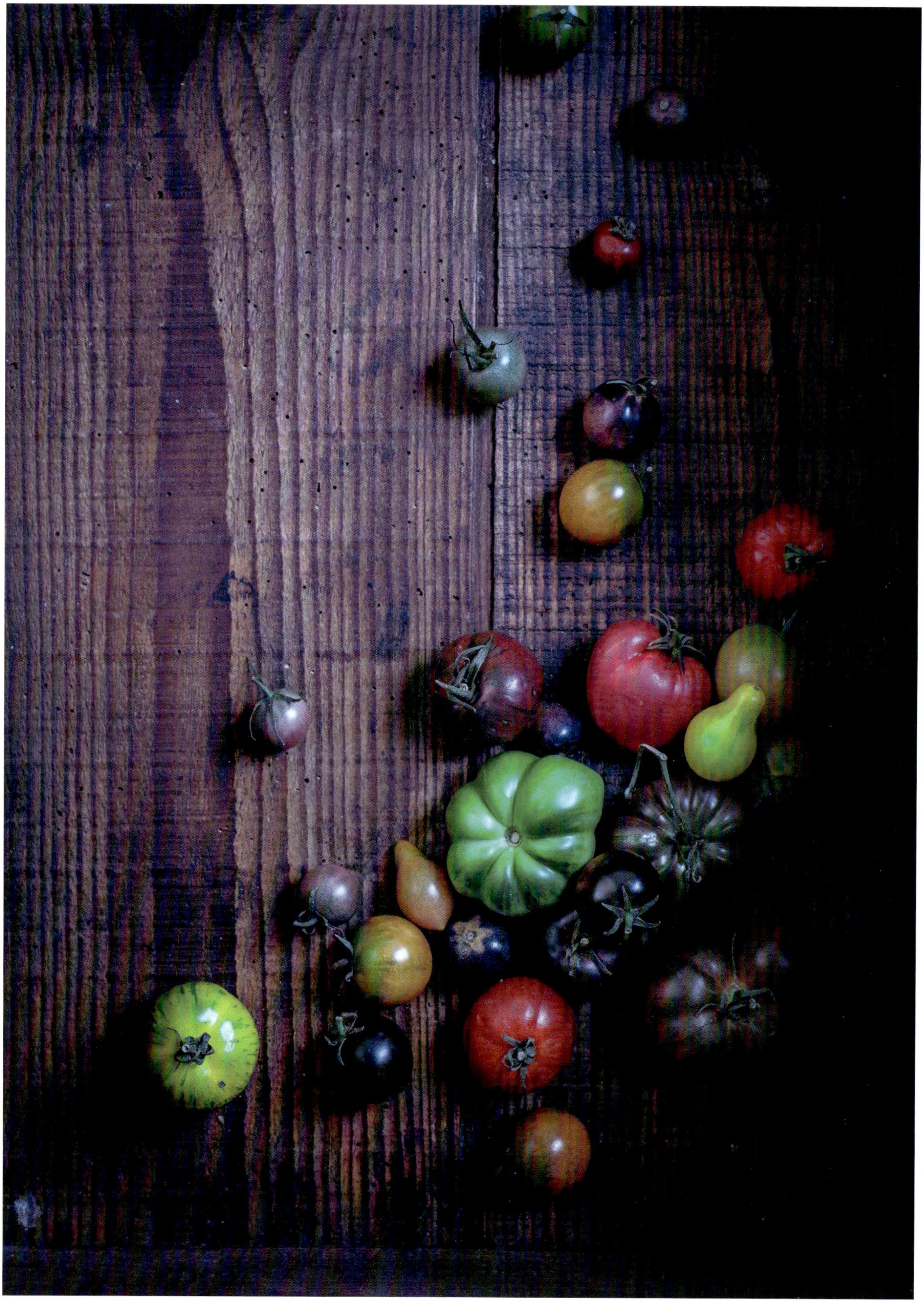

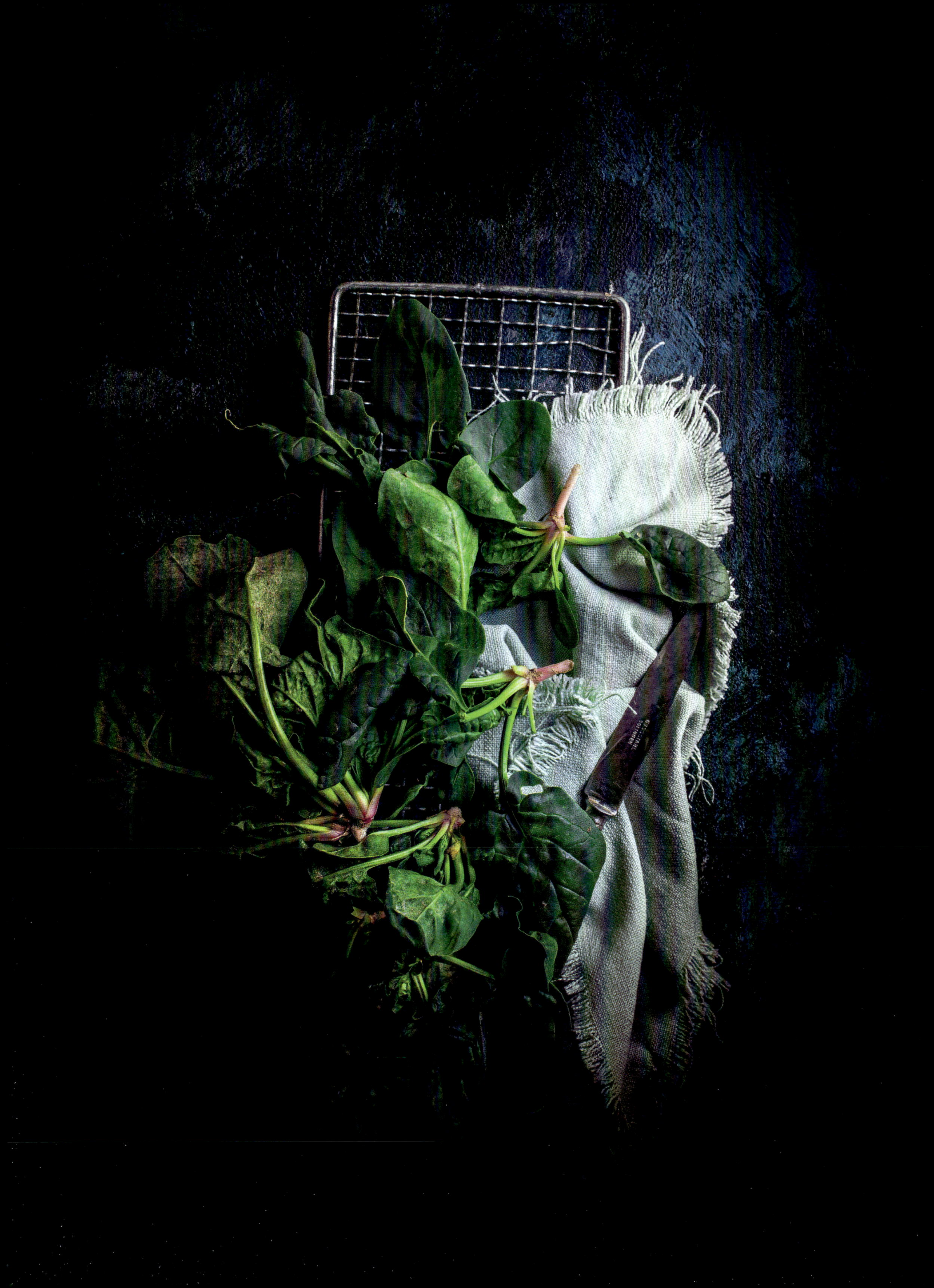

Brokkoli-Blumenkohl-Salat

Brokkoli | Blumenkohl | Couscous | Zimt | Curry | Dattel | Granatapfel

Für 4 Personen

300 g Brokkoli
300 g Blumenkohl
2 EL Kokosöl
1 TL Currypulver
1 TL Harissa-Pulver
1 ½ TL Salz
100 g Couscous
2 EL Olivenöl
½ TL gemahlener Ceylon-Zimt
75 g Mandeln
25 g Pinienkerne
150 g getrocknete, entsteinte Datteln
1 Bund frische glatte Petersilie
½ Granatapfel

vegan   laktosefrei

Dieser Salat ist sättigend, gesund und spannend zugleich. Ich liebe die Kombination von Zimt, Couscous und Datteln mit herzhaftem Gemüse: Ein bisschen Schärfe wechselt sich bei jedem Bissen ab mit einer süßlichen Note. Die Mandeln und die Pinienkerne sorgen für etwas Crunch, wohingegen die Granatapfelkerne die süß-sauren Farbtupfer obendrauf bilden.

Zubereitung

Den Ofen auf 180 °C Umluft vorheizen. Ein Backblech mit Backpapier auslegen.

Brokkoli und Blumenkohl in sehr kleine Röschen teilen, den großen Strunk entfernen. Die Röschen waschen und trocken tupfen. In einer großen Schüssel das Kokosöl mit Currypulver, Harissa-Pulver und ½ TL Salz verrühren. Brokkoli und Blumenkohl darin wenden, bis das Gemüse rundum mit dem Gewürzöl überzogen ist. Das Gemüse auf dem Backblech verteilen und im vorgeheizten Ofen etwa 15 Minuten rösten. Herausnehmen und etwas abkühlen lassen.

In der Zwischenzeit den Couscous nach Packungsangabe garen, abkühlen lassen und mit Olivenöl, 1 TL Salz und dem Zimt würzen. Die Mandeln grob hacken und in einer Pfanne ohne Fett leicht rösten, die Pinienkerne hinzufügen und kurz mitrösten. Die Kerne ein wenig abkühlen lassen, dann mit dem gerösteten Brokkoli und Blumenkohl zum Couscous geben. Die Datteln grob hacken, die Petersilie waschen, trocken schütteln und ebenfalls grob hacken. Die Kerne aus dem Granatapfel auslösen. Datteln, Petersilie und Granatapfelkerne unter den Salat heben.

Den Brokkoli-Blumenkohl-Salat in eine große Schüssel geben und servieren.

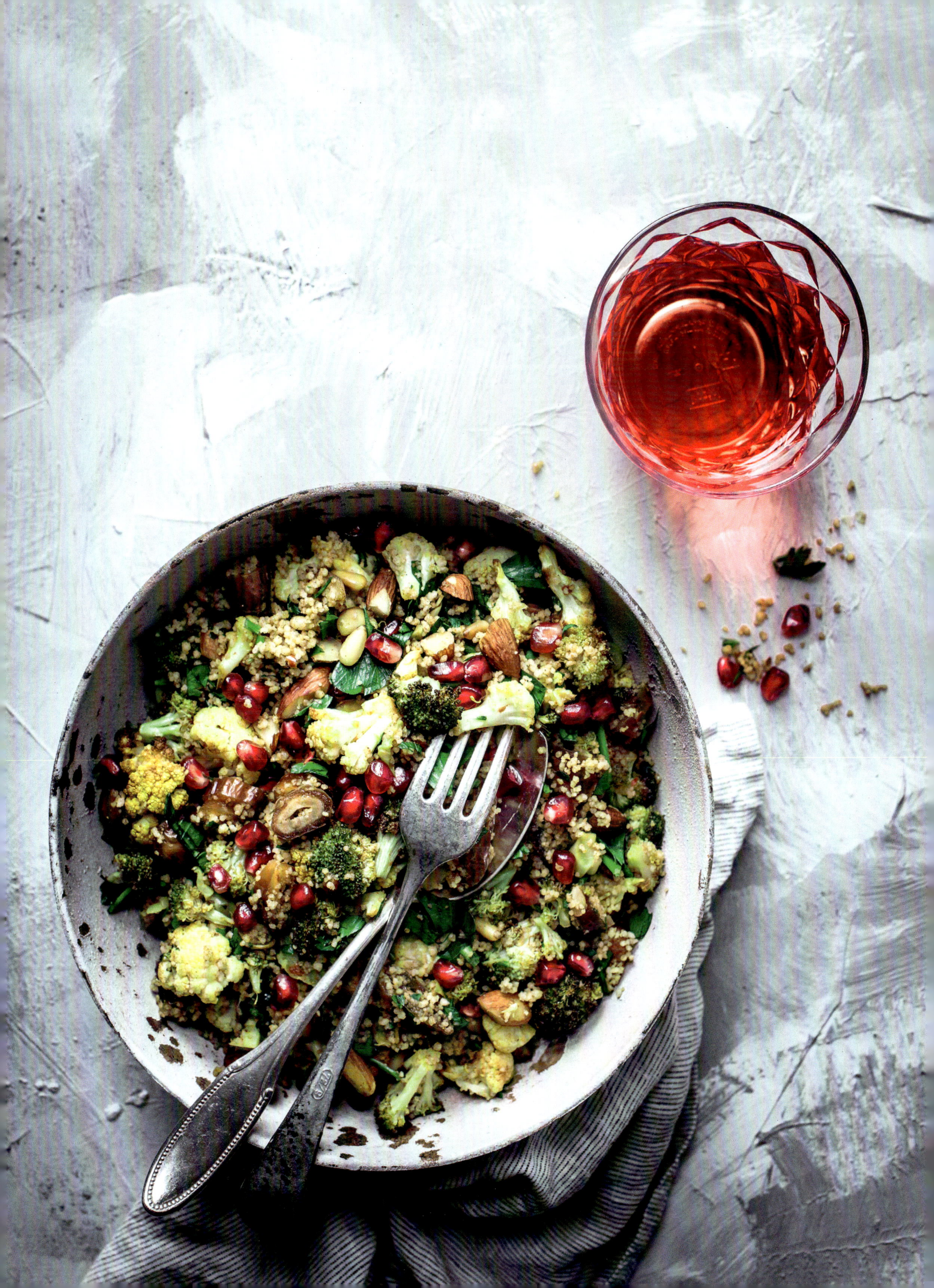

Spinat-Lachs-Salat mit ROSENAROMA

Lachs | Beeren | Espresso | Rosenblüte | Spinat | Pistazie

FÜR 2 PERSONEN

FÜR DEN LACHS

2 Lachsfilets ohne Haut (je ca. 125 g)

2 EL Olivenöl

1 TL rosa Pfefferbeeren

1 TL getrocknete und gemörserte Beeren (Johannis-, Holunder-, Blaubeeren)

1 TL grob gemörserter schwarzer Pfeffer

½ TL gemahlener Espresso

FÜR DIE BEEREN-ROSEN-VINAIGRETTE

150 g Zucker

5 EL Rosenblütenblätter
(alternativ 150 ml Rosenwasser)

100 g frische Brombeeren

Salz

frisch gemahlener schwarzer Pfeffer

FÜR DEN SALAT

150 g junge Mangold- und Spinatblätter

Salz

1 EL Olivenöl

je 2 EL Brombeeren und Blaubeeren

1 EL Johannisbeeren

2 EL Pistazien

AUSSERDEM

Auflaufform (20 x 20 cm)

glutenfrei laktosefrei

Dieser Spinatsalat mit vielen Beeren und Rosenaroma passt zu einem romantischen Dinner zu zweit. Er hat etwas Märchenhaftes und Zartes an sich, und man fühlt sich ein bisschen wie eine Prinzessin, wenn man ihn isst.

ZUBEREITUNG

Für das Lachsfilet den Backofen auf 140 °C Ober-/Unterhitze vorheizen. Den Fisch waschen, eventuell vorhandene Gräten entfernen und den Lachs in eine mit Backpapier ausgelegte kleine Auflaufform legen. Den Fisch mit dem Olivenöl bestreichen und mit den rosa Pfefferbeeren, getrockneten Beeren, Pfeffer und Espressopulver bestreuen. Das Lachsfilet im Ofen 20 Minuten garen.

Für die Beeren-Rosen-Vinaigrette braucht man 2 EL Rosensirup. Dafür 150 ml Wasser, den Zucker und die Rosenblütenblätter ungefähr 10 Minuten köcheln, den Sirup anschließend durch ein Sieb gießen. Alternativ kann man 150 ml gekauftes Rosenwasser mit dem Zucker aufkochen und köcheln lassen, bis der Zucker geschmolzen ist. Den Sirup abkühlen lassen.

Währenddessen die frischen Brombeeren waschen, mit einem Stabmixer zusammen mit 1 EL Wasser pürieren und durch ein Sieb streichen, um die Kerne zu entfernen. Das Brombeerpüree mit dem Rosensirup verrühren und mit ein wenig Salz und Pfeffer würzen.

Für den Salat die jungen Mangold- und Spinatblätter verlesen, gut waschen und trocken schleudern. Den Salat mit 1 Prise Salz und dem Olivenöl in eine Schüssel geben und mit den Händen vorsichtig durchmischen. Die Brombeeren, Blaubeeren und Johannisbeeren waschen, trocken tupfen und zusammen mit den Pistazien unter den Salat mischen. Den Salat mit dem Lachs und der Vinaigrette servieren.

Wildreis mit HASELNUSSCREME

Wildreis | Baby-Spinat | Brombeere | Heidelbeere | Zwetschge | Lakritz | Haselnuss

Ein fruchtig-nussiger Salat auf Wildreis-Basis, der durch das Zwetschgen-Lakritz-Dressing etwas ganz Besonderes wird. Man kann ihn natürlich als Beilage servieren. Aber mit seinen außergewöhnlichen Aromen hat er eine Hauptrolle durchaus verdient. Dann machen sich in den Nebenrollen Feta oder gebratener Halloumi gut.

FÜR 4 PERSONEN

FÜR DEN SALAT

200 g Wildreis
1 EL Olivenöl
¼ TL Meersalz
400 g Zwetschgen
1 ½ TL salziger Lakritzsirup
200 g Baby-Spinat und kleine Mangoldblättchen
4 EL Walnusskerne

FÜR DAS DRESSING

60 g Brombeeren
60 g Heidelbeeren
¼ TL Meersalz

FÜR DIE HASELNUSSCREME

80 g Haselnusskerne
½ TL gemahlener Ceylon-Zimt
2 TL Kokosöl
2 EL Joghurt (3,5 % Fett)

ZUM GARNIEREN

2 EL essbare Blüten
1 Handvoll Brombeeren

AUSSERDEM

Hochleistungsmixer

glutenfrei

ZUBEREITUNG

Den Ofen auf 180 °C Ober-/Unterhitze vorheizen. Ein Backblech mit Backpapier auslegen.

Den Wildreis nach Packungsanweisung bissfest garen, dann in einem Sieb abtropfen lassen. In eine große Schüssel geben und mit Olivenöl und Salz würzen.

Die Zwetschgen halbieren, entsteinen, mit 1 TL Lakritzsirup vermengen und auf das Backblech geben. Im vorgeheizten Ofen etwa 10 Minuten rösten. In der Zwischenzeit Baby-Spinat und Mangoldblättchen waschen, trocken schleudern und zum Wildreis geben.

Die Walnüsse in einer Pfanne ohne Fett rösten, ½ TL Lakritzsirup hinzugeben und karamellisieren. Abkühlen lassen und zum Wildreis geben.

80 g von den gerösteten Zwetschgen für das Dressing beiseitestellen, die restlichen Zwetschgen zum Wildreis geben.

Für das Dressing Brombeeren, Heidelbeeren, die beiseitegestellten Zwetschgen, Meersalz und 2 EL Wasser in ein hohes Gefäß geben und mit dem Stabmixer zu einem Dressing mixen.

Die Haselnüsse in einer Pfanne ohne Fett rösten, dann mit Zimt und Kokosöl in einem Hochleistungsmixer zu einem Haselnussmus mahlen. Mit dem Joghurt vermengen.

Den Wildreis mit dem Dressing beträufeln, mit den essbaren Blüten und den Brombeeren dekorieren und mit der Haselnusscreme servieren.

Grünkohl-Kichererbsen-Salat

GRÜNKOHL | KICHERERBSE | KREUZKÜMMEL | KORIANDER | KNOBLAUCH | ERDNUSS | TAHINI | ZITRONE

FÜR 4 PERSONEN

FÜR DIE GERÖSTETEN KICHERERBSEN

300 g gegarte Kichererbsen
2 EL Olivenöl
1 TL rosenscharfes Paprikapulver
1 TL gemahlener Kreuzkümmel
½ TL Meersalz
1 EL flüssiger Honig

FÜR DAS NAAN-BROT

1 Bund frisches Koriandergrün
2 Knoblauchzehen
6 EL Olivenöl
2 TL Meersalz
300 g Weizenmehl (Type 405)
1 TL Backpulver
240 g griechischer Joghurt
Mehl für die Arbeitsfläche

Ich mache jedes Jahr riesige Luftsprünge, wenn es wieder frischen Grünkohl beim Gemüsehändler gibt. Ich liebe alles, was mit Grünkohl zu tun hat. Grüne Smoothies, Grünkohl-Salat (siehe S. 224) oder eine Quiche mit Grünkohl (siehe S. 158). Da der Grünkohl so würzig ist, brauche ich nur wenige Einlagen in meinem Salat: Ein paar geröstete Kichererbsen mit Kreuzkümmel, eine Tahini-Erdnuss-Creme und viel Zitrone, Minze und Koriander. Unverzichtbar zum Grünkohlsalat ist mein selbst gemachtes Naan-Brot. Das Basis-Rezept habe ich meiner Schwägerin Steffi gemopst und noch mit Knoblauch-Koriander-Öl verfeinert. Seitdem habe ich das Naan zu fast jedem BBQ im Garten gemacht. Es ist schnell zubereitet und einfach fingerlicking good.

ZUBEREITUNG

Für die gerösteten Kichererbsen den Ofen auf 180 °C Umluft vorheizen. Die Kichererbsen trocken tupfen und mit dem Olivenöl und den Gewürzen vermengen. Auf ein mit Backpapier belegtes Backblech geben und im Ofen etwa 20 Minuten backen. Den Honig dazugeben und einige Minuten im Ofen karamellisieren, dann herausnehmen.

Für das Naan-Brot zunächst das Knoblauch-Koriander-Öl vorbereiten. Hierfür den Koriander waschen, trocken schütteln, die Blätter von den Stängeln zupfen und zusammen mit dem Knoblauch grob hacken, Olivenöl und Salz zufügen und alles mit dem Stabmixer zu einem Kräuter-Öl mixen. Für den Naan-Teig das Mehl mit Backpulver, Salz und Joghurt in eine Schüssel geben und verkneten. Sobald die Zutaten beginnen, sich miteinander zu verbinden, 4 TL Wasser hinzufügen und alles zu einem glatten Teig kneten. Den Teig auf einer bemehlten Arbeitsfläche ausrollen, in Stücke teilen und nochmals etwa ½ cm dünn auf eine Größe von ca. 10 x 10 cm ausrollen.

Weiter geht's auf der nächsten Seite.

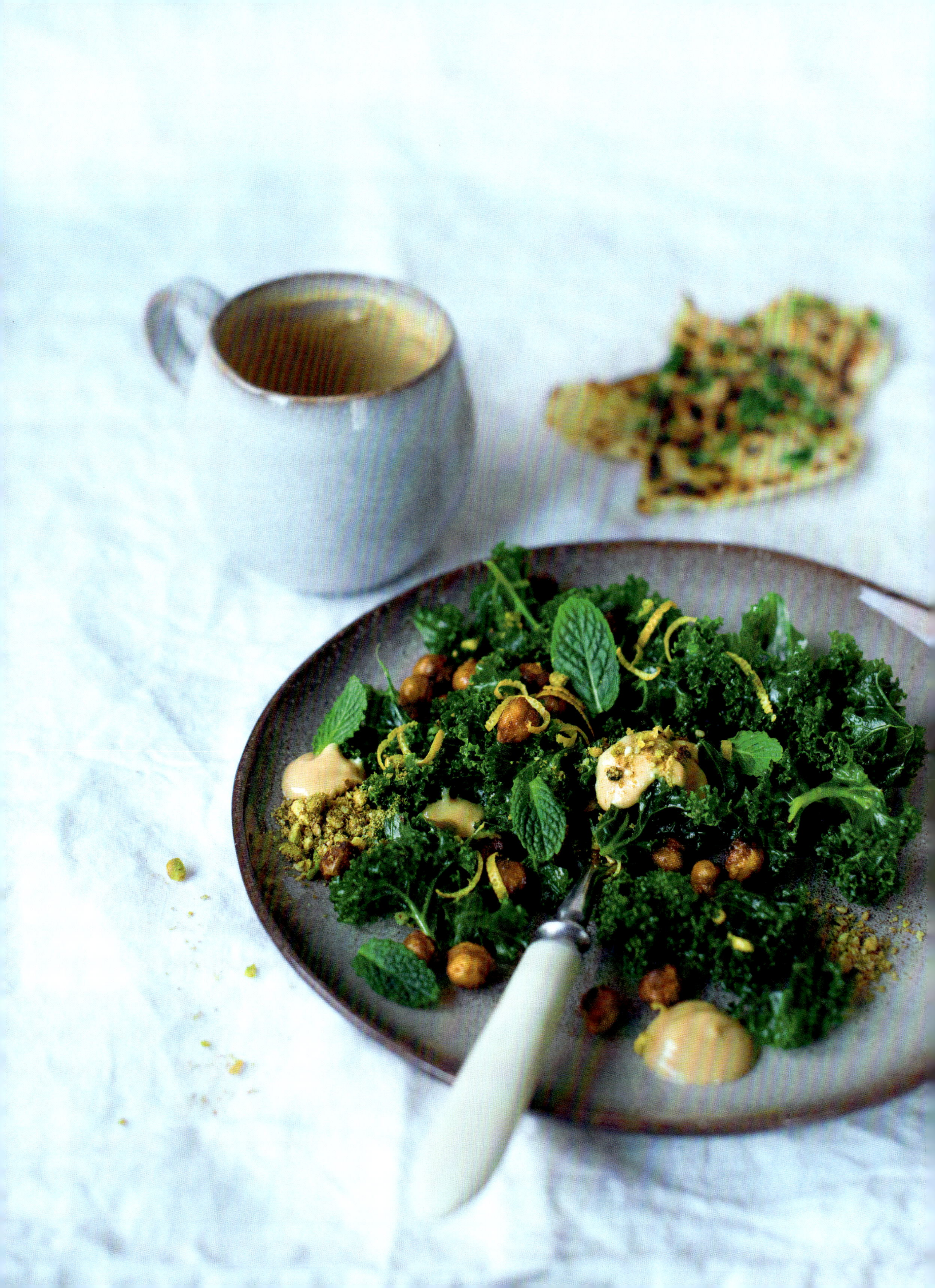

FÜR DIE TAHINI-ERDNUSS-CREME

100 g geröstete und gesalzene Erdnusskerne
1 TL Tahini (siehe S. 120)
1 TL Kokosöl
2 EL Joghurt (3,5 % Fett)

FÜR DEN GRÜNKOHLSALAT

3–4 Handvoll Grünkohl
¼ TL Salz
1 EL Olivenöl

ZUM SERVIEREN

½ Bund frisches Koriandergrün
½ Bund frische Minze
abgeriebene Schale von 1 Bio-Zitrone
Dukkah (siehe S. 46)

Die Teigstücke nacheinander in einer Pfanne bei starker Hitze 1–2 Minuten backen. Wenden, die gebackene Seite mit dem Koriander-Knoblauch-Öl bestreichen und noch einmal 1–2 Minuten backen.

Das fertige Naan im Ofen bei 80 °C bis zum Servieren warm halten.

Für die Tahini-Erdnuss-Creme die Erdnüsse mit Tahini und Kokosöl im Mixer zu einer Creme pürieren. Den Joghurt hinzugeben und kurz unterrühren.

Für den Salat den Grünkohl waschen, den harten Mittelstrunk entfernen und die Blätter in mundgerechte Stücke zupfen. Den Grünkohl in eine große Schüssel geben, mit Salz und Olivenöl mischen und mit den Händen ein wenig kneten, damit er weicher wird.

Den Salat mit Koriandergrün und Minzblättern, Zitronenschale, Dukkah, den gerösteten Kichererbsen und der Erdnuss-Tahini-Creme servieren. Das Naan-Brot dazu reichen.

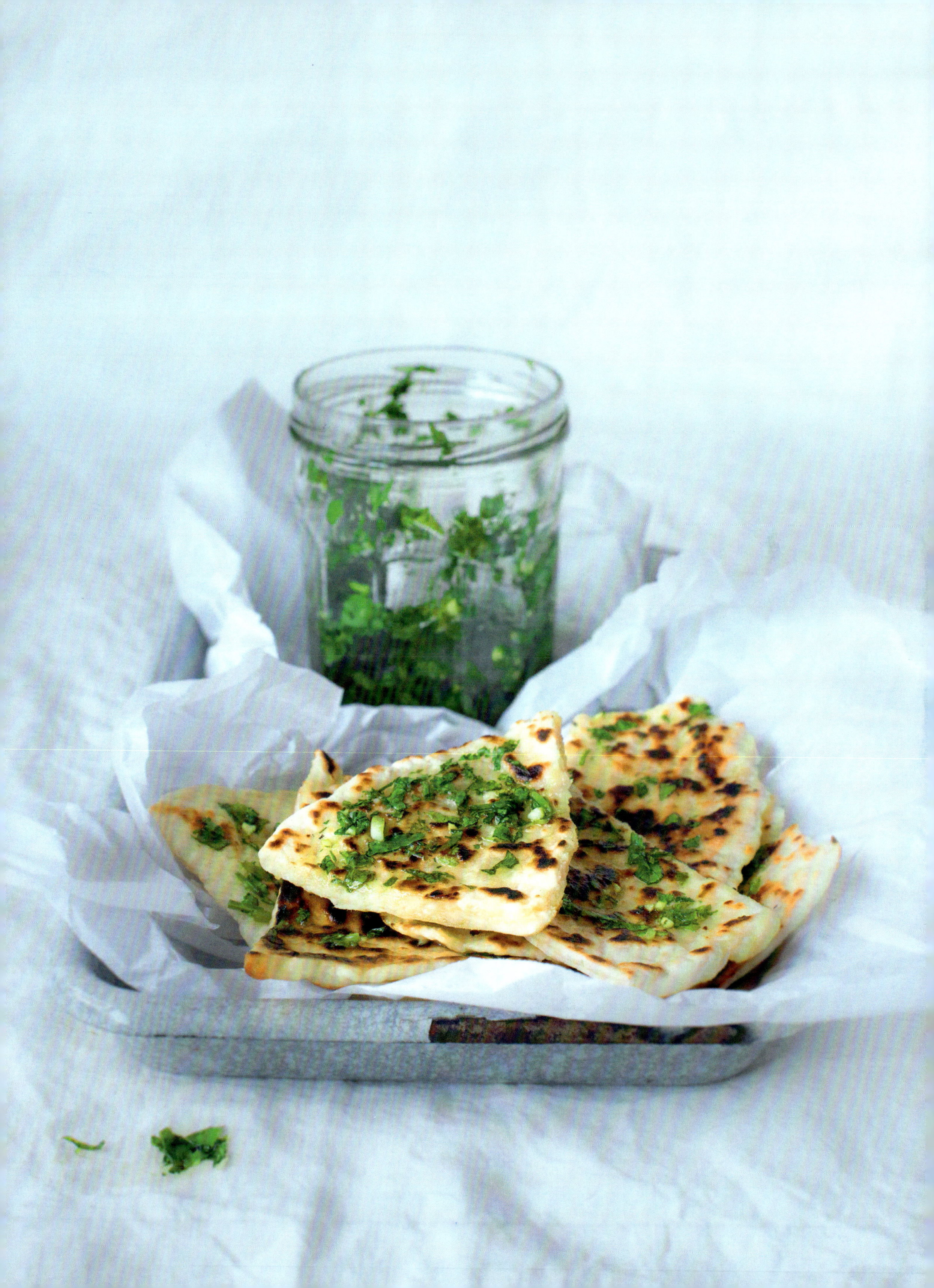

Soba-Nudelsalat mit
INGWER-TAHINI-DRESSING

Buchweizen | Ingwer | Tahini | Möhre | Frühlingszwiebel | Mangold | Limette | Kokos

FÜR 4 PERSONEN

FÜR DAS DRESSING

60 g frischer Ingwer

5 EL Tahini

2 EL Sojasauce (Tamari)

180 ml Kokosmilch

FÜR DEN SALAT

200 g Möhren

4 Frühlingszwiebeln

300 g bunter Mangold

1 TL Kokosöl

¼ TL Meersalz

400 g Soba-Nudeln (100 % Buchweizen)

200 ml Sojasauce (Tamari)

ZUM GARNIEREN

abgeriebene Schale von 4 Bio-Limetten

4 EL geröstete, gesalzene Erdnusskerne

4 EL Kokosraspeln

4 EL schwarzer Sesam

vegan   glutenfrei   laktosefrei

Dieser Nudelsalat macht süchtig. Durch das Ingwer-Tahin-Dressing wird der Salat sehr cremig und reichhaltig, rohe Möhren, Frühlingszwiebeln, Mangold und Limette verleihen ihm Frische. Erdnüsse und schwarzer Sesam geben dem Nudelsalat den von mir heiß geliebten Crunch.

ZUBEREITUNG

Für das Dressing den Ingwer schälen und fein hacken. Mit Tahini, Sojasauce und Kokosmilch in ein hohes Gefäß geben und mit dem Stabmixer zu einer Sauce mixen.

Für den Salat die Möhren gründlich waschen und in sehr feine Streifen schneiden oder raspeln. Die Frühlingszwiebeln waschen, putzen und in feine Ringe schneiden. Den Mangold waschen, trocken schleudern und die Blätter in feine Streifen, die Stiele in feine Scheibchen schneiden. In einer Pfanne das Kokosöl erhitzen und den Mangold bei schwacher Hitze kurz darin andünsten. Mit etwas Salz würzen.

Für die Soba-Nudeln 1,5 l Wasser mit der Sojasauce zum Kochen bringen und die Nudeln darin 2–3 Minuten al dente kochen. Die Nudeln anschließend kurz kalt abbrausen, dann abtropfen lassen und sofort mit der Hälfte des Dressings vermengen.

Die Nudeln auf Teller verteilen, mit dem restlichen Dressing beträufeln und mit Möhren, Frühlingszwiebeln und Mangold anrichten. Mit Limettenschale, Erdnüssen, Kokosraspeln und schwarzem Sesam garnieren und genießen.

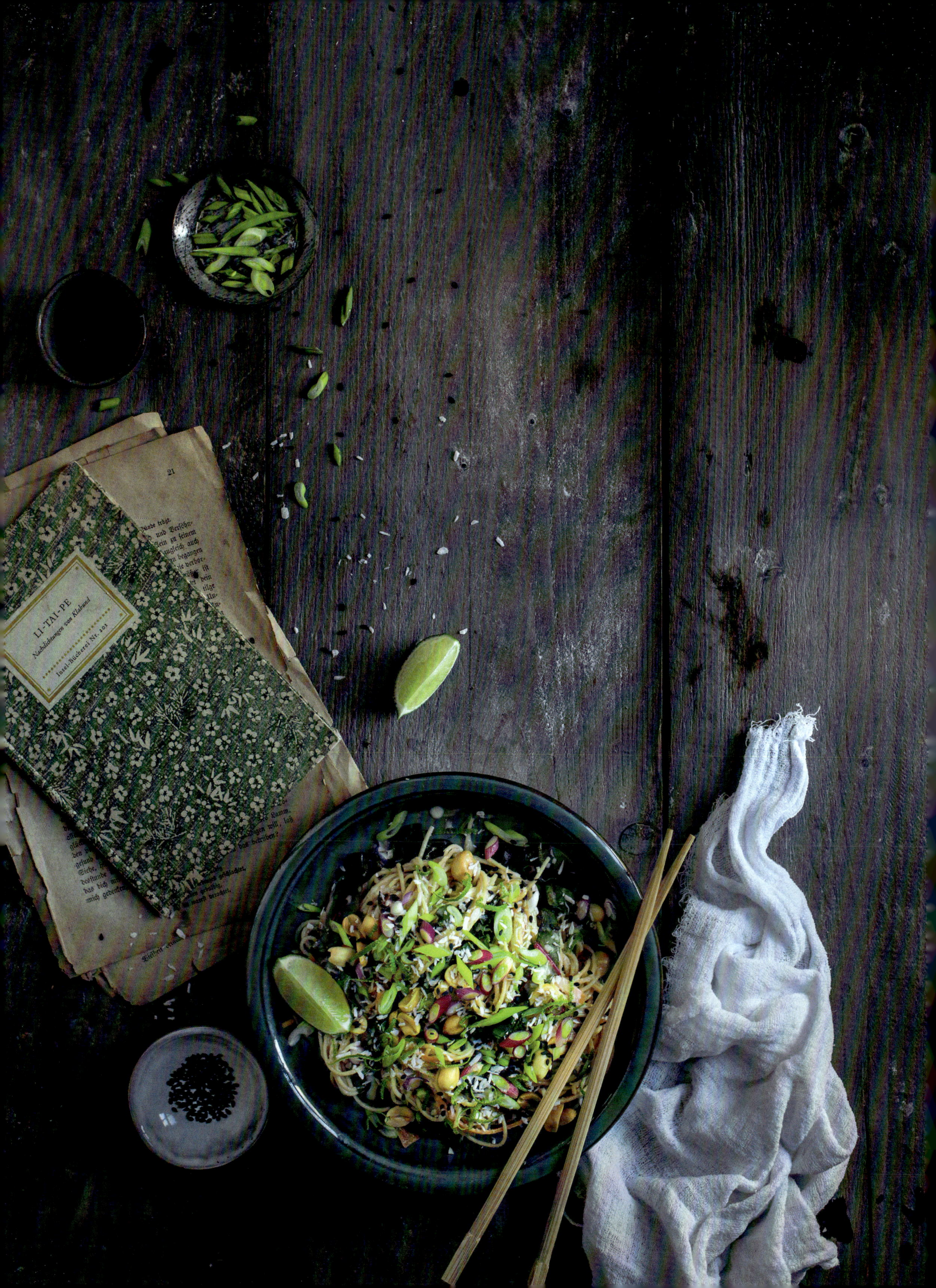
LI-TAI-PE

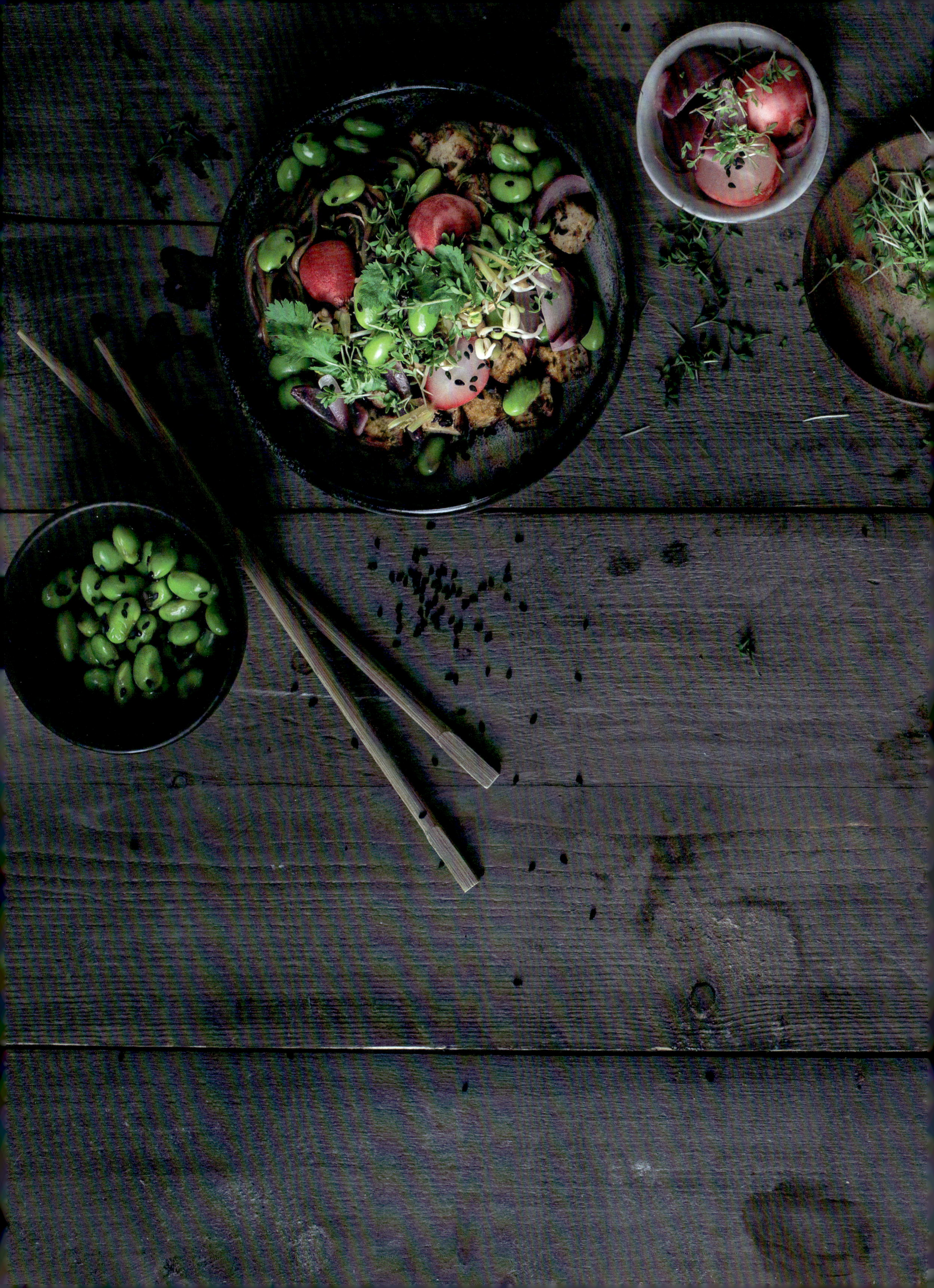

Hauptgerichte

Tortillas, Crêpes, Pizza, Socca, Frühlingsrollen, Salad Wraps, Eintöpfe und Bowls ... in diesem Kapitel versammeln sich jede Menge köstlicher Hauptgerichte. Diese sorgen durch ihre spannenden Aromenzusammenstellungen für wahre Geschmacksexplosionen und verführen mit Leichtigkeit alle Genießerherzen zum schnellen Nachkochen. Durch den Einsatz von Buchweizen, Dinkel, Kichererbsen und Co. werden hier würzige und gesunde Alternativen geboten, die oft noch einen Hauch knuspriger und krosser ausfallen, als das Weißmehl-Original. Wie bei all meinen Gerichten vereinen sich hier außerdem verschiedenste Aromen und Texturen zu köstlichen Gerichten: Knackfrisches trifft auf Knuspriges, Süßes und Herzhaftes – so macht Essen noch mehr Spaß!

Ricotta-Thymian-Pfirsiche AUS DEM OFEN

PFIRSICH | THYMIAN | HONIG | SCHWARZER PFEFFER | RICOTTA

FÜR 4 PERSONEN

8 Pfirsiche
8 EL flüssiger Honig
1 Bund frischer Thymian
250 g Ricotta
½ TL frisch gemahlener schwarzer Pfeffer

glutenfrei

Ich liebe Pfirsiche. Am besten schmecken sie mir gegrillt oder im Ofen geröstet. Durch das Erhitzen werden sie erst so richtig süß, und der Geschmack wird noch runder. Mein liebstes Pfirsich-Gericht für den Sommer? Dieses hier, mit Thymian, Honig, schwarzem Pfeffer und Ricotta. Schnell, einfach, aber unglaublich lecker.

ZUBEREITUNG

Den Ofen auf 180 °C Ober-/Unterhitze vorheizen. Ein Backblech mit Backpapier auslegen. Die Pfirsiche waschen, halbieren, entsteinen und mit den Schnittflächen nach oben auf das Backblech legen. 3 EL Honig über die Pfirsiche träufeln. Den Thymian waschen, trocken tupfen und die Hälfte der Thymianzweige über die Pfirsiche geben. Im Ofen auf der mittleren Schiene etwa 10–15 Minuten rösten, bis zuckrig-süßer Saft austritt und die Pfirsiche weich sind.

In der Zwischenzeit die Blättchen von den restlichen Thymianzweigen abzupfen und den Ricotta mit 2 EL Honig glatt rühren. Die gebackenen Pfirsiche mit dem schwarzem Pfeffer und den Thymianblättchen bestreuen. Den restlichen Honig über die Pfirsiche träufeln, den Ricotta dazu servieren und alles genießen – eine traumhaft leckere Sommerspeise.

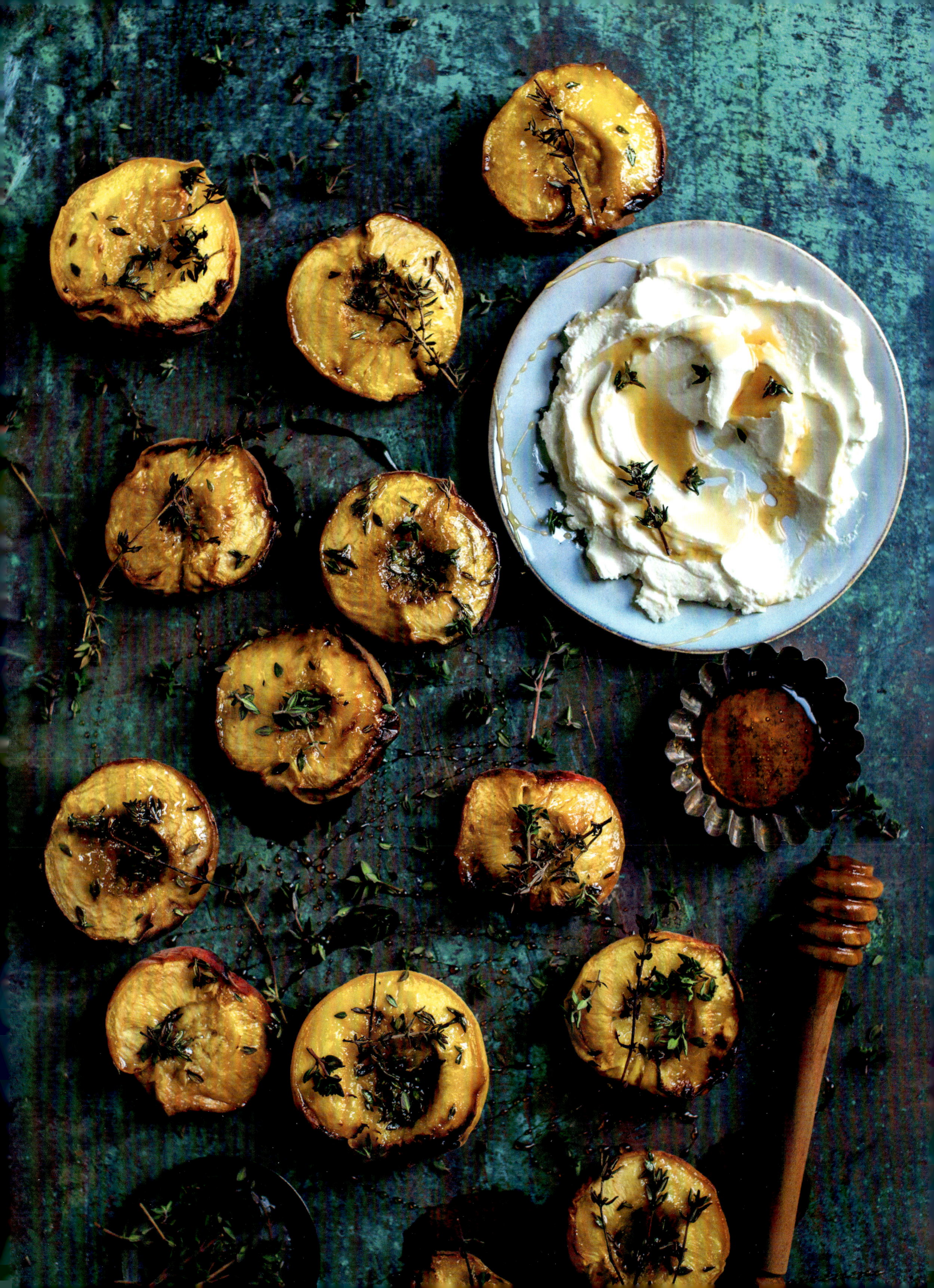

Platte geröstete Kartoffeln mit AVOCADO UND KORIANDER

Kartoffel | Cayennepfeffer | Avocado | Apfel | Kresse | schwarzer Sesam | Zitrone

FÜR 4 PERSONEN

FÜR DIE KARTOFFELN

1 kg festkochende Kartoffeln

Salz

30 ml Olivenöl

½ TL Cayennepfeffer

½ TL rosenscharfes Paprikapulver (alternativ geräuchertes Paprikapulver)

½ TL Meersalz

frisch gemahlener schwarzer Pfeffer

ZUM SERVIEREN

1 Apfel

2 Avocados

2 Zitronen

2 Bund frisches Koriandergrün

200 g Kichererbsen (aus dem Glas)

schwarzer Sesam

Gartenkresse

vegan | glutenfrei | laktosefrei

Ich habe diese gerösteten Kartoffeln vor einiger Zeit entdeckt, und seither sind sie mein Kartoffel-Leibgericht. Ich mag Kartoffeln, esse sie aber eher selten, und dann am liebsten geröstet. Diese platten Kartoffeln sind eine Offenbarung für mich: Sie sind superkross, haben noch einen leicht weichen Kern und schmecken großartig in Kombination mit Avocado, Koriander, Apfel, Kichererbsen und Limette. Ich werde dieses Gericht wieder und wieder zubereiten.

ZUBEREITUNG

Die Kartoffeln putzen und mit der Schale in Salzwasser etwa 30 Minuten garen, je nach Größe. Abgießen und einige Minuten auskühlen lassen.

Den Ofen auf 200 °C Ober-/Unterhitze vorheizen. Ein Backblech mit Backpapier auslegen.

Das Olivenöl in einer großen Schüssel mit Cayennepfeffer, Paprika, Meersalz und etwas Pfeffer verrühren und die Kartoffeln darin wenden, bis sie rundum von Würzöl überzogen sind. Herausheben, mit Abstand zueinander auf das Backblech legen und mit einem weiteren Backpapier abdecken. Die Kartoffeln zerdrücken, bis sie nur noch etwa 2 cm dick sind – das geht am besten mit einem Topf. Dann mit dem in der Schüssel verbliebenen Würzöl bepinseln und im Ofen etwa 20–30 Minuten rösten, bis sie richtig schön kross sind.

In der Zwischenzeit den Apfel vierteln, entkernen und in dünne Scheiben schneiden. Die Avocados halbieren, den Kern entfernen, das Fruchtfleisch aus der Schale lösen und in dünne Scheiben schneiden. Die Zitrone halbieren und auspressen. Die Avocado mit etwas Zitronensaft beträufeln. Den Koriander waschen, trocken schütteln und grob hacken. Die Kichererbsen abtropfen lassen.

Die platten Kartoffeln auf Tellern anrichten und mit Apfelscheiben, Avocado, Koriander, Kichererbsen, Sesam und Kresse belegen.

TIPP | Mindestens genauso leckser schmecken die Kartoffeln mit einer Creme oder Sauce, gut dazu passt zum Beispiel Hummus (siehe S. 64 oder 66).

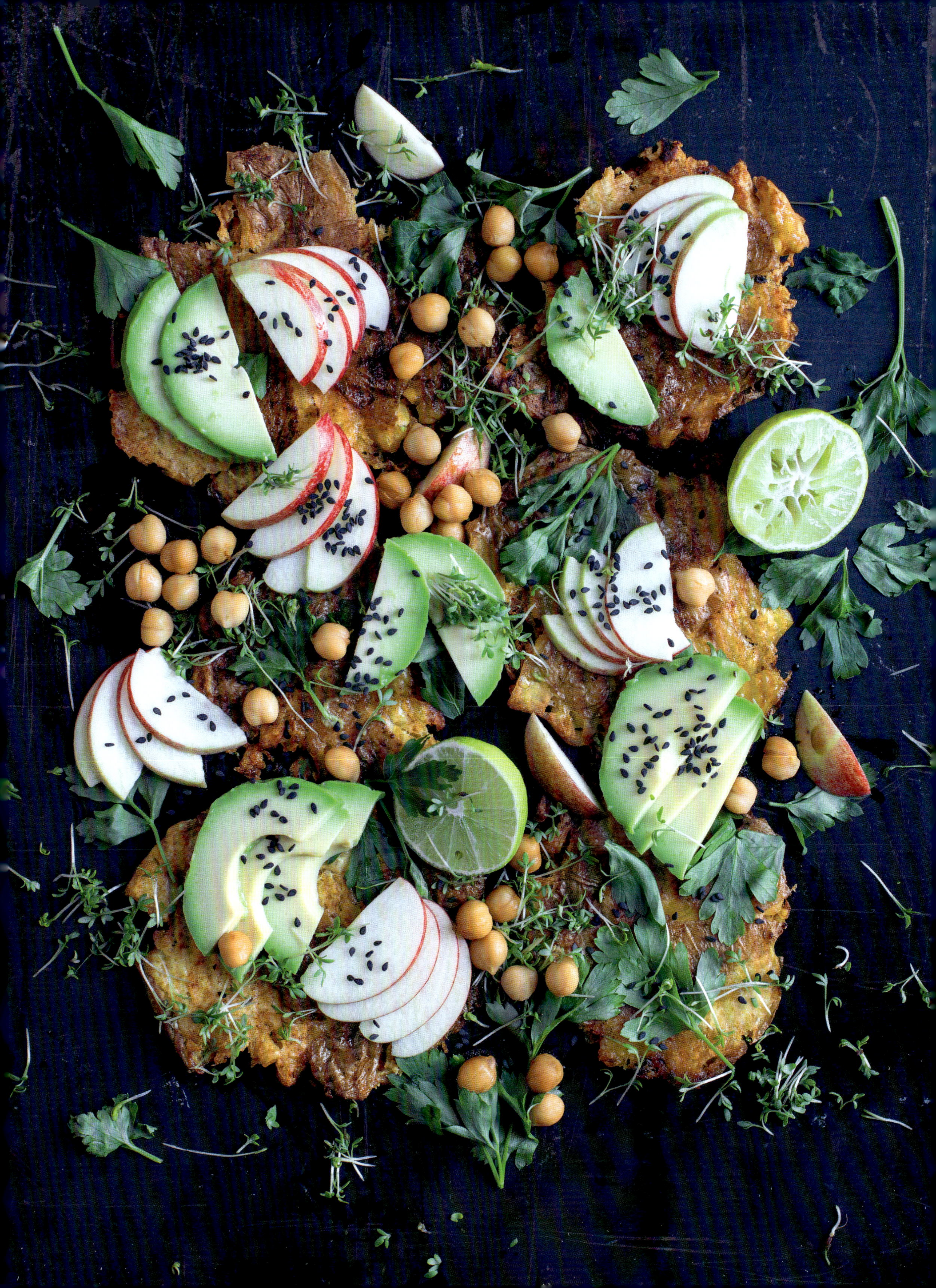

Ofengemüse mit ROTE-BETE-PESTO

Wurzelgemüse | Malzbier-Karamell | Orange | Rote Bete

Für 2 Personen

FÜR DAS MALZBIER-KARAMELL

200 g Zucker

150 ml Malzbier

150 g Sahne

½ TL geräuchertes Meersalz (Smoked Sea Salt)

50 g Butter

FÜR DAS OFENGEMÜSE

700 g gemischtes Wurzelgemüse (z. B. lila und gelbe Möhren, lila Kartoffeln, rote Kartoffeln)

2 EL Olivenöl

2 EL salziges Malzbier-Karamell

1 TL Salz

Cayennepfeffer (nach Belieben)

½ Bund frische glatte Petersilie

Rote-Bete-Pesto (nach Belieben) (siehe S. 52)

Geröstetes Gemüse ist ein perfektes schnelles Herbstessen. Man kann gemütlich über den Markt schlendern, die buntesten Gemüsesorten aussuchen, grob zerteilen und dann im Ofen mit ein wenig Süße und Gewürzen rösten. Mit meinem Rote-Bete-Pesto und einem kleinen Feldsalat ist Ofengemüse ein wunderbares vegetarisches Gericht.

Zubereitung

Für das Malzbier-Karamell den Zucker, ohne zu rühren, in einem Topf karamellisieren lassen und mit dem Malzbier ablöschen. Vorsicht, es spritzt und schäumt! Anschließend die Sahne dazugeben und rühren, bis sich der Zucker vollständig gelöst hat. Die Mischung leicht reduzieren, dann zuerst die Hälfte des Meersalzes und danach die Butter einrühren, bis sie geschmolzen ist. Das fertige Karamell abkühlen lassen.

Den Backofen auf 160 °C Umluft vorheizen. Das Gemüse waschen und in nicht zu große Scheiben und Spalten schneiden. In eine Schüssel geben, mit Olivenöl, Malzbier-Karamell, Salz und nach Belieben mit Cayennepfeffer mischen und gut durchrühren. Das gewürzte Gemüse auf ein mit Backpapier belegtes Blech geben und im vorgeheizten Backofen auf der mittleren Schiene 45 Minuten rösten.

In der Zwischenzeit die Petersilie waschen, die Blätter von den Stängeln zupfen und grob hacken. Das geröstete Gemüse mit der Petersilie bestreuen und mit dem Rote-Bete-Pesto servieren.

TIPP | In dem Pesto ist schon sehr viel Orangenschale verarbeitet. Wer dem Orangengeschmack aber verfallen ist, kann natürlich auch noch über das Ofengemüse ein wenig fein geriebene Orangenschale geben.

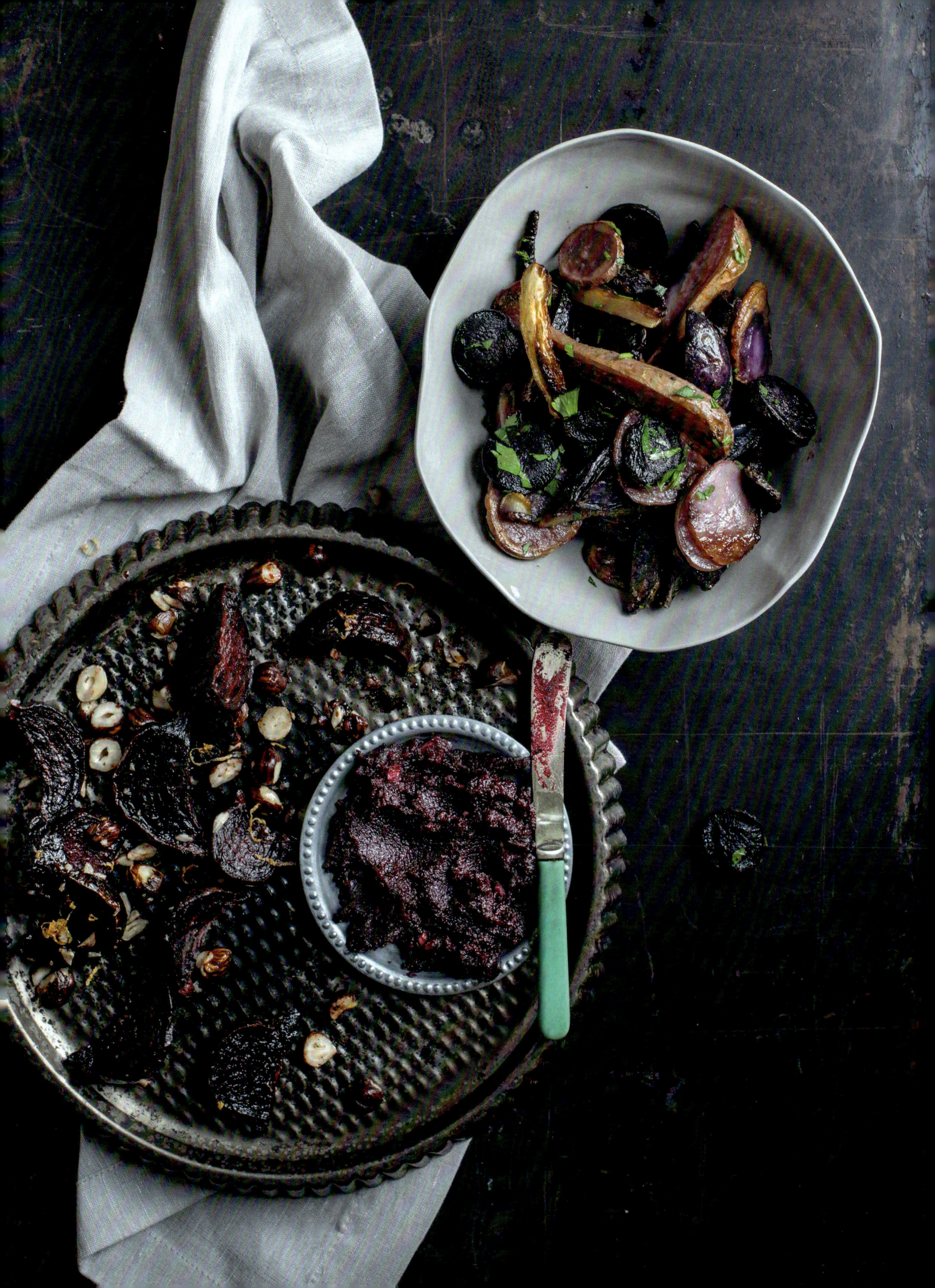

Kichererbsen-Crêpes mit RÖSTGEMÜSE

KICHERERBSE | KURKUMA | KREUZKÜMMEL | KORIANDER | AUBERGINE | ZUCCHINI | KNOBLAUCH

FÜR 4 PERSONEN

FÜR DIE CRÊPES

140 g Kichererbsenmehl

je 1 TL Meersalz und gemahlene Kurkuma

je ½ TL Cayennepfeffer und gemahlener Kreuzkümmel

¼ TL schwarzer Pfeffer

1 frische rote Chilischote

1 Bund frisches Koriandergrün

2 Frühlingszwiebeln

2 TL Sonnenblumenöl

Kokosöl zum Ausbacken

FÜR DAS RÖSTGEMÜSE

300 g Aubergine

250 g Zucchini

3 EL Olivenöl

6 Knoblauchzehen

½ Bund frische glatte Petersilie

¼ TL Salz

ZUM SERVIEREN

Hummus (siehe S. 64 oder 66)

2 EL geröstete, gesalzene Cashewkerne

vegan | glutenfrei | laktosefrei

In diese Crêpes habe ich mich verliebt. Sie sind so schön scharf, würzig, und der Koriander und die Frühlingszwiebeln im Teig sind einfach unschlagbar. Man kann die Crêpes mit allem füllen, was das Herz begehrt. Toll dazu passen Hummus und Röstgemüse oder Nussmus, Avocado und viel Koriander. Manchmal reiche ich die Crêpes auch ohne Füllung zu meinem Kichererbseneintopf (siehe S. 208) oder der Thai-Erdnuss-Kokos-Suppe (siehe S. 104). Sie sind einfach eine Wucht.

ZUBEREITUNG

Für die Crêpes das Kichererbsenmehl und die Gewürze in eine große Schüssel geben und vermischen, 110 ml Wasser hinzufügen und alles zu einem glatten Teig rühren. Weitere 110 ml Wasser hinzufügen und gut verrühren. Die Chilischote waschen, halbieren und entkernen, den Koriander waschen und trocken schütteln, die Frühlingszwiebeln waschen und putzen. Chili und Koriander hacken, die Frühlingszwiebeln in feine Ringe schneiden. Chili, Koriander und Frühlingszwiebeln zum Teig geben, das Öl unterrühren und den Teig 5 Minuten ruhen lassen.

Die Aubergine und die Zucchini waschen und trocken tupfen. Die Aubergine in dünne Scheiben, die Zucchini in etwas dickere Streifen schneiden. Das Olivenöl in einer Pfanne erhitzen und das Gemüse darin unter gelegentlichem Rühren goldgelb rösten. Den Knoblauch schälen, in dünne Scheiben schneiden, zum Gemüse in die Pfanne geben und kurz mitrösten. Die Petersilie waschen, trocken schütteln und fein hacken. Mit dem Salz unter das Gemüse rühren.

Parallel dazu die Crêpes ausbacken. Den Boden einer Pfanne dünn mit Kokosöl auspinseln, eine kleine Kelle Teig hineingeben und durch Neigen der Pfanne verlaufen lassen oder mit einem Spatel verstreichen. Wenden, sobald die Crêpe fest wird, und von der anderen Seite goldgelb ausbacken. Die fertige Crêpe im Ofen warm halten und die weiteren Crêpes ebenso zubereiten.

Die Crêpes mit Hummus bestreichen, mit dem Röstgemüse belegen und mit Cashewkernen bestreuen. Warm genießen.

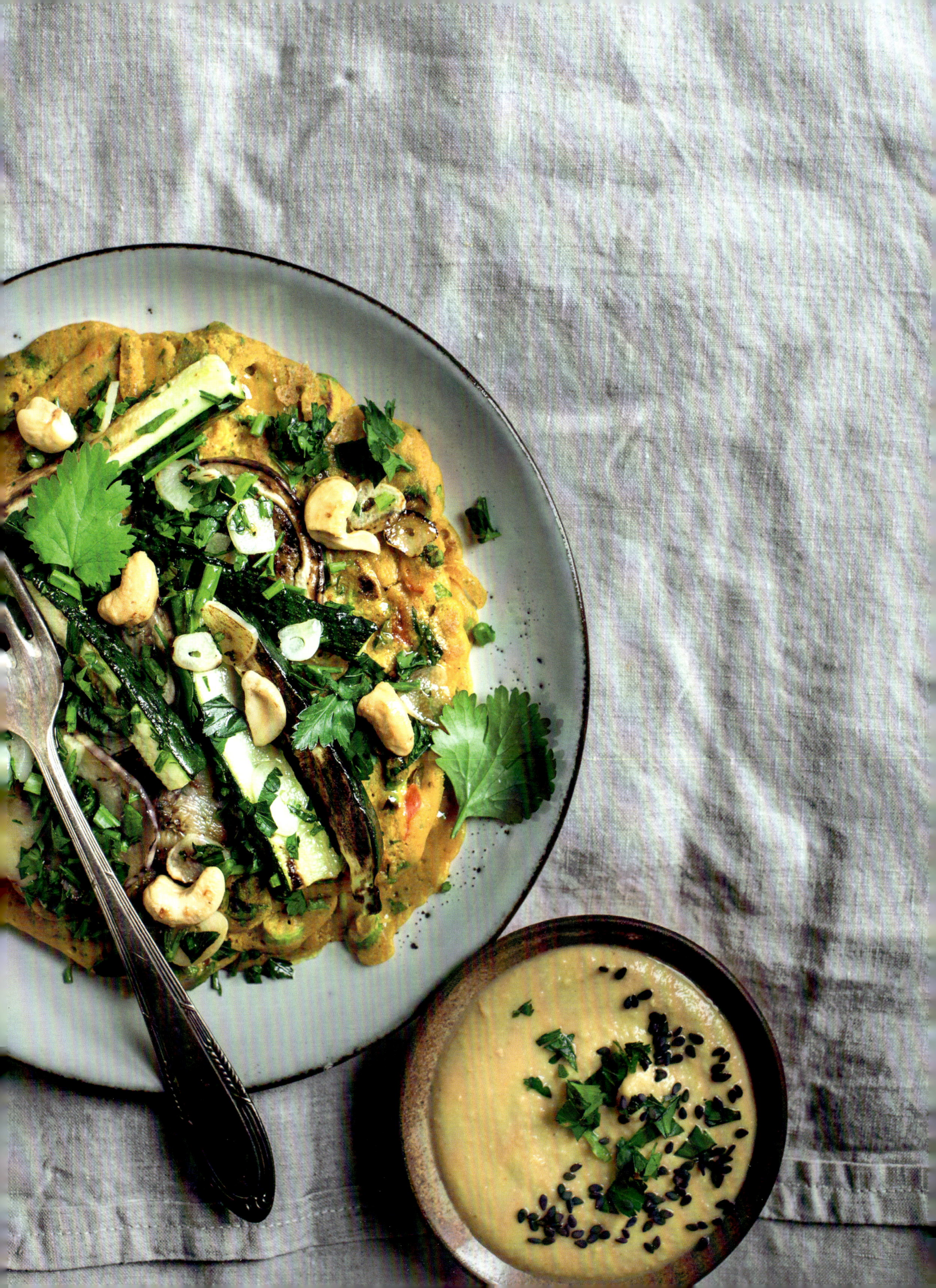

Lachs mit ERDNUSSKRUSTE

Lachs | Erbse | roter Rettich | Sojasauce | Erdnuss | Cornflake | Dukkah

FÜR 4 PERSONEN

1 Gurke
2 Handvoll Erbsenschoten
2 Handvoll Zuckerschoten
2 rote Rettiche
1 EL Sesamöl
Meersalz
100 ml Sojasauce (Tamari)
300 g Eiernudeln
60 g Erdnusskerne
60 g Cornflakes
1 Ei (Größe L)
50 g Weizenmehl (Type 405)
4 Lachsfilets à ca. 150 g
Kokosöl zum Anbraten

ZUM SERVIEREN

Dukkah (siehe S. 46)

laktosefrei

Mein Lachs mit Knusperkruste und dem knackigen Gemüsesalat ist eine erfrischende Kombination, die auf köstliche und leicht asiatische Weise die Gemüse-Ernte des Sommers zelebriert. Der Salat ist leicht, knackfrisch und braucht nur 1 Prise Salz. Die rohen Erbsen sind hier für mich unverzichtbar. Ich dachte lange, dass man Erbsen immer garen muss. Doch seitdem ich weiß, dass man Erbsen bedenkenlos roh essen kann, verwende ich sie oft in asiatisch inspirierten Gerichten.

ZUBEREITUNG

Die Gurke mit einem Spiralschneider in dünne Streifen schneiden. Alternativ mit dem Messer zuerst in dünne Scheiben, anschließend in Streifen schneiden. Die Erbsen palen. Die Zuckerschoten waschen, putzen und in hauchdünne Streifen schneiden. Den Rettich waschen, in sehr dünne Scheiben schneiden. Alles miteinander vermengen und mit etwas Sesamöl und Meersalz würzen.

Ungefähr 1 l Wasser zum Kochen bringen und die Sojasauce hinzugeben. Die Nudeln darin al dente kochen, abgießen und warm halten.

Erdnüsse und Cornflakes kurz im Mixer zu groben Bröseln zermahlen, auf einen Teller geben. Das Ei auf einem weiteren Teller verquirlen, das Mehl auf einen dritten Teller geben. Den Lachs mit Salz würzen und zunächst im Mehl, dann im verquirlten Ei und zuletzt im Erdnuss-Cornflakes-Gemisch wenden. Den panierten Lachs in etwas Kokosöl etwa 2 Minuten von jeder Seite braten.

Den knusprig gebratenen Lachs mit dem knackigen Gemüsesalat und den Soja-Nudeln anrichten, und mit viel Dukkah bestreut, servieren.

Blumenkohl-Quinoa- BRATLINGE

BLUMENKOHL | QUINOA | ZIEGENKÄSE

FÜR 4 PERSONEN

FÜR DIE BLUMENKOHL-QUINOA-BRATLINGE

200 g Quinoa

100 g Blumenkohl

100 g Möhren

2 Stangen Frühlingszwiebeln

abgeriebene Schale von 2 Bio-Zitronen

80 g Haferflocken

200 g Ziegenfrischkäse

2 EL schwarzer Sesam

2 TL Salz

2 kleine getrocknete, gemörserte Chilischoten

4 EL Brunnenkresse

1 TL Currypulver

100 g Pinienkerne

2 Eier (Größe S)

Kokosöl zum Anbraten

ZUM SERVIEREN

4 EL Schmand (alternativ Joghurt)

4 EL Brunnenkresse

Neben dem Brokkoli-Blumenkohl-Salat (siehe S. 128) sind diese Blumenkohl-Quinoa-Bratlinge eine weitere Variante, in der ich das heimische Gartengemüse gern esse. Im Sommer, zur Erntezeit von Blumenkohl und Möhren, mache ich von diesen Bratlingen gern eine große Portion. Sie sind eine sättigende Beilage zum Salat oder ein schnelles und gesundes Frühstück auf die Hand. Außerdem schmecken die würzigen Bratlinge auch ganz pur, mit einem Joghurt und ein wenig Kresse.

ZUBEREITUNG

Die Quinoa in einem Sieb gründlich waschen, dann etwa 10 Minuten in Salzwasser gar kochen. Gut abtropfen lassen. Den Blumenkohl und die Möhren waschen und beides fein raspeln. Die Frühlingszwiebeln waschen, putzen und in feine Ringe schneiden. Die gekochte Quinoa mit allen anderen Zutaten in eine Schüssel geben, vermischen und einige Minuten quellen lassen.

Die Masse mit leicht feuchten Händen zu etwa 12–15 Bratlingen formen. Das Kokosöl in einer Pfanne erhitzen und die Bratlinge bei mittlerer Hitze portionsweise 3–4 Minuten von beiden Seiten braten.

Die knusprigen Bratlinge mit Schmand oder Joghurt und Kresse servieren.

TIPP Die Bratlinge passen auch ganz wunderbar in Salad Wraps oder zum Apfel-Fenchel-Salat (siehe S. 120). Im Kühlschrank halten sie sich 2–3 Tage.

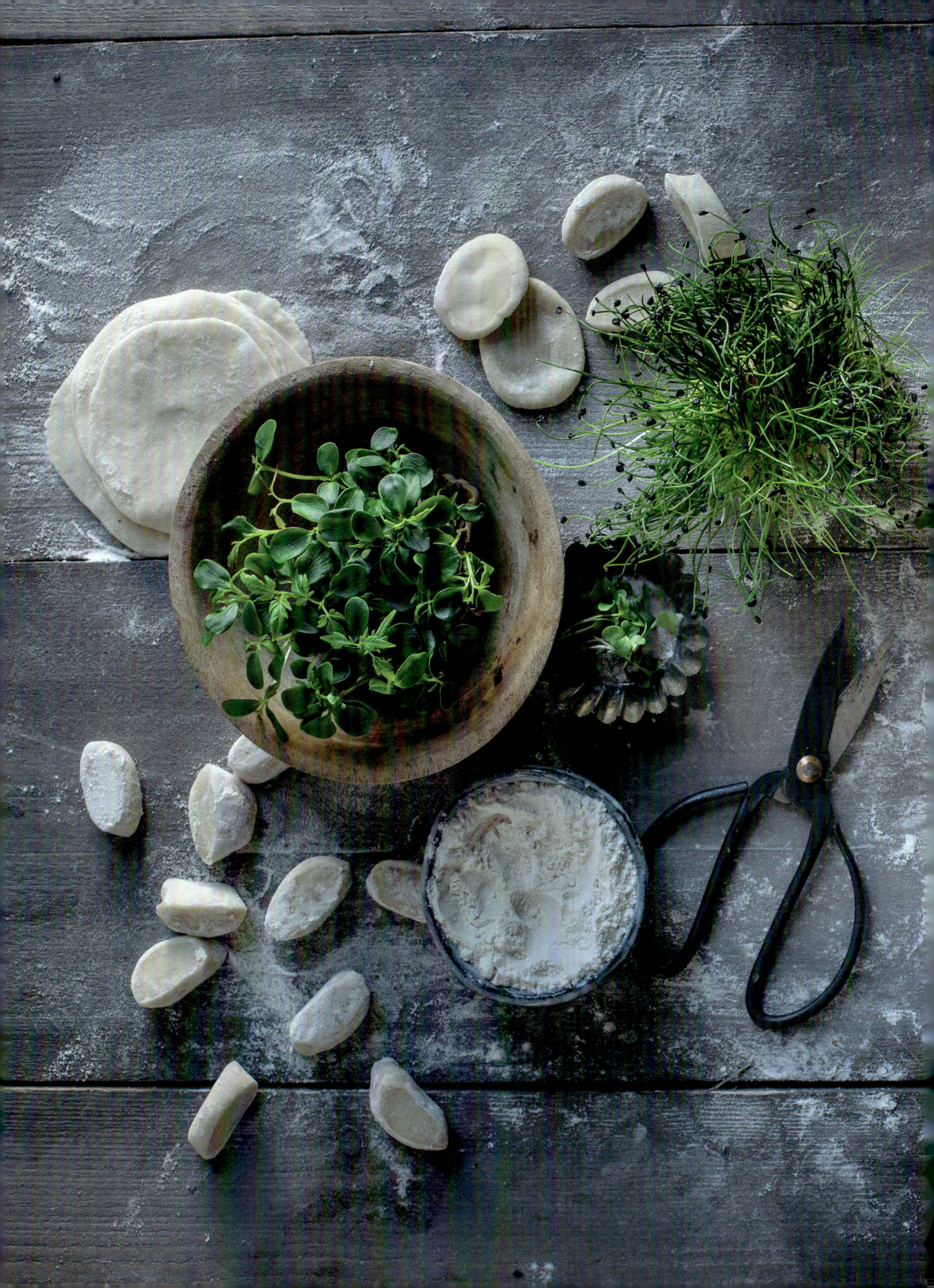

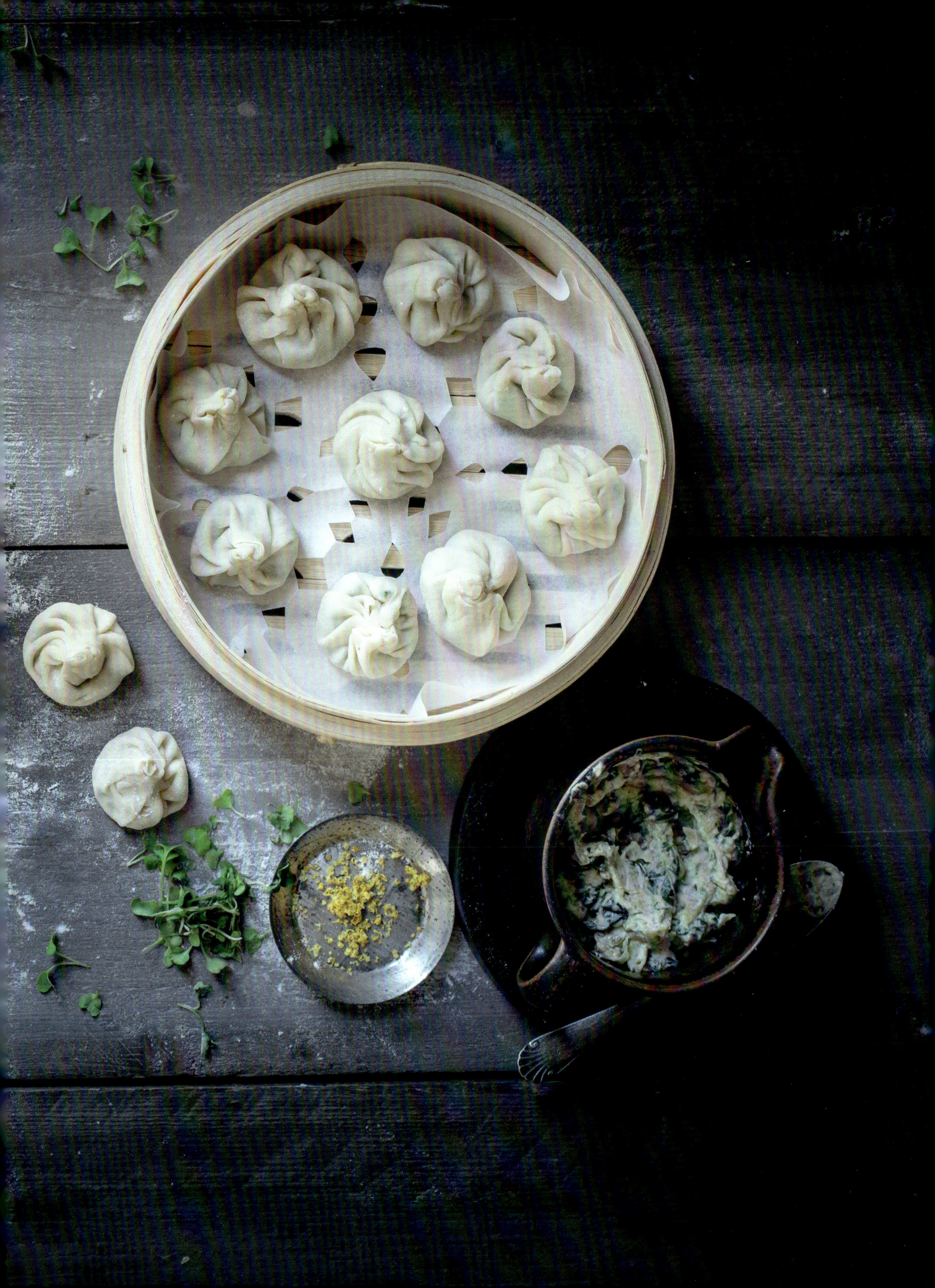

Gedämpfte Teigtaschen mit ZUCCHINI-SPINAT-FÜLLUNG

ZUCCHINI | ZITRONE | SPINAT | CASHEWKERN | SHISO-KRESSE | FRÜHLINGSZWIEBELN | COUSCOUS

FÜR 4 PERSONEN (CA. 34 STÜCK)

FÜR DIE DUMPLINGS
215 g Weizenmehl (Type 405)
½ TL Salz

FÜR DIE FÜLLUNG
160 g Zucchini
1 TL Sesamöl
1 Handvoll Spinat
1 TL Meersalz
120 g Frischkäse
abgeriebene Schale von 1 Bio-Zitrone
¼ TL frisch gemahlener schwarzer Pfeffer

FÜR DEN CASHEW-JOGHURT
70 g geröstete, gesalzene Cashewkerne
40 g Joghurt (3,5 % Fett)

ZUM SERVIEREN
½ Zucchini
1 Stange violette Frühlingszwiebel
Shiso-Kresse
4 EL karamellisierter Couscous (siehe S. 120)

AUSSERDEM
Bambus-Dampfgarer
Hochleistungsmixer

Gedämpfte Teigtaschen sind meine große Leidenschaft. Die sogenannten Dumplings kommen aus Asien, doch hat fast jedes Land auf der Erde seine eigene Version von köstlichen Teigtaschen, die mit Gemüse, Ragout, Fisch, Tofu, Käse oder anderen Köstlichkeiten gefüllt sind. Mal sind sie gekocht, mal gedämpft und angebraten. Diese hier sind mit Gemüse und Frischkäse gefüllt, dazu gibt's Cashew-Joghurt, Shiso-Kresse, Frühlingszwiebel und karamellisierten Couscous.

ZUBEREITUNG

Für die Teigtaschen das Mehl mit dem Salz in eine Schüssel geben und 115 ml kochendes Wasser hinzufügen. Den Teig mit dem Handrührgerät 5 Minuten kneten, bis er ganz weich ist und nicht mehr klebt, dann in Frischhaltefolie wickeln und 1 Stunde ruhen lassen. Erneut kneten und weitere 15 Minuten ruhen lassen. Ein Loch in den Teig drücken und ihn zu einer Art großen Donut formen. Das Donutloch vorsichtig vergrößern, indem man den Donut kreisförmig auseinanderzieht, dann den Donut halbieren, sodass man zwei Teigrollen hat. Diese mit den Händen zu etwas dünneren Teigschlangen rollen und in 2 cm breite Stücke schneiden. Die Stücke mit Mehl bestäuben, sodass sie nicht aneinanderkleben. Jedes Stück zwischen den Handflächen zu einer flachen Scheibe drücken und dann vorsichtig zu einer dünnen runden Scheibe ausrollen. Die Scheiben wieder mit Mehl bestäuben.

Für die Füllung die Zucchini waschen, grob raspeln. Sesamöl in einer Pfanne erhitzen, die Zucchini darin wenige Minuten anbraten. Den Spinat waschen, trocken schütteln, grob hacken und dazugeben, nach 1 Minute vom Herd nehmen und das Gemüse noch kurz in der warmen Pfanne ziehen lassen. Mit Salz würzen. Die Zucchini und den Spinat ganz auskühlen lassen, dann den Frischkäse unterrühren. Zitronenschale hinzugeben und alles kräftig mit Pfeffer und Salz abschmecken.

Jeweils eine Teigscheibe in die linke Hand nehmen, 1 TL Füllung in der Mitte platzieren und den Teigrand mit Daumen und Zeigefinger der rechten Hand über der Füllung zu einem Säckchen zusammendrücken. In rotierenden Bewegungen und mithilfe des Zeigefingers der linken Hand den Vorgang wiederholen, bis der Dumpling geschlossen ist. Ein Stück Backpapier so zuschneiden, dass es in den Bambus-Dampfgarer passt. Falten, einige Löcher hineinschneiden, wieder auseinanderfalten und den Dampfgarer damit auslegen. Die fertigen Dumplings mit etwas Abstand zueinander darauflegen. Den Dampfgarer abdecken, in einem Topf mit wenig kochendem Wasser platzieren und die Dumplings 4 Minuten dämpfen.

Für den Cashew-Joghurt die Cashewkerne in einem Hochleistungsmixer zu einer Butter mahlen. Mit dem Joghurt glatt rühren.

Die Zucchini waschen, in dünne Scheiben schneiden. Den Frühlauch putzen, waschen, in dünne Ringe schneiden. Die Teigtaschen mit Cashew-Joghurt, Shiso-Kresse, Zucchini, Frühlingszwiebeln und karamellisiertem Couscous anrichten.

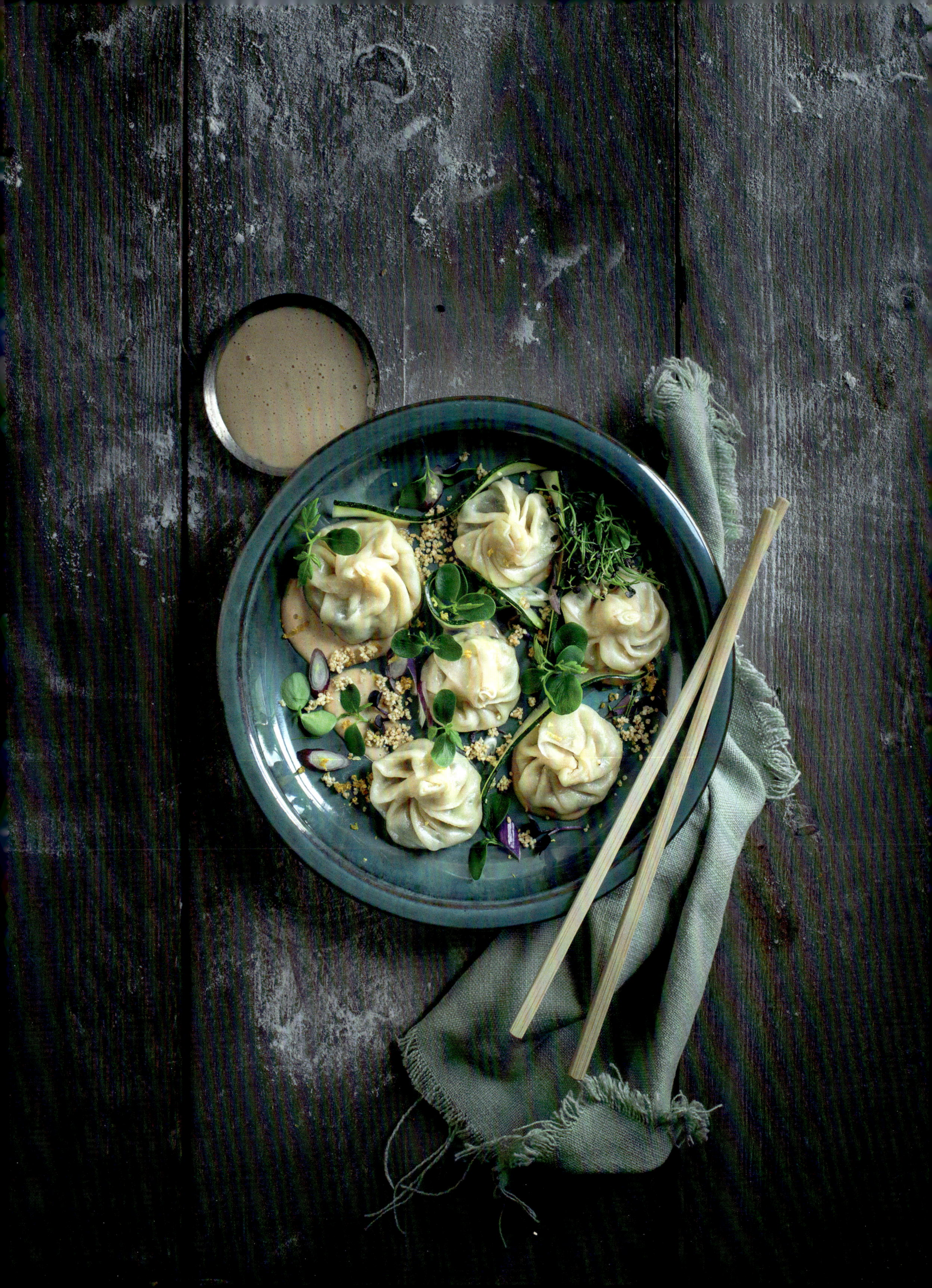

Hackbällchen mit GRANATAPFELGLASUR

RIND | KREUZKÜMMEL | KORIANDER | GRANATAPFEL | NELKE | ZITRONE

FÜR 4 PERSONEN

FÜR DIE HACKBÄLLCHEN

- 800 g Hackfleisch vom Rind
- 1 TL Meersalz
- 2 TL frisch gemahlener schwarzer Pfeffer
- 1 TL gemahlener Zimt
- 2 TL gemahlener Kreuzkümmel
- 2 Knoblauchzehen
- 6 Stängel frisches Koriandergrün
- 2 Scheiben Toast (vom Vortag)
- 2 Eier (Größe M)
- 3 EL Sojasauce (Tamari)

FÜR DIE GRANATAPFELGLASUR

- 2 gemörserte Nelken
- 2 gemörserte Pimentkörner
- 1 Granatapfel
- 400 ml Pflaumensaft
- 1 TL frisch gemahlener schwarzer Pfeffer

ZUM SERVIEREN

- ½ Granatapfel
- 1 Bund frisches Koriandergrün
- abgeriebene Schale von 1 Bio-Zitrone

AUSSERDEM

- Mörser

laktosefrei

Das perfekte Gericht für einen Winterbrunch. Granatapfel und Pflaumensaft werden hier zu einer köstlichen Sauce verarbeitet, die ganz wunderbar als Dip zu den würzigen Hackbällchen passt. Jeder Bissen vereint scharfe, orientalische und süße Aromen. Koriandergrün und Zitronenschale runden jeden Happen ab.

ZUBEREITUNG

Für die Hackbällchen das Hackfleisch in eine Schüssel geben und Meersalz, Pfeffer, Zimt und Kreuzkümmel hinzufügen. Knoblauchzehen schälen und fein hacken. Das Koriandergrün waschen, trocken schütteln, fein hacken und mit dem Knoblauch zum Fleisch geben. Das Toastbrot fein zerbröseln, mit den Eiern zur Hackfleischmasse geben und alles gut verkneten. Aus der Masse kleine Bällchen formen und diese in der Pfanne bei starker Hitze von allen Seiten anbraten. Abdecken und etwa 5 Minuten garen, dabei immer wieder wenden. Die fertigen Hackbällchen mit Sojasauce ablöschen.

In der Zwischenzeit die Glasur zubereiten. Dafür Nelken und Piment im Mörser zerstoßen. Den Granatapfel halbieren und mit einer Zitronenpresse den Saft auspressen. 90 ml Granatapfelsaft in einen Topf geben, mit dem Pflaumensaft, Pfeffer, Nelken und Piment aufkochen und etwa 10 Minuten sanft köcheln lassen.

Zum Servieren, die Kerne aus dem Granatapfel lösen. Den Koriander waschen, trocken schütteln und Blättchen abzupfen. Die Hackbällchen mit einem Teil der Glasur beträufeln und mit Granatapfelkernen, Koriandergrün und Zitronenschale garnieren. Den Rest der Glasur zum Dippen dazu reichen.

TIPP Frisch gepresster Granatapfelsaft hat eine wunderschön pinke Farbe und ein sehr intensives säuerlich-süßes Aroma. Wer keinen frischen Granatapfel bekommt, kann natürlich auch gekauften Granatapfelsaft verwenden.

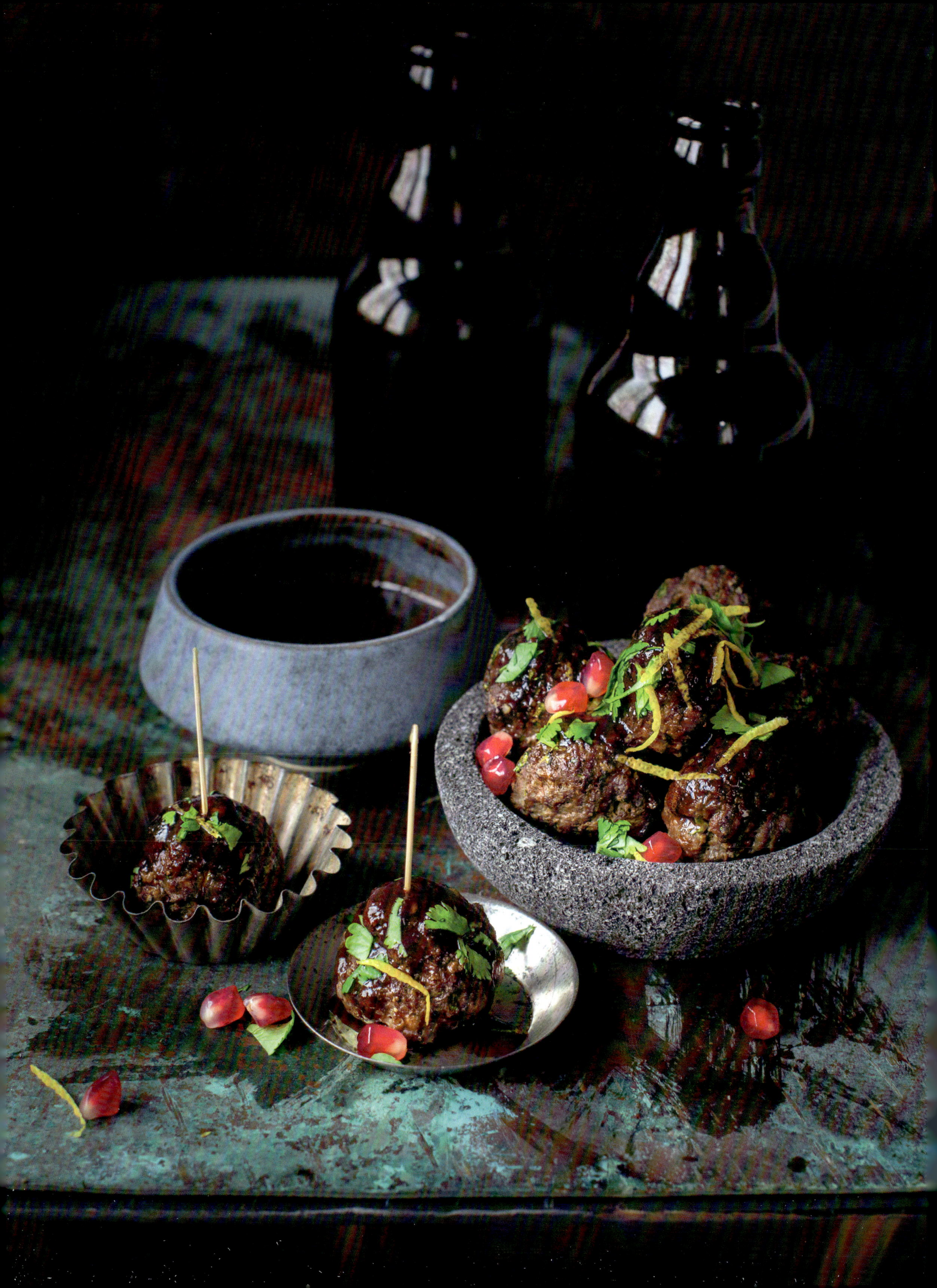

Salad Wraps mit MANGO-KORIANDER-SALSA

Curry | Kurkuma | rote Zwiebel | Kreuzkümmel | Cashew | Mango | Koriander

FÜR 4 PERSONEN

FÜR DEN TOFU-CRUMBLE

400 g Tofu

1 TL Kokosöl

500 g Kichererbsen (aus dem Glas)

4 TL milde gelbe Currypaste

2 TL scharfe gelbe Thai-Currypaste

1 TL gemahlene Kurkuma

1 TL rosenscharfes Paprikapulver

1 TL Salz

200 ml Mandeldrink

2 EL Sojasauce (Tamari)

FÜR DIE ZWIEBELN

2 rote Zwiebeln | 1 TL Kokosöl

½ TL gemahlener Kreuzkümmel

¼ TL Meersalz

FÜR DIE PFEFFER-CASHEWS

10 g geröstete, gesalzene Cashewkerne

½ TL Kubebenpfeffer

2 EL Ahornsirup

FÜR DIE SALSA

600 g Mango

2 Bund frisches Koriandergrün

2 frische rote Chilischoten

4 EL Olivenöl | ½ TL Meersalz

ZUM SERVIEREN

12–16 große Salatblätter

vegan | glutenfrei | laktosefrei

Es muss nicht immer Teig sein, der eine köstliche Füllung hält. Große Salatblätter sind eine knackig-leichte und gesunde Alternative. Hier habe ich sie mit Curry-Tofu-Crumble, Zwiebeln, karamellisierten Pfeffer-Cashews und einer Mango-Koriander-Salsa gefüllt. Zum Niederknien lecker. Vor allem abends, wenn ich etwas Leichtes und trotzdem Sättigendes essen möchte, liebe ich Salad Wraps sehr.

ZUBEREITUNG

Für den Tofu-Crumble den Tofu mit den Händen zerbröseln. In einer Pfanne das Kokosöl erhitzen und den Tofu darin anbraten. Die Kichererbsen dazugeben, Currypasten und Gewürze unterrühren und alles 2 Minuten braten, dann mit Mandeldrink und Sojasauce ablöschen und noch etwa 5 Minuten bei schwacher Hitze weiterköcheln lassen. Warm halten.

In der Zwischenzeit die Zwiebeln schälen und in grobe Streifen schneiden. In einer zweiten Pfanne das Kokosöl erhitzen und die Zwiebeln darin anschwitzen. Mit Kreuzkümmel und Salz würzen, herausnehmen und beiseitestellen.

Die Cashewkerne mit dem Kubebenpfeffer in einer Pfanne ohne Fett bei schwacher Hitze rösten, bis der Pfeffer zu duften beginnt. Mit dem Ahornsirup karamellisieren und aus der Pfanne nehmen.

Für die Salsa die Mango schälen, das Fruchtfleisch vom Stein lösen und fein würfeln. Den Koriander waschen, trocken schütteln und fein hacken. Die Chilischote waschen, halbieren, entkernen und grob hacken. Mangowürfel mit Koriander, Chili, Olivenöl und Meersalz zu einer Salsa mischen.

Die Salatblätter waschen und trocken schütteln. Auf jedes Salatblatt etwas Curry-Tofu-Crumble, Zwiebeln und Cashewkerne geben und die Füllung mit dem Mango-Koriander-Salsa beträufeln. Die Salatblätter fest zu Wraps zusammendrehen, servieren und genießen.

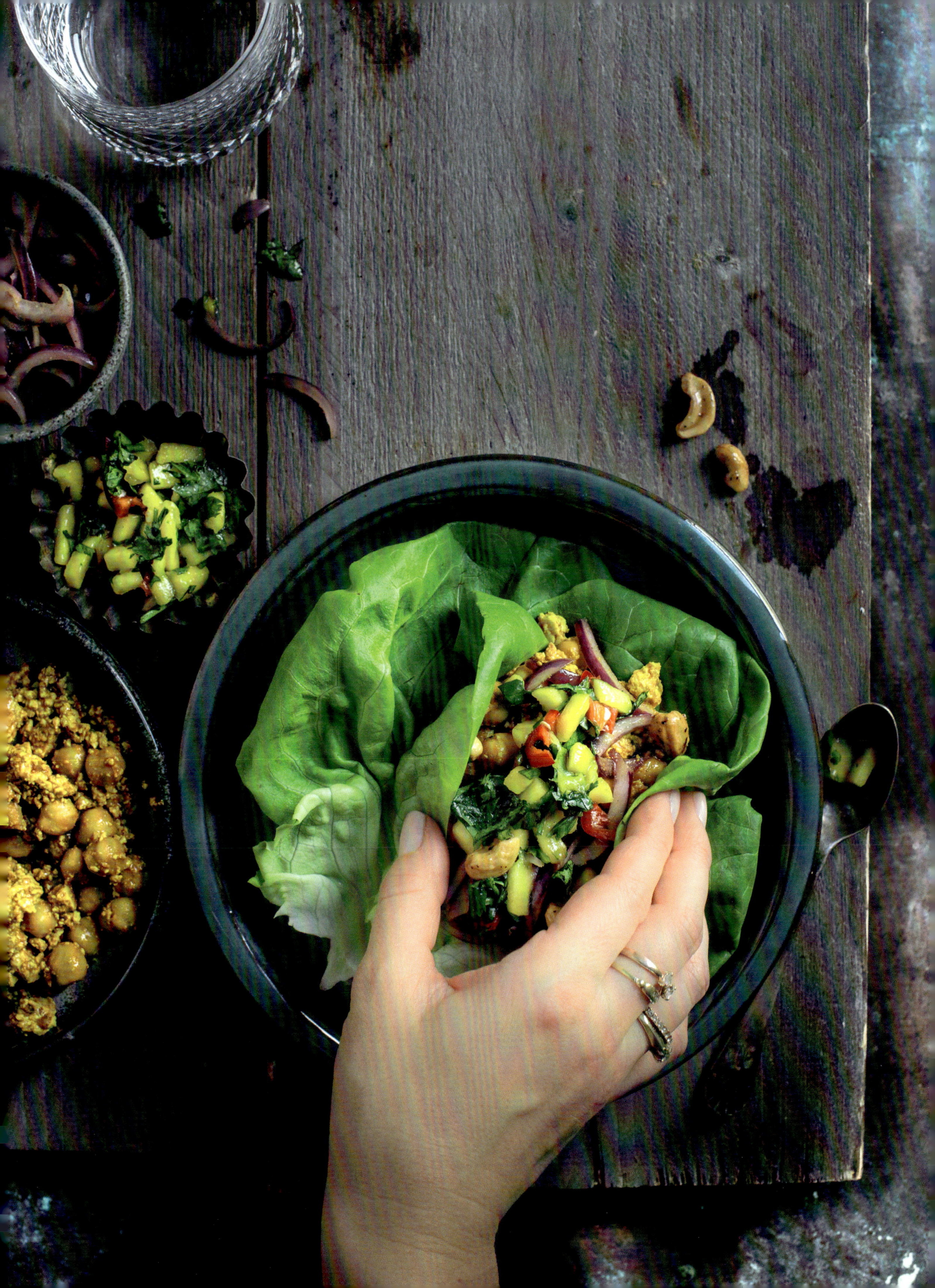

Quiche mit KOHL UND GRUYÈRE

GRÜNKOHL | ROSENKOHL | KARTOFFEL | GRUYÈRE | KÜRBISKERN | BUCHWEIZEN

FÜR 4 PERSONEN

FÜR DEN TEIG

130 g Kürbiskerne

110 g Haferflocken

32 g Flohsamenschalen

1 TL Backpulver

2 TL Meersalz

12 EL Olivenöl

14 EL Mandeldrink

200 g Buchweizenmehl

Kokosöl für die Form

Hülsenfrüchte zum Blindbacken

FÜR DIE FÜLLUNG

6–8 große Rosenkohlstrunke

2 Handvoll Grünkohl

300 g Kartoffeln

300 g Sahne

4 Eier (Größe M)

1 TL Meersalz

1 TL frisch gemahlener schwarzer Pfeffer

80 g Gruyère (franz. Rohmilchkäse)

AUSSERDEM

4 Formen (je 15 cm Ø)

Eine Quiche ist immer eine feine Sache. Ich serviere sie meinen Gästen gern zum winterlichen Brunch, denn man kann sie in aller Ruhe vorbereiten, sie zieht über Nacht gut durch, und wenn man sie kurz im Ofen aufwärmt, schmeckt sie am nächsten Tag ganz frisch. Hat man einmal ein schönes Grundrezept, dann kann man nach Lust und Laune die Füllung variieren. Rosenkohl, Grünkohl und Kartoffeln sind die Füllung der Wahl für eine schöne winterliche Quiche. Mein Teig wird durch Kürbiskerne und Buchweizen besonders knusprig und würzig.

ZUBEREITUNG

Den Ofen auf 180 °C Ober-/Unterhitze vorheizen.

Für den Teig die Kürbiskerne und Haferflocken mit dem Mixer zu grobem Mehl mahlen. Flohsamenschalen, Backpulver, Salz, Olivenöl und Mandeldrink hinzugeben. Vermengen, bis alles verbunden ist. Die Masse in eine Schüssel geben und nach und nach das Buchweizenmehl einarbeiten. Die Formen mit Kokosöl ausfetten und den Teig etwa 1 cm dick hineindrücken. Den Boden mit einer Gabel mehrfach einstechen und im Ofen auf der unteren Schiene etwa 15 Minuten blindbacken.

In der Zwischenzeit den Rosenkohl putzen und vorsichtig die Blätter ablösen. Den Grünkohl waschen, den Strunk entfernen und die Blätter in kleine Stücke zupfen. Die Kartoffeln schälen und in dünne Scheiben schneiden. Das Gemüse auf dem vorgebackenen Teig verteilen. Sahne und Eier verquirlen und mit Meersalz und Pfeffer würzen. Die Quiche mit der Eier-Sahne übergießen und mit dem Gruyère bestreuen, dann im Ofen auf der mittleren Schiene etwa 30 Minuten backen, bis die Oberfläche goldgelb ist. Herausnehmen und heiß oder lauwarm servieren.

TIPP Mein knuspriger Teig kommt ganz ohne tierische Produkte aus. Wer nach einer veganen Alternative sucht, muss also nur die Füllung abwandeln: 300 g Tofu mit 60 ml Sojadrink und 2 EL Tahini in einer Küchenmaschine zu einer glatten Masse vermischen. Dann ⅔ der Masse auf dem vorgebackenen Teig verteilen. Das Gemüse, wie oben beschrieben, darauf dekorieren und mit der restlichen Tofumasse auffüllen. Im Ofen etwa 30 Minuten backen, bis die Quiche goldgelb ist.

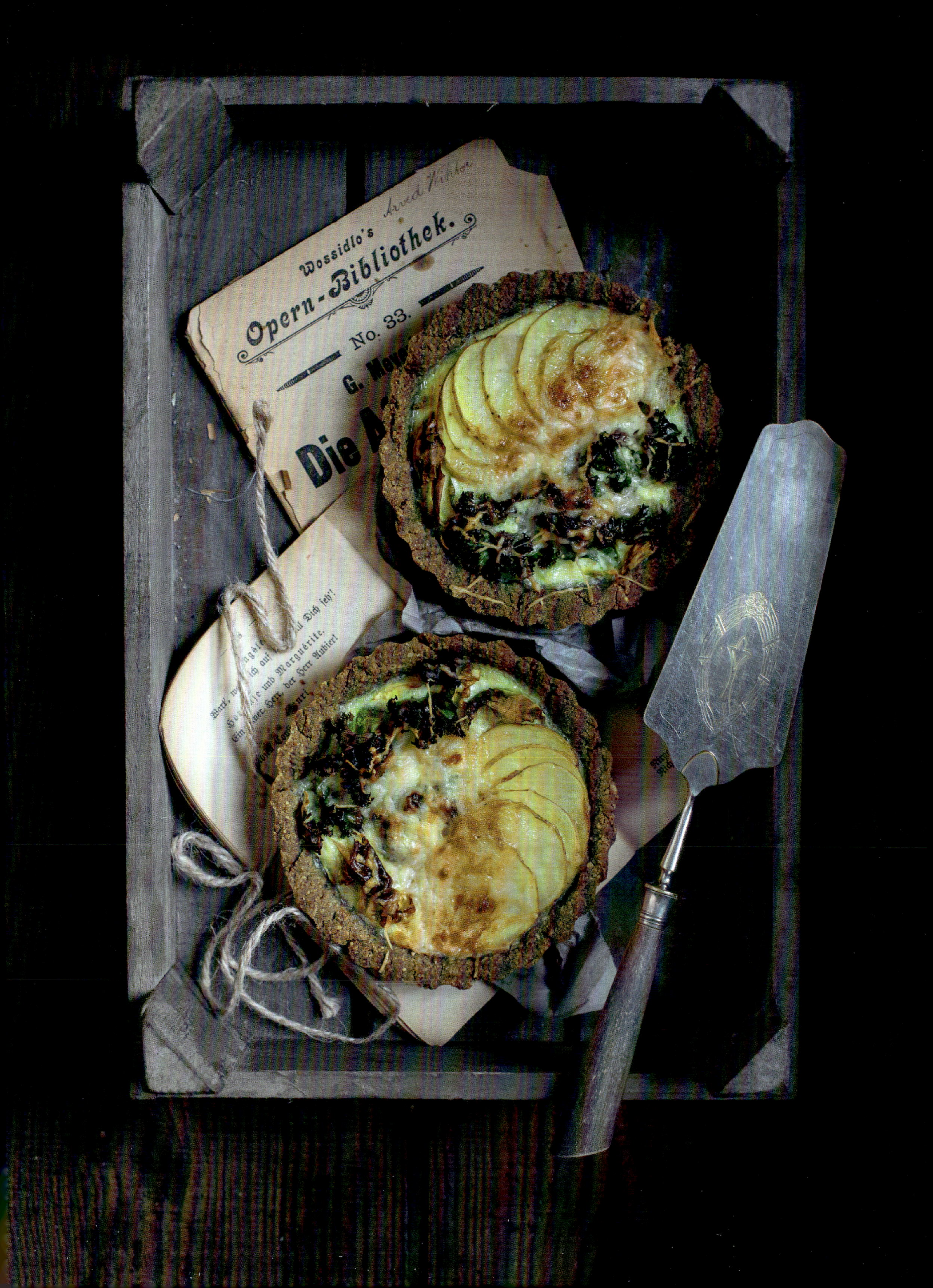
Wossidlo's
Opern-Bibliothek.
No. 33.

Erbsen-Falafel-BOWL

Erbse | Kichererbse | Walnuss | Harissa | Kreuzkümmel | Cashew | Möhre | Gurke | Avocado

FÜR 4 PERSONEN

FÜR DIE FALAFELN

- 1 rote Zwiebel
- 1 Bund frische glatte Petersilie
- 60 g Walnusskerne
- 140 g grüne TK-Erbsen
- 250 g Kichererbsen (aus dem Glas)
- 1 Knoblauchzehe
- abgeriebene Schale von 1 Bio-Zitrone
- 1 ½ TL Meersalz
- 1 TL Harissa-Pulver
- 2 TL gemahlener Kreuzkümmel
- 2 EL Kichererbsenmehl
- 1 EL Olivenöl

AUSSERDEM

Hochleistungsmixer

Viele wundervolle Zutaten, vereint in einer großen Buddha Bowl … das macht mich richtig glücklich: pikante, sättigende Falafeln mit kernigem Wildreis, Erdnüssen, Avocado, knackigen Möhren, Gurken, Salat und jeweils einem großen Klecks Hummus und Cashewmus – so sieht mein Traum-Abendessen aus.

ZUBEREITUNG

Den Ofen auf 180 °C Ober-/Unterhitze vorheizen. Ein Backblech mit Backpapier auslegen.

Für die Falafeln die Zwiebel schälen und in grobe Würfel schneiden. Die Petersilie waschen, trocken schütteln und grob hacken. Die Walnüsse grob hacken und in einer Pfanne ohne Fett anrösten. Die Erbsen in sprudelndem Salzwasser etwa 3 Minuten garen und in einem Sieb abtropfen lassen.

Erbsen mit Zwiebeln, Petersilie, Walnüssen, Kichererbsen, Knoblauch, Zitronenschale, den Gewürzen, Kichererbsenmehl und Olivenöl in einen Hochleistungsmixer geben und zu einer homogenen Masse verarbeiten. Es dürfen noch kleine Stückchen zu sehen sein.

Die Masse zu Bällchen mit etwa 5 cm Durchmesser formen. Auf das Backblech legen und im Ofen auf der mittleren Schiene 35 Minuten backen.

Weiter geht's auf der nächsten Seite.

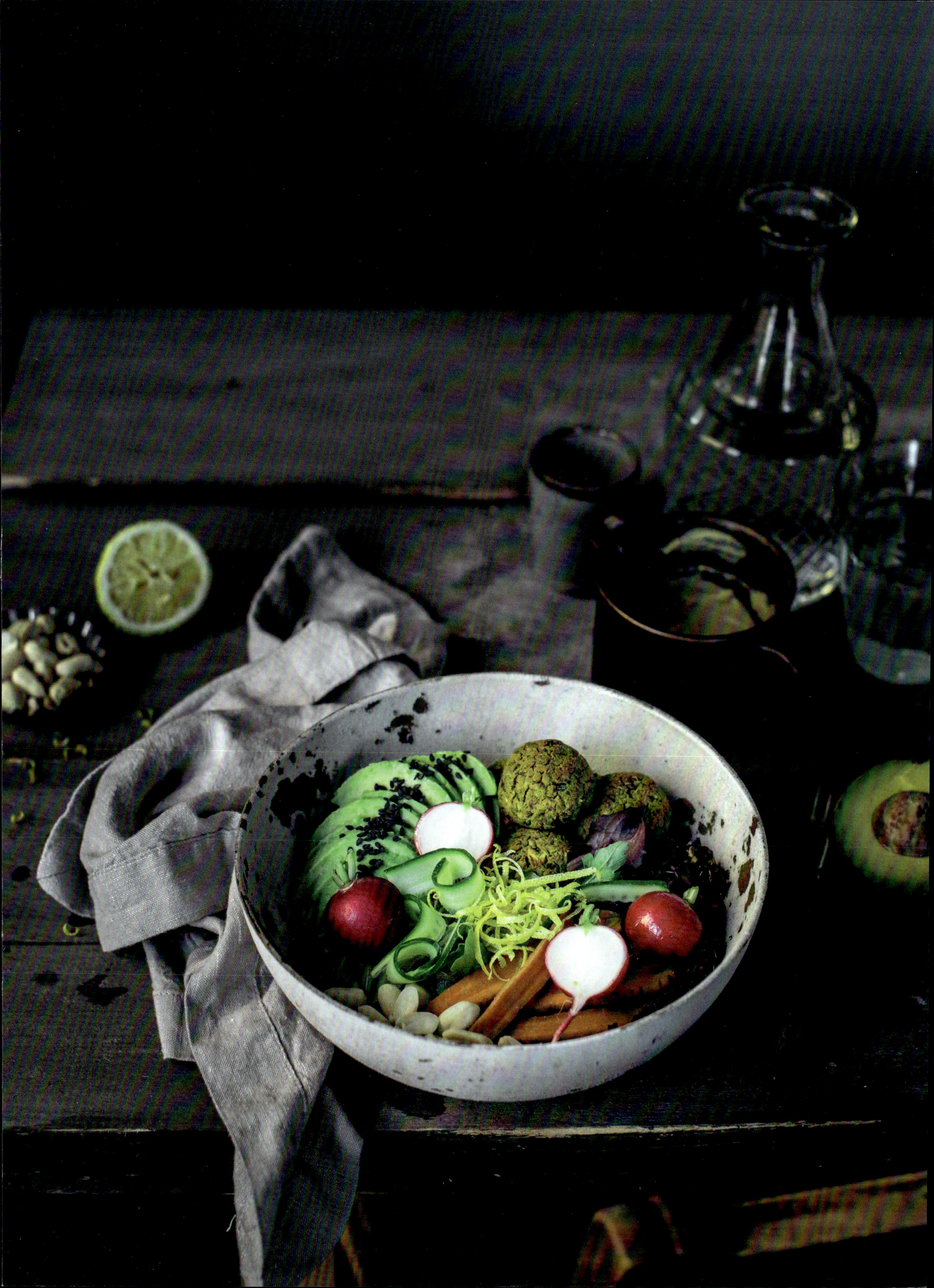

FÜR DIE BOWL

300 g Wildreis

1 EL Olivenöl

½ TL Meersalz

200 g kleine Möhren

2 TL Kokosöl

¼ TL Cayennepfeffer

2 TL Ahornsirup

250 g Bio-Salatgurke

2 Avocados

FÜR DAS CASHEWMUS

200 g geröstete, gesalzene Cashewkerne

FÜR DAS HUMMUS

125 g Kichererbsen (aus dem Glas)

30 g Kokosöl

1 TL gemahlener Kreuzkümmel

½ TL Meersalz

¼ TL Cayennepfeffer

ZUM GARNIEREN

einige Salatblätter (z.B. Rucola, Baby-Mangold, Baby-Spinat)

½ Bund Radieschen

Zesten von 2 Bio-Zitronen

4 EL geröstete, gesalzene Erdnusskerne

schwarzer Sesam

AUSSERDEM

Hochleistungsmixer

vegan | glutenfrei | laktosefrei

In der Zwischenzeit den Wildreis in Salzwasser 10 Minuten bissfest kochen, mit Olivenöl und ¼ TL Salz abschmecken. Die Möhren schälen und längs halbieren. Das Kokosöl in einer Pfanne erhitzen und die Möhren darin anschwitzen. Mit ¼ TL Salz und Cayennepfeffer würzen, dann den Ahornsirup hinzugeben und die Möhren karamellisieren lassen. Die Gurke waschen, trocken tupfen und in dünne Scheiben hobeln.

Für das Cashewmus die Cashewkerne in einem Hochleistungsmixer zu einem feinem Mus mahlen.

Für das Hummus die Kichererbsen mit Kokosöl, Gewürzen und 50 ml Wasser in einen Mixer geben und zu einer glatten Creme pürieren.

Die Avocados halbieren, den Kern entfernen, mit einem Löffel vorsichtig auslösen und das Fruchtfleisch in Scheiben schneiden.

Für die Garnitur den Salat waschen, die Radieschen waschen und putzen.

Den Reis mit Falafeln, Möhren, Gurken und Avocado auf vier große Bowls verteilen. Mit Zitronenzesten, Erdnüssen, Salat, Radieschen und schwarzem Sesam garnieren. Jeweils einen großen Klecks Cashewmus und Hummus dazugeben und genießen.

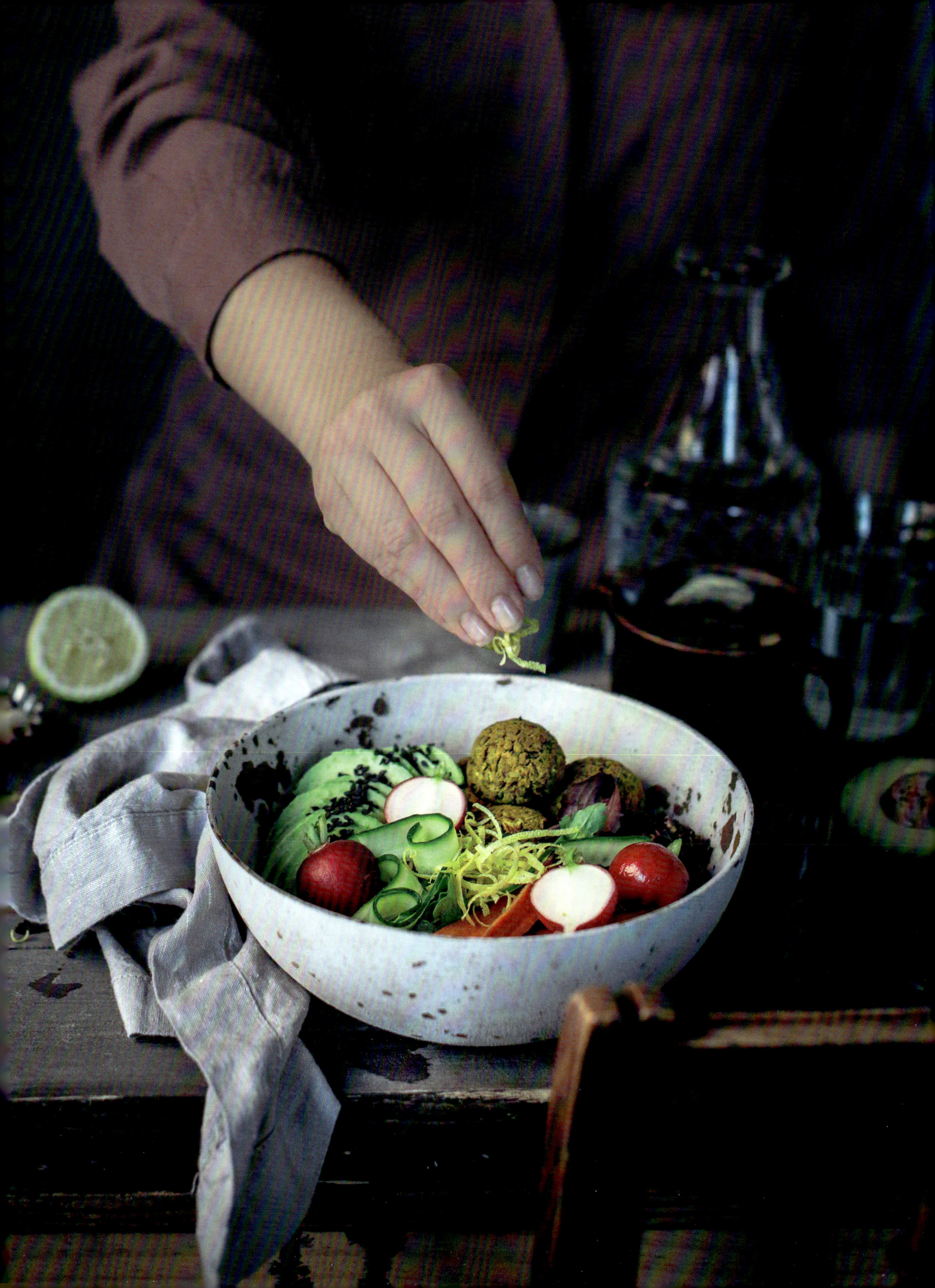

Tacos mit PULLED JACKFRUIT

Curry | Jackfruit | Kreuzkümmel | Koriander | Quick Pickles | Tomate | Petersilie

Für 4 Personen

FÜR DIE TORTILLAS

130 g Dinkelvollkornmehl

90 g Dinkelmehl (Type 650)

1 TL Backpulver | ½ TL Meersalz

2 TL Currypulver | 1 TL gemahlene Kurkuma

4 EL Sonnenblumenöl

FÜR DIE PULLED JACKFRUIT

2 EL Sonnenblumenöl

¼ TL Cayennepfeffer

1 TL gemahlener Kreuzkümmel | ½ TL Meersalz

200 g Jackfruit-Stücke (aus der Packung)

1 Schalotte | 1 Knoblauchzehe

1 TL Kokosöl

2 EL Sojasauce (Tamari)

100 g stückige Tomaten (aus der Dose)

½ TL gemörserte Korianderkörner

3 EL Kidneybohnen (aus der Dose)

FÜR DIE SALSA

130 g Tomaten

½ Bund frische glatte Petersilie

1 TL Olivenöl | ¼ TL Meersalz

ZUM GARNIEREN

½ Bund frische glatte Petersilie

1 Avocado

Quick Pickles (z. B. Radieschen, siehe S. 62)

Saft von 1 Zitrone

vegan | laktosefrei

Tortillas selber zu machen, ist ganz easy. Man braucht nur wenige Zutaten, brät sie einige Sekunden in der Pfanne und schon hat man die köstlichste Basis für einen Taco, die man sich vorstellen kann. Mach doch mal eine Taco-Party, lade Freunde ein und kombiniere dieses Rezept mit den Tacos mit Avocadocreme und Pulled Mushrooms (siehe S. 188). Stell einfach alles auf den Tisch, und jeder nimmt sich, was er mag – ein kommunikatives Essen.

Zubereitung

Für den Tortillateig beide Mehlsorten mit Backpulver, Meersalz, Currypulver und Kurkuma mischen. Mit Sonnenblumenöl und 110 ml Wasser zu einem glatten Teig kneten. Den Teig zu einer Kugel formen, in zwei Teile teilen und diese jeweils zu einer etwa 30 cm langen Rolle formen. Jede Rolle in 10 gleich große Teigkugeln teilen.

Für die Pulled Jackfruit das Öl mit Cayennepfeffer, Kreuzkümmel und Meersalz verrühren und die Jackfruit-Stücke darin etwa 5 Minuten marinieren. Schalotte und Knoblauch schälen und fein hacken. In einer Pfanne das Kokosöl erhitzen und Schalotte und Knoblauch darin andünsten. Die marinierte Jackfruit hinzugeben, kurz mitrösten und dann mit Sojasauce ablöschen. Die stückigen Tomaten, Koriander und Kidneybohnen hinzufügen und alles 4–5 Minuten sanft köcheln lassen.

Für die Salsa die Tomaten waschen und in kleine Würfel schneiden. Die Petersilie waschen, trocken schütteln und fein hacken. Tomaten mit Petersilie, Olivenöl und Salz zu einer Salsa mischen.

Nun die Tortilla zubereiten. Dazu eine Teigkugel auf einer leicht bemehlten Fläche dünn ausrollen. Eine Pfanne erhitzen und die Tortilla darin ohne Öl von beiden Seiten wenige Sekunden braten. Herausnehmen und im Ofen warm halten. Die restlichen Tortillas ebenso zubereiten.

Währenddessen die Zutaten für die Garnierung vorbereiten: Die Petersilie waschen, trocken schütteln und grob hacken. Die Avocado halbieren, den Kern entfernen, das Fruchtfleisch mit einem Löffel aus der Schale lösen und in Scheiben schneiden.

Die Tortillas mit Jackfruit, Salsa, Avocado, Petersilie und Quick Pickles füllen, mit Zitronensaft beträufeln und genießen.

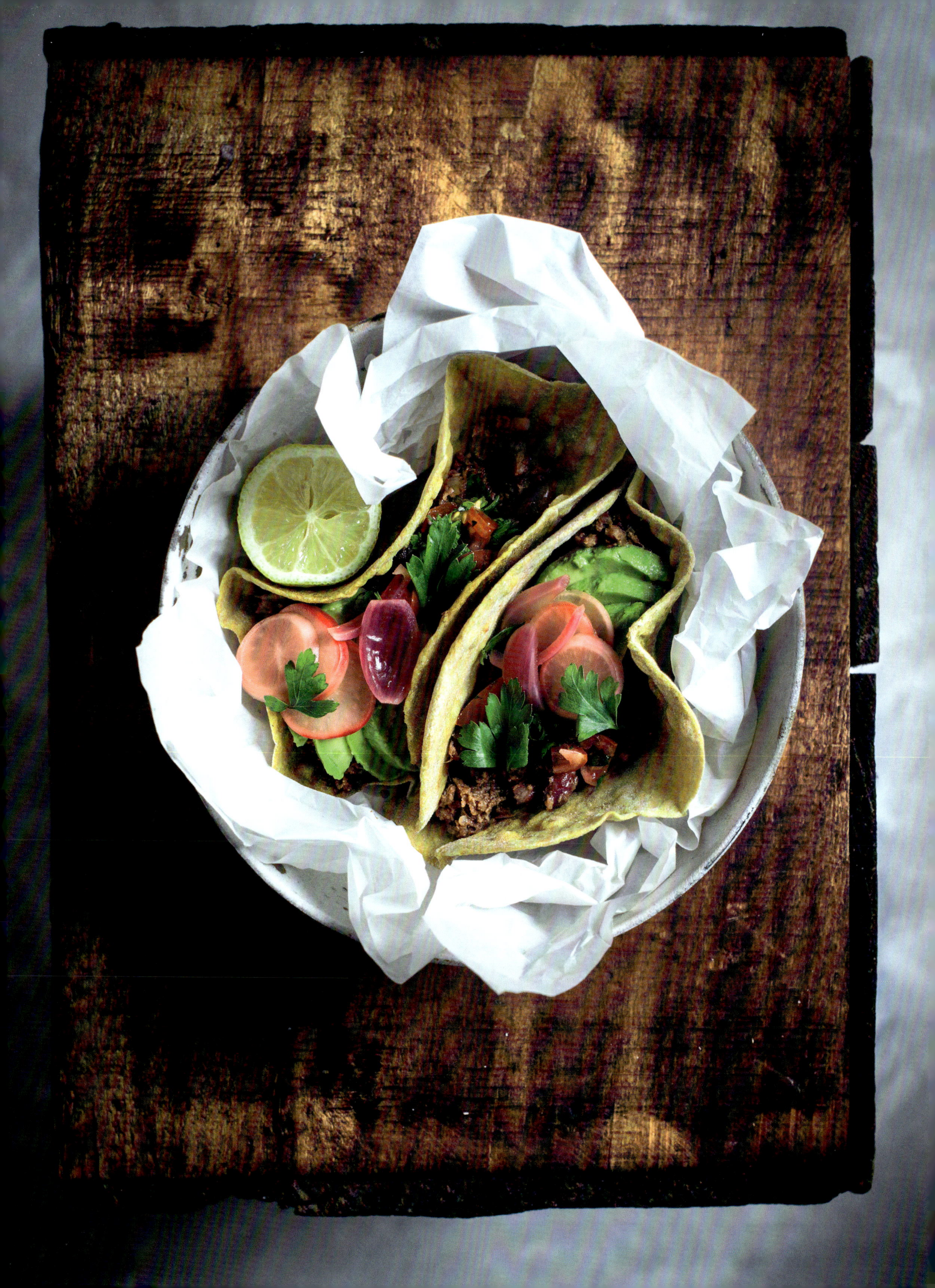

Geröstete Teigtaschen mit ERDNUSS-SAUCE

Schwein | Austernpilz | Koriander | Erdnuss | Knoblauch | Szechuan-Pfeffer

Für 4 Personen (ca. 34 Stück)

FÜR DIE TEIGTASCHEN
215 g Weizenmehl (Type 405)
½ TL Salz
Kokosöl zum Frittieren

FÜR DIE FÜLLUNG
120 g Hackfleisch (Schwein)
220 g Austernpilze
3 EL Sojasauce (Tamari)
1 große rote Chilischote
1 Bund frisches Koriandergrün
5 EL fein geriebener Parmesan
1 TL Meersalz

FÜR DIE ERDNUSS-SAUCE
70 g geröstetet, gesalzene Erdnusskerne
40 g Joghurt (3,5 % Fett)
1 Knoblauchzehe
½ TL Kokosöl
1 EL Sesam

ZUM SERVIEREN
2 Stangen Frühlingszwiebeln
Shiso-Kresse
Szechuan-Pfeffer

AUSSERDEM
Bambus-Dampfgarer

Gedämpfte Teigtaschen sind ein Hit. Aber Teigtaschen, die zuerst gedämpft und dann noch frittiert werden … das klingt mehr als verlockend. Hier eine herbstlich gefüllte Variante mit einer Erdnuss-Knoblauch-Sauce zum Dippen.

Zubereitung

Für die Teigtaschen Mehl und Salz in einen Mixer geben und 115 ml kochendes Wasser hinzufügen. 5 Minuten kneten, bis ein ganz weicher Teig entsteht, der nicht klebt. In Frischhaltefolie wickeln und 1 Stunde ruhen lassen. Dann erneut kneten und weitere 15 Minuten ruhen lassen. Ein Loch in den Teig drücken und ihn zu einer Art großem Donut formen. Das Loch vorsichtig vergrößern, indem man den Donut kreisförmig auseinanderzieht, dann den Donut halbieren, sodass man zwei Teigrollen hat. Mit den Händen zu dünneren Teigschlangen rollen und in 2 cm breite Stücke schneiden. Mit Mehl bestäuben, sodass sie nicht aneinander kleben. Jedes Stück zuerst zwischen den Handflächen zu einer flachen Scheibe drücken und anschließend vorsichtig zu einer dünnen runden Scheibe rollen. Die Teigscheiben wieder mit Mehl bestäuben.

Für die Füllung das Hackfleisch anbraten. Die Austernpilze fein hacken, dazugeben und einige Minuten unter Rühren braten, dann alles mit Sojasauce ablöschen und aus der Pfanne nehmen. Chilischote waschen, halbieren, entkernen. Das Koriandergrün waschen, trocken schütteln. Chili mit dem Koriandergrün fein hacken und mit fein geriebenem Parmesan und Meersalz unter das Hackfleisch rühren.

Jeweils eine Teigscheibe in die linke Hand nehmen, 1 TL Füllung in der Mitte platzieren und den Teigrand mit Daumen und Zeigefinger über der Füllung zu einem Säckchen zusammendrücken. In rotierenden Bewegungen und mithilfe des Zeigefingers den Vorgang wiederholen, bis der Dumpling geschlossen ist. Ein Stück Backpapier so zuschneiden, dass es in den Bambus-Dampfgarer passt. Falten, einige Löcher hineinschneiden, wieder auseinanderfalten und den Dampfgarer damit auslegen. Die Teigtaschen mit etwas Abstand zueinander darauflegen. Den Dampfgarer abdecken, in einem Topf mit wenig kochendem Wasser platzieren und die Teigtaschen 4 Minuten dämpfen.

Für die Erdnuss-Sauce die Erdnüsse im Mixer zu einer Butter mahlen und mit dem Joghurt glatt rühren. Knoblauch schälen, klein hacken und in einer Pfanne mit Kokosöl etwas anschwitzen, dann mit dem Sesam unter die Erdnusscreme rühren.

Die gedämpften Teigtaschen einige Minuten in einem hohen Topf in Kokosöl frittieren, bis sie goldgelb sind.

Zum Servieren die Frühlingszwiebeln waschen, putzen und in Ringe schneiden. Mit Erdnuss-Sauce, Frühlingszwiebeln, Shiso-Kresse und Szechuan-Pfeffer servieren.

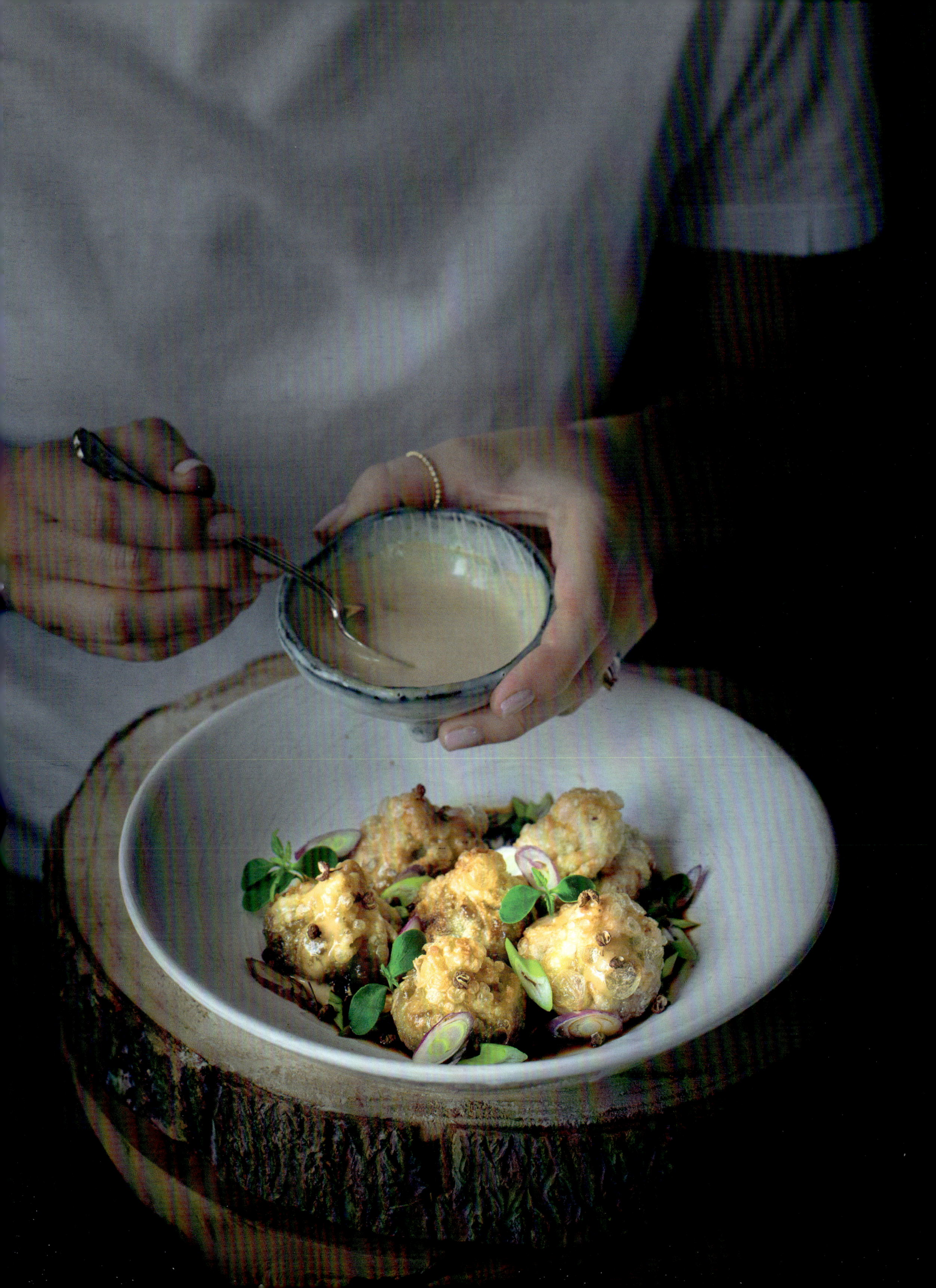

Hackbällchen in THYMIAN-PILZ-SAUCE

PILZE | THYMIAN | RIND | KNOBLAUCH

FÜR 4 PERSONEN (CA. 34 STÜCK)

400 g Champignons (alternativ Steinpilze)

2 TL Butter

4 Knoblauchzehen

6 EL Sojasauce (Tamari)

1 altes Brötchen

150 ml warme Milch (3,5 % Fett)

800 g Hackfleisch vom Rind

2 TL Salz

1 TL frisch gemahlener schwarzer Pfeffer

2 TL Senf

2 Eier (Größe M)

400 g Sahne

1 Bund frischer Thymian

ZUM SERVIEREN

200 g Crème fraîche

geröstetes Baguette

Die Hackbällchen in Thymian-Pilz-Sauce gehören seit meinen Kochanfängen vor vielen Jahren zu meinen Klassikern. Das Gericht ist weder große Kochkunst noch besonders gesund. Aber es steht ganz oben auf meiner Liste, wenn ich an einem stürmischen Herbsttag eingekuschelt auf der Couch echtes Soul Food zu einem Glas Rotwein genießen möchte. Auch meine Tochter liebt die Hackbällchen mit der Sauce sehr und kann es immer kaum erwarten, die ersten Bissen zu naschen. Die Sauce schmeckt am besten im Herbst mit frisch gesammelten Pilzen.

ZUBEREITUNG

Die Pilze putzen und halbieren. Butter in einer Pfanne zerlassen und die Pilze bei starker Hitze darin anbraten. Den Knoblauch in feine Scheiben schneiden. Die Pilze mit 2 EL Sojasauce ablöschen, die Pfanne vom Herd nehmen und den Knoblauch hinzugeben. Kurz mitgaren, dann alles aus der Pfanne nehmen.

Das Brötchen in Stücke zupfen, mit warmer Milch bedecken, 10 Minuten einweichen, ausdrücken und zum Hackfleisch geben. Mit Salz, Pfeffer, Senf und Eiern vermengen. Mit den Händen zu kleinen Bällchen formen und in einer Pfanne bei starker Hitze rundherum anbraten.

Wenn die Hackbällchen gebräunt sind, mit 4 EL Sojasauce ablöschen und die Hitze reduzieren. Die Sahne dazugießen und die Sauce einige Minuten köcheln lassen. Den Thymian waschen, die Blättchen abzupfen und zusammen mit der Pilz-Knoblauch-Mischung zur Sauce geben. Die Hackbällchen mit Thymian-Pilz-Sauce und etwas Crème fraîche servieren, dazu geröstetes Baguette reichen.

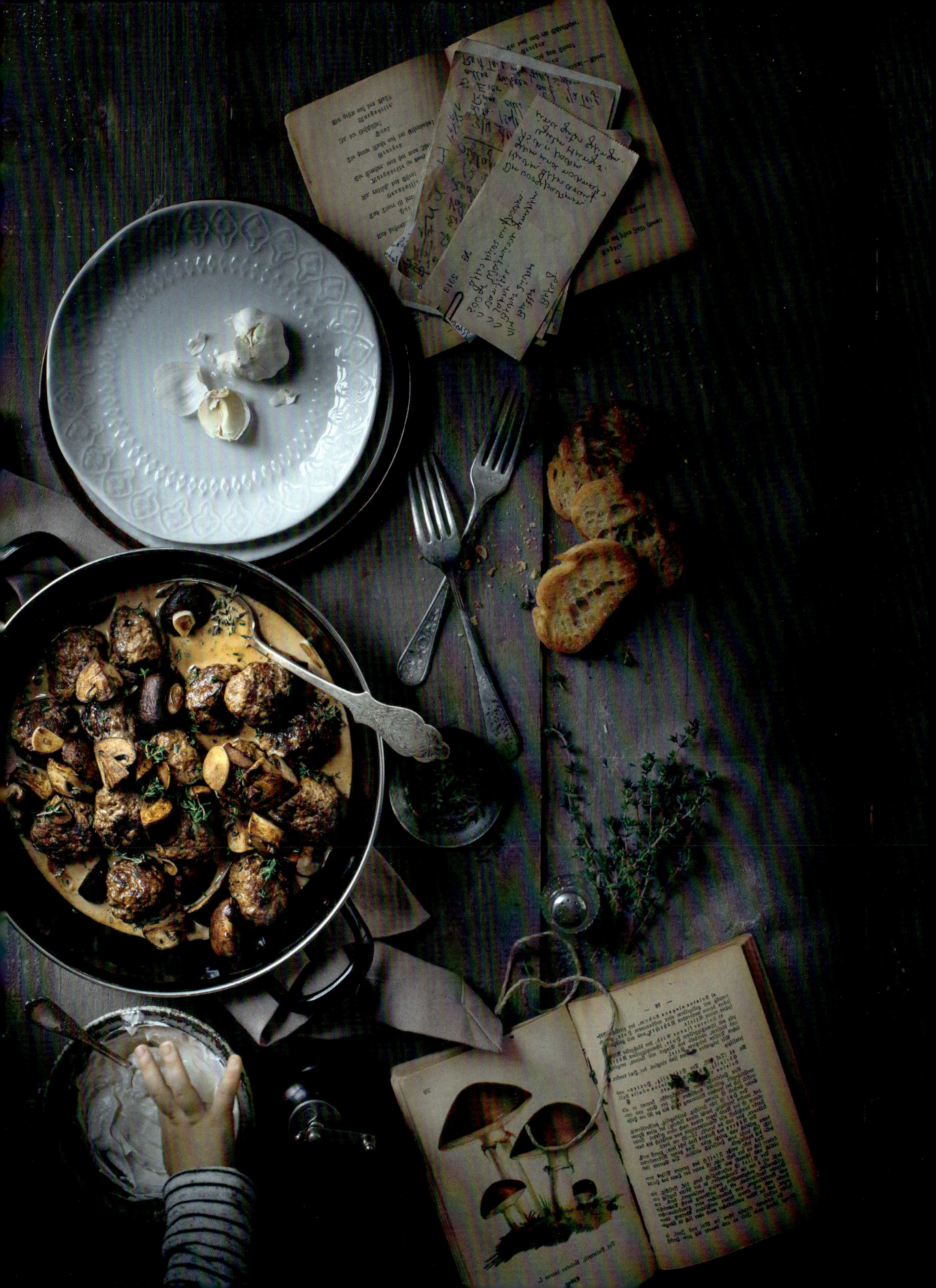

Mangold-Wraps mit SÜSSKARTOFFEL-HUMMUS

Mangold | Möhre | Rotkohl | Erdnuss | Süßkartoffel | Tofu | Cashew | Curry

Für 4 Personen

FÜR DIE REISFÜLLUNG

- 200 g Vollkornreis
- 200 g Rotkohl
- 160 g Möhren
- 2 frische rote Chilischoten
- 80 g Baby-Spinat
- 100 g geröstete, gesalzene Erdnusskerne
- 1 TL Meersalz
- 3 EL Olivenöl

FÜR DAS SÜSSKARTOFFEL-HUMMUS

- 250 g Süßkartoffel
- ½ TL Salz
- ½ TL gemahlener Kreuzkümmel
- 20 ml Mandeldrink

Diese Mangold-Wraps sind mit knackigem Gemüse, Vollkornreis, cremigem Süßkartoffel-Hummus und leckerem Scrumbled Tofu gefüllt. Zum Dippen gibt es eine mit Curry gewürzte Cashew-Creme. Anstelle des Mangolds kann man auch Kohl, Grünkohl oder grüne Salatblätter nehmen. Sie müssen nur groß genug sein, damit man sie gut rollen kann. Ich liebe diese Kombination aus knackiger Hülle und aromatischer Füllung – zum Reinbeißen gut.

Zubereitung

Für die Reisfüllung den Vollkornreis in der doppelten Menge Salzwasser bissfest garen. In einem Sieb abtropfen lassen. Den Rotkohl und die Möhren in feine Streifen schneiden. Die Chilischoten waschen, halbieren, entkernen und fein hacken. Den Baby-Spinat waschen, trocken schleudern und ebenfalls fein hacken. Rotkohl, Möhren, Chili und Spinat unter den Reis heben. Die Erdnüsse mit dem Meersalz und dem Olivenöl unter den Salat mischen.

Für das Hummus die Süßkartoffel schälen, in Würfel schneiden und in Salzwasser etwa 10 Minuten garen. Abgießen, mit den Gewürzen und dem Mandeldrink in ein hohes Gefäß geben und alles mit dem Stabmixer zu einer Creme mixen.

Weiter geht's auf der nächsten Seite.

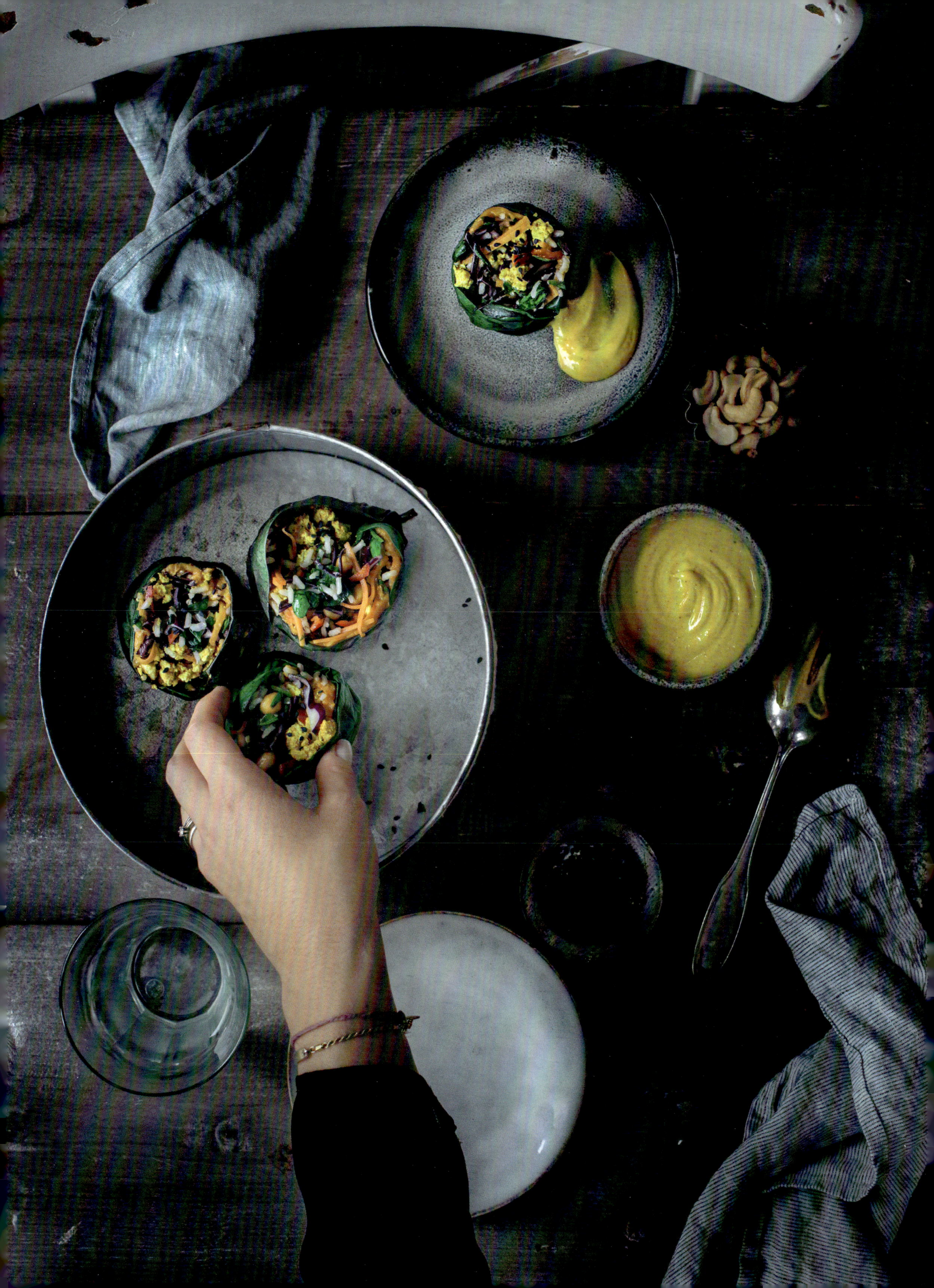

FÜR DEN SCRUMBLED TOFU

200 g Tofu

2 kleine Schalotten

2 TL Kokosöl

½ TL gemahlene Kurkuma

½ TL Meersalz

½ TL Cayennepfeffer

¼ TL frisch gemahlener schwarzer Pfeffer

4 EL Soja-Joghurtalternative

FÜR DIE CASHEW-CURRY-CREME

130 g geröstete, gesalzene Cashewkerne

¼ TL gemahlene Kurkuma

¼ TL Currypulver

3 EL Soja-Joghurtalternative

ZUM SERVIEREN

8 große Mangoldblätter

schwarzer Sesam

AUSSERDEM

Hochleistungsmixer

vegan   glutenfrei   laktosefrei

Für den Scrumbled Tofu den Tofu zerbröseln. Die Schalotten schälen und fein würfeln. In einer Pfanne das Kokosöl erhitzen und die Schalotten darin anschwitzen. Tofu und Gewürze hinzufügen. Alles unter Rühren anrösten, dann die Soja-Joghurtalternative hinzugeben und gut vermischen.

Für die Cashew-Curry-Creme die Cashewkerne mit den Gewürzen in einem Hochleistungsmixer zu Nussmus mahlen. Mit der Soja-Joghurtalternative glatt rühren.

Die Mangoldblätter waschen und den dicken Teil des Strunks dreiecksförmig herausschneiden. Die Blätter kurz in kochendes Salzwasser tauchen, dann sofort unter kaltem Wasser abschrecken und trocken tupfen. Ein Mangoldblatt quer auf ein großes Brett legen. Den eingeschnittenen Teil übereinanderlegen. Etwa ⅛ von dem Hummus, Reissalat und Tofu daraufgeben. Nun ⅓ des Blattes hochklappen und dann das Blatt von der eingeschnittenen Seite her quer zu einem Wrap rollen. Mit den übrigen Mangoldblättern ebenso verfahren. Die Mangold-Wraps mit schwarzem Sesam bestreuen und mit der Cashew-Curry-Creme servieren.

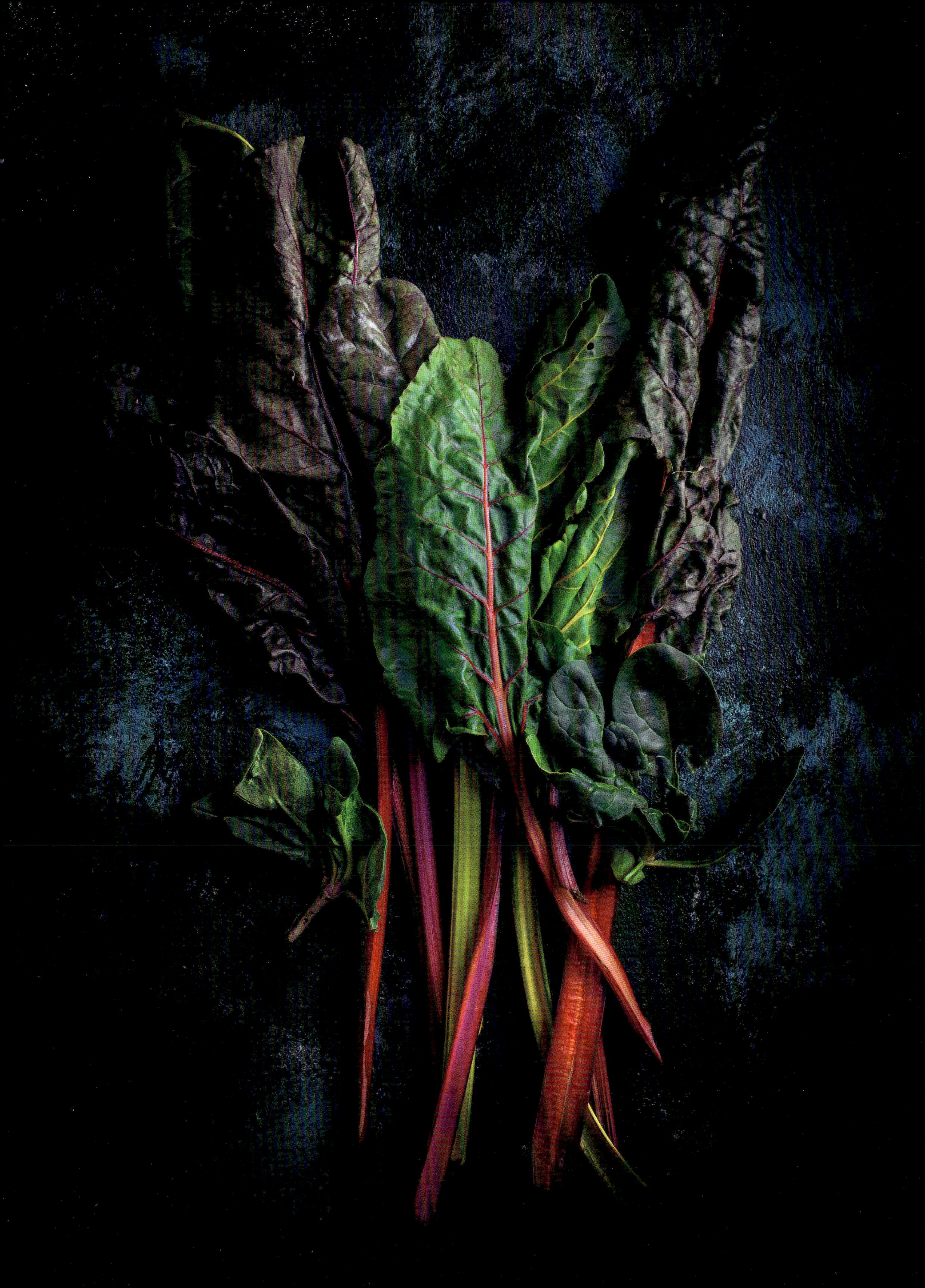

Ravioli mit HACKFLEISCH-NUSS-FÜLLUNG

SCHWEIN | WALNUSS | ZITRONE | FRISCHKÄSE | KNOBLAUCH

FÜR 4 PERSONEN

FÜR DIE NUDELN

320 g Hartweizengrieß

320 g Weizenmehl (Type 405)

2 TL Salz

FÜR DIE FÜLLUNG

400 g Hackfleisch vom Schwein

½ Bund frische glatte Petersilie

2 Knoblauchzehen

100 g Walnusskerne

2 EL Sojasauce (indonesisch)

4 EL Frischkäse

abgeriebene Schale von 1 Bio-Zitrone

ZUM GARNIEREN

1 Scheibe Brot

2 TL Butter

2 TL flüssiger Honig

1 Bio-Zitrone

1 Bund frische glatte Petersilie

1 Burrata

geriebener Parmesan (nach Belieben)

AUSSERDEM

Nudelmaschine

Ravioli-Ausstecher

Im Herbst vergeht kein Tag, an dem ich nicht Nudeln essen könnte. Diese Ravioli sind mit Hackfleisch, Petersilie, Knoblauch, Walnüssen und Frischkäse gefüllt und mit Croûtons garniert. Sie lassen keine Wünsche offen und schmecken Groß und Klein. Reichlich Parmesan ist ein Muss – so sind sie am allerbesten.

ZUBEREITUNG

Für den Nudelteig Hartweizengrieß, Mehl und Salz vermengen und 320 ml Wasser hinzufügen. Alles zu einem glatten Teig kneten. Den Teig zu einer Kugel formen, in Frischhaltefolie wickeln und etwa 30 Minuten im Kühlschrank ruhen lassen.

Für die Füllung das Hackfleisch in einer Pfanne anbraten. Die Petersilie waschen, trocken schütten und samt der Stängel mittelfein hacken. Knoblauch schälen und fein hacken. Die Wallnüsse grob hacken. Sobald das Fleisch rundherum angebraten ist, beides hinzufügen und kurz mitrösten. Mit Sojasauce ablöschen und ein wenig einkochen lassen, dann den Frischkäse, die gehackte Petersilie und die Zitronenschale unterrühren und zur Seite stellen.

Für die Croûtons das Brot in kleine Würfelchen schneiden und in einer Pfanne mit 1 TL Butter knusprig braten. Mit dem Honig karamellisieren. Die Bio-Zitrone heiß waschen, mit einem Sparschäler schälen, dabei darauf achten, dass man wenig von der weißen Haut abschneidet. Die Schale fein hacken. Die Petersilie fein hacken, mit der Zitronenschale zu einer Gremolata vermischen und zur Seite stellen.

Den Nudelteig in vier Stücke teilen und auf einer bemehlten Arbeitsfläche zu Rechtecken formen. Die Rechtecke jeweils mithilfe einer Nudelmaschine sehr dünn ausrollen. Kleine Portionen von je 1 TL Füllung mit etwas Abstand zueinander auf ein ausgerolltes Teigstück geben. Mit einem Pinsel etwas Wasser um die Füllung auftragen und das so belegte Teigstück mit einem weiteren Teigstück abdecken. Den Teig dabei mit den Fingern um die Füllung drücken und entstehende Luftblasen vorsichtig ausstreichen. Dann den Teig fest andrücken und runde Teigtaschen mit einem Ravioli-Ausstecher ausstechen. Fertige Ravioli auf einem bemehlten Teller beiseitestellen.

Ravioli in siedendem Salzwasser ziehen lassen. Nach etwa 1 Minute sind sie gar und steigen an die Wasseroberfläche. Herausnehmen, mit 1 TL Butter in einer Pfanne schwenken und mit der zerzupften Burrata, Brot-Croûtons und der Zitronen-Petersilien-Gremolata servieren. Viel geriebenen Parmesan dazu reichen.

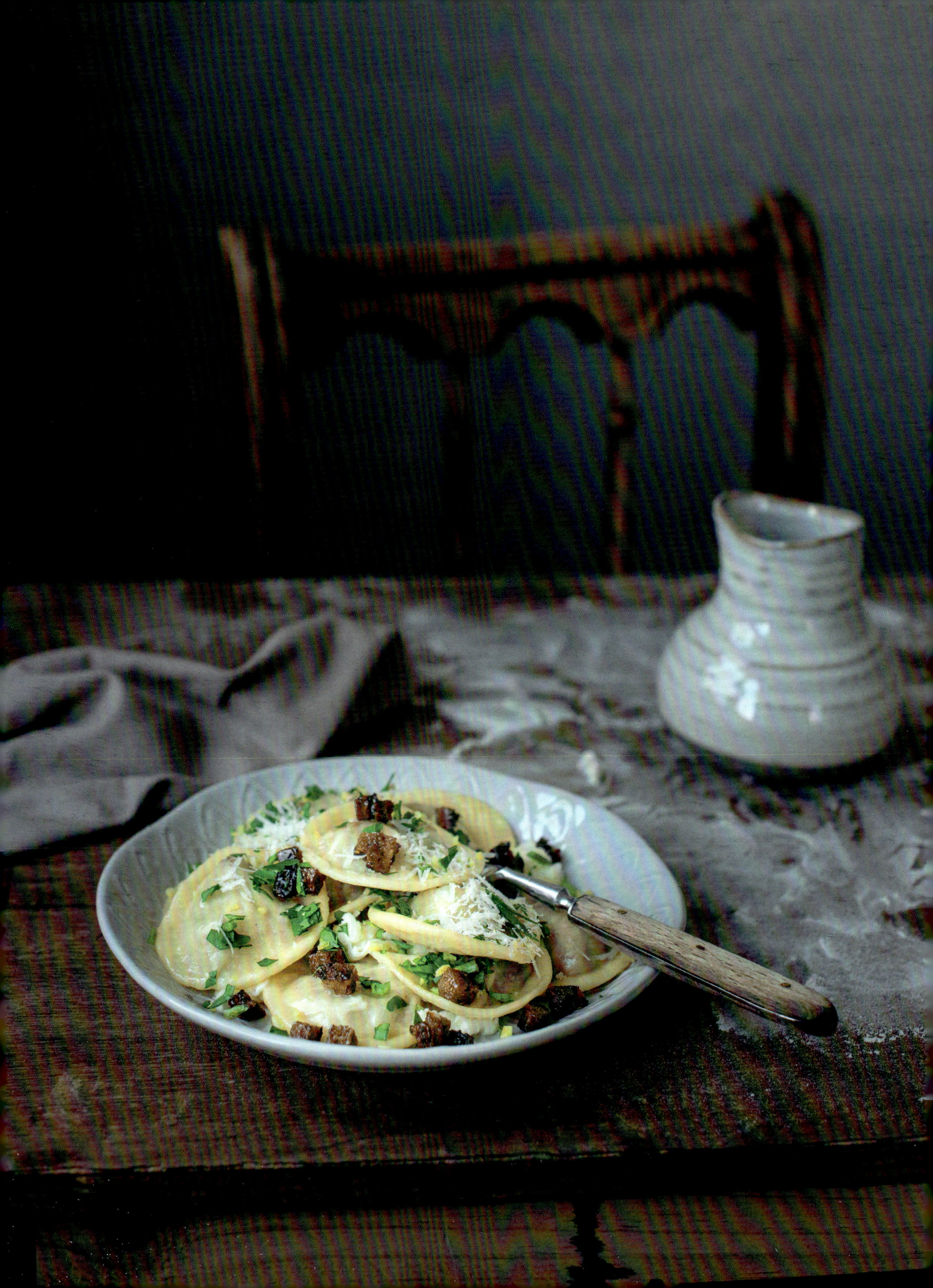

Knusprige Hähnchen-Ananas-Waffel-Sandwiches

Cheddar | Ananas | Zitrone | Koriander | Knusperhähnchen | Kreuzkümmel

Für 3-4 Sandwiches (je nach Größe des Waffeleisens)

FÜR DIE WAFFELN

275 g Weizenmehl (Type 405)

55 g brauner Zucker

3 TL Weinsteinbackpulver

2 TL Salz

2 TL frisch gemahlener schwarzer Pfeffer

3 Eier (Größe L)

75 g Butter, plus etwas mehr zum Einfetten

470 ml Milch (3,5 % Fett)

100 g Cheddar

FÜR DIE SALSA

200 g Ananas

1 frische rote Chilischote

1 rote Zwiebel

abgeriebene Schale von 1 Bio-Zitrone

Saft von ½ Zitrone

2 kleine Tomaten

1 Bund frisches Koriandergrün

½ TL Salz

Waffeln als Sandwich? Aber klar! Als ich sie das erste Mal aß, war ich sofort begeistert. Ein Traum von herzhafter Füllung und süßer Waffel, kräftig mit Cheddar und Pfeffer gewürzt – welch grandiose Idee! Eine umwerfende Ananas-Koriander-Salsa habe ich das erste Mal zu einem köstlichen Flank Steak mit Kreuzkümmel bei meiner Schwägerin gegessen. Die Kombination fand ich so wunderbar, dass ich sie auf meine eigene Art für dieses Buch umsetzen wollte.

Zubereitung

Für die Waffeln die trockenen Zutaten in einer Schüssel vermischen. Die Eier verquirlen. Die Butter in einem Topf zerlassen. Butter, Milch und Eier zum Mehl geben und mit einem Teigschaber unterheben. Der Teig darf ruhig noch ein paar kleinere Klümpchen haben. Cheddar reiben, hinzugeben und kurz unterrühren. Ein eckiges Waffeleisen erhitzen, mit ein wenig Butter einfetten und die Waffeln portionsweise backen.

Während man die Waffeln backt, kann man die Salsa vorbereiten. Hierfür die Ananas von der Schale befreien, das Fruchtfleisch in kleine Würfelchen schneiden und in eine Schüssel geben. Die Chilischote waschen, halbieren, entkernen und fein hacken. Die Zwiebel schälen und fein würfeln. Beides mit der Zitronenschale und dem Zitronensaft zur Ananas geben. Die Tomaten halbieren, entkernen und in feine Würfel schneiden. Den Koriander waschen, trocken schütteln, samt Stielen fein hacken und zusammen mit den Tomatenwürfeln zur Ananas geben. Die Salsa mit Salz abschmecken und ein wenig ziehen lassen.

Weiter geht's auf der nächsten Seite.

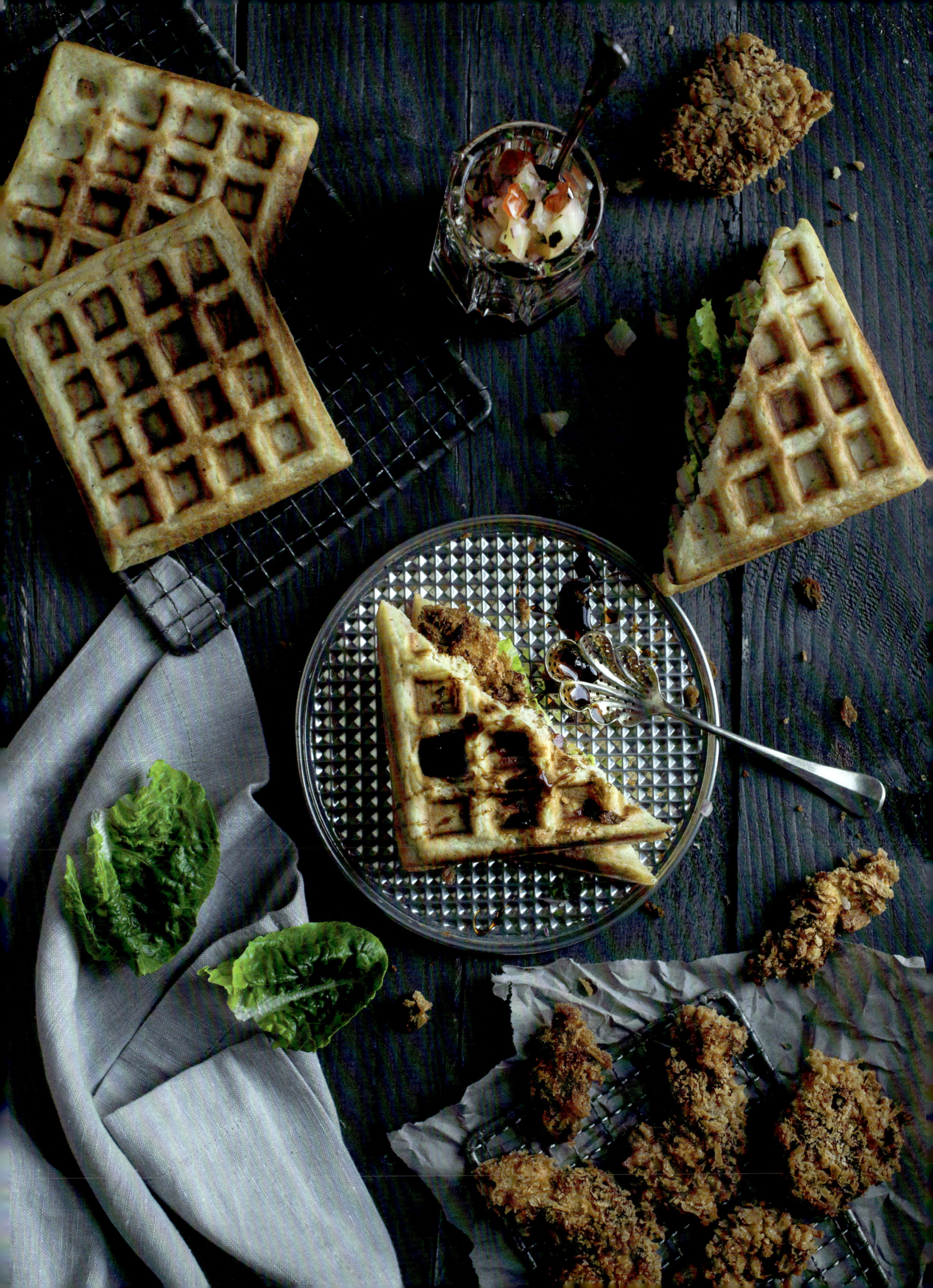

FÜR DAS HÄHNCHEN

250 g Hähnchenbrust

1 TL Kreuzkümmel

1 TL Cayennepfeffer

½ TL Salz

100 g Panko (alternativ Semmelbrösel)

1 Ei (Größe M)

50 g Weizenmehl (Type 405)

Rapsöl zum Ausbacken

ZUM SERVIEREN

4 EL Ahornsirup

Romanasalat

AUSSERDEM

Waffeleisen

Auflaufform (20 x 30 cm)

Butter zum Einfetten

Nun das Hähnchen vorbereiten. Das Fleisch in feine Scheiben schneiden und mit Kreuzkümmel, Cayennepfeffer und Salz würzen. Die Pankokrumen in eine größere Auflaufform geben und mit ein wenig Wasser besprenkeln. Das Ei verquirlen. Ei und Mehl jeweils in eine Schale geben. Die gewürzten Hähnchenscheiben zuerst im Mehl wenden, dann durch das Ei ziehen und anschließend in den Pankokrumen wenden. In einen Topf mehrere Zentimeter hoch Rapsöl einfüllen und erhitzen. Die panierten Hähnchenstückchen in dem heißen Öl goldgelb ausbacken, dabei mehrmals wenden. Das Hähnchen auf einem Küchenkrepp abtropfen lassen und anschließend im Ofen warm halten.

Die gebackenen Waffeln nacheinander in einer heißen Pfanne mit dem Ahornsirup leicht karamellisieren. Anschließend die Waffeln schräg halbieren und mit dem Hähnchen, der Ananas-Koriander-Salsa und ein wenig Romanasalat belegen. Mit einem weiteren Waffelstück abdecken.

Die Waffeln warm und knusprig genießen.

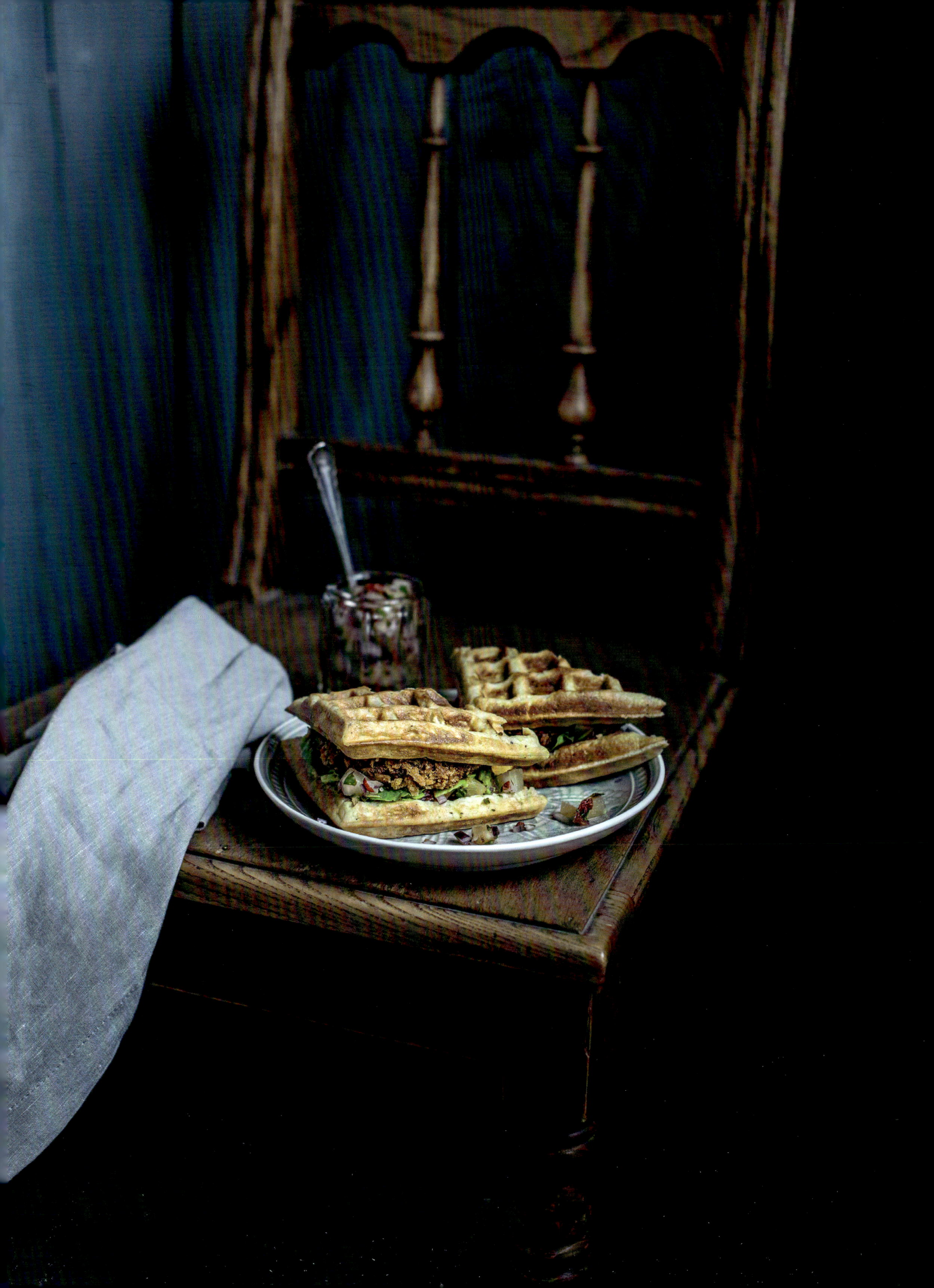

Buchweizen-Tortilla mit LINSEN-WALNUSS-RAGOUT

Buchweizen | Linse | Walnuss | Kresse | Avocado | Orange | Koriander

FÜR 4 PERSONEN

FÜR DAS RAGOUT

2 Knoblauchzehen

1 Schalotte

Kokosöl zum Anbraten

250 g Linsen (z. B. Pardina)

80 g Walnusskerne

1 TL Tomatenmark

100 ml Rotwein

500 ml Brühe

200 g stückige Tomaten (aus der Dose)

50 ml Crème fraîche

FÜR DIE TORTILLAS

200 g Buchweizen

100 ml Milch (3,5 % Fett)

abgeriebene Schale von 1 Bio-Orange

2 TL Salz

FÜR DIE FÜLLUNG

1 Bund frisches Koriandergrün

2 Avocados

1 rote Zwiebel

2 EL Buchweizen

4 EL rote Rettich-Kresse

100 g Crème fraîche (nach Belieben)

AUSSERDEM

Hochleistungsmixer

glutenfrei

Tortillas sind was Tolles. Man kann sie mit allem füllen, was das Herz begehrt oder der Kühlschrank so hergibt. Ich habe mal ein Jahr in den USA gelebt und in dem mexikanisch geprägten Texas haufenweise Tortillas verdrückt. Ich sehe noch heute diese kleinen Körbchen mit Deckel vor mir, die die leckersten Tortillas warm hielten. Diese Erinnerung wollte ich mir an einem Herbsttag nach Hause holen. Meine Tortillas sind daher aus Buchweizen – er gibt ihnen eine kernig-würzige Note. Gefüllt sind sie mit einem Linsen-Walnuss-Ragout, Koriandergrün, roter Rettich-Kresse, Avocado und roter Zwiebel. Gerösteter Buchweizen bringt noch ein bisschen Knusper hinein.

ZUBEREITUNG

Für das Linsen-Walnuss-Ragout den Knoblauch und die Schalotte schälen, fein hacken und in etwas Kokosöl anschwitzen. Die Linsen hinzugeben und kurz anrösten. Walnüsse mittelfein hacken, zufügen und ebenfalls kurz rösten. Dann das Tomatenmark unterrühren, einige Sekunden rösten und mit Rotwein ablöschen. Die Flüssigkeit reduzieren, mit Brühe und Tomaten aufgießen und das Ragout etwa 20 Minuten offen köcheln lassen. Zum Ende der Garzeit die Crème fraîche unterrühren, dann in eine Schüssel füllen.

In der Zwischenzeit für die Tortillas den Buchweizen in einem Hochleistungsmixer zu Mehl mahlen (alternativ Buchweizenmehl kaufen). Mehl in eine Schüssel geben und mit 300 ml Wasser, Milch, Orangenschale und Salz zu einem glatten Teig rühren. Eine beschichtete Pfanne erhitzen und ohne Fett bei mittlerer Hitze Tortillas ausbacken. Dazu jeweils eine kleine Kelle Teig in die Pfanne geben und mit einem Teigschaber verteilen, wie bei einem Crêpe. Nach etwa ½ Minute wenden, am besten auch mit einem Teigschaber.

Während die Tortillas backen, die Zutaten für die Füllung vorbereiten: das Koriandergrün waschen, trocken schütteln und grob hacken. Die Avocados entsteinen, das Fruchtfleisch auslösen und in dünne Scheiben schneiden. Die Zwiebel schälen und in feine Streifen schneiden. Den Buchweizen kurz in einer Pfanne ohne Fett rösten. Die Rettich-Kresse und die Crème fraîche in Schälchen geben.

Alle Zutaten für die Füllung auf den Tisch stellen, sodass jeder seine Tortillas nach Wunsch selbst zusammenstellen kann. Zuletzt die Tortillas dazustellen – zum Beispiel in einem Bastkörbchen mit Deckel, so bleiben sie noch warm.

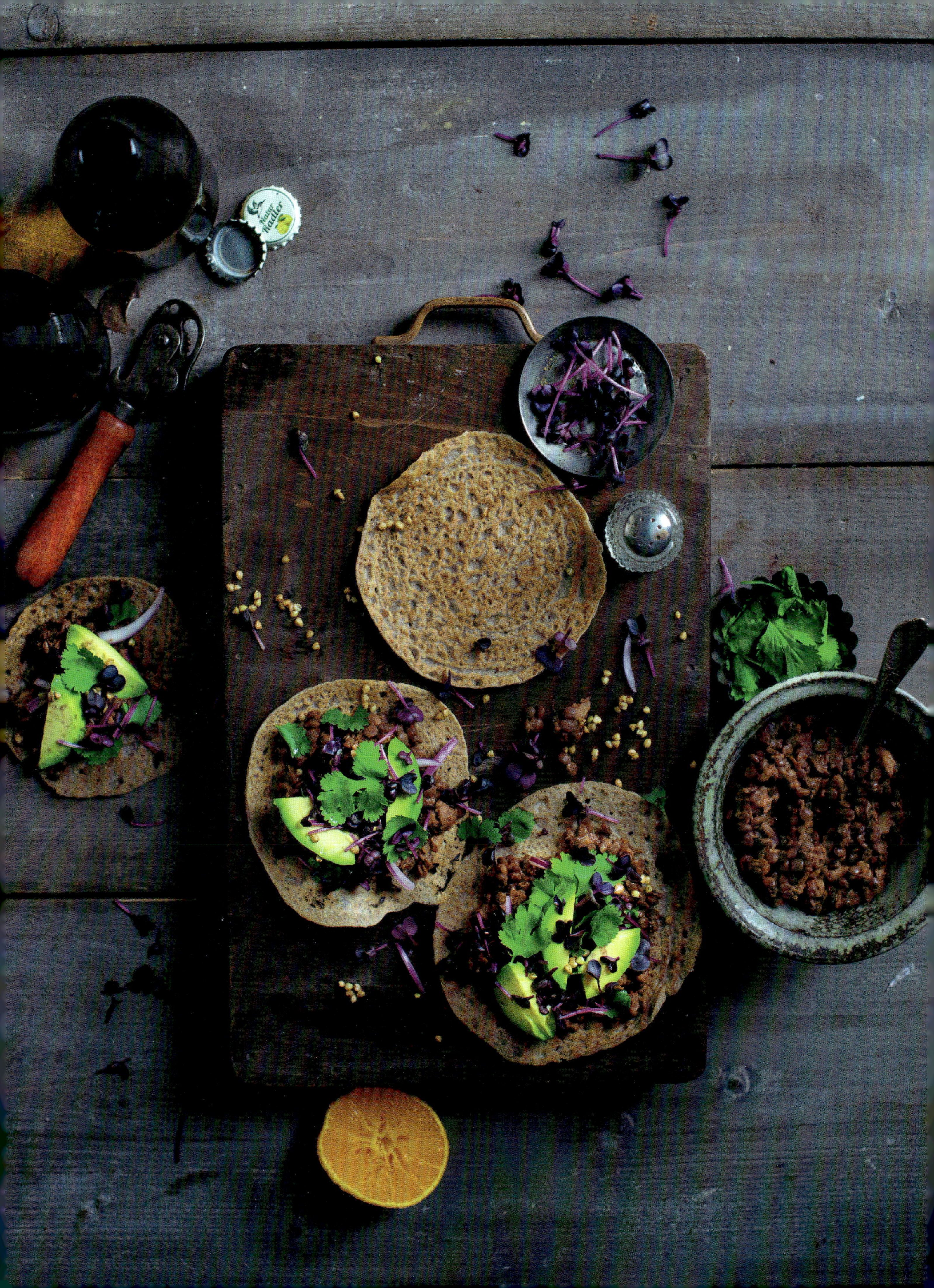
Natur
Radler

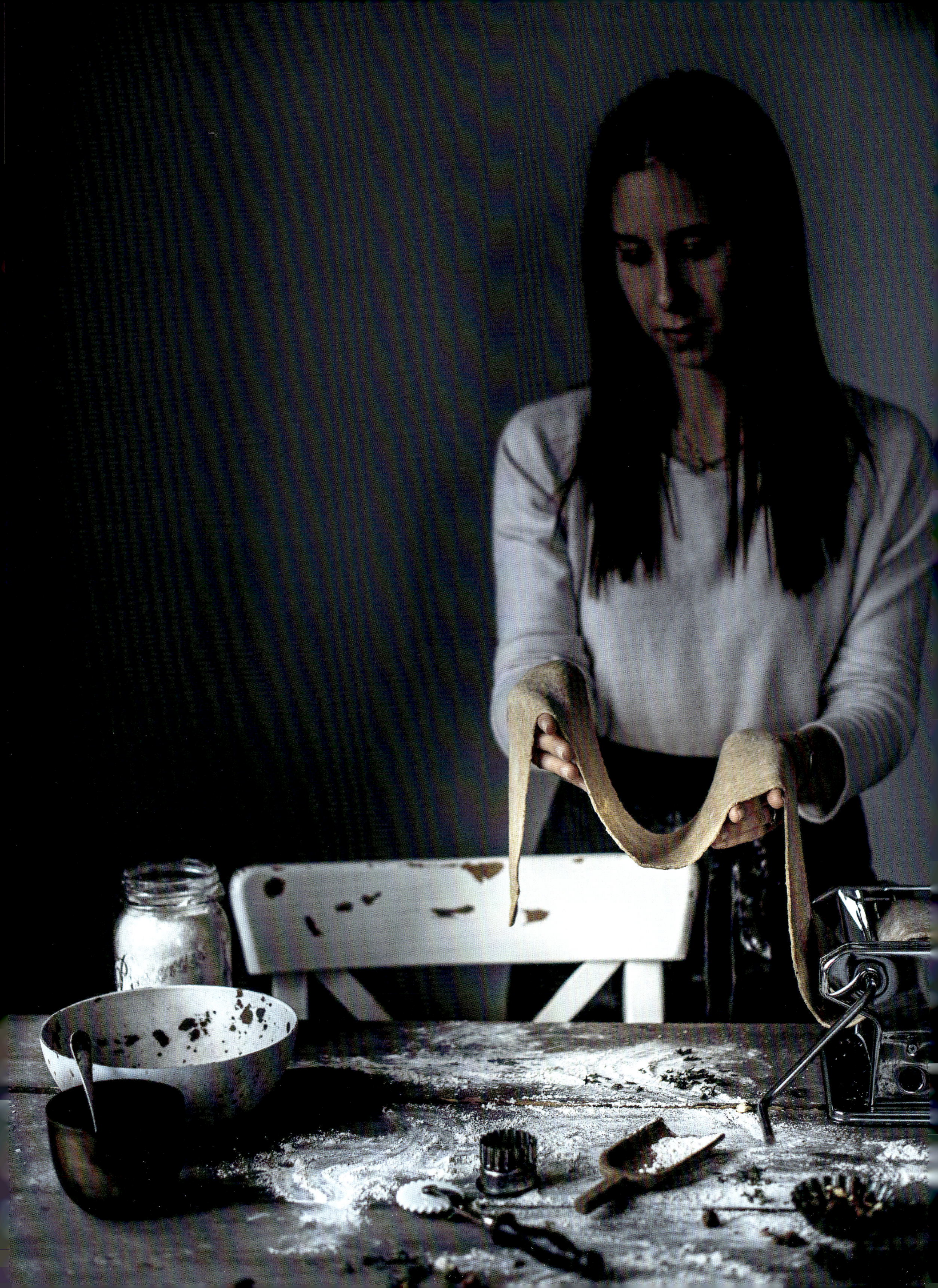

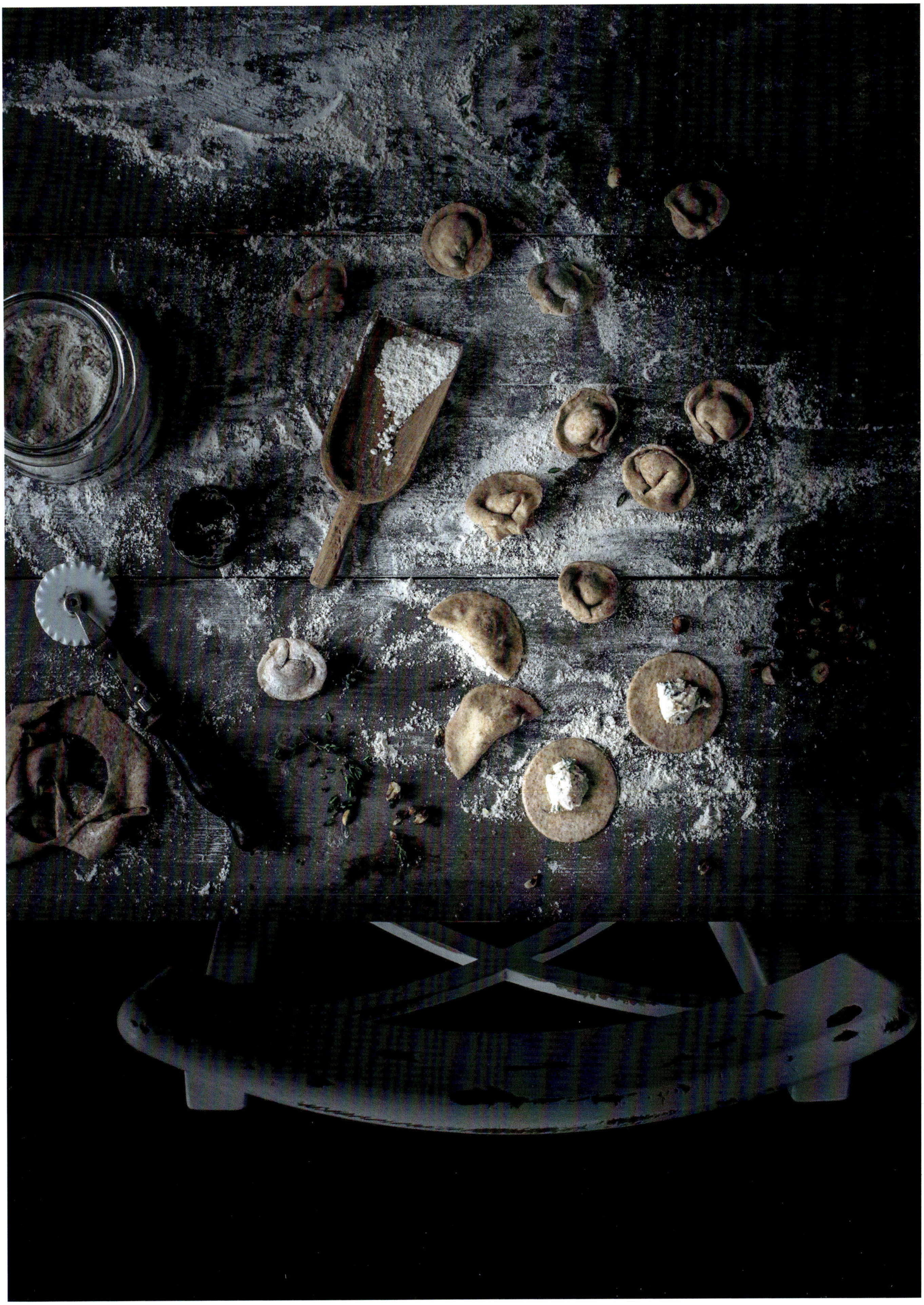

Ziegenfrischkäse-Tortellini
IN KÜRBISSAUCE

Dinkel | Marone | Ziegenfrischkäse | Honig | Thymian | Haselnuss | Kürbis

FÜR 4 PERSONEN

FÜR DIE TORTELLINI

500 g Dinkelvollkornmehl

1 TL Meersalz

2 EL Butter

4 Zweige frischer Thymian

FÜR DIE FÜLLUNG

160 g Haselnusskerne

8 TL flüssiger Honig

Salz

40 g gegarte Maronen

300 g Ziegenfrischkäse

½ TL frisch gemahlener Kubebenpfeffer

4 Zweige frischer Thymian

FÜR DIE SAUCE

300 g Hokkaido-Kürbis

80 ml Mandeldrink

30 g Ziegenfrischkäse

½ TL Meersalz

ZUM SERVIEREN

5 EL geriebener Parmesan

AUSSERDEM

Nudelmaschine

runder Ausstecher (5–6 cm Ø)

Ich könnte nie auf Pasta verzichten. Doch ich merke, dass mir Pasta mit Weißmehl nicht so gut bekommt. Diese Pasta mit ihrer herbstlichen Füllung wird mit Dinkelmehl sogar noch besser, denn sie hat einen leicht nussig-süßlichen Geschmack. Gekrönt wird die Pasta von einer cremigen Kürbissauce.

ZUBEREITUNG

Für die Tortellini Mehl und Salz mischen, eine Mulde formen und 240 ml lauwarmes Wasser hineingeben. Allmählich Mehl vom Rand ins Wasser rühren. Wenn der Teig fester wird, mit den Händen kneten, bis er glatt ist. Falls nötig noch einen Schuss Wasser hinzugeben. Den Teig auf einer glatten Arbeitsfläche (nicht mit Mehl bestäuben!) einige Minuten kneten, zu einer Kugel formen, in Folie wickeln und 1 Stunde bei Zimmertemperatur ruhen lassen.

Für die Füllung die Haselnüsse grob hacken und in einer Pfanne ohne Fett anrösten, 2 TL Honig und 1 Prise Salz dazugeben und kurz karamellisieren lassen. Die Nüsse herausnehmen und auf Backpapier auskühlen lassen. Etwa 40 g der karamellisierten Nüsse fein hacken. Die Maronen ebenfalls fein hacken. Den Ziegenfrischkäse glatt rühren. Restlichen Honig (6 TL), fein gehackte Haselnüsse und Maronen, Pfeffer und Thymianblättchen unterrühren.

Den Nudelteig in 4 Teile teilen, etwas flach drücken und mit der Nudelmaschine ausrollen. Im Abstand von 5 cm je ½ TL Füllung auf die Bahnen setzen. Mit dem Ausstecher um die Füllung herum Kreise ausstechen. Die Hälfte des Teigkreises über die Füllung klappen, sodass Halbmonde entstehen. Die beiden Spitzen zusammenführen und leicht festdrücken, sodass die typische Tortellini-Form entsteht. Die Nudeln auf einen leicht mit Mehl bestäubten Teller legen, mit Frischhaltefolie abdecken und beiseitestellen.

Für die Sauce Kerne und Fasern aus dem Kürbis entfernen, den Kürbis in Würfel schneiden und 10 Minuten in Salzwasser weich kochen. In einem Sieb abtropfen lassen, dann in eine Schüssel geben, Mandeldrink, Ziegenfrischkäse und Salz hinzufügen und alles mit dem Stabmixer zu einer Sauce mixen.

Die Tortellini in stark gesalzenem Wasser 2–3 Minuten al dente kochen. Währenddessen in einer Pfanne Butter zerlassen, Thymian waschen, trocken schütteln und Blättchen abzupfen. Die Thymianblättchen zur Butter geben. Die fertigen Tortellini kurz in der Thymianbutter schwenken.

Die Tortellini mit der Kürbissauce anrichten, mit den restlichen gerösteten Haselnüssen (120 g) und etwas Parmesan bestreuen und servieren.

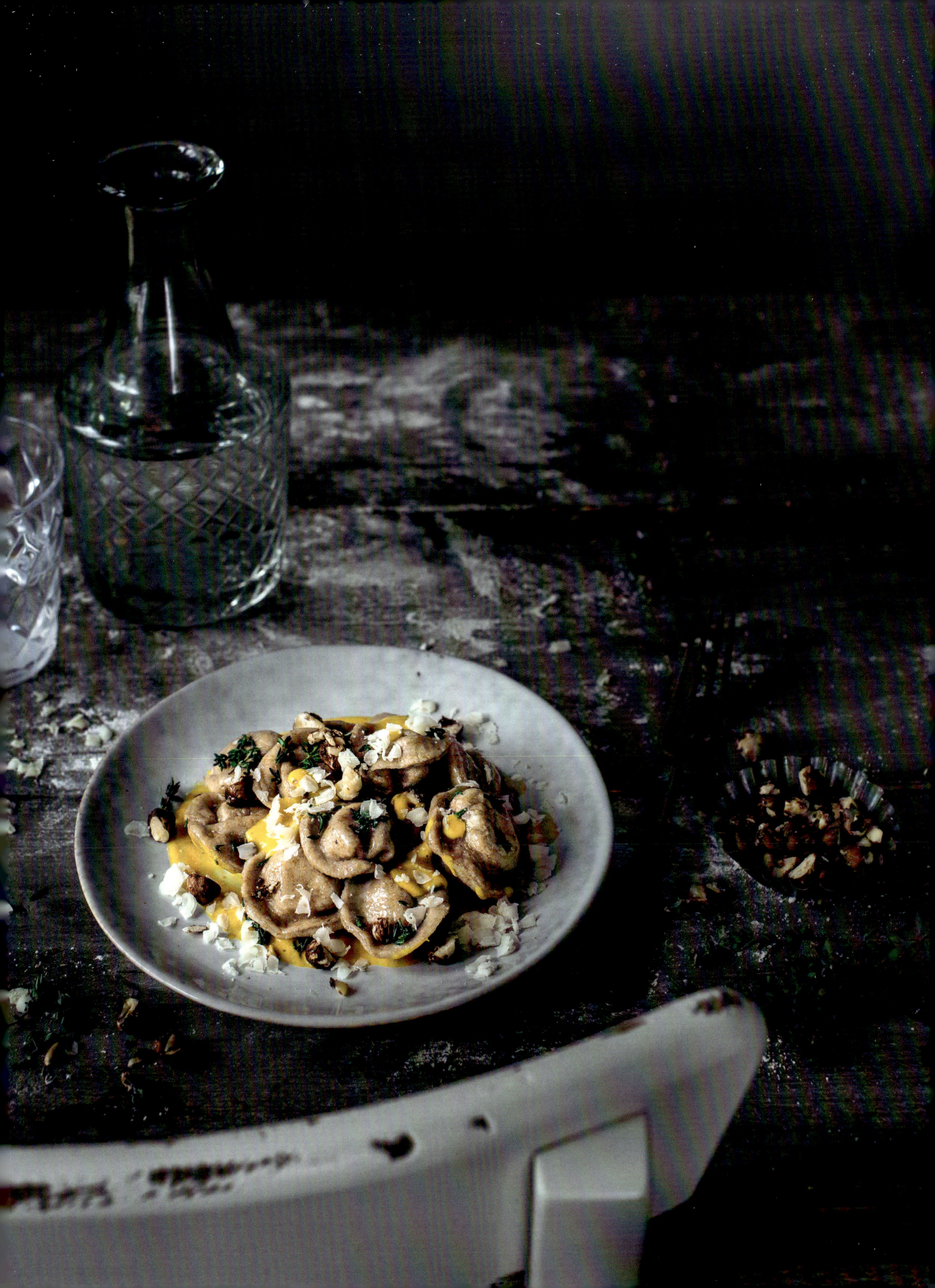

Frühlingsrollen mit VEGANEM CHILI

SCHWARZE BOHNE | MAIS | KREUZKÜMMEL | CEYLON-ZIMT | OREGANO | PETERSILIE | KORIANDER

Für 16 kleine Frühlingsrollen

FÜR DAS VEGANE CHILI

150 g Tofu

2 TL Kokosöl | 2 TL Sojasauce (Tamari)

¼ TL Cayennepfeffer

1 kleine Zwiebel | 1 Knoblauchzehe

20 g frischer Ingwer

100 g schwarze Bohnen (aus der Dose)

100 g Mais (aus der Dose)

150 g stückige Tomaten (aus der Dose)

½ TL gemahlener Kreuzkümmel

¼ TL Cayennepfeffer

¼ TL gemahlener Ceylon-Zimt

¼ TL getrockneter Oregano

½ Bund frische glatte Petersilie

½ Bund frisches Koriandergrün

16 Blätter Reispapier

Sonnenblumenöl

FÜR DEN AVOCADO-RANCH-DIP

1 Avocado

½ Bund frische glatte Petersilie

Saft von 2 Zitronen

60 ml Mandeldrink

1 TL Meersalz

ZUM SERVIEREN

½ Bund frisches Koriandergrün

2 Zitronen

vegan | glutenfrei | laktosefrei

Die knusprig gebackenen Frühlingsrollen sind echt ein Hit, und der Avocado-Ranch-Dip ist die perfekte cremige Begleitung. Aber das Allerbeste an diesem Gericht ist das vegane Chili: Der Tofu darin wird nach dem gleichen Prinzip zubereitet wie bei meiner Thai-Erdnuss-Kokos-Suppe (siehe S. 104). Weil ich das Chili so lecker finde, mache ich gleich eine größere Menge davon und esse es am nächsten Tag als Eintopf.

Zubereitung

Den Ofen auf 180 °C Ober-/Unterhitze vorheizen. Ein Backblech mit Backpapier auslegen.

Für das vegane Chili den Tofu einfach mit den Händen zerbröseln und mit 1 TL Kokosöl, 1 TL Sojasauce und Cayennepfeffer mischen. Den Tofu auf das Backblech geben und im Ofen etwa 20 Minuten rösten.

In der Zwischenzeit Zwiebel und Knoblauch schälen und fein würfeln. Den Ingwer schälen und fein hacken. In einer Pfanne 1 TL Kokosöl erhitzen und Zwiebeln, Knoblauch und Ingwer darin andünsten. Bohnen, Mais, stückige Tomaten, die Gewürze und die restliche Sojasauce (1 TL) hinzufügen und alles 10 Minuten einköcheln lassen. Das Chili leicht auskühlen lassen.

Petersilie und Koriander waschen, trocken tupfen und mit den Stielen fein hacken. Die Kräuter und den knusprigen Tofu unter das Chili rühren.

1 Blatt Reispapier in Wasser einweichen. Das Reispapier auf ein Brettchen legen, etwa 1–1 ½ EL Chili daraufgeben, ⅓ des Papiers von oben und unten über die Füllung klappen und das Ganze dann von der Seite her aufrollen. Das Reispapier fest andrücken, sodass die Füllung gut verschlossen ist. Die restlichen Reispapierrollen ebenso zubereiten. Die fertigen Rollen auf ein mit Backpapier belegtes Backblech geben, mit reichlich Sonnenblumenöl einpinseln und im Ofen etwa 20–25 Minuten backen.

Währenddessen für den Avocado-Ranch-Dip die Avocado halbieren, den Kern entfernen, das Fruchtfleisch mit einem Löffel herauslösen und in ein hohes Gefäß geben. Die Petersilie waschen, trocken schütteln und grob hacken. Avocado, Petersilie, Zitronensaft, Mandeldrink und Meersalz mit dem Stabmixer zu einem Dip mixen.

Den Koriander waschen, trocken schütteln und grob hacken. Die Zitronen halbieren. Die fertigen Frühlingsrollen mit dem Koriander, Avocado-Ranch-Dip und Zitronenhälften servieren.

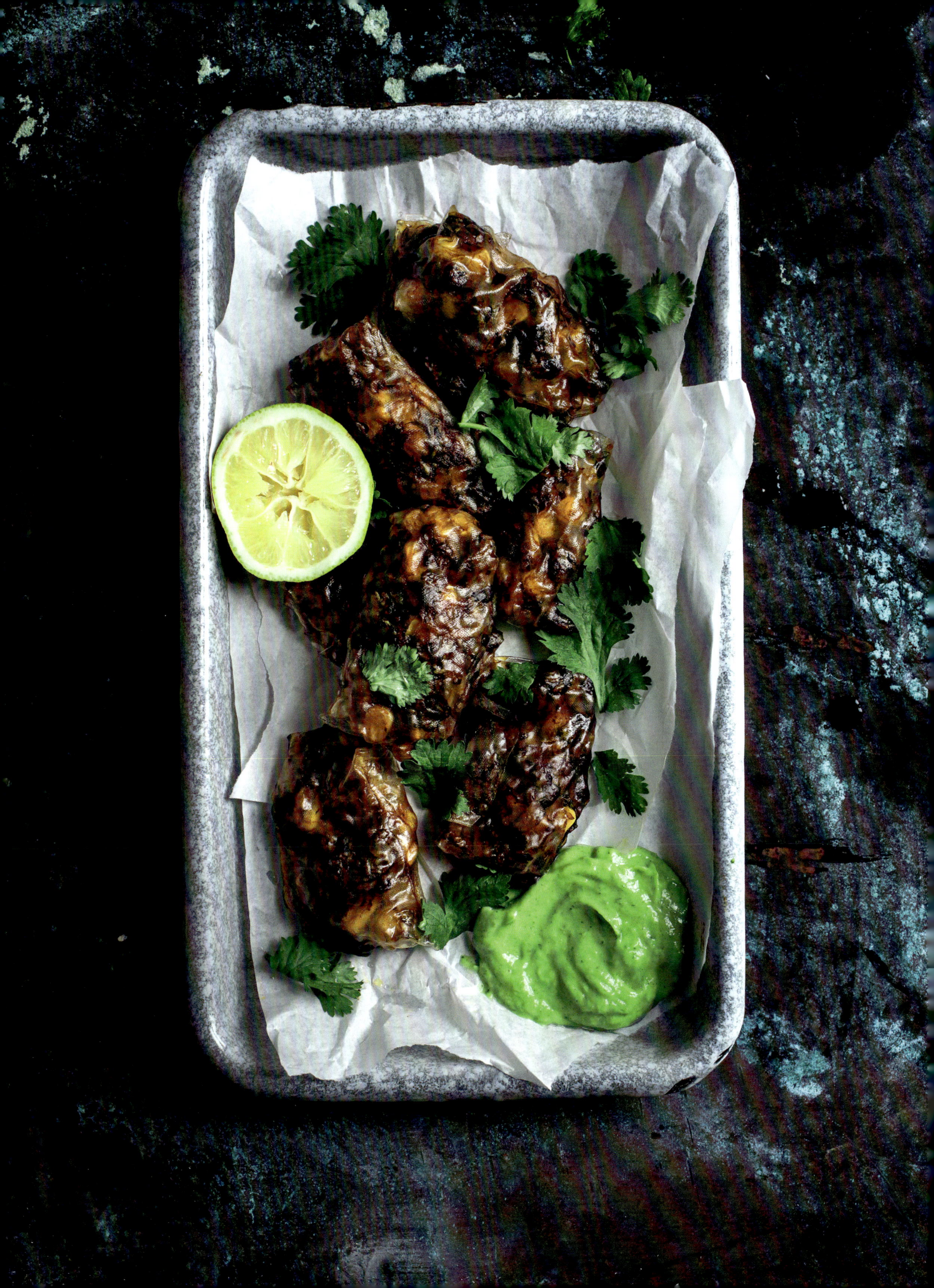

Salsa-Tacos mit PULLED MUSHROOMS

Ananas | Kräuterseitling | Avocado | Mangold | Koriander | Zitrone

Für 4 Personen

20 Tortillas (siehe S. 164)

FÜR DIE SALSA

150 g Ananas

2 frische grüne Chilischoten

1 Bund frisches Koriandergrün

1 EL Olivenöl

¼ TL Meersalz

FÜR DEN BELAG

250 g Mangold

2 TL Kokosöl

½ TL Meersalz

250 g Kräuterseitlinge

1 EL Sojasauce (Tamari)

FÜR DIE AVOCADOCREME

2 Avocados

Saft von 1 Zitrone

1 TL Meersalz

ZUM GARNIEREN

Zesten von 1 Bio-Zitrone

4 EL Granatapfelkerne

vegan | laktosefrei

Tacos sind für mich der Inbegriff von Soul Food. Man kann sie ganz nach Lust und Laune füllen. Hier habe ich eine Füllung kreiert, die sogar hartnäckige Fleischesser überzeugt: Die Kräuterseitlinge werden mit einer Gabel zerzupft, gebraten und dann mit Sojasauce karamellisiert. Und die Ananas-Salsa dazu ist einfach köstlich.

Zubereitung

Für die Salsa die Ananas schälen und fein würfeln. Chilis waschen, halbieren, entkernen und fein hacken. Den Koriander waschen, trocken schütteln und fein hacken. Ananas, Chilis, Koriander, Olivenöl und Salz zu einer Salsa mischen.

Den Mangold waschen, trocken tupfen, die Stiele in dünne Scheiben und die Blätter in Streifen schneiden. In einer Pfanne 1 TL Kokosöl erhitzen und den Mangold einige Minuten darin rösten, dann mit etwas Meersalz würzen.

Die Kräuterseitlinge putzen und mit einer Gabel zerrupfen, sodass lange dünne Fasern entstehen. In einer Pfanne 1 TL Kokosöl erhitzen und die Pilze darin bei hoher Hitze anbraten, bis sie schön goldgelb sind. Mit der Sojasauce karamellisieren.

Für die Avocadocreme die Avocados halbieren, den Kern entfernen, das Fruchtfleisch aus der Schale lösen und mit Zitronensaft und Meersalz zu einer Creme mixen.

Die Tortillas auf Teller verteilen und mit der Avocadocreme bestreichen. Den Mangold und die Pilze daraufgeben. Die Ananas-Koriander-Salsa auf den Tacos verteilen und alles mit Zitronenzesten und Granatapfelkernen garnieren.

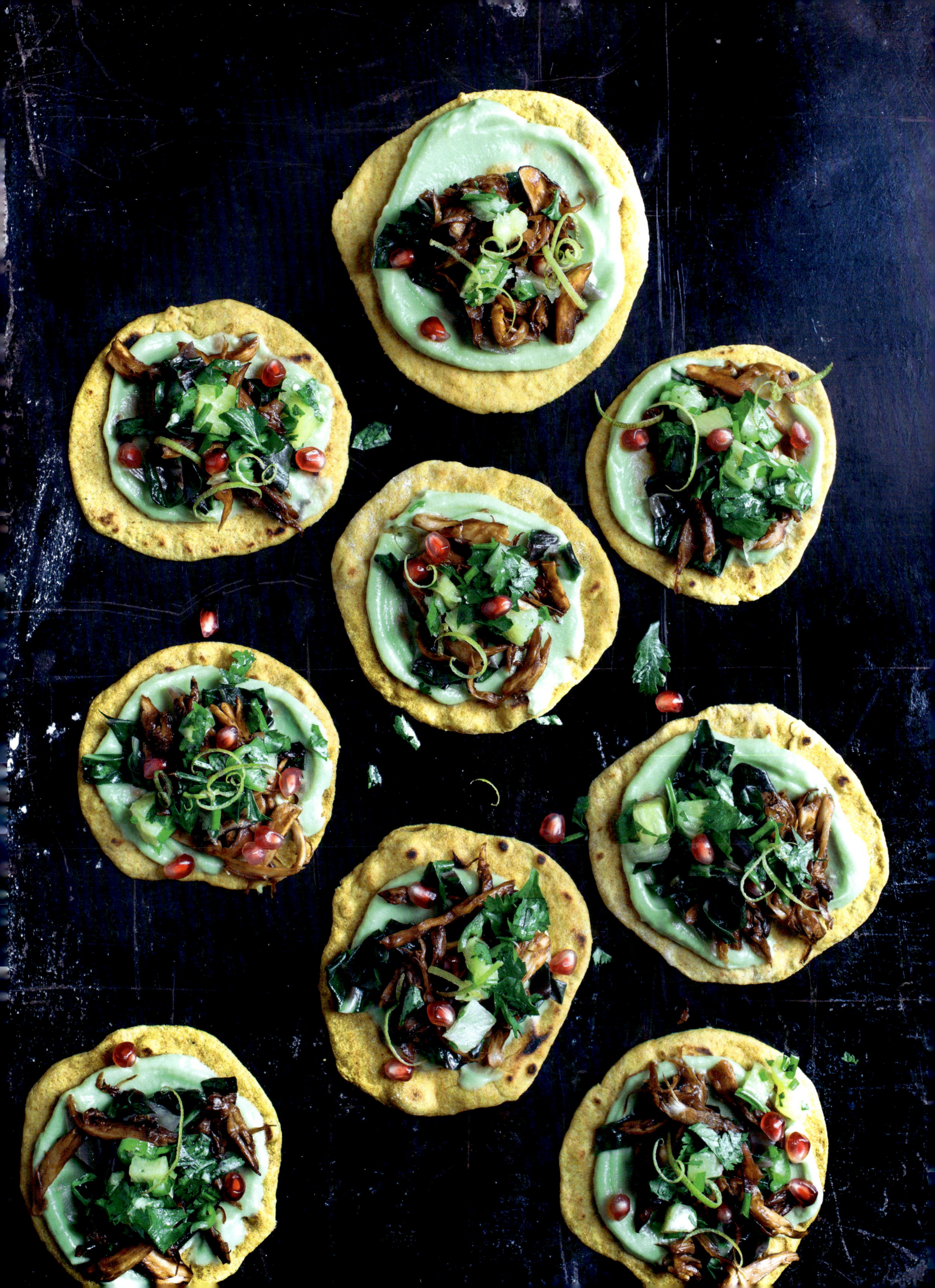

Linguine ALLA CARBONARA

Pancetta | Orange | Thymian | schwarzer gerösteter Pfeffer

FÜR 4 PERSONEN

FÜR DIE NUDELN

320 g Hartweizengrieß

320 g Weizenmehl (Type 405)

2 TL Salz

4 EL frische Thymianblättchen

FÜR DIE SAUCE

1 Knoblauchknolle

2 TL frisch gemahlener schwarzer Pfeffer

100 g Pancetta

300 g Sahne

4 Eigelb

2 EL geriebener Parmesan

1 TL Salz

2 EL frische Thymianblättchen

FÜR DIE ORANGENSTREIFEN

2 Bio-Orangen

2 EL Zucker

ZUM GARNIEREN

frische Thymianblättchen

etwas geriebener Parmesan

AUSSERDEM

Filetiermesser

Nudelmaschine

Sobald es draußen kälter wird, brauche ich abends wärmendes Soul Food. Der Klassiker Linguine alla Carbonara ist schnell und köstlich zugleich. Für Spannung und Abwechslung sorgen kandierte Orangenstreifen, jede Menge Thymian und schwarzer Pfeffer, der durch das Rösten in der Pfanne ein besonders intensives Aroma bekommt. Die selbstgemachten Thymian-Bandnudeln passen perfekt, sind aber kein Muss.

ZUBEREITUNG

Für den Nudelteig Grieß, Mehl, Salz und Thymian vermengen. Dann 320 ml kaltes Wasser hinzugeben und alles zu einem glatten Teig kneten. Den Teig zu einer Kugel formen, in Frischhaltefolie wickeln und ca. 30 Minuten im Kühlschrank ruhen lassen.

Für die Sauce die Knoblauchknolle in Alufolie wickeln und im Ofen bei 180 °C (Ober-/Unterhitze) etwa 20 Minuten weich rösten. Herausnehmen, die Knoblauchzehen aus den Kammern drücken und beiseitestellen.

In der Zwischenzeit für die kandierten Orangen zunächst die Früchte waschen und mit einem Sparschäler schälen, das Weiße von der Schale mithilfe eines Filetiermessers entfernen und die Orangenschalen anschließend in feine Streifen schneiden. Das Fruchtfleisch anderweitig verwenden. Zucker mit 2 EL Wasser in einem Topf erhitzen und die Orangenschalen so lange darin köcheln lassen, bis die Flüssigkeit fast vollständig verdampft ist.

Für die Sauce den Pfeffer kurz in einer Pfanne ohne Fett rösten, bis er intensiv duftet, dann herausnehmen und beiseitestellen. Die Pancetta in Streifen schneiden und in der Pfanne knusprig braten. Sahne, Eigelb, Parmesan, Salz, gerösteten Pfeffer und Thymianblättchen in einer Schüssel verquirlen und beiseitestellen.

Den Nudelteig in 6–8 Portionen teilen und auf einer bemehlten Arbeitsfläche zu Rechtecken formen. Die Rechtecke mit einer Nudelmaschine dünn ausrollen und anschließend in schmale Streifen schneiden. Salzwasser zum Kochen bringen und die Nudeln darin wenige Minuten knapp al dente kochen. Die Nudeln abgießen, tropfnass in den Topf geben und die Sahne-Ei-Mischung dazugeben. Die Sauce bei mittlerer Hitze unter ständigem Rühren leicht andicken lassen, dabei aufpassen, dass sie nicht gerinnt. Pancetta, Knoblauchzehen und Orangenstreifen zu den Nudeln geben, alles gut miteinander vermengen, auf Tellern anrichten und mit Thymianblättchen und Parmesan servieren.

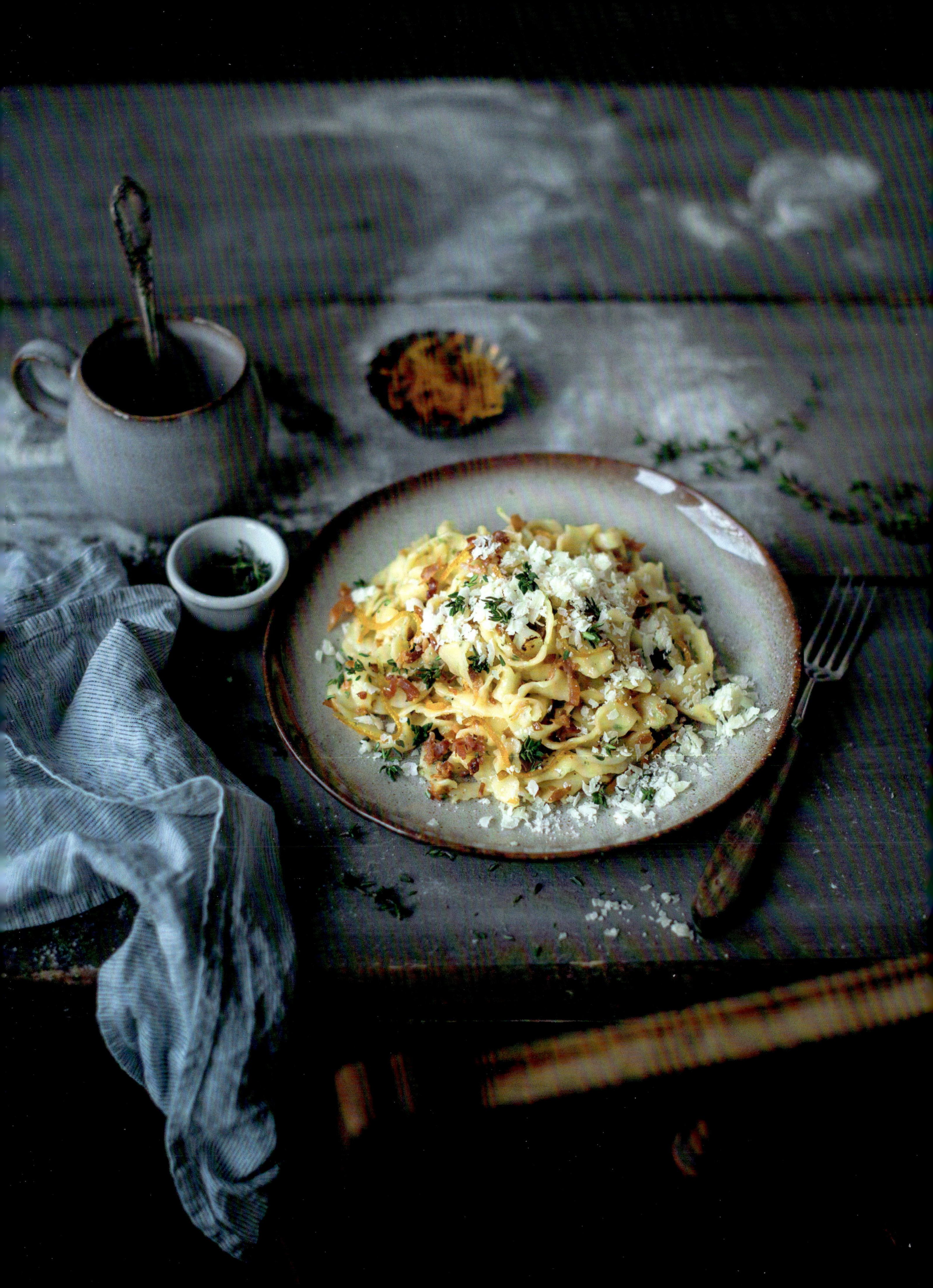

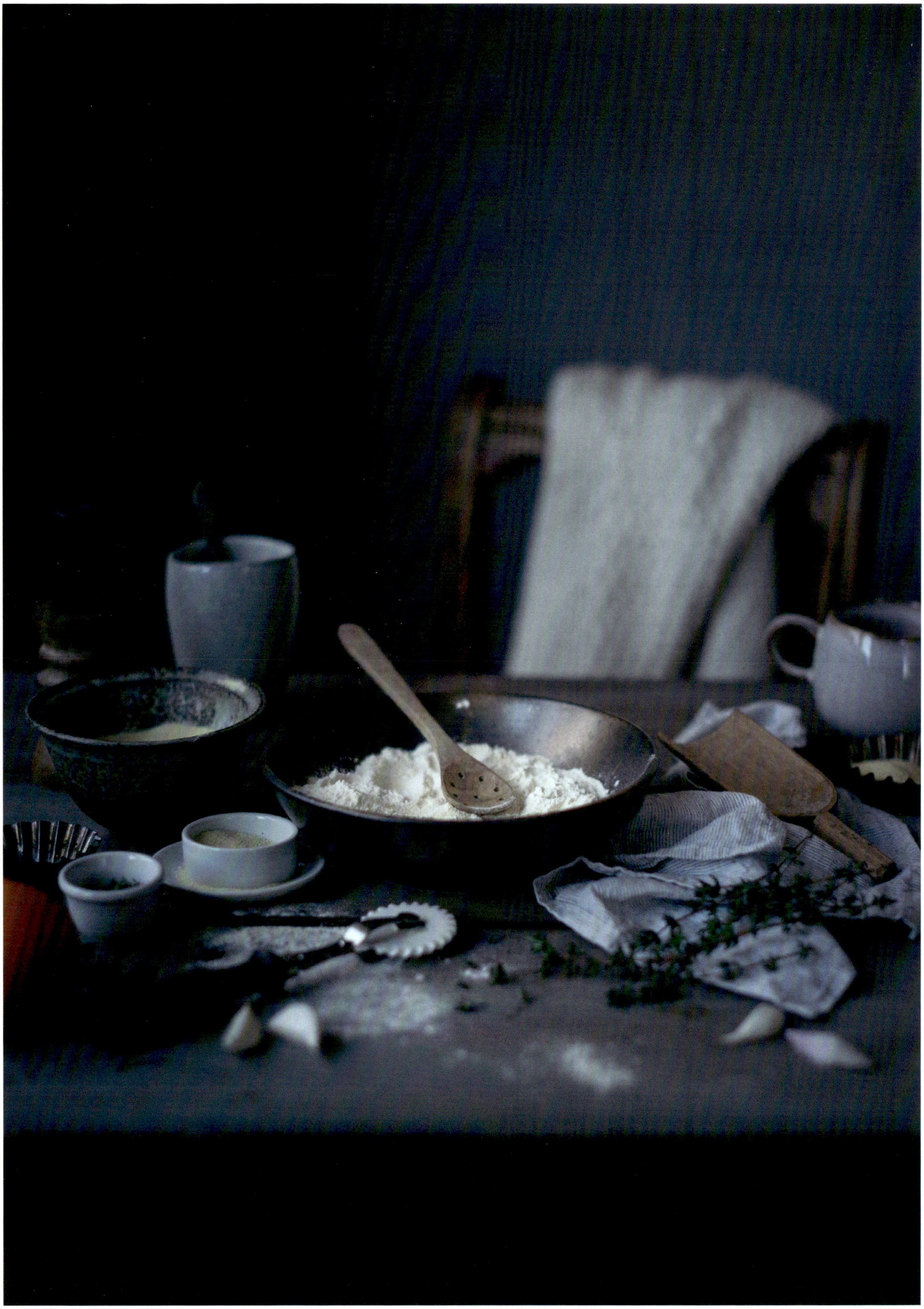

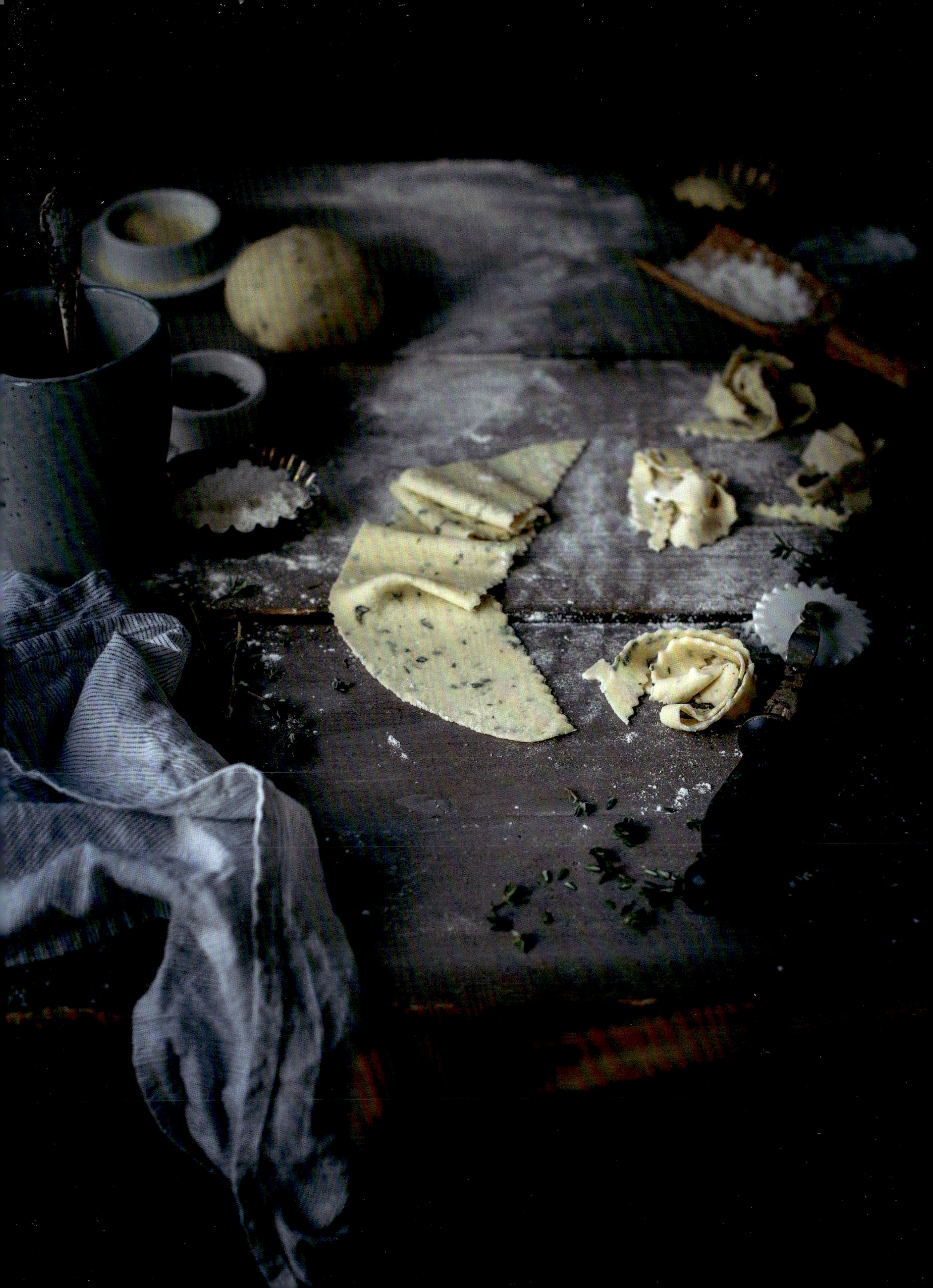

Bao Burger mit BBQ PULLED PORK

BBQ-Smoke | gesalzene Karamell-Erdnuss | Koriander | Chili | Fünf-Gewürze-Pulver | Zuckerschote

FÜR 6 BURGER

**FÜR DAS PULLED PORK
(AM VORTAG ZUBEREITEN)**

750 g Schweinenacken

Salz

frisch gemahlener schwarzer Pfeffer

1 TL Cayennepfeffer

250 ml Rotwein

3 ½ EL BBQ-Sauce (siehe S. 59)

150 ml Hühnerbrühe

FÜR DIE BAO BUNS

300 g Bapao-Weizenmehl
(Mehl für asiatische Dampfnudeln)

30 ml Milch (3,5 % Fett)

1 TL Trockenhefe

3 ½ EL Zucker

1 TL Salz

Bao sind fluffige gedämpfte Burger, die mit allerlei asiatischen Leckereien gefüllt werden können. Als ich das erste Mal in diese Wölkchenbrötchen gebissen habe, war es eine Offenbarung. Die Kombination aus diesem weichen Teig, dem saftigen BBQ Pulled Pork, dem würzigem Koriander und den karamellisierten gesalzenen Erdnüssen haut mich immer wieder aufs Neue um.

ZUBEREITUNG

Das Pulled Pork am Vortag vorbereiten, denn das Fleisch muss zunächst ein paar Stunden marinieren und wird dann sehr lang geschmort.

Den Schweinenacken mit Salz, Pfeffer und Cayennepfeffer einreiben und mit dem Rotwein in einen verschließbaren Gefrierbeutel geben. Das Fleisch darin über Nacht marinieren.

Den Backofen am nächsten Morgen auf 120 °C Umluft vorheizen. Das Fleisch aus der Marinade nehmen und mit 1 ½ EL BBQ-Sauce einreiben. Das Fleisch in einen Bräter geben, die Brühe angießen und den Deckel auflegen.

Im Ofen ungefähr 9–10 Stunden garen, zwischendurch immer mal wieder mit dem Sud übergießen. Dann das Fleisch vorsichtig aus dem Bräter nehmen (Vorsicht, es fällt vom Knochen!) und auf ein Schneidebrett legen. Das Fleisch mithilfe einer Gabel vom Knochen ziehen und zerrupfen. Dann mit der Hälfte des Schmorsuds und den restlichen 2 EL BBQ-Sauce vermischen.

Währenddessen für die Bao Buns alle Zutaten zusammen mit 120 ml Wasser in eine Rührschüssel geben und 5–6 Minuten kneten. Erst dann die Konsistenz des Teigs beurteilen: Am Anfang wirkt er leicht zu trocken, das gibt sich aber mit dem Kneten. Nach dem Kneten darf der Teig nicht mehr kleben und sollte sich zu einer glänzenden, weichen Kugel formen lassen. Wenn die Konsistenz nicht stimmt, entweder 1 EL Mehl oder 1 EL Wasser dazugeben, je nach Bedarf. Die Schüssel mit einem feuchten Tuch abdecken und den Teig an einem warmen Ort 1 ½ Stunden gehen lassen.

Weiter geht's auf der nächsten Seite.

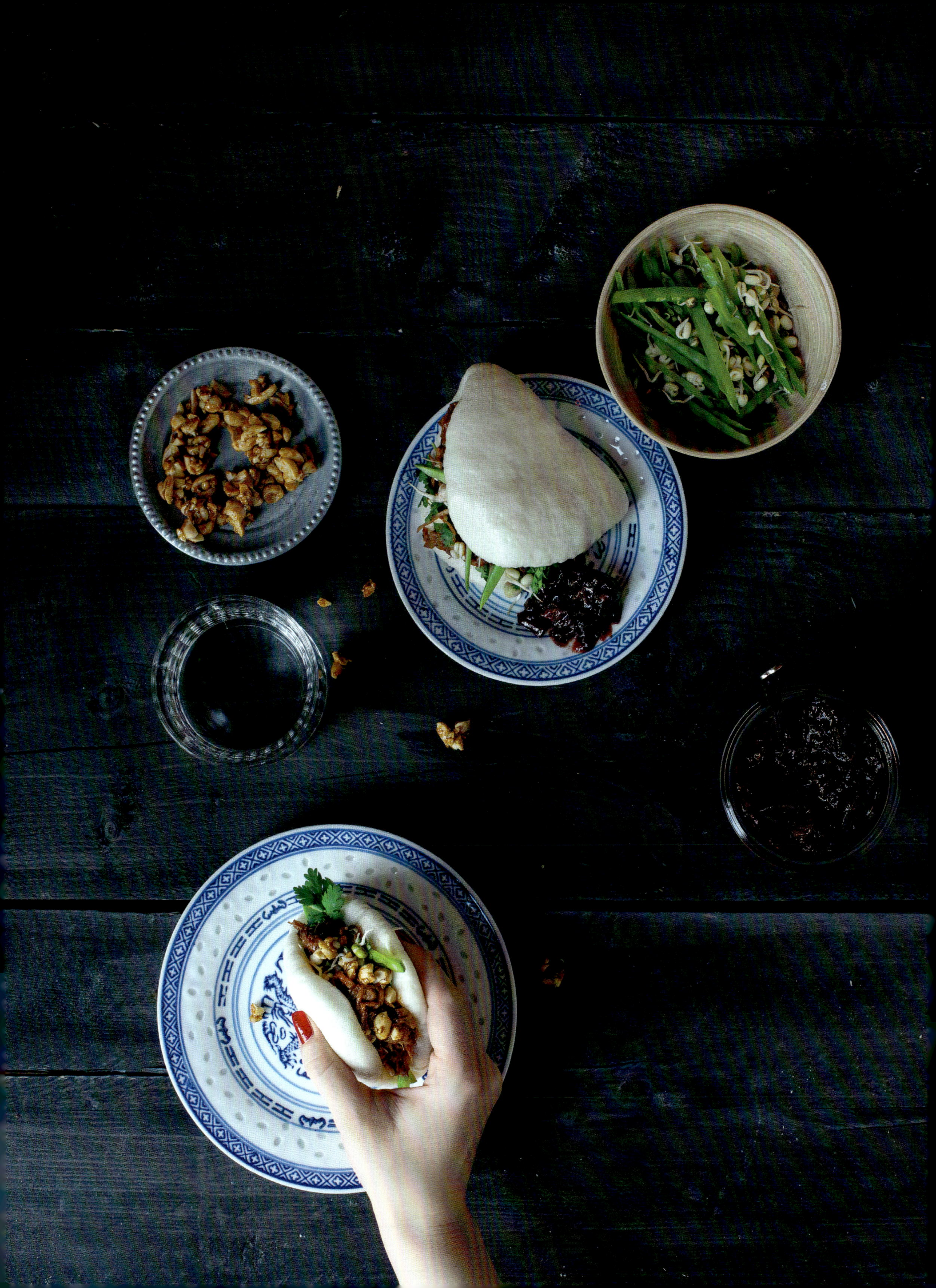

FÜR DIE FÜNF-GEWÜRZE-PFLAUMEN-MARMELADE (2 GLÄSER À 200 G)

500 g Pflaumen oder Zwetschgen
100 g Rohrzucker
1 TL Fünf-Gewürze-Pulver
¼ TL Salz

FÜR DIE FÜLLUNG

1 Bund frisches Koriandergrün
1 Handvoll Zuckerschoten
1 frische rote Chilischote
100 g Erdnusskerne
2 EL Zucker
6 EL Fünf-Gewürze-Pflaumen-Marmelade
3 EL gemischte Sprossen

AUSSERDEM

2 Schraubgläser (je ca. 200 ml)
Bambus-Dampfkorb
Wok

Inzwischen für die Marmelade die Pflaumen waschen, halbieren und dann entsteinen. Die Hälften jeweils längs in 4 Teile schneiden und diese Schnitze dann quer in Stückchen schneiden. Die Pflaumenstücke zusammen mit dem Zucker und den Gewürzen in einen Topf geben und bei mittlerer Hitze 30 Minuten sanft köcheln lassen, bis die ausgetretene Flüssigkeit leicht dickflüssig ist. Um zu testen, ob die Marmelade dick genug ist, einen kleinen Löffel voll Marmelade auf einen kalten Teller geben und verteilen. So kühlt die Marmelade sofort ab, und man kann testen, ob die Konsistenz stimmt. Die heiße Marmelade in saubere Schraubgläser füllen und kühl und trocken aufbewahren.

Den Teig anschließend aus der Schüssel nehmen, auf einer Arbeitsplatte kneten (ohne weiteres Mehl!) und zu einer Rolle formen. Die Rolle in 6 gleich große Teile teilen, zu Kugeln formen und 20 Minuten gehen lassen. In der Zwischenzeit zwölf Stücke Backpapier à 10 x 10 cm zuschneiden. Die Teigkugeln zu einem abgerundeten Rechteck (8 x 17 cm) ausrollen. Einen Bambus-Dampfkorb mit sechs Stücken Backpapier auslegen. Die Rechtecke jeweils zu einem Brötchen zusammenklappen, zwischen die beiden Schichten je ein Stück Backpapier legen. Die 6 Bao Buns auf das Backpapier in dem Bambuskorb legen, mit einem Tuch abdecken und 1 Stunde gehen lassen. Ein wenig Wasser in einen Wok geben, den Bambus-Dampfkorb hineinstellen, den Deckel aufsetzen und die Bao Buns bei mittlerer Hitze 12 Minuten dämpfen, bis sie fluffig sind.

Währenddessen den Koriander waschen und grob zerzupfen. Die Zuckerschoten waschen, putzen und in feine Streifen schneiden. Die Chili waschen und in Ringe schneiden. Die Erdnüsse grob hacken, 2 EL Zucker in einer Pfanne karamellisieren und die Erdnüsse unterrühren. Die karamellisierten Erdnüsse kurz auf einem Backpapier auskühlen lassen.

Die fertigen Bao Buns aus dem Bambuskorb nehmen und abkühlen lassen. Aufklappen und mit je 1 Löffel Pflaumenmarmelade bestreichen. Ein wenig Pulled Pork daraufgeben, dann mit dem vorbereiteten Gemüse, dem Koriander, den Sprossen und den Erdnüssen großzügig belegen und sofort servieren.

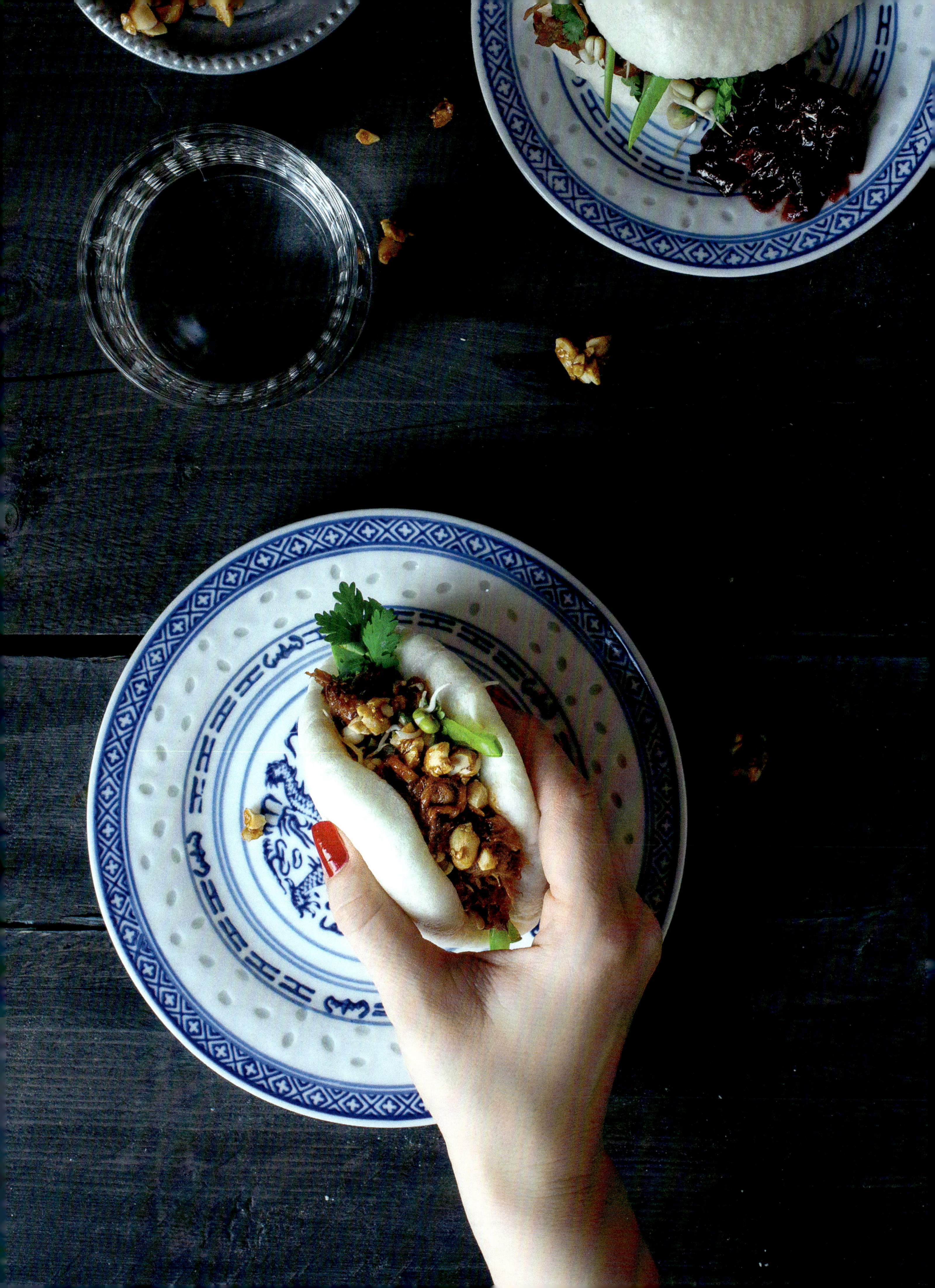

Dinkel-Pizza mit SPINATPESTO

Spinat | Rucola | Haselnuss | Cashew | Zitrone

FÜR 4 PERSONEN

FÜR DIE PIZZA

440 g Dinkelvollkornmehl

4 TL Kokosblütenzucker

60 g frische Hefe

3 EL Olivenöl

1 TL Salz

FÜR DEN CASHEW CHEESE

160 g geröstete, gesalzene Cashewkerne

FÜR DAS PESTO

120 g Haselnusskerne

130 g Spinat

70 g Rucola

100 ml Olivenöl

30 ml Ahornsirup

1 TL Meersalz

abgeriebene Schale von 2 Bio-Zitronen

Saft von 1 Zitrone

FÜR DEN BELAG

120 g Haselnusskerne

100 g Rucola

1 Bund frisches Basilikum

80 g geröstete, gesalzene Cashewkerne

vegan | laktosefrei

Der nussige Teig aus Dinkelvollkornmehl ist die knusprige Basis für diese Pizza. Das Pesto ist eine Wucht, und der Cashew Cheese bringt noch mehr Nuss ins Spiel. Belegt ist die Pizza mit jeder Menge Rucola, weiteren Nüssen und Basilikum – genau das Richtige für lange, gesellige Abende mit Freunden.

ZUBEREITUNG

Für den Pizzateig das Dinkelmehl in eine große Schüssel geben und eine Mulde formen, 200 ml lauwarmes Wasser hineingießen, den Kokosblütenzucker hinzugeben und die Hefe in die Mulde bröseln. Die Hefe auflösen und mit etwas Mehl vom Rand zu einem Vorteig verrühren. Den Teig zugedeckt etwa 15 Minuten gehen lassen, bis Blasen sichtbar werden. Weitere 60 ml lauwarmes Wasser, Olivenöl und Salz hinzufügen und alles zu einem glatten Pizzateig kneten. Zugedeckt 2 Stunden gehen lassen, bis sich das Volumen verdoppelt hat.

Die Cashewkerne vollständig mit Wasser bedecken und 2 Stunden einweichen. Für den Cashew Cheese das Einweichwasser abgießen und die Cashewkerne mit 4 EL frischem Wasser mit dem Stabmixer pürieren.

Während der Einweichzeit das Pesto zubereiten. Hierfür die Haselnüsse in einer Pfanne ohne Fett leicht rösten. Spinat und Rucola waschen, trocken schleudern, grob hacken und in ein hohes Gefäß geben. Mit Haselnüssen, Olivenöl, Ahornsirup, Salz, Zitronenschale und Zitronensaft mit dem Stabmixer zu einem Pesto mixen.

Den Ofen auf 220 °C Ober-/Unterhitze vorheizen. Wer einen Pizzastein hat, legt ihn mit in den Ofen.

Den Pizzateig vierteln und die Viertel zu Kugeln formen. Eine Kugel auf einer mit Mehl bestäubten Arbeitsfläche etwa ½ cm dick ausrollen, dann auf einen bemehlten Pizzaschieber legen, mit ¼ des Pestos bestreichen und ebenfalls ¼ des Cashew Cheese als kleine Tupfen darauf verteilen. Die Pizza im Ofen etwa 5 Minuten backen. Die restlichen Pizzen ebenso zubereiten.

Für den Belag die Haselnüsse in einer Pfanne ohne Fett leicht rösten, Rucola und Basilikum waschen und trocken schleudern. Den Basilikum grob hacken.

Die fertigen Pizzen mit Haselnüssen, Cashewkernen, Rucola und Basilikum belegen und sofort genießen.

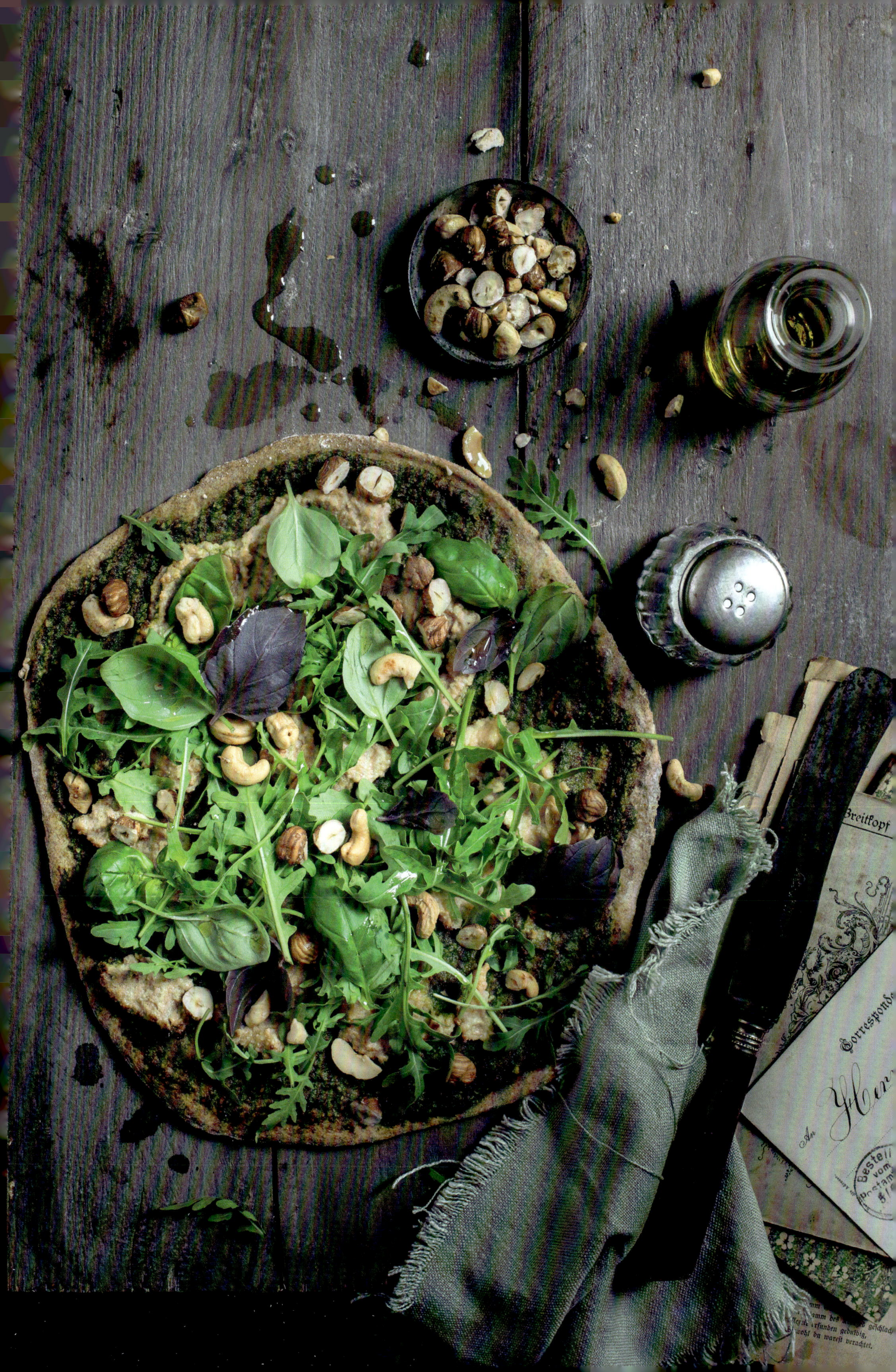
Breitkopf

Chorizo-LASAGNE

Chorizo | Chili | Tomatenmarmelade | Parmesan | Basilikum

FÜR 4 PERSONEN

FÜR DEN NUDELTEIG

150 g Hartweizengrieß

150 g Weizenmehl (Type 405)

1 TL Meersalz

FÜR DIE FÜLLUNG

400 g gemischtes Hackfleisch

1 ½ TL Meersalz

50 g Chorizo

2 große rote Chilischoten

FÜR DIE BÉCHAMEL

1 EL Butter

2 ½ EL Weizenmehl (Type 405)

550 ml Milch (3,5 % Fett)

1 TL Meersalz

50 g geriebener Parmesan

geriebene Muskatnuss (nach Belieben)

AUSSERDEM

runde Form (ca. 20–25 cm Ø)

Butter für die Form

200 g Tomaten-Marmelade (siehe S. 50, aber mit der Hälfte des Zuckers)

1 Bund frisches Basilikum

100 g geriebener Parmesan

Eine etwas andere Lasagne! Die süße Tomatenmarmelade, scharfe Chorizo und viel Chili machen sie zu einer spannenden und neuen Variante des italienischen Klassikers. Sie ist das perfekte Winter-Soul-Food, wenn es draußen stürmt und schneit. Probiert es aus – diese Lasagne ist umwerfend gut.

ZUBEREITUNG

Für den Nudelteig Hartweizengrieß, Mehl, Salz und 150 ml Wasser einige Minuten mit der Hand oder der Maschine zu einem glatten Teig kneten. Den Teig zu einer Kugel formen und in Frischhaltefolie gewickelt kühl stellen.

Das Hackfleisch in einer Pfanne bei starker Hitze anbraten und mit ½ TL Meersalz würzen. Die Chorizo in kleine Stücke schneiden, zum Hackfleisch geben und anbraten. Chilischoten waschen, halbieren, entkernen, fein hacken und dazugeben. Das Fleisch zur Seite stellen.

Für die Béchamel die Butter in einem Topf zerlassen, das Mehl hinzufügen und glatt rühren. Langsam unter ständigem Rühren etwas Milch hinzugießen. Nach und nach mehr Milch dazugeben und gut rühren, damit sich keine Klümpchen bilden. Die Béchamel muss nach jeder Zugabe von Milch erneut langsam aufkochen, damit sie eindicken kann. Die fertige Béchamel mit 1 TL Salz, 50 g geriebenem Parmesan und nach Belieben mit Muskatnuss würzen.

Den Ofen auf 180 °C Ober-/Unterhitze vorheizen, die Form ausfetten. Den Teig in vier Kugeln teilen. Jeweils auf einer bemehlten Arbeitsfläche dünn ausrollen, bis sie die Größe der Form haben. Die erste Nudelplatte auf den Boden der Form legen. Zuerst etwas Béchamelsauce, dann ein wenig Tomatenmarmelade darauf verteilen. Etwas von der Hackfleischmischung daraufgeben und abschließend noch einmal Béchamel darüberträufeln. Mit einigen Basilikumblättern belegen und mit etwa 25 g Parmesan bestreuen. Die nächste Nudelplatte darauflegen und in der gleichen Reihenfolge weiterverfahren. Nach der letzten Nudelplatte mit Béchamel, Fleisch, Tomatenmarmelade, Basilikum und geriebenem Parmesan abschließen.

Die geschichtete Lasagne nun im Ofen etwa 25 Minuten garen. In den letzten 5 Minuten dichter unter den Ofengrill schieben, damit sie eine schöne braune Kruste bekommt. Herausnehmen und schön heiß servieren.

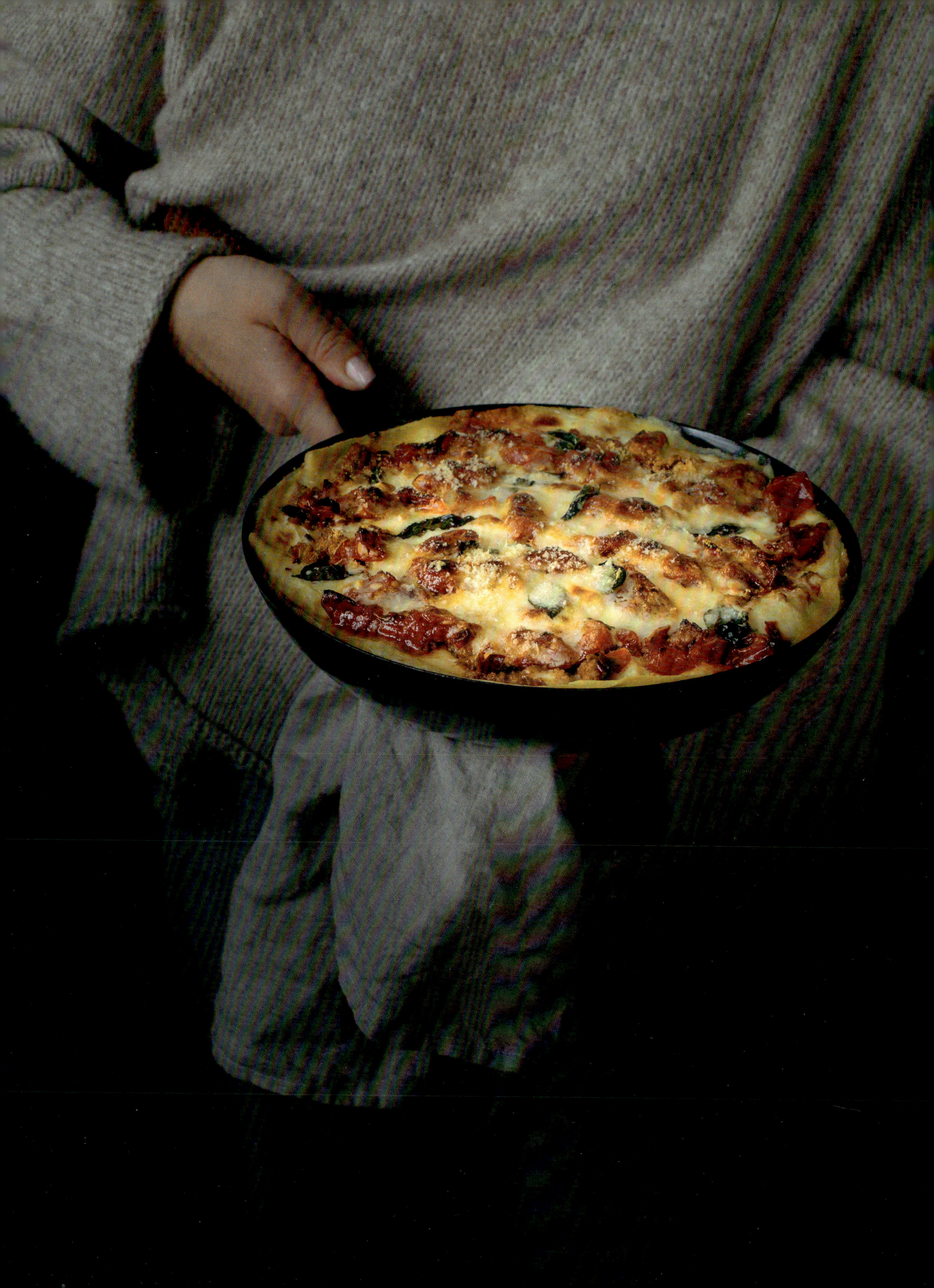

Grüne-Sauce-BURGER

Frühlingskräuter | Curry | Avocado | Spiegelei

Für 4 Personen bzw. 8 Burger

FÜR DIE BURGERBRÖTCHEN

90 ml Milch (3,5 % Fett)

3 EL Zucker

21 g frische Hefe

190 g Weizenmehl (Type 405)

250 g Dinkelmehl (Type 630)

2 TL Salz

2 Eier (Größe M)

60 g weiche Butter

1 Eigelb

schwarzer Sesam

FÜR DIE GRÜNE SAUCE

100 g Grüne-Sauce-Kräuter (Borretsch, Kerbel, Kresse, Petersilie, Pimpinelle, Sauerampfer, Schnittlauch)

300 g Schmand

½ TL Meersalz

Was ich an meiner Heimat Nordhessen besonders liebe, ist die Grüne Sauce. Da ich es aber genauso liebe, Neues aus Altbewährtem zu zaubern, esse ich sie manchmal nicht klassisch zu Pellkartoffeln, sondern in einem leckeren Burger mit Rindfleisch und Curry-Mayonnaise. Der Clou ist das flüssige Eigelb vom Spiegelei. Der Burger ist echt 'ne Wucht!

Zubereitung

Für die Burgerbrötchen die Milch mit 135 ml Wasser mischen und leicht erwärmen. Die Flüssigkeit in eine Schüssel geben, den Zucker darin auflösen und die Hefe hineinbröckeln. Sobald sich Blasen bilden, Mehl, Dinkelmehl, Salz, Eier und Butter dazugeben und etwa 10 Minuten auf mittlerer Stufe in der Küchenmaschine kneten. Danach den Teig auf einer leicht bemehlten Fläche per Hand weiterkneten. Eventuell auch Mehl auf die Hände geben, aber aufpassen, dass man nicht zu viel zusätzliches Mehl in den Teig einarbeitet. Den Teig in einer leicht bemehlten Schüssel 30 Minuten gehen lassen. Dann durchkneten, wieder zu einer Kugel formen und 2 Stunden gehen lassen. Noch einmal gut durchkneten, zu 8–10 kleinen Kugeln formen und abgedeckt weitere 20 Minuten gehen lassen.

Den Ofen auf 200 °C Ober-/Unterhitze vorheizen. Die Burgerbrötchen auf ein mit Backpapier belegtes Backblech setzen, mit einem Gemisch aus Eigelb und 1 EL Wasser bestreichen, mit Sesam bestreuen und etwa 10–15 Minuten im Ofen auf der mittleren Schiene backen.

Für die Grüne Sauce die Frühlingskräuter waschen, fein hacken, mit Schmand vermengen und mit Salz würzen.

Weiter geht's auf der nächsten Seite.

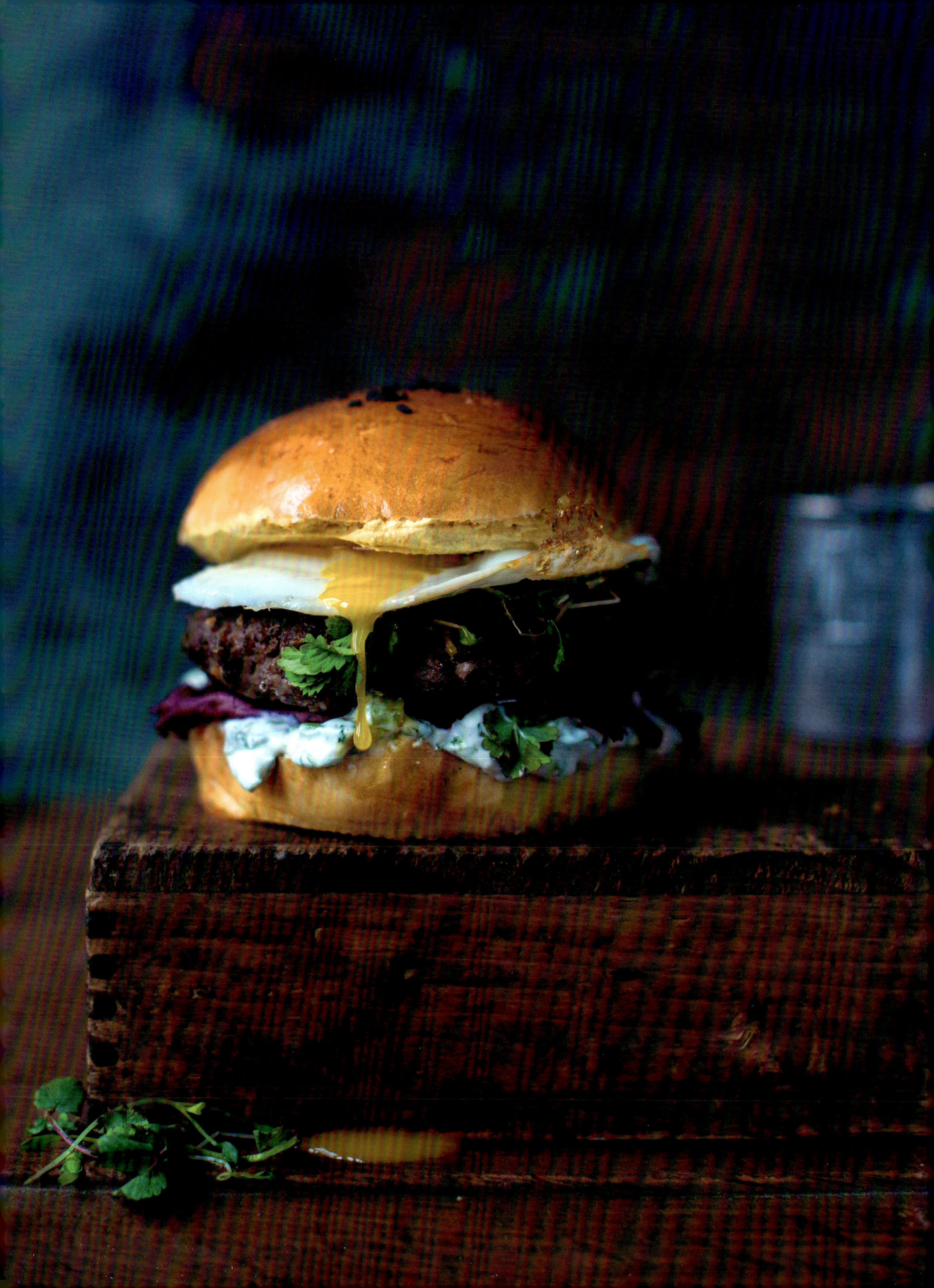

FÜR DIE CURRY-MAYONNAISE

2 Eigelb
1 EL Saft von 1 Zitrone
flüssiges Kokosöl
Salz
2 TL Currypulver

FÜR DIE RINDFLEISCH-PATTIES

2 TL frisch gemahlener schwarzer Pfeffer
600 g Hackfleisch vom Rind
1 TL Salz
abgeriebene Schale von 2 Bio-Zitronen
Pflanzenöl

ZUM SERVIEREN

8 Eier (Größe S)
2 Avocados
8 Radicchio-Blätter
1 kleine Handvoll Frühlingskräuter

AUSSERDEM

Küchenmaschine

Für die Curry-Mayonnaise das Eigelb und den Zitronensaft in ein hohes Gefäß geben und kurz mit dem Stabmixer verquirlen. Dann unter ständigem Mixen tröpfchenweise Kokosöl hinzugeben. Erst nach und nach weiteres Kokosöl in dünnem Strahl hinzufügen, bis eine Mayonnaise entstanden ist. Sobald die gewünschte Konsistenz erreicht ist, die Mayonnaise mit Salz und Curry würzen und bis zum Gebrauch kühl stellen.

Für die Rindfleisch-Patties den Pfeffer kurz in einer heißen Pfanne rösten, bis Duftschwaden aufsteigen. Vorsicht, den Pfeffer nicht verbrennen lassen! Das Rindfleisch mit Pfeffer, Salz und Zitronenschale würzen und zu 8 Kugeln formen. Die Kugeln flach drücken und in der Pfanne mit etwas Öl und bei starker Hitze von beiden Seiten scharf anbraten. Auf Wunsch innen rosa lassen. Parallel dazu 8 Spiegeleier braten, dabei darauf achten, dass das Eigelb flüssig bleibt.

Die Avocados aufschneiden, entkernen, das Fruchtfleisch auslösen und in dünne Scheiben schneiden. Den Radicchio und die Frühlingskräuter waschen. Die Burgerbrötchen halbieren und mit Curry-Mayonnaise, Rindfleisch, Grüner Sauce, Avocado, Radicchio und Kräutern belegen. Zum Abschluss je ein Spiegelei auf die Burger setzen. Die oberen Brötchenhälften daraufsetzen und eventuell mit kleinen Spießchen fixieren, damit man die Burger unfallfrei essen kann.

TIPP | Wenn ihr die Spiegeleier in einem Metallring bratet, werden sie kreisrund und passen genau auf die Burger.

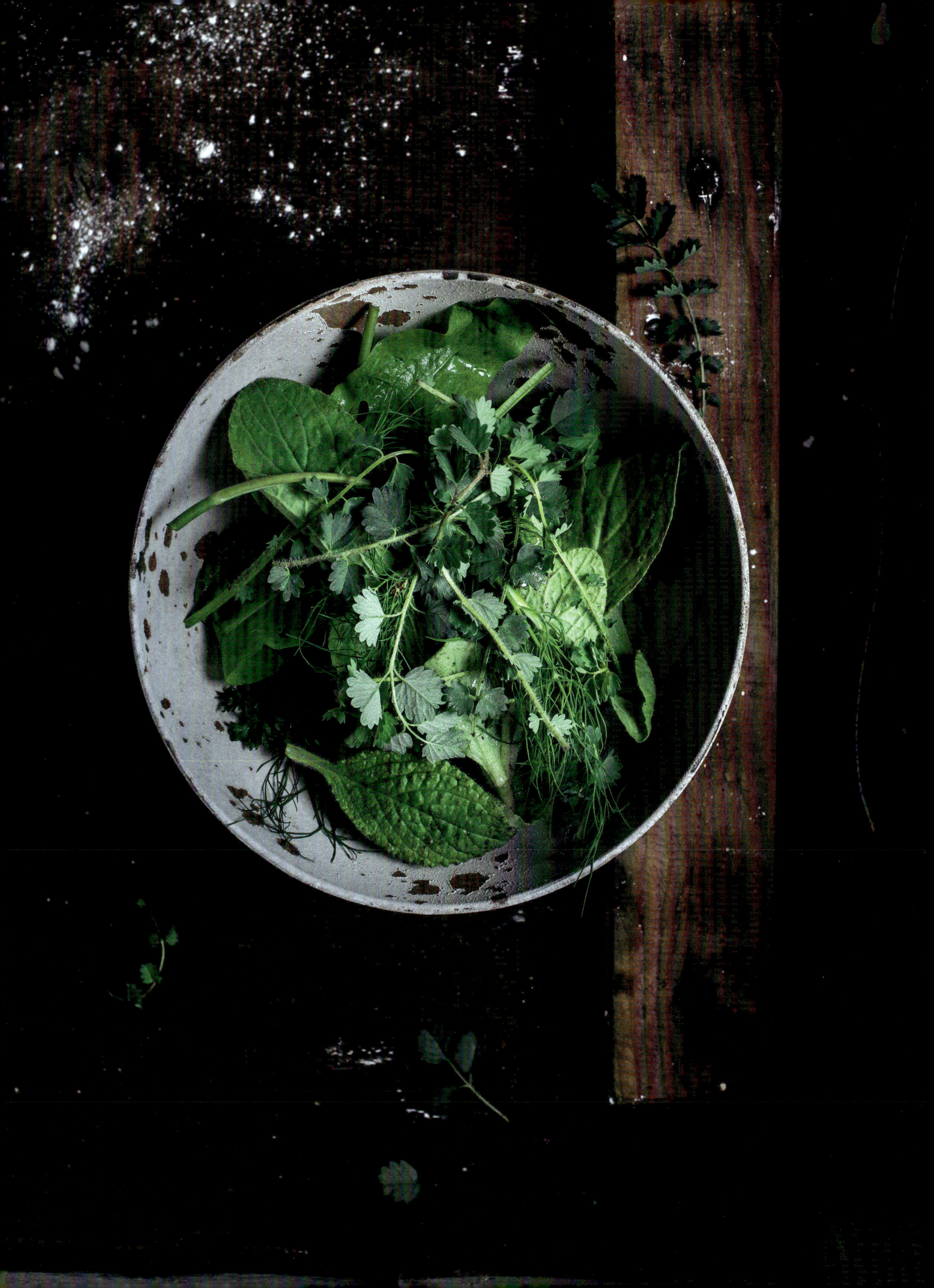

Linguine mit RAGÙ

Rind | Mazis-Blüte | Nelke | Zimt | Orange

FÜR 4 PERSONEN

800 g Hackfleisch vom Rind

200 g Möhren

200 g Knollensellerie

1 Zwiebel

3 Knoblauchzehen

1 großes Lorbeerblatt

1 Mazis-Blüte (Frucht des Muskatnussbaums)

1 EL Tomatenmark

250 ml Rotwein

1 ½ TL Salz

2 Nelken

1 kleine, getrocknete rote Chilischote

400 g stückige Tomaten (aus der Dose)

400 g passierte Tomaten aus dem Tetrapak

750 ml Milch (3,5 % Fett)

¾ TL gemahlener Zimt

½ TL frisch gemahlener schwarzer Pfeffer

400 ml Rinderbrühe

500 g Bandnudeln, (siehe S. 190, aber ohne Thymian)

ZUM SERVIEREN

2 Orangen

Parmesan (nach Belieben)

AUSSERDEM

Mörser

Filetiermesser

In Italien heißt „Ragù", was wir in Deutschland Bolognese-Sauce nennen. Die Italiener servieren Ragù übrigens nur selten zu Spaghetti, eher zu dicken Bandnudeln, Penne, Farfalle oder Conchiglie. An meinem ganz eigenen Rezept habe ich lange getüftelt, habe Dutzende original italienische Rezepte studiert und wahrscheinlich Hunderte Male meine Variante gekocht. Ich mache das Ragù eigentlich nach Gefühl, doch hier ist nun meine ganz persönliche Variante schwarz auf weiß.

ZUBEREITUNG

Das Hackfleisch 30 Minuten vor der Zubereitung aus dem Kühlschrank nehmen, damit es Zimmertemperatur annehmen kann. Dann in einen großen Topf geben, flach drücken und einige Minuten bei starker Hitze braten. Das Fleisch immer wieder mit einem Holzlöffel zerteilen, aber nicht wenden. Erst nach mehreren Minuten, wenn das Fleisch komplett durchgewärmt ist, wenden und von allen Seiten anbraten. So erhält man besonders schön geröstetes Hackfleisch.

In der Zwischenzeit Möhren, Sellerie, Zwiebel und Knoblauch schälen und sehr fein hacken, entweder per Hand oder in der Küchenmaschine, sodass die Stückchen sehr fein sind. Lorbeerblatt von der Blattrippe befreien und ebenfalls sehr fein hacken. Gemüse, Lorbeer und Mazis-Blüte zum Fleisch geben und einige Minuten rösten. Tomatenmark hinzugeben und unter ständigem Rühren 1–2 Minuten anrösten. Mit etwas Rotwein ablöschen. Sobald die Flüssigkeit verkocht ist und die Masse leicht am Topfboden ansetzt, erneut etwas Rotwein hinzugeben, umrühren, wieder verkochen lassen. So weiter verfahren, bis Hackfleisch und Gemüse den gesamten Rotwein aufgenommen haben. Das Salz mit den Nelken und der Chilischote fein mörsern und unter das Fleisch rühren. Stückige und passierte Tomaten dazugeben, umrühren und mit Milch aufgießen. Mit Zimt und Pfeffer würzen. Die Rinderbrühe angießen, alles verrühren und das Ragù bei mittlerer Hitze 3 Stunden köcheln lassen. Dabei immer wieder umrühren.

In der Zwischenzeit die Orangen waschen, trocken tupfen, schälen und über einem Topf filetieren, sodass der Saft in dem Topf aufgefangen wird. Die Orangenfilets hinzugeben und einige Minuten bei mittlerer Hitze karamellisieren lassen. Parmesan reiben.

Die Nudeln al dente kochen, abgießen und einige Löffel Ragù unterrühren. Nudeln auf Tellern anrichten, jeweils etwas Ragù darübergeben und mit Orangenfilets und viel Parmesan garnieren.

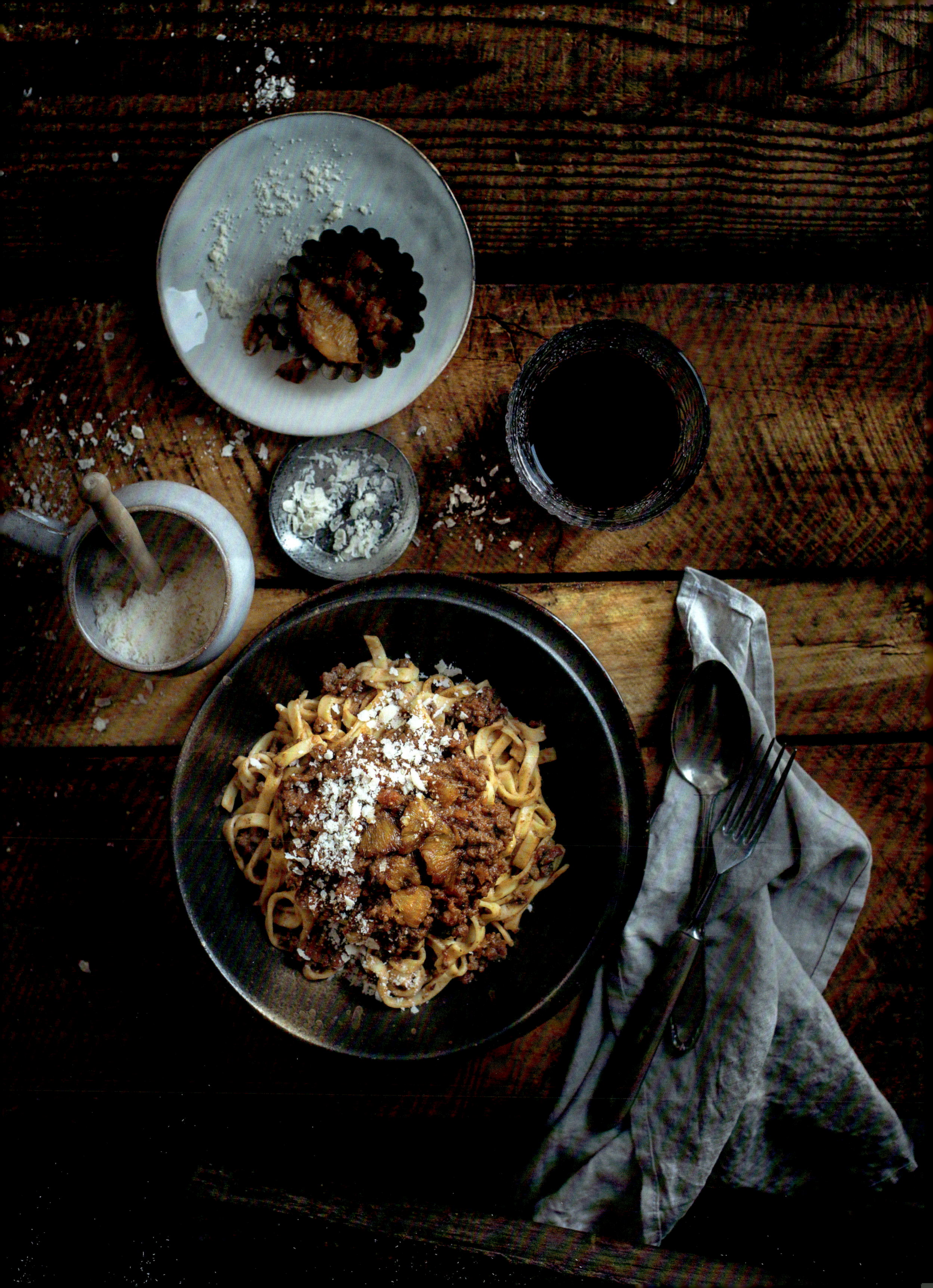

Kichererbseneintopf mit AVOCADO-MINZ-SALAT

KICHERERBSE | SALZMANDEL | AVOCADO | MINZE | GRANATAPFEL | DATTEL | KORIANDER

FÜR 4 PERSONEN

FÜR DEN KICHERERBSENEINTOPF

2 kleine Zwiebeln

4 Knoblauchzehen

2 TL Kokosöl

40 g frischer Ingwer

4 TL gelbe Currypaste

2 TL Currypulver

1 TL Meersalz

800 ml Kokosmilch

600 g Kichererbsen (aus dem Glas)

FÜR DIE MANDELN

120 g Mandeln

1 TL Kokosöl

½ TL Meersalz

¼ TL Cayennepfeffer

Eines meiner absoluten Lieblingsgerichte. Hier ist alles vertreten, was meinen Gaumen in Entzücken versetzt: Kichererbsen in einem scharfen Curry-Eintopf, salzig-würzige Mandeln für den besonderen Knack, cremige Avocado, Kräuterpower durch Koriander und Minze, scharf-süßer Bulgur und etwas Crème fraîche. Ich könnte mich reinsetzen. Jedes Mal.

ZUBEREITUNG

Den Ofen auf 180 °C Ober-/Unterhitze vorheizen.

Für den Kichererbseneintopf die Zwiebeln und den Knoblauch schälen und beides fein würfeln. Das Kokosöl in einem Topf schmelzen und die Zwiebeln und den Knoblauch darin bei schwacher Hitze anschwitzen. Den Ingwer schälen, fein hacken und in den Topf geben. Currypaste, Currypulver und Meersalz unterrühren und kurz mitrösten. Mit der Kokosmilch aufgießen und alles offen etwa 10 Minuten köcheln lassen.

Für die Salzmandeln die Mandeln mit dem Kokosöl und den Gewürzen mischen, in eine kleine Auflaufform geben und im Ofen etwa 10 Minuten rösten, gelegentlich umrühren.

Weiter geht's auf der nächsten Seite.

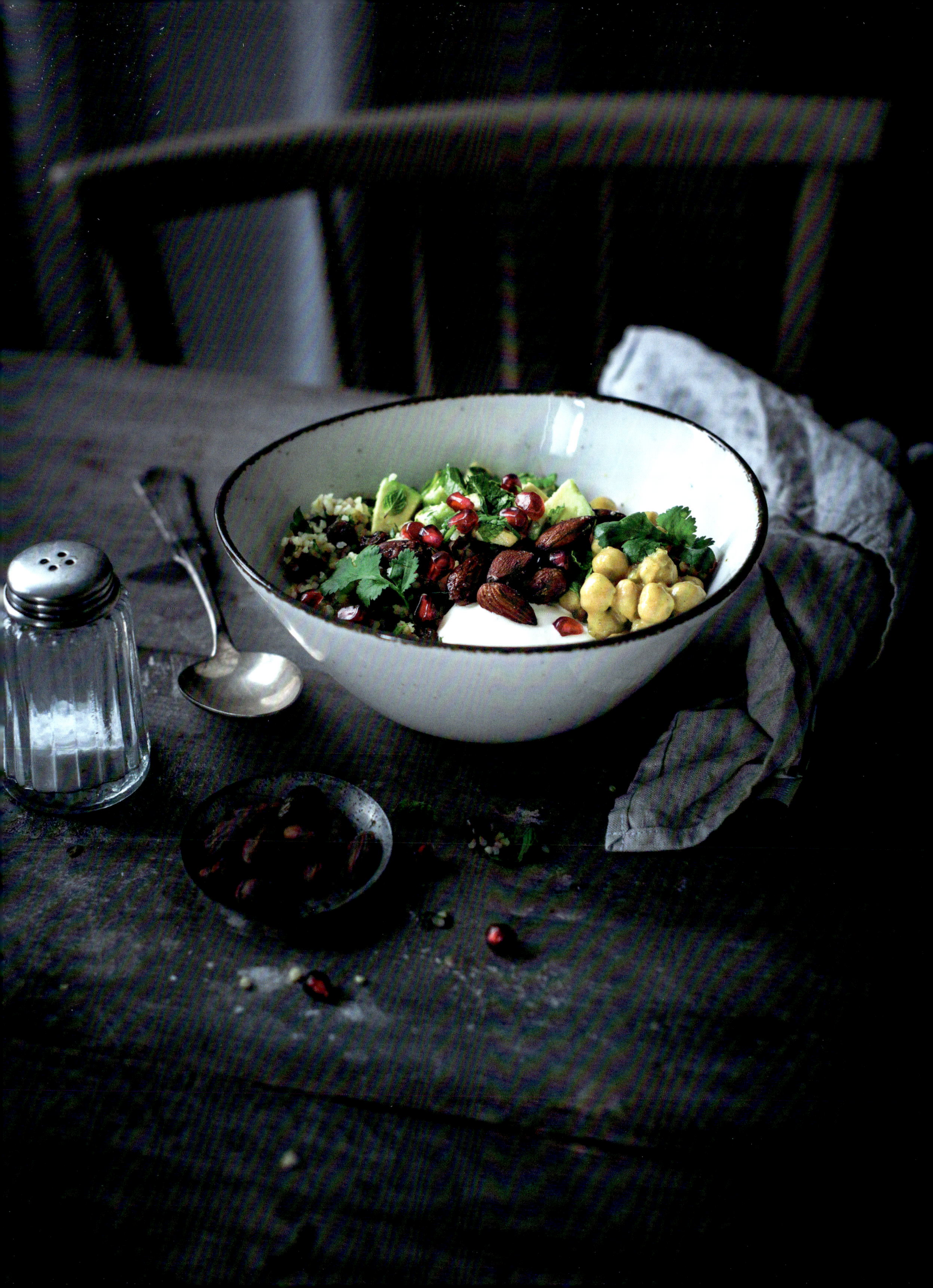

FÜR DEN BULGUR

50 g Rosinen

125 g Bulgur

60 g getrocknete, entsteinte Datteln

½ Bund frische glatte Petersilie

2 EL Olivenöl

¼ TL Meersalz

¼ TL Currypulver

FÜR DEN AVOCADO-MINZ-SALAT

1 Bund frisches Koriandergrün

½ Bund frische Minze

2 Avocados

Saft von ½ Zitrone

ZUM GARNIEREN

Crème fraîche

4 EL Granatapfelkerne

Außerdem

Auflaufform (20 x 12 cm)

vegan   laktosefrei

In der Zwischenzeit die Rosinen 10 Minuten in Wasser einweichen. Den Bulgur mit 400 ml gesalzenem Wasser aufkochen, vom Herd nehmen und 8 Minuten quellen lassen, dann eventuell verbliebenes Wasser abgießen. Die Datteln hacken, die Rosinen abtropfen lassen und mit den Datteln zum Bulgur geben. Die Petersilie waschen, trocken schütteln und fein hacken, mit Olivenöl, Salz und Currypulver unter den Bulgur heben.

Die Kichererbsen zur Kokosmilch-Curry-Sauce geben und alles weitere 10 Minuten köcheln lassen.

In der Zwischenzeit für den Avocado-Minz-Salat den Koriander und die Minze waschen und trocken schütteln, die Blättchen von den Stielen zupfen. Den Koriander grob hacken. Die Avocados halbieren, den Kern auslösen und das Fruchtfleisch in kleine Würfel schneiden. Mit den Minzblättchen und dem Zitronensaft mischen.

Den Kichererbseneintopf mit dem Curry-Bulgur und den Salzmandeln in großen Schalen anrichten. Etwas Avocado-Minz-Salat in jede Schale geben, nach Belieben mit Crème fraîche, Koriander und Granatapfelkernen garnieren und servieren.

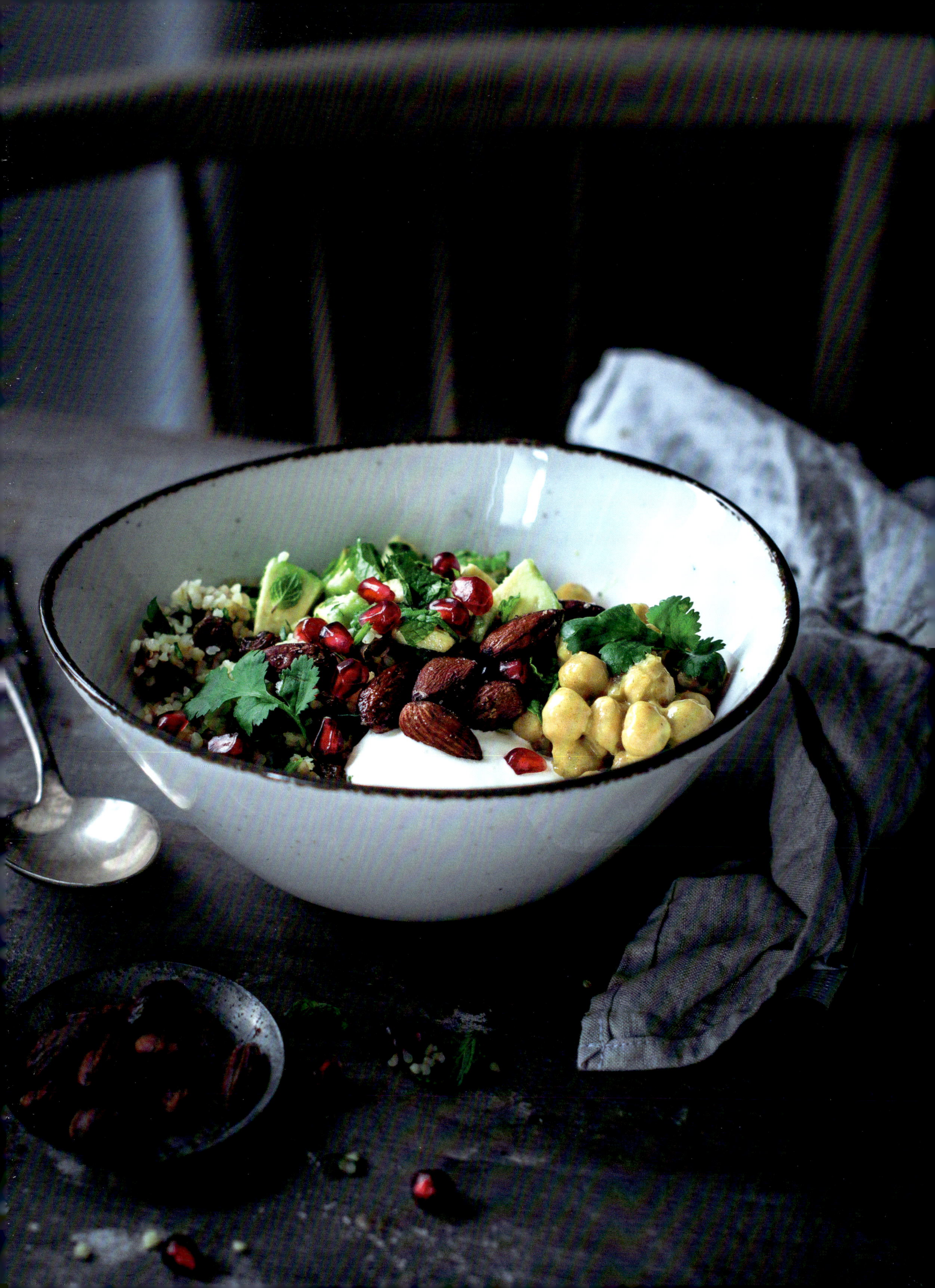

Grilled Cheese Sandwich

Cheddar | Parmesan | Wirsing | Pancetta | Apfel | Champignon | Trüffel

Für 8 Sandwiches

12 Scheiben Pancetta (alternativ Bacon)

500 g große braune Champigons

Meersalz

frisch gemahlener schwarzer Pfeffer

6 große Wirsingblätter

4 EL Butter

8 Brotscheiben (z. B. Roggenbrot oder Landbrot)

1 roter Apfel

75 g grob gehobelter Parmesan

180 g geschnittener Cheddar (ca. 8 Scheiben)

180 g milder, halbfester Schnittkäse (ca. 8 Scheiben)

FÜR DIE MAYONNAISE

2 Eigelb

2 TL Senf

½ EL Weißweinessig

ca. 200 ml Sonnenblumenöl

Meersalz

1 kleine Wintertrüffel

Einer meiner schönsten Tagträume: Ich lebe auf einem großen Bauernhof. Draußen ist es kalt und ungemütlich, ein richtig stürmischer Herbsttag. Drinnen hängt meine dicke Jacke am Haken, die Gummistiefel stehen in der Ecke, das Feuer lodert im offenen Kamin, ... und ich beiße genüsslich in dieses zugegeben etwas dekadente Grilled Cheese Sandwich. Hach, wie liebe ich Tagträume ... Und dieses Sandwich. Mit oder ohne Trüffel, ganz wie ihr mögt!

Zubereitung

Den Ofen auf 180 °C Umluft vorheizen. Die Pancetta in einer Pfanne bei starker Hitze von beiden Seiten knusprig braten, dann herausnehmen und beiseitestellen. Die Champigons putzen, in breite Scheiben schneiden und in dem ausgetretenen Fett der Pancetta scharf anbraten. Mit Salz und Pfeffer würzen.

Die Wirsingblätter waschen, vom harten Strunk befreien und in grobe Stücke schneiden. 2 EL Butter in der Pfanne erhitzen. Die Wirsingblätter kurz darin andünsten und mit 1 Prise Salz würzen, dann herausnehmen. Weitere 2 EL Butter in der Pfanne zerlassen und die Brotscheiben darin anrösten. Herausnehmen und auf ein mit Backpapier belegtes Backblech legen.

Den Apfel halbieren, vierteln, vom Kerngehäuse befreien und in dünne Scheiben schneiden. Brotscheiben halbieren und die Hälfte mit Käse, Wirsing, Pancetta, Apfelscheiben, Pilzen und einer zweiten Schicht Käse belegen. Darauf achten, mit einer Käsescheibe abzuschließen. Die belegten Brote mit den restlichen Brotscheiben bedecken. Die Sandwiches im vorgeheizten Ofen auf Backpapier etwa 5 Minuten grillen, bis der Käse geschmolzen ist.

In der Zwischenzeit die Mayonnaise vorbereiten. Hierfür das Eigelb mit Senf und Weißweinessig in einen Messbecher geben und mit einem Stabmixer verquirlen. Einige Tropfen Öl dazugeben und weitermixen. Unter ständigem Schlagen in einem langsamen und dünnen Strahl mehr Öl hinzugeben, bis eine cremige Konsistenz erreicht ist. Die Mayonnaise mit Salz würzen. Ein Stück von der Trüffel hacken und ½ EL davon unter die Mayonnaise heben. Den Rest der Trüffel in hauchdünne Scheiben hobeln.

Die Grilled Cheese Sandwiches mit der Trüffel-Mayonnaise und der gehobelten Trüffel servieren.

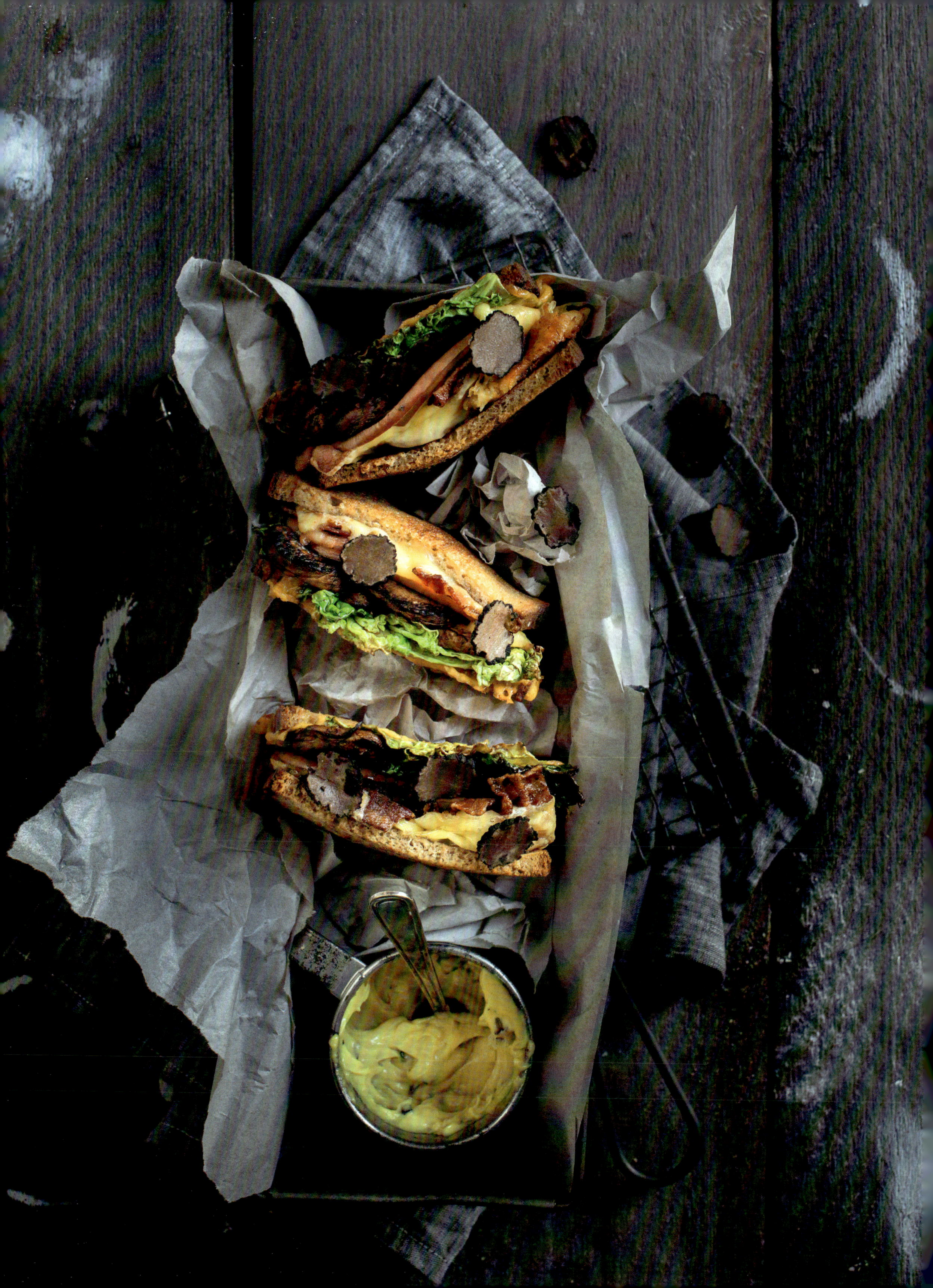

Miso-Tofu-BOWL

Miso | Buchweizen | Edamame | Ingwer | schwarzer Sesam | Koriander | Limette

FÜR 4 PERSONEN

FÜR DEN TOFU

200 g Erdnuss-Tofu (alternativ normaler Tofu)

30 g frischer Ingwer

3 TL Miso-Paste (Hatcho Miso)

200 ml Kokosmilch

1 TL Cayennepfeffer

2 EL Ahornsirup

2 TL Sesamöl

½ TL Meersalz

FÜR DIE SOBA-NUDELN

3 TL Miso-Paste (Hatcho Miso)

400 g Soba-Nudeln (Buchweizen)

2 TL Sesamöl

ZUM SERVIEREN

160 g gepalte TK-Edamame

1 TL Sesamöl

Meersalz

2 EL schwarzer Sesam, plus etwas mehr zum Garnieren

1 Bund frisches Koriandergrün

Gartenkresse

4 EL Quick Pickles (Zwiebeln und Radieschen, siehe S. 62)

abgeriebene Schale von 4 Bio-Limetten

vegan | glutenfrei | laktosefrei

Ich würze gern mit Miso. Mit etwas Kokosmilch und spannenden Gewürzen verrührt, wird daraus im Handumdrehen eine leckere Marinade oder Sauce. Auch die Soba-Nudeln koche ich in aufgelöster Miso-Paste, so bekommen sie einen noch kräftigeren Geschmack. Ich schwenke sie in einer leicht scharfen Miso-Kokosmilch-Sauce und serviere sie dann mit köstlichen Tofuwürfeln, Edamame, Koriander, Quick-Pickled-Zwiebeln, Radieschen und viel Limette.

ZUBEREITUNG

Den Ofen auf 180 °C Ober-/Unterhitze vorheizen. Ein Backblech mit Backpapier auslegen.

Den Tofu in kleine Würfel schneiden. Für die Marinade den Ingwer schälen und fein hacken. Die Miso-Paste mit 1 EL heißem Wasser glatt rühren. Dann 140 ml Kokosmilch, Cayennepfeffer, Ahornsirup, Sesamöl und gehackten Ingwer hinzugeben und alles vermengen. Den Tofu mit 2 EL Marinade mischen und auf das Backblech geben. Mit Meersalz bestreuen und im Ofen etwa 10 Minuten rösten.

Für die Miso-Sauce die restliche Marinade mit der verbliebenen Kokosmilch (60 ml) aufgießen.

Für die Soba-Nudeln die Miso-Paste mit 1,5 l Wasser aufgießen und aufkochen lassen. Die Soba-Nudeln darin 2–3 Minuten al dente kochen, dann abtropfen lassen und mit etwas Sesamöl vermengen, damit die Nudeln nicht aneinanderkleben.

In der Zwischenzeit die Edamame mit Sesamöl, 1 Prise Meersalz und schwarzem Sesam vermengen. Koriander waschen, trocken schütteln und die Blätter grob hacken.

Die Soba-Nudeln in der Miso-Sauce bei schwacher Hitze erwärmen und auf Teller verteilen. Edamame und Tofu darübergeben und nach Belieben mit Koriander, Kresse, Quick-Pickled-Zwiebeln und -Radieschen, Limettenschale und schwarzem Sesam garnieren.

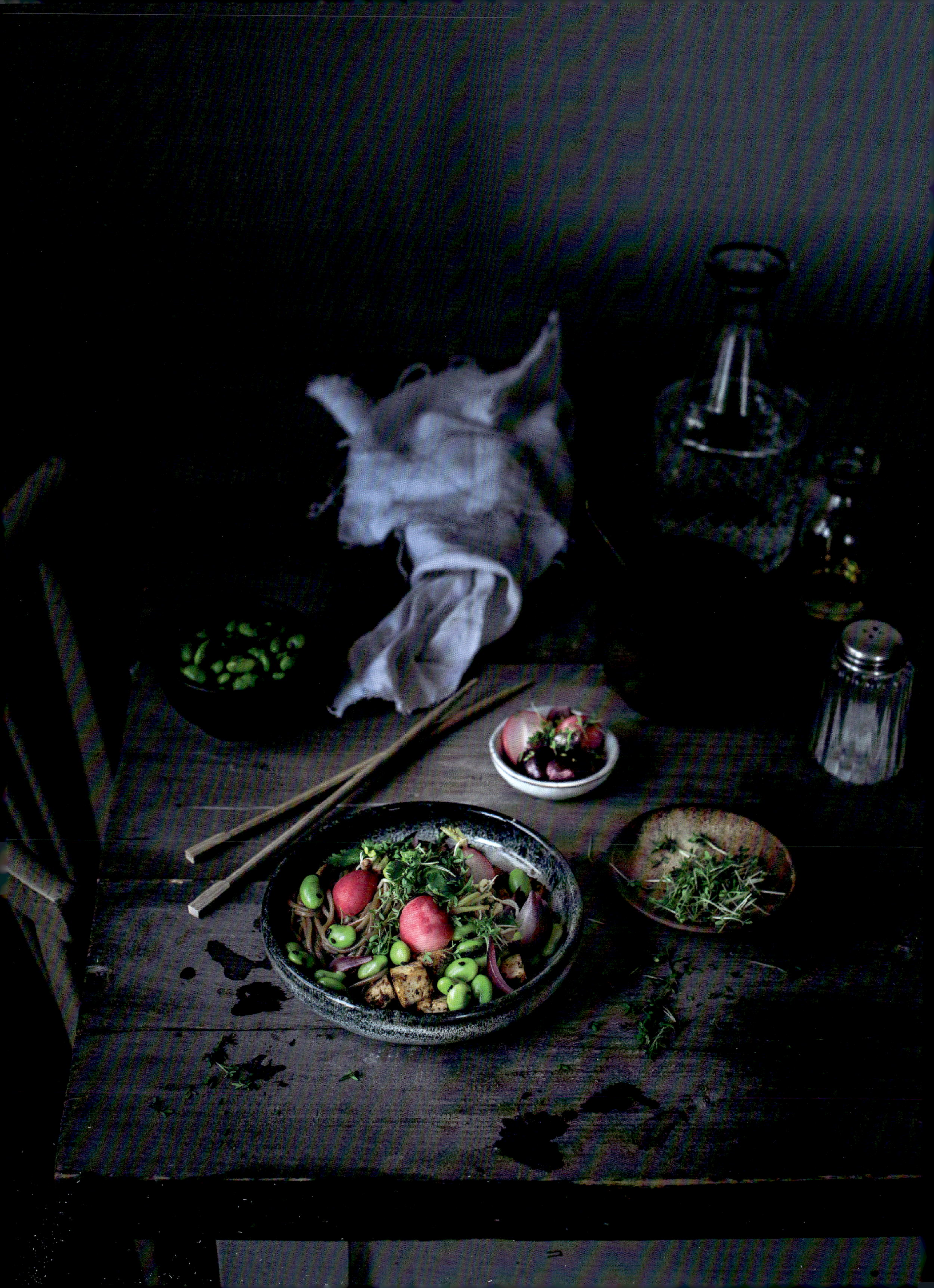

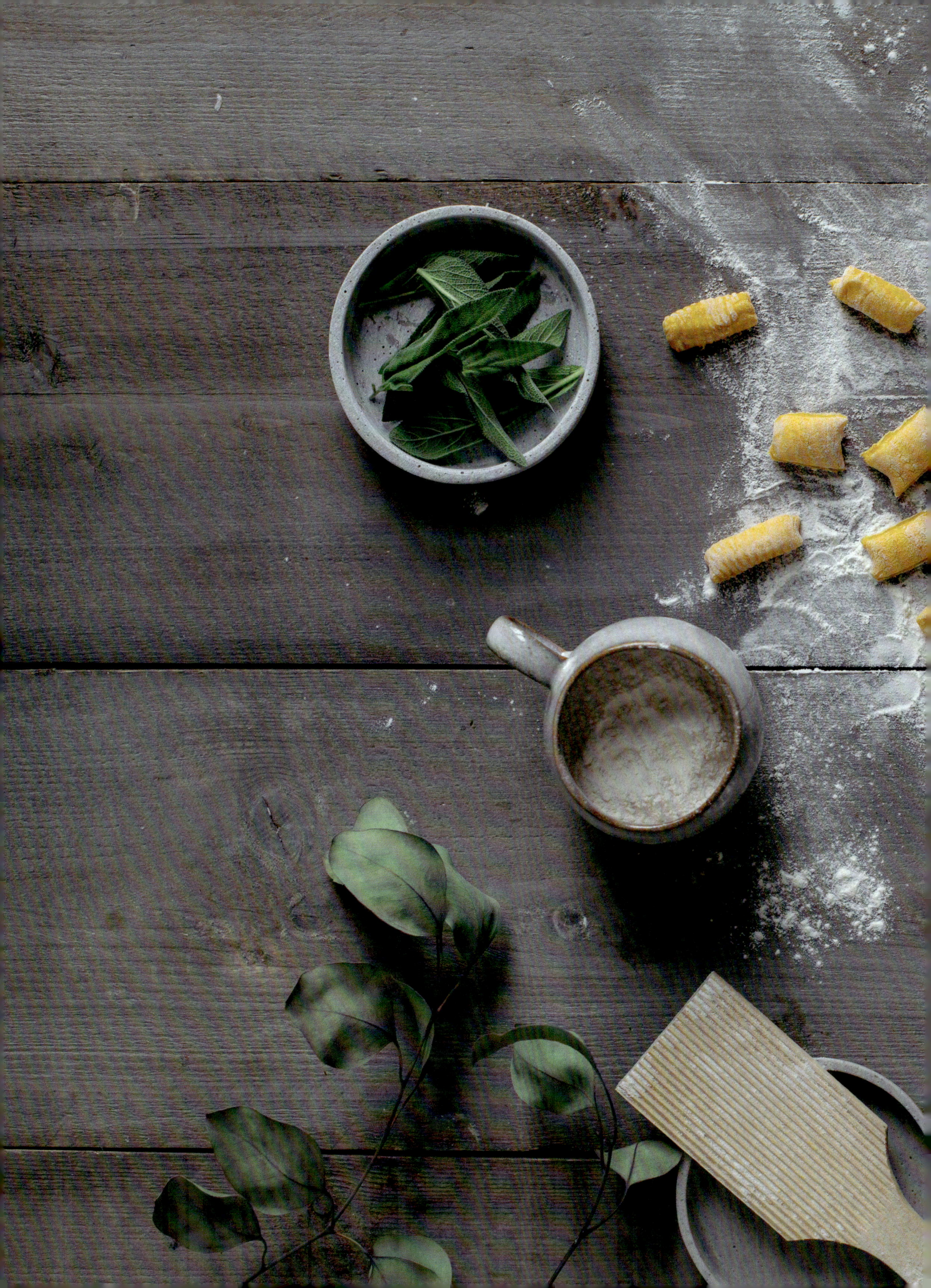

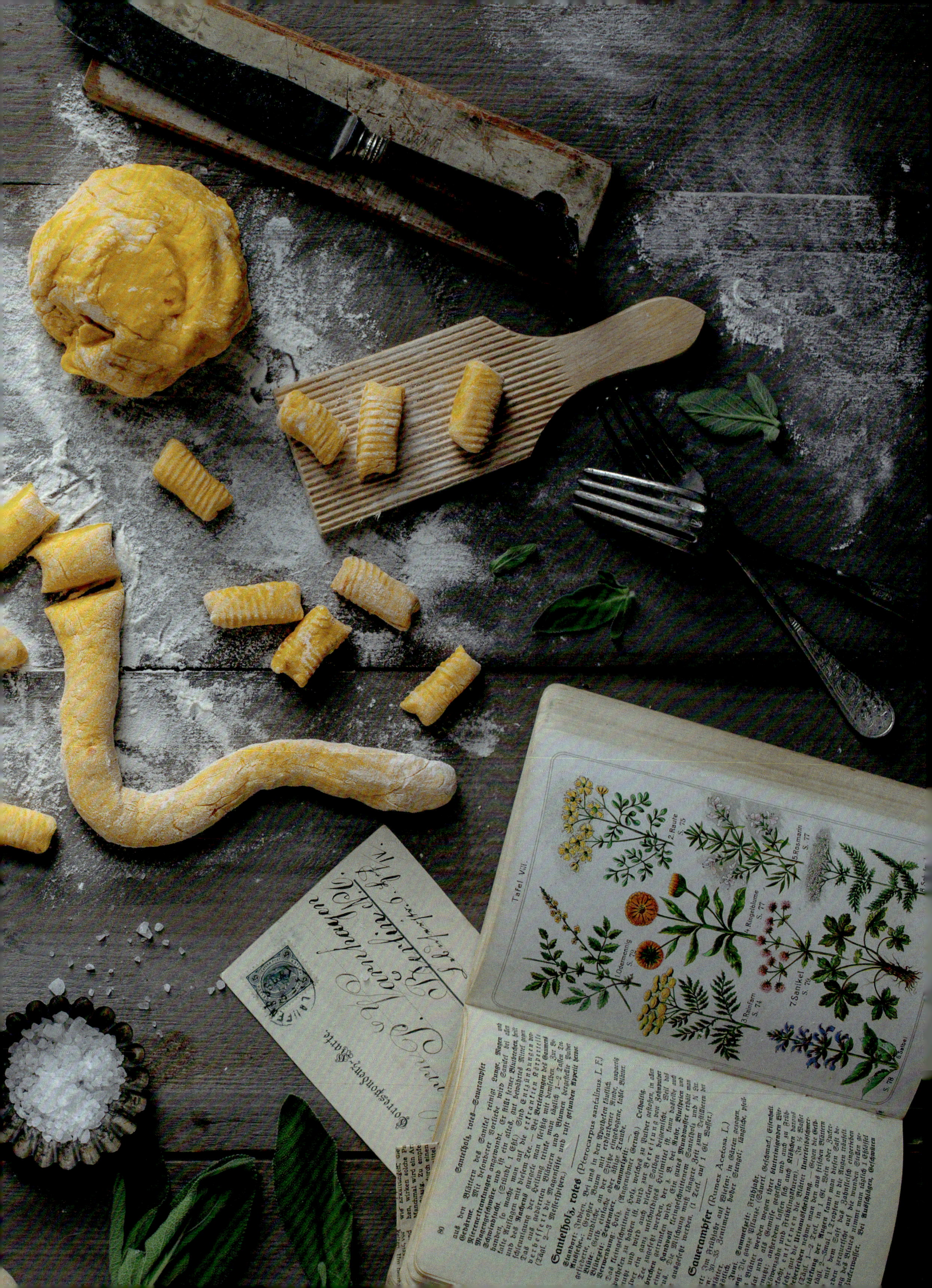

Kürbis-GNOCCHI

Kürbis | braune Butter | Gorgonzola | Salbei | Walnuss | Mehrkornbrot

FÜR 4 PERSONEN

FÜR DIE GNOCCHI

900 g Hokkaido-Kürbis
270 g Weizenmehl (Type 405)
2 TL Salz
1 Eigelb

FÜR DAS BROT-NUSS-GRÖSTL

2 Scheiben Mehrkornbrot
2 TL Kokosöl
100 g Walnusskerne

FÜR DIE GORGONZOLA-CREME

60 ml Milch (3,5 % Fett)
90 g Gorgonzola

ZUM SERVIEREN

Sonnenblumenöl
1 Bund frischer Salbei
2 EL Butter
Meersalz

Ich habe eine Schwäche für Gnocchi. Bei meinen ersten Kochversuchen vor vielen Jahren haben sie mich verzweifeln lassen. Heute habe ich so langsam den Dreh raus und liebe sie in vielen Varianten. Am liebsten bunt und anschließend in etwas Butter angebraten. Dies ist eine herbstliche Variante mit Gorgonzola, Salbei und Walnuss-Brot-Crunch – einfach unglaublich gut.

ZUBEREITUNG

Den Kürbis in kleine Stücke schneiden, von den Kernen befreien und in Salzwasser etwa 10 Minuten weich kochen. Das Wasser abgießen und den Kürbis mit dem Handrührgerät pürieren. Kürbispüree in den Topf geben und kurz unter ständigem Rühren erwärmen, damit möglichst viel Flüssigkeit verdunstet. Die Gnocchi bekommen dadurch einen intensiveren Kürbisgeschmack.

Das Kürbispüree (es sollten ungefähr 560 g sein) mit Mehl, Salz und Eigelb vermengen. Den Teig mit bemehlten Händen zu zwei Kugeln formen. Diese auf einer bemehlten Arbeitsfläche zu 2 cm dicken Rollen formen und in 2 cm lange Stücke schneiden. Die Stücke entweder über eine Gabel oder eine geriffelte Holzplatte rollen, sodass die für Gnocchi typischen Rillen entstehen. Die Gnocchi portionsweise in siedendem Salzwasser garen. Nach wenigen Minuten steigen sie an die Oberfläche. Die Gnocchi mit einer Schaumkelle herausnehmen, in einem Sieb abtropfen lassen und anschließend auf einem Teller zur Seite stellen.

Für das Gröstl das Mehrkornbrot in kleine Würfel schneiden und in einer Pfanne mit etwas Kokosöl knusprig anrösten. Die Walnüsse grob hacken und kurz mitrösten. Das Brot-Nuss-Gröstl zur Seite stellen.

Für die Gorgonzolacreme die Milch erhitzen und den Gorgonzola in der heißen, aber nicht kochenden Milch auflösen. Warm halten.

Das Öl in einer Pfanne erhitzen und die Salbeiblättchen darin unter ständiger Beobachtung frittieren.

Die Gnocchi in einer beschichteten Pfanne kurz in etwas Butter knusprig anrösten, bis die Butter anfängt braun und nussig zu werden. Mit 1 Prise Salz würzen und mit dem frittierten Salbei, dem Brot-Nuss-Gröstl und der Gorgonzolacreme servieren.

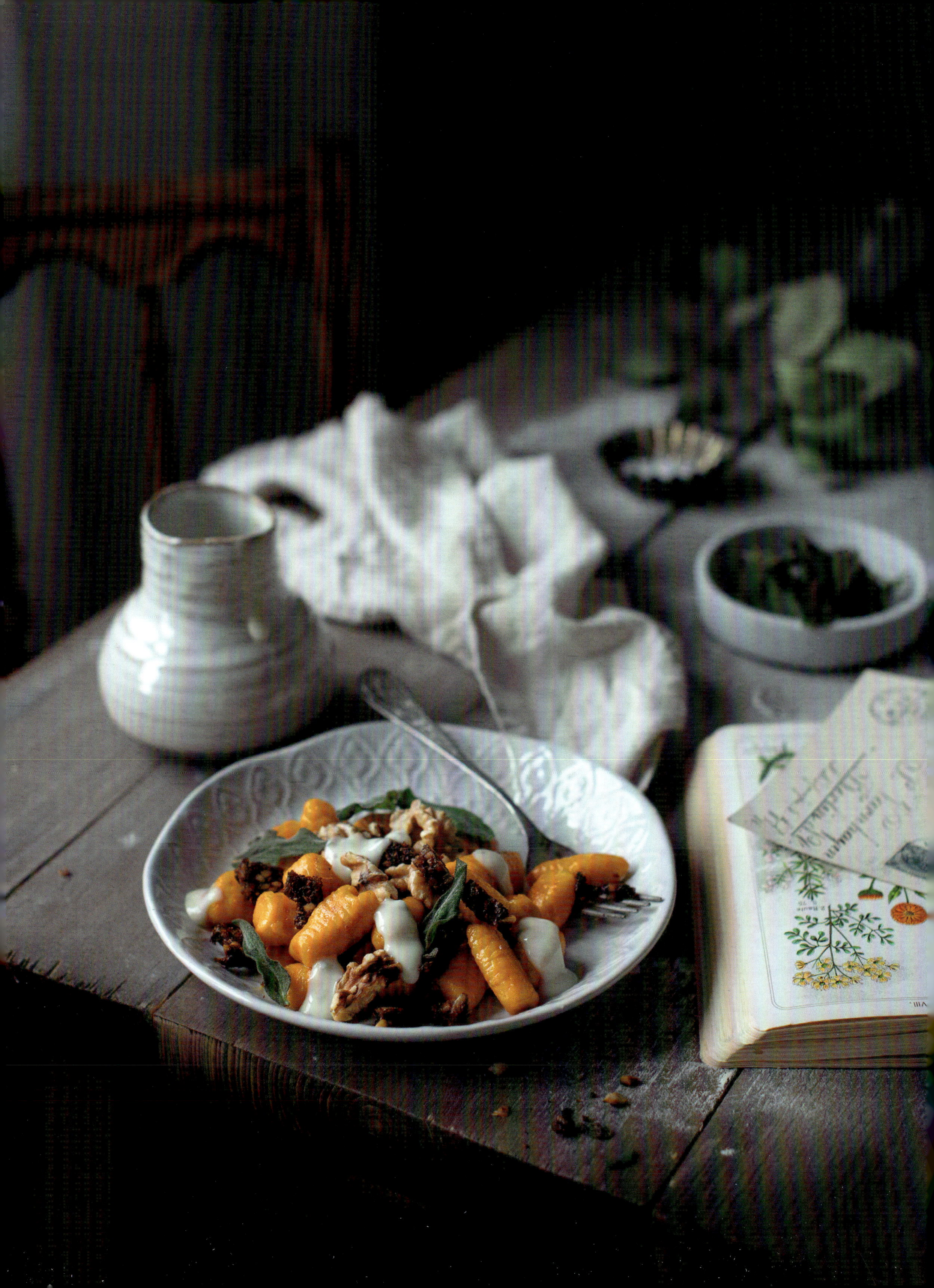

Spinat-GNOCCHI

SPINAT | RICOTTA | MINZE | INGWER | ERBSE | BROT | PINIENKERN

FÜR 4 PERSONEN

FÜR DIE GNOCCHI

- 500 g mehlige Kartoffeln
- 140 g Baby-Spinat
- 200 g Ricotta
- 2 Eigelb
- 200 g Weizenmehl (Type 405)
- 2 TL Salz
- frisch geriebene Muskatnuss
- 50 g Parmesan
- 2 EL Butter

FÜR DIE CROÛTONS

- 1 Scheibe Brot
- Kokosöl zum Anbraten
- 3 EL Pinienkerne

FÜR DAS MINZPESTO

- 20 g frischer Ingwer
- 2 Bund frische Minze
- 80 g Spinat
- 1 Bio-Zitrone
- 120 g geröstete, gesalzene Cashewkerne
- 100 ml Olivenöl
- 1 TL Meersalz

ZUM SERVIEREN

- 2 EL Ricotta
- 70 g frische grüne Erbsen
- je 1 Handvoll Erbsensprossen, Baby-Spinat und Minzblätter

Diese Gnocchi schmecken so wunderbar frisch, und der Spinat lässt sie herrlich grün leuchten! Dieses Gericht hat alles, was ich liebe: viele frische Kräuter, cremigen Ricotta, knusprige Brotbrösel – ein perfekter Wohlfühlgenuss.

ZUBEREITUNG

Die Kartoffeln waschen und in Salzwasser weich kochen. Pellen und zweimal durch eine Kartoffelpresse drücken. Den Spinat waschen, putzen und mit dem Ricotta fein mixen. Die Ricotta-Mischung zu den Kartoffeln geben und das Eigelb unterrühren, anschließend das Mehl unterheben. Die Gnocchi-Masse mit Salz und Muskatnuss würzen. Den Parmesan fein reiben. Zur Gnocchi-Masse geben und gut vermischen.

Gnocchi-Teig auf einer bemehlten Fläche mit bemehlten Händen zu mehreren dünnen Rollen formen und in 2 cm breite Stücke schneiden. Die Stücke über ein geriffeltes Holzbrett oder einen Gabelrücken rollen und in siedendem Salzwasser gar ziehen lassen. Nach wenigen Minuten schwimmen die fertigen Gnocchi an der Wasseroberfläche. Mit einer Schaumkelle herausheben und beiseitestellen. Die Erbsen für die Garnitur in das Gnocchi-Wasser geben und kurz gar ziehen lassen. Abgießen und warm halten.

Das Brot in sehr kleine Würfel schneiden und in etwas Kokosöl rösten. Wenn das Brot goldgelb ist, Pinienkerne dazugeben und unter ständigem Rühren kurz mitrösten. Beiseitestellen.

Die Gnocchi in einer Pfanne mit etwas Butter leicht anbraten. In der Zwischenzeit das Pesto zubereiten. Dafür den Ingwer schälen und hacken. Minze und Spinat waschen, trocken schütteln und grob hacken. Die Zitrone heiß waschen und mit der Schale in große Stücke schneiden. Alle Zutaten für das Minzpesto in einen Mixer geben und pürieren.

Die angebratenen Gnocchi mit etwas Ricotta, Minzpesto, den Erbsen, Erbsensprossen, Spinat, Minze und den Croûtons dekorieren und servieren.

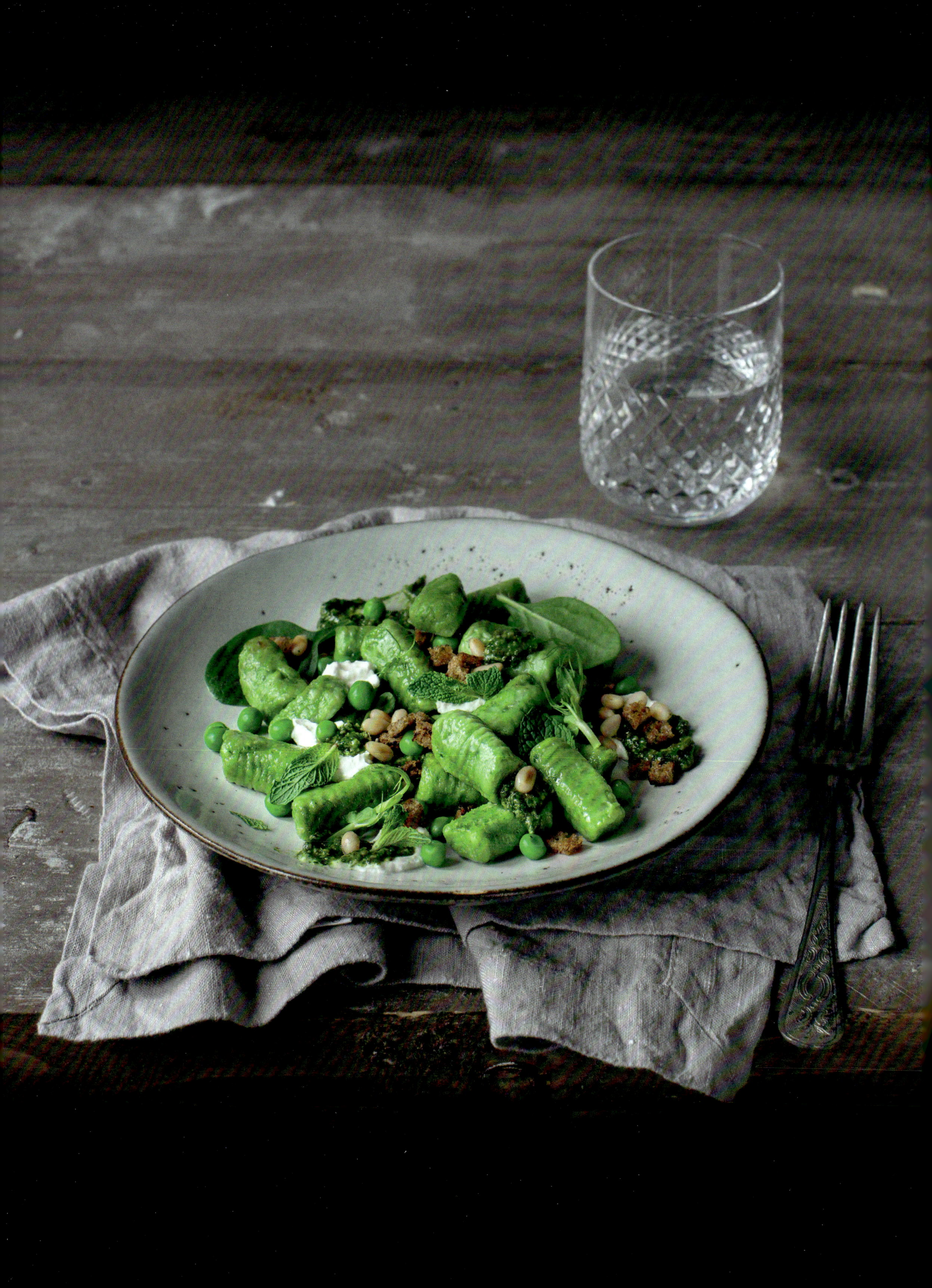

Rote-Bete-Tortellini

ROTE BETE | ZIEGENKÄSE | SCHINKEN | ZITRONE | BIRNE | ROSINE | HASELNUSS | PFEFFER

FÜR 4 PERSONEN

FÜR DIE NUDELN

160 g Hartweizengrieß
160 g Weizenmehl (Type 405)
1 TL Salz
2 EL Rote-Bete-Pulver

FÜR DIE FÜLLUNG

4 Scheiben Parmaschinken
200 g Ziegenfrischkäse
½ TL frisch gemahlener schwarzer Pfeffer
abgeriebene Schale von 1 Bio-Zitrone

FÜR DIE BIRNEN

2 Birnen
2 TL Butter
2 EL flüssiger Honig
60 g Rosinen
½ TL frisch gemahlener schwarzer Pfeffer

ZUM SERVIEREN

60 g Haselnusskerne
2 EL Butter

AUSSERDEM

Nudelmaschine
Ravioli-Ausstecher

Ich könnte stundenlang Ravioli oder Tortellini ausrollen und füllen. Das hat so etwas Meditatives! Diese Rote-Bete-Tortellini habe ich mit Ziegenfrischkäse, Parmaschinken, Birnen, Rosinen und Haselnüssen gefüllt, während draußen mal wieder ein kräftiger Herbstwind blies, Regentropfen gegen die Fensterscheibe trommelten und meine Lieblingsmusik lief. Ich liebe solche Momente – tief versunken in die Zubereitung und voller Vorfreude auf das gemeinsame Essen mit meiner Familie und unseren Freunden.

ZUBEREITUNG

Für den Nudelteig Hartweizengrieß, Mehl und Salz vermengen. Das Rote-Bete-Pulver mit 160 ml Wasser verquirlen und das leuchtend pinkfarbene Wasser zur Grieß-Mehl-Mischung geben. Alles zu einem glatten Teig kneten. Den Teig zu einer Kugel formen, in Frischhaltefolie wickeln und ungefähr 30 Minuten im Kühlschrank ruhen lassen.

In der Zwischenzeit für die Füllung den Schinken in einer Pfanne knusprig braten, dann mittelfein hacken. Schinken mit Ziegenfrischkäse, Pfeffer und Zitronenschale vermengen und zur Seite stellen.

Den Nudelteig in vier Portionen teilen und auf einer bemehlten Arbeitsfläche zu Rechtecken formen. Die Rechtecke jeweils mithilfe einer Nudelmaschine sehr dünn ausrollen. Mit einem Ravioliausstecher kleine Teigkreise ausstechen. Jeweils 1 TL Füllung auf einen Teigkreis geben. Mit einem Pinsel etwas Wasser um die Füllung auftragen und den Teig über der Füllung so zusammenklappen, dass ein Halbmond entsteht. Dabei vorsichtig Luftblasen herausstreichen. Sobald die Füllung den Teig ohne Luftblasen gut umschließt, fest andrücken. Die beiden Zipfel vom Halbmond zwischen Zeigefinger und Daumen nehmen und unter der Füllung zusammenführen. Einmal fest drücken, damit der Teig an der Stelle zusammenhält. So den ganzen Teig zu Tortellini verarbeiten. Auf einem bemehlten Teller beiseitestellen.

Die Birnen waschen, in dünne Scheiben schneiden und in etwas Butter leicht anbraten. Anschließend mit Honig karamellisieren. Rosinen und Pfeffer dazugeben, kurz schwenken, dann zur Seite stellen. Haselnüsse grob hacken und kurz in einer Pfanne anrösten.

In einem großen Topf Salzwasser zum Sieden bringen und die Tortellini darin portionsweise garen. Bereits nach 1–2 Minuten steigen sie an die Wasseroberfläche. Herausnehmen und in etwas Butter in einer Pfanne schwenken. Mit karamellisierten Birnen, Rosinen und Haselnüssen servieren.

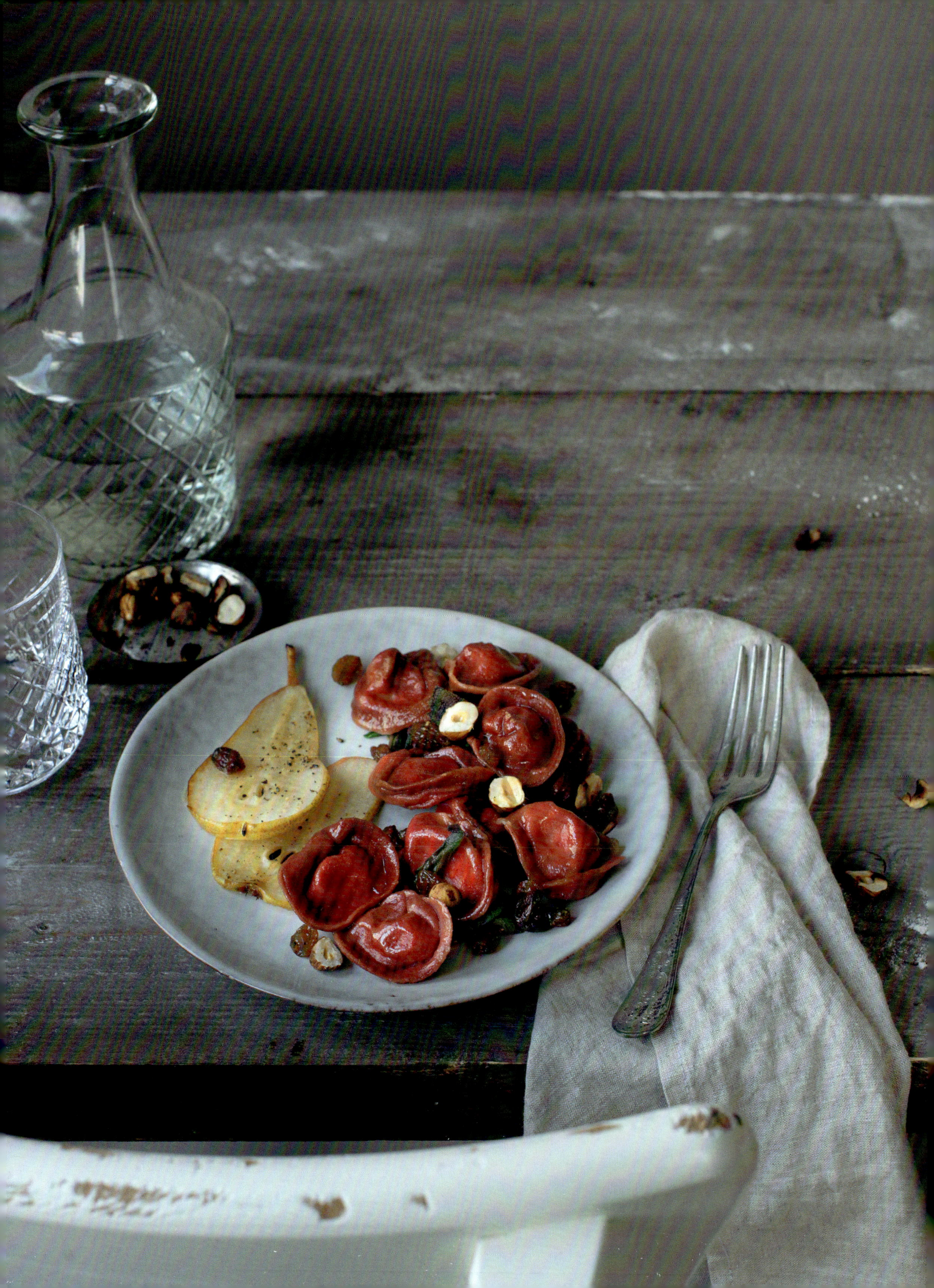

Orangen-Hähnchen mit GRÜNKOHL-WILDREIS-SALAT

HÄHNCHEN | BLUTORANGE | ZIMT | ALLSPICE | GRÜNKOHL | KREUZKÜMMEL | GRANATAPFEL | PISTAZIE

FÜR 4 PERSONEN

FÜR DAS HÄHNCHEN

- 100 g Butter
- Mark von 1 Vanilleschote
- 2 TL gemahlener Zimt
- 1 TL Cayennepfeffer
- 1 TL Allspice-Gewürz
- 3 TL Salz
- 2 TL frisch gemahlener schwarzer Pfeffer
- 1 EL Ahornsirup
- 1 Mais-Hähnchen (ca. 1,8 kg)
- 1 Bio-Orange
- 2 EL Butter

FÜR DEN GRÜNKOHL-SALAT

- 400 g Wildreis
- je 1 TL gemahlener Kreuzkümmel, Kurkuma und Zimt
- Meersalz
- 4 EL Olivenöl
- 3 Handvoll frischer Grünkohl
- 1 Granatapfel
- 2 Bio-Blutorangen
- 6 EL Pistazien

AUSSERDEM

- Bräter

glutenfrei

Was man nicht alles Tolles aus Grünkohl zaubern kann! Früher, als ich Grünkohl nur zum klassischen Gänsebraten kannte, mochte ich ihn nicht allzu sehr. Doch roh oder als Chips ist er zu meinem liebsten Wintergemüse geworden. Sobald die Saison beginnt, habe ich immer einen großen Sack Grünkohl zu Hause. Fast täglich verwende ich etwas davon. Oft wandert er auch in meinen grünen Juice oder Smoothie am Morgen. Doch als Salat ist er mir am allerliebsten. Dieser hier ist wie aus Tausendundeiner Nacht. Mit Pistazien, Blutorange, Granatapfel, Kreuzkümmel, Zimt und Wildreis. Das Hähnchen dazu ist supersaftig und wird mit Orange, Zimt, Cayennepfeffer und Allspice gewürzt ... Hier kommt meine moderne Version des klassischen Geflügelbratens mit Grünkohl.

ZUBEREITUNG

Den Ofen auf 220 °C Ober-/Unterhitze vorheizen. Die Butter in einem Topf erwärmen, bis sie leicht nussig duftet, dann mit Vanillemark, Zimt, Cayennepfeffer, Allspice, Salz, Pfeffer und Ahornsirup verrühren und zur Seite stellen. Das Hähnchen waschen und trocken tupfen. Am Hals beginnend, die Haut vorsichtig vom Fleisch lösen, ohne sie zu entfernen. Die Orange waschen, in dünne Scheiben schneiden und mit den Butterstückchen unter die Haut des Hähnchens schieben. Das Hähnchen mit der Gewürzbutter bestreichen und in einen Bräter legen. Im vorgeheizten Ofen 30 Minuten garen. Dann die Temperatur auf 190 °C senken und nochmals 1 Stunde 15 Minuten garen. Gegebenenfalls mit Alufolie abdecken, damit die Haut nicht verbrennt.

In der Zwischenzeit den Wildreis in Salzwasser in 10 Minuten bissfest kochen, dann mit Kreuzkümmel, Kurkuma, Zimt, 1 TL Meersalz und 1 EL Olivenöl vermengen. Den Grünkohl waschen, den Strunk entfernen und die Blätter in mundgerechte Stücke zupfen. Grünkohl mit 3 EL Olivenöl und 1 Prise Salz zwischen den Händen kneten, um ihn zarter zu machen. Die Kerne aus dem Granatapfel auslösen. Die Blutorangen waschen und mit einem Zestenreißer Zesten abschälen. Dann die Orangen vollständig schälen, halbieren und in dünne Scheiben schneiden. Den Grünkohl mit dem gewürzten Wildreis, Orangenzesten, Orangenscheiben, den Granatapfelkernen, Pistazien und dem Hähnchen servieren.

TIPP | Die Erdnusscreme (siehe S. 82) passt auch hervorragend zu dem Hähnchen dazu.

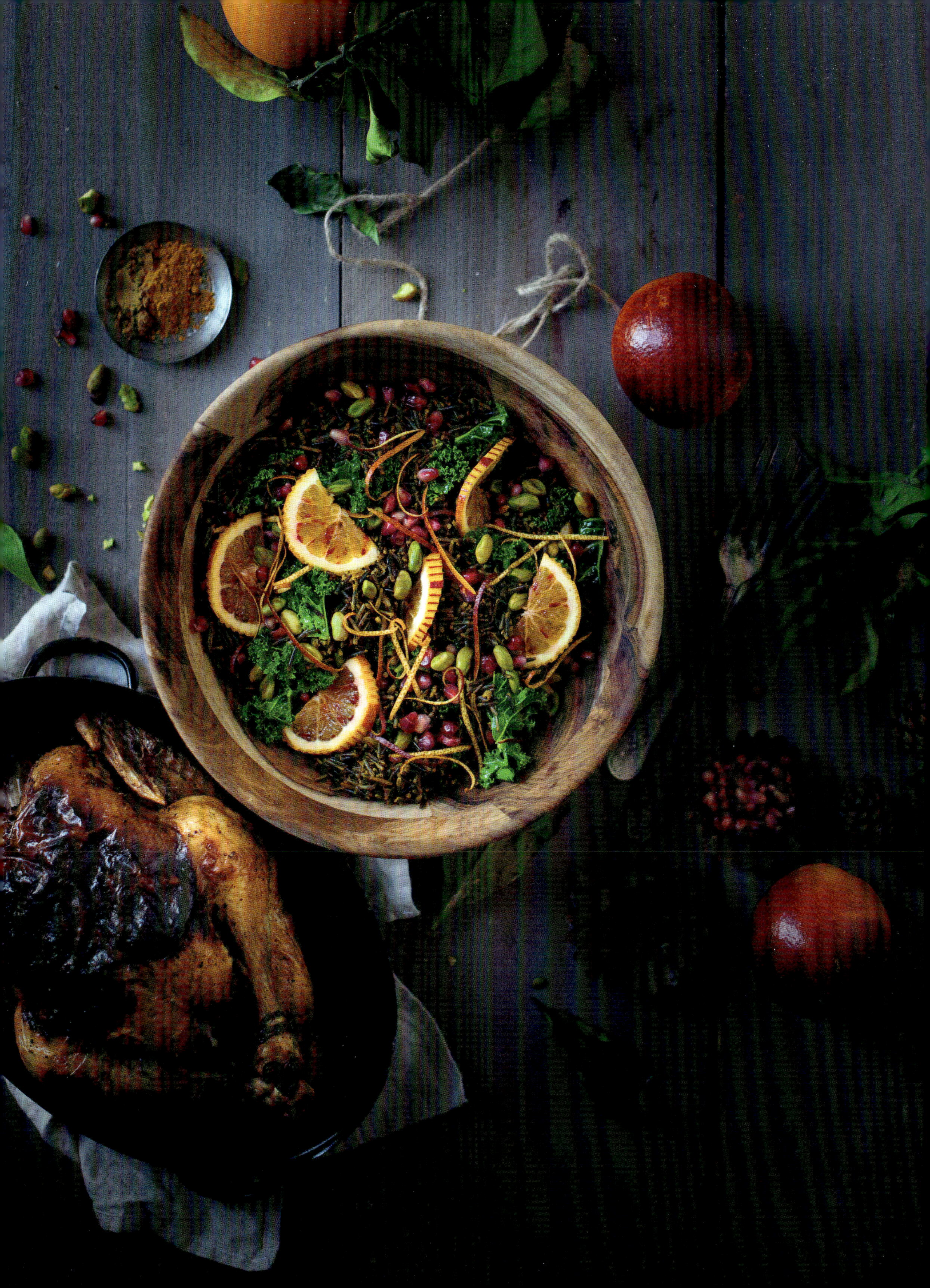

Socca-Pizza mit MANDEL-RUCOLA-PESTO

Kichererbse | Mandel | Rucola | Zucchini | Sprossen | Kapern

FÜR 4 PERSONEN

FÜR DIE SOCCA

300 g Kichererbsenmehl

je 1 TL Meersalz und gemahlener Kreuzkümmel

2 EL Olivenöl

FÜR DAS PESTO

160 g Mandeln

140 g Rucola

abgeriebene Schale von 2 Bio-Zitronen

140 ml Olivenöl

4 TL Ahornsirup

1 TL Meersalz

FÜR DEN BELAG

200 g Zucchini

1 TL Sonnenblumenöl

¼ TL Salz

50 g Rucola

8 EL Sprossen

4 EL Kapern

Zesten von 2 Bio-Zitronen

Kerbel

Brunnenkresse

AUSSERDEM

Pizzablech oder feuerfeste Pfanne (24 cm Ø)

Sonnenblumenöl für das Blech

vegan | glutenfrei | laktosefrei

Kichererbsen haben viele wichtige Ballaststoffe, Eiweiße und Mineralstoffe. Sie machen lange satt und sind dabei so wandelbar: Angeröstet und mit Sojasauce karamellisiert, verwende ich sie oft in Salaten und Wraps. Hummus steht bei mir mehrmals pro Woche auf dem Speiseplan, mal pur, mal mit Kräutern oder Gemüse verfeinert. Ich verwandele Kichererbsen auch in einen curryscharfen Eintopf (siehe S. 208) und zaubere aus Kichererbsenmehl leckere Crêpes (siehe S. 146), Kichererbsen-Puffer (siehe S. 84) – oder eben diese Socca-Pizza.

ZUBEREITUNG

Den Ofen auf 220° C Ober-/Unterhitze vorheizen.

Für den Pizzateig das Kichererbsenmehl mit Meersalz und Kreuzkümmel mischen. Olivenöl und 580 ml Wasser hinzugeben, verrühren und etwa 20 Minuten quellen lassen.

In der Zwischenzeit das Pesto zubereiten. Dafür die Mandeln kurz in einer Pfanne ohne Fett rösten und dann mit Rucola, Zitronenschale, Olivenöl, Ahornsirup und Meersalz mit dem Stabmixer zu einem Pesto mixen.

Für den Belag die Zucchini waschen, in dünne Scheiben schneiden und in einer Pfanne mit Sonnenblumenöl anbraten. Mit etwas Salz würzen.

Ein Pizzablech oder eine feuerfeste Pfanne einige Minuten im Ofen vorheizen. Herausnehmen, etwas Sonnenblumenöl auf das Pizzablech geben, schwenken und ¼ des Teigs daraufgeben. Etwa 10 Minuten im oberen Ofendrittel garen, bis die Socca an den Seiten goldgelb und knusprig ist. Die Socca herausnehmen und auf ein Küchenpapier legen. Mit dem restlichen Teig ebenso verfahren, bis vier Soccas gebacken sind.

Den Rucola, die Sprossen, den Kerbel sowie die Brunnenkresse waschen und trocken schütteln bzw. tupfen.

Die fertigen Soccas mit dem Pesto bestreichen, mit Zucchini und Rucola belegen. Die Socca-Pizza mit Sprossen, Kapern, Zitronenzesten, Kerbel und Kresse bestreuen.

TIPP Wenn man die Socca mit Freunden macht, bietet es sich an, die erste fertige Pizza anzurichten und sie zu teilen, während der zweite Teig im Ofen ist. Dann ist der Boden noch etwas warm. Die Socca schmeckt aber auch kalt hervorragend.

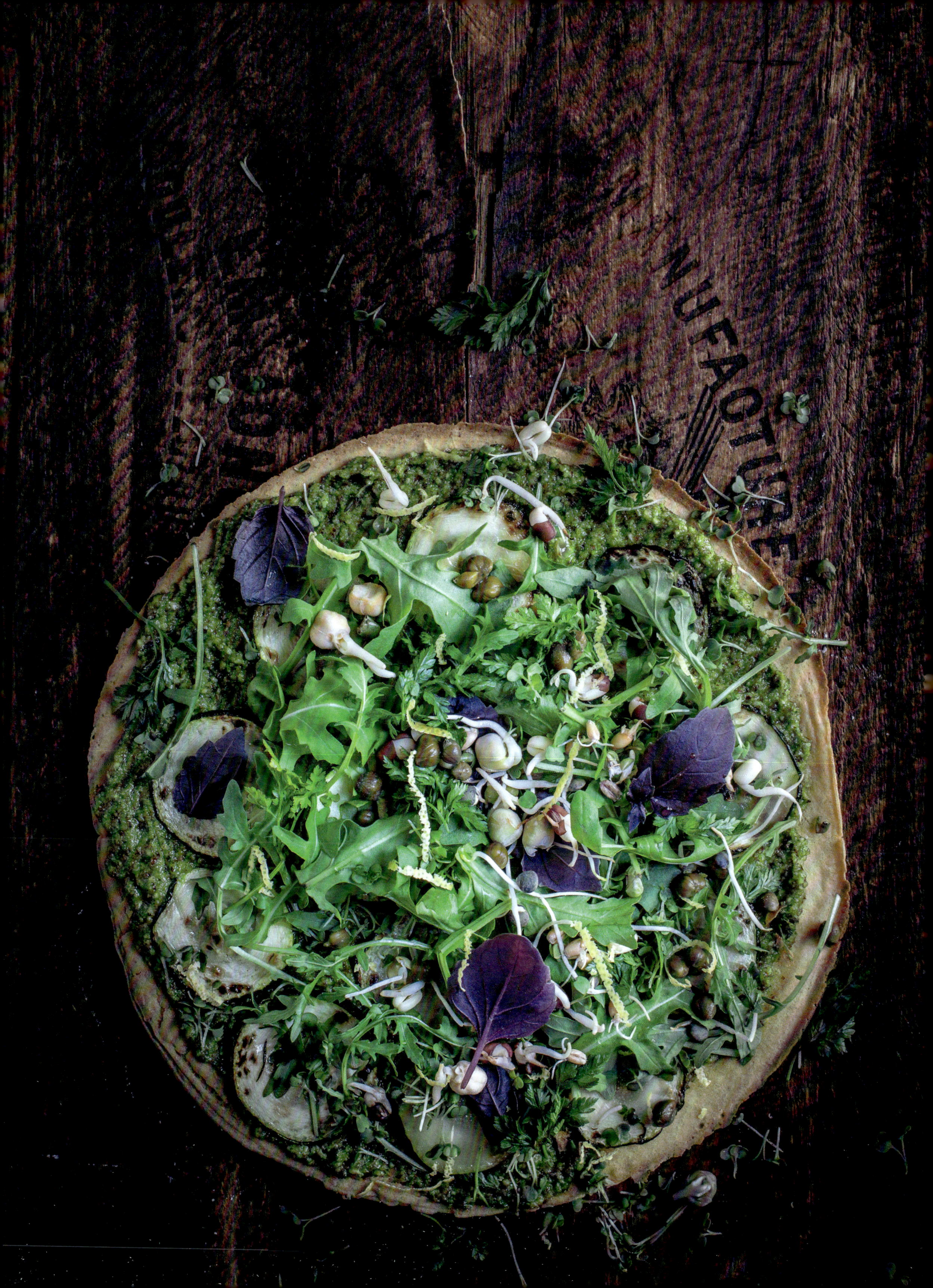
NUFACTURE

Buchweizen-Risotto

Buchweizen | Erbse | Ziegenkäse | Bacon | Haselnuss

Für 4 Personen

Für den Risotto

2 Schalotten

2 EL Olivenöl

400 g Buchweizen

100 ml Weißwein

1,5 l Brühe

100 g frische grüne Erbsen

3 EL Butter

3 EL Ziegenfrischkäse

3 EL Parmesan

Meersalz

frisch gemahlener schwarzer Pfeffer

Für das Brot-Gröstl

2 kleine Scheiben Brot

50 g Haselnusskerne

4 Knoblauchzehen

8 Scheiben Bacon

Salz

Seit einiger Zeit esse ich Buchweizen nicht nur zum Frühstück in meinem Granola: Ich habe ihn jetzt auch für andere Mahlzeiten entdeckt. Dieser Risotto mit Ziegenkäse, Bacon und Haselnüssen würde sicher auch mit klassischem Risotto-Reis wunderbar schmecken. Doch der würzige Buchweizen ist eine wunderbar deftige Basis für die frischen Erbsen – toll, wenn man an kühleren Tagen noch etwas zum Aufwärmen braucht.

Zubereitung

Für den Risotto die Schalotten schälen und fein würfeln. Das Öl in einem Topf erhitzen und die Schalotten darin glasig dünsten. Den Buchweizen dazugeben und einige Minuten unter ständigem Rühren anrösten, dann mit Weißwein ablöschen und ein wenig reduzieren lassen.

Die Brühe erhitzen und den Buchweizen mit einer Kelle heißer Brühe aufgießen. Unter gelegentlichem Rühren warten, bis der Buchweizen die Brühe aufgenommen hat, dann eine weitere Kelle Brühe dazugeben. So verfahren, bis der Buchweizen gar, aber noch bissfest ist. Das dauert etwa 20 Minuten. Kurz bevor der Buchweizen fertig ist, die Erbsen dazugeben und mitgaren. Den Risotto zur Seite stellen und kurz ruhen lassen. Nach 2 Minuten die Butter, den Ziegenfrischkäse und den Parmesan unterrühren. Den Risotto erst dann mit Salz und schwarzem Pfeffer abschmecken.

In der Zwischenzeit das Brot in kleine Würfel schneiden, die Haselnüsse grob hacken. Den Knoblauch fein hacken. Bacon in einer Pfanne knusprig braten, aus der Pfanne nehmen und zur Seite stellen. Das gewürfelte Brot in die Pfanne geben und im Bratfett des Bacon goldgelb rösten, dann die Haselnüsse dazugeben und kurz mitrösten. Den Knoblauch hinzufügen und kurz unter ständigem Rühren leicht anrösten. Das Brot-Gröstl mit Salz würzen.

Den Buchweizen-Risotto mit dem in kleine Stücke gebrochenen Bacon und dem Brot-Gröstl servieren.

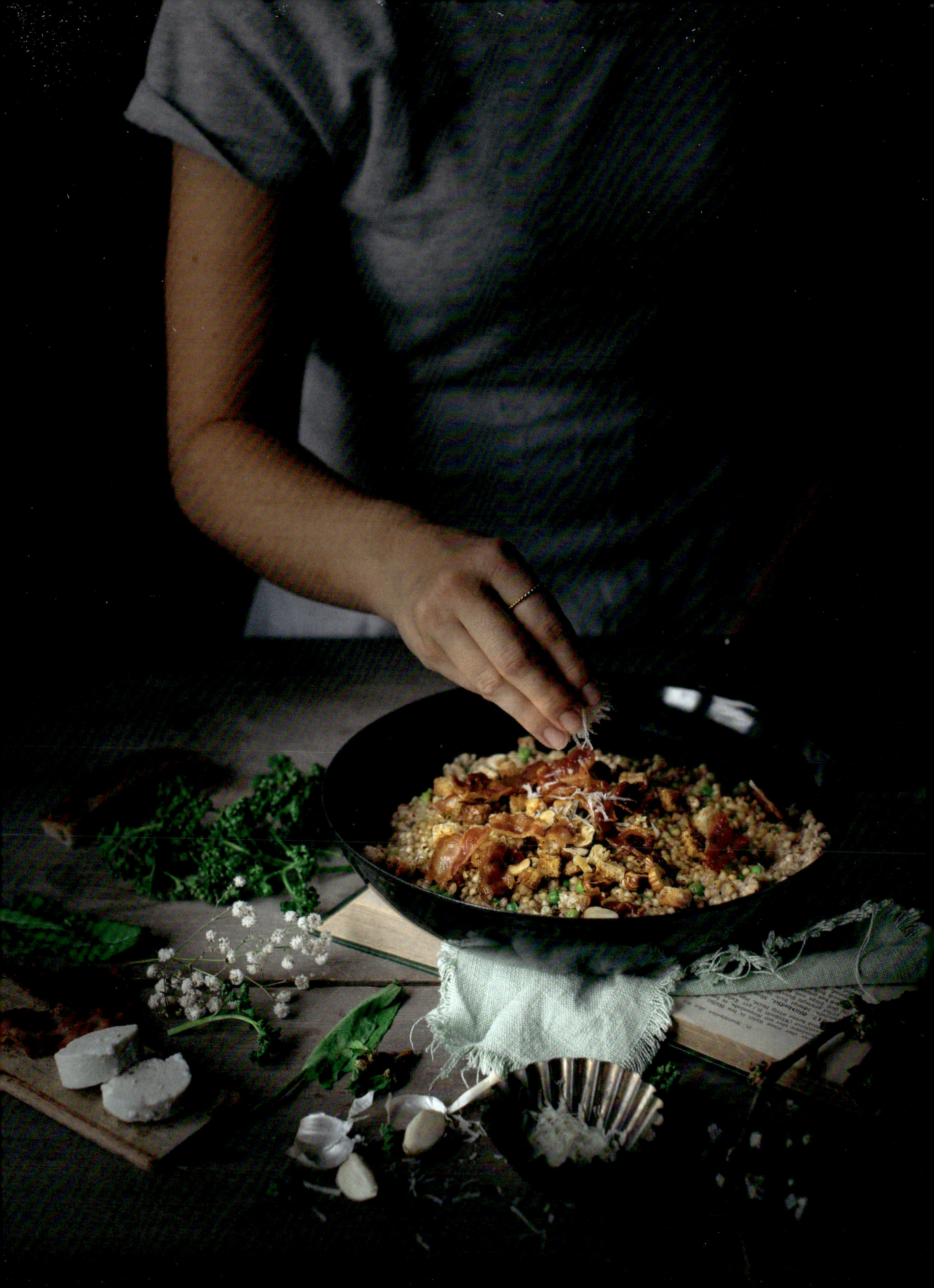

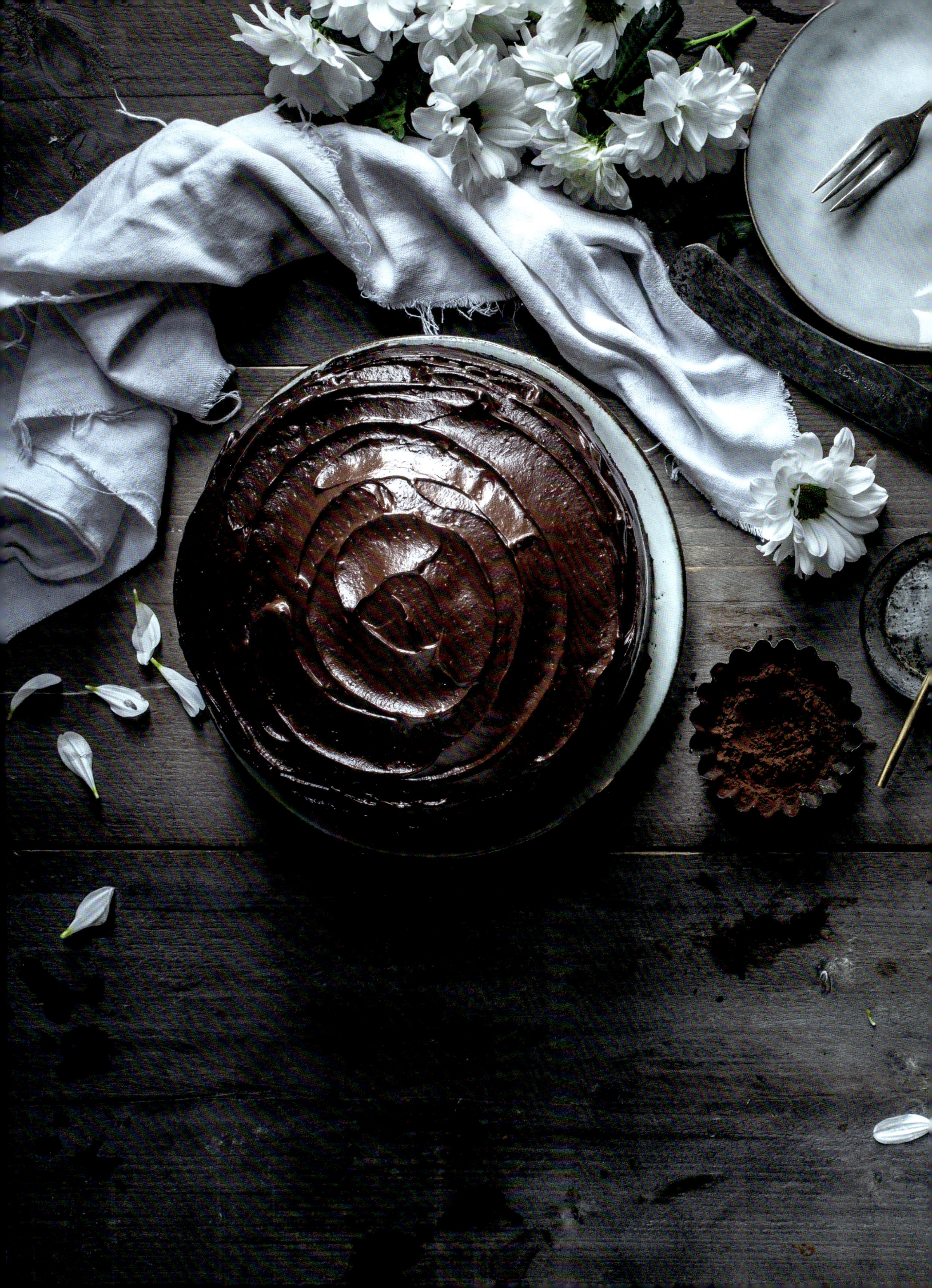

Kuchen, Desserts & Raw Bites

Saftiger Schokokuchen, klebrige Raw Brownie Bites mit Karamell und Meersalz, fruchtige Hand Pies mit Zitronenthymian, duftende Zimtrollen frisch aus dem Ofen, schnelle und erfrischende Popsicles oder eine sommerliche Nicecream mit allerlei Leckereien … Hier findet ihr eine bunte Auswahl an köstlichen und sündhaften Süßspeisen, nach denen ihr euch die Finger lecken möchtet. Alle Naschkatzen kommen ganz auf ihre Kosten und werden von den aufregenden Kombinationen, verfeinert mit Gewürzen, Kräutern und den leckersten Früchten, gar nicht genug bekommen können.

Dunkler gesalzener Gugel mit CHAI-NUGAT

SALZ | NUGAT | SCHOKOLADE | MASALA CHAI | KÜRBISKERN

Für 1 Gugelhupf

265 ml Kaffee

75 g Kakaopulver

500 g Zucker

3 TL Salz

2 ½ TL Backpulver

2 Eier (Größe L)

1 Eigelb

295 ml Buttermilch

215 ml Kokosöl

320 g Weizenmehl (Type 405)

Butter für die Form

FÜR DIE GLASUR

200 g Sahne

100 g Nugat

Das ist ein Gugelhupf, den ich sehr liebe. Er ist schön schokoladig, aber durch das Salz und den Kaffee im Teig nicht zu süß. Ein Knaller ist das Nugat-Masala-Chai-Frosting. Ich würde es am liebsten löffeln, bis die Schüssel leer ist. Man kann den Kuchen aber auch nur mit der Glasur und den Kürbiskernen machen, dann ist er ein wenig leichter – wenn man bei einem Schokoladen-Gugel überhaupt von „leicht" reden kann.

Zubereitung

Den Backofen auf 180 °C Ober-/Unterhitze vorheizen. Für den Gugelhupf den Kaffee zusammen mit dem Kakaopulver in einen Topf geben, zum Kochen bringen und rühren, bis alle Klümpchen aufgelöst sind. Die Mischung abkühlen lassen. Den Zucker zusammen mit Salz, Backpulver, Eiern und Eigelb in einer Küchenmaschine verrühren. Die Buttermilch und das Öl hinzufügen und weiterrühren. Das Mehl hinzugeben, gut verrühren. Zum Schluss die vorbereitete Kaffee-Kakao-Mischung dazugeben. Den Teig 1 Minute rühren. Eine Gugelhupfform einfetten und mit Mehl bestäuben, dann den Teig hineingeben und 1 Stunde backen. Den fertigen Gugel aus der Form lösen und auf einem Gitter auskühlen lassen.

Für die Glasur die Sahne langsam erwärmen und das Nugat darin schmelzen. Die Glasur über den Kuchen träufeln.

Weiter geht's auf der nächsten Seite.

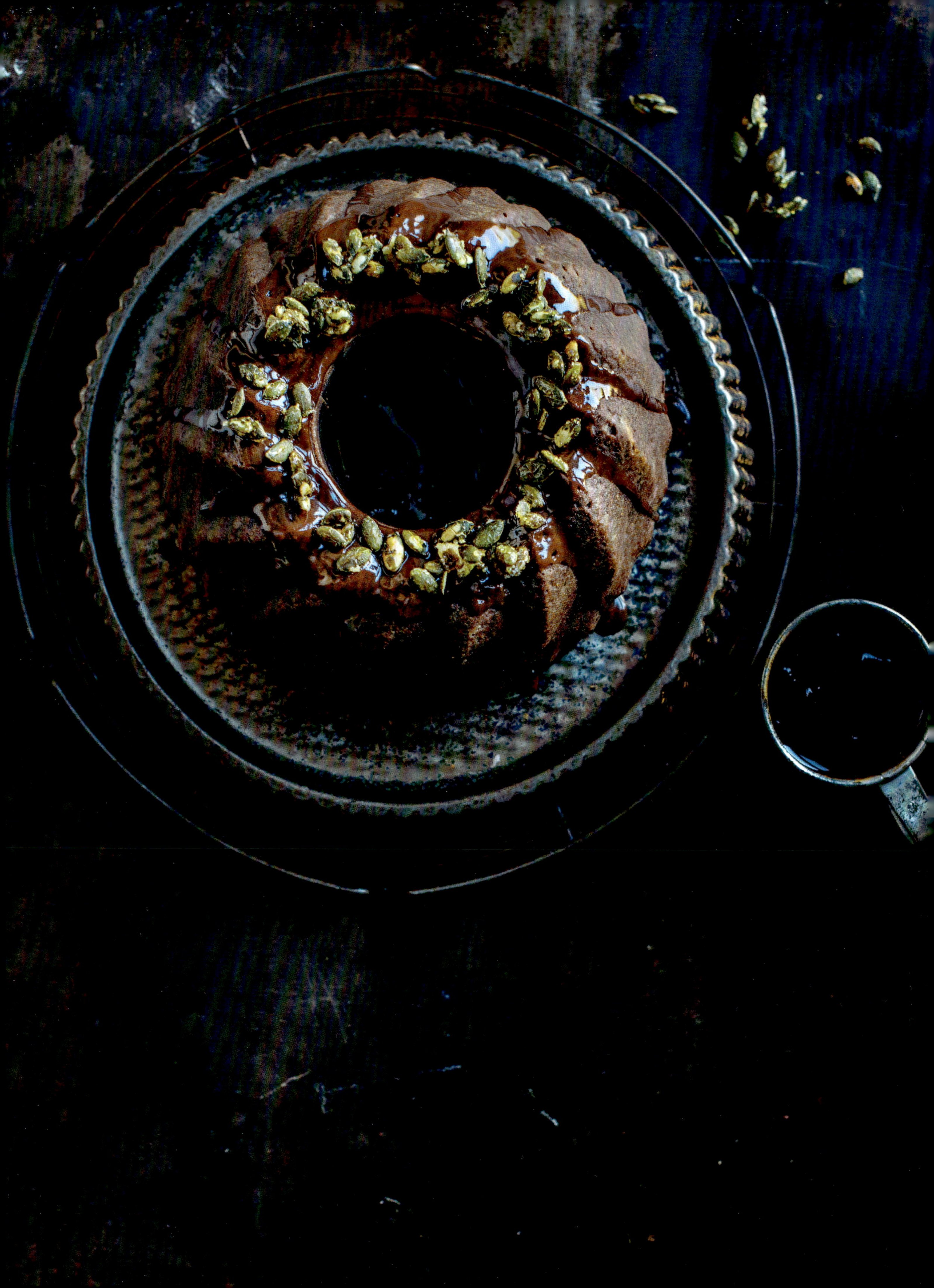

FÜR DAS NUGAT-MASALA-CHAI-FROSTING

80 g Sahne

1 EL Earl-Grey-Tee

170 g Butter

100 g dunkle Kuvertüre

70 g Nugat

1 EL gemahlener Zimt

ausgelöster und gemörserter Samen aus 1 Kardamomkapsel

120 g Crème fraîche

230 g Puderzucker

FÜR DIE KARAMELLISIERTEN KÜRBISKERNE

1 Handvoll Kürbiskerne

1 EL Zucker

AUSSERDEM

Küchemaschine

Gugelhupfform (Ø 24 cm)

Für das Frosting die Sahne mit dem Tee aufkochen, vom Herd nehmen und ziehen lassen. Die Butter zerlassen und zur Seite stellen. Die Kuvertüre zusammen mit dem Nugat in einem Wasserbad schmelzen. Die Butter und die Nugat-Schokolade in einer Schüssel glatt rühren. Zimt, Kardamom, Crème fraîche und die Hälfte des gesiebten Puderzuckers dazugeben und glatt rühren. Dann die Tee-Sahne durch ein Sieb angießen und den restlichen gesiebten Puderzucker unterrühren. Das Frosting sollte glatt und glänzend sein.

Die Kürbiskerne in einer Pfanne ohne Fett leicht rösten, bis sie anfangen aufzuplatzen. Dann den Zucker hinzufügen und karamellisieren lassen, ohne zu rühren. Sobald er geschmolzen ist, mit einem Holzlöffel rühren, bis die Kürbiskerne mit dem Karamell bedeckt sind. Die Kerne auf ein Backpapier geben, mit einem Löffel trennen und abkühlen lassen.

Den glasierten Gugelhupf mit den Kürbiskernen garnieren und das Nugat-Masala-Chai-Frosting separat dazu reichen. So kann jeder nach Belieben sein Stück Kuchen mit dem Frosting verfeinern.

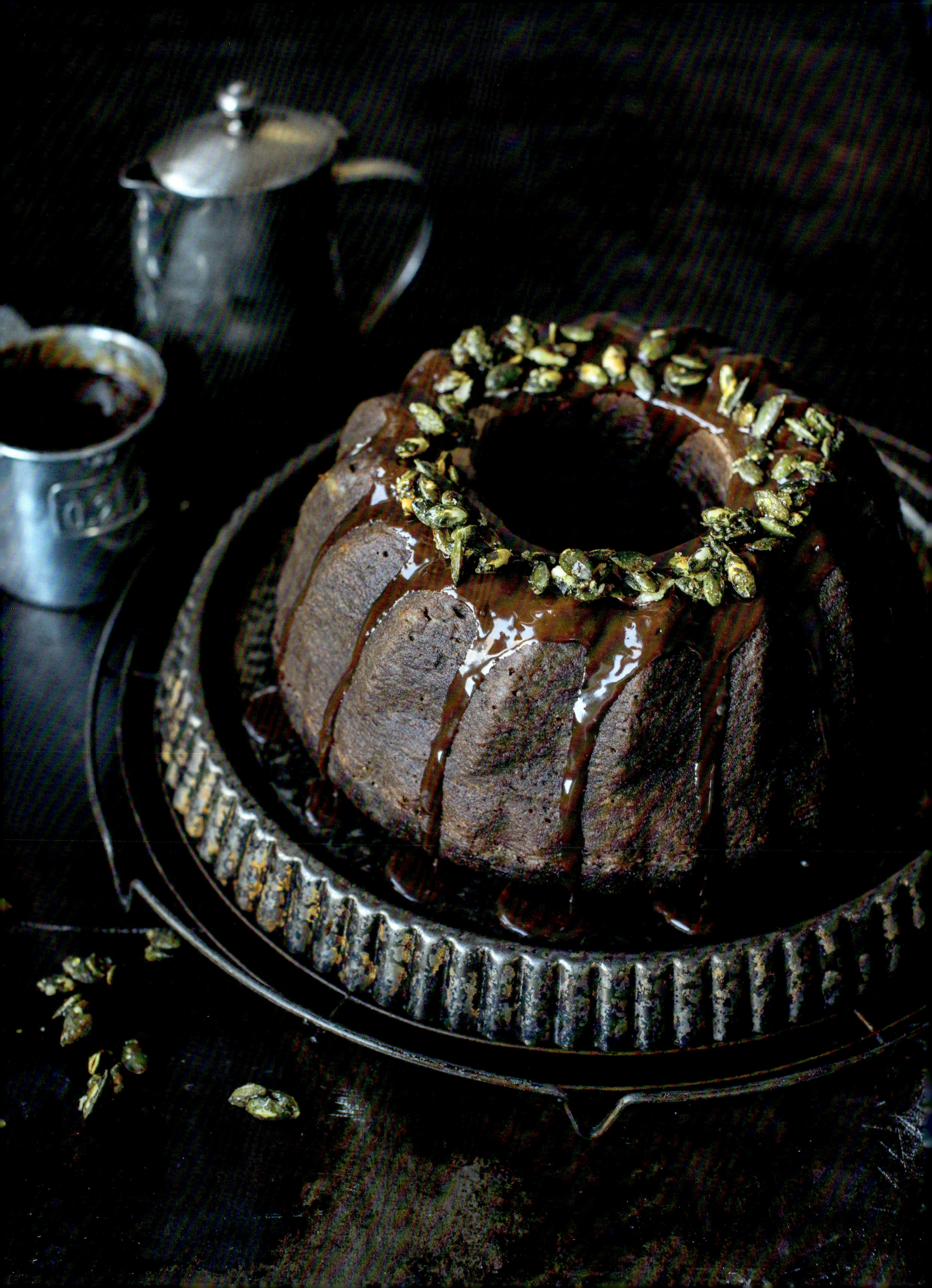

Macarons mit GRAPEFRUIT-RICOTTA-FÜLLUNG

GRAPEFRUIT | ROTE BETE | ROSMARIN | RICOTTA

Für 20 Macarons

FÜR DIE MACARONS

50 g gemahlene Mandeln

36 g gekühltes Eiweiß

Salz

90 g Puderzucker

1 Msp. pinke Farbpaste

1 Tropfen Kokosöl

FÜR DIE FÜLLUNG

Grapefruit-Rote-Bete-Marmelade (siehe S. 19)

3 EL Ricotta

AUSSERDEM

Spritzbeutel

Backblech (46,5 x 37,5 cm)

glutenfrei

Macarons sind kleine Divendas macht die Herstellung jedes Mal aufs Neue aufregend. Ich kann gar nicht mehr zählen, wie oft mir diese kleinen Dinger am Anfang missglückt sind. Doch irgendwann hatte ich den Dreh raus, und nun habe ich ein Rezept, mit dem die zuckrigen Köstlichkeiten bei mir funktionieren. Hier trifft köstliche Ricotta-Creme auf süß-saure Grapefruit-Rote-Bete-Marmelade im zuckersüßen, pinken Mantel!

ZUBEREITUNG

Für die Macarons zunächst die gemahlenen Mandeln noch einmal in einem Mixer mahlen, bis sie ganz fein und fast wie Puder sind. Das Eiweiß mit 1 Prise Salz so lange schlagen, bis die Masse steif ist. Nicht zu lange schlagen, die Masse sollte fest und aus einem Guss sein und nicht brechen. Dann in kleinen Portionen den Puderzucker hinzufügen und dabei auf niedriger Stufe weiterrühren. Am Ende sollte die Masse glänzend vom Löffel fließen, ohne zu reißen.

Nun kann man die Farbe hinzufügen. Sobald man die gewünschte Farbintensität hat, beginnt man, insgesamt 45 g Mandelpuder in kleinen Portionen hinzuzufügen. Mit einem Spatel langsam in kreisenden Bewegungen unterarbeiten. Die Masse in eine Spritztülle füllen und auf die Arbeitsplatte legen. Mit einer Teigkarte die Masse Richtung Öffnung streichen, damit so wenig Luft wie möglich in der Macaron-Masse ist.

Auf dem Backblech einen Tropfen Öl verreiben, dann das Backpapier darauflegen. So bilden sich unter dem Papier beim Backen keine Luftblasen. Nun gleich große Kreise auf das Backblech spritzen. Das Blech in die eine Hand nehmen und mit der anderen Hand mehrfach leicht unter das Blech klopfen, bis die Macarons flacher werden und keine Spitze mehr haben. Die Oberfläche muss glatt und glänzend sein. Die Rohlinge 20 Minuten ruhen und trocknen lassen. Die oberste Schicht wird beim Trocknen fest und bildet die Basis für glatte und rissfreie Macarons. Kurz vor Ablauf der Ruhezeit den Backofen auf 130 °C Umluft vorheizen.

Die Macarons auf der untersten Schiene des Ofens etwa 15 Minuten backen. Die Backzeit variiert je nach Backofen! Die Macarons aus dem Ofen nehmen und ein paar Minuten abkühlen lassen. Erst dann vom Blech lösen, am besten mit einer Teigkarte. Wenn die Macarons noch feucht sind und sich nur schwer lösen lassen, sollten sie noch einmal für wenige Minuten nachgebacken werden.

Die Unterseite eines Macaron mit ein wenig Marmelade bestreichen, einen Klecks Ricotta daraufsetzen und mit einem weiteren Macaron abdecken.

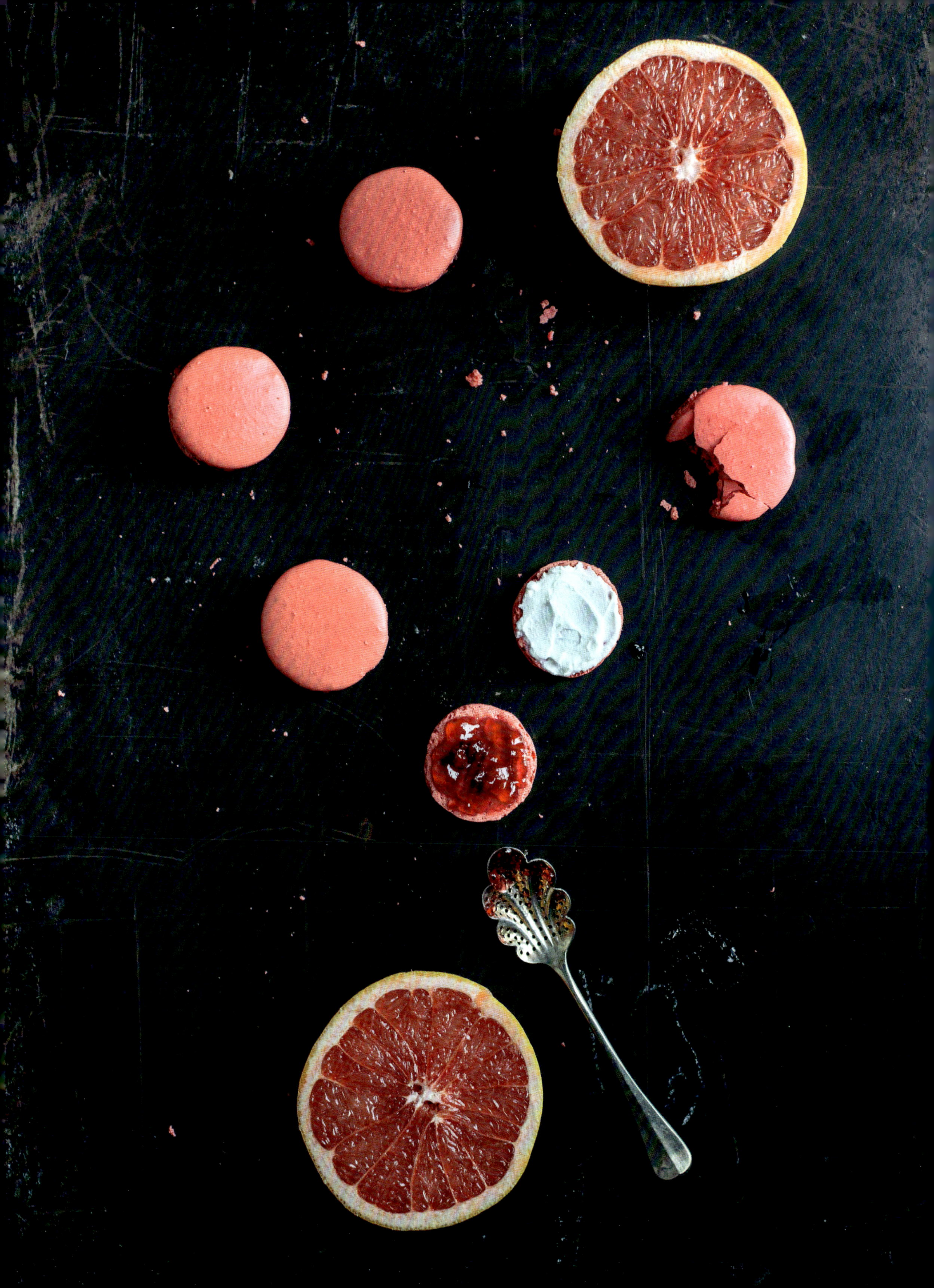

Buttriger Scotch-Apfelkuchen

Vanille | Rosmarin | Apfel | Scotch

Für 1 Kuchen (Ø 20cm)

FÜR DEN KUCHEN

120 g zimmerwarme Butter

100 g Zucker

Mark von 1 Vanilleschote

2 Eier (Größe M)

100 g gemahlene Mandeln

70 g Weizenmehl (Type 405)

1 TL Salz

1 TL Backpulver

20 ml Milch (3,5 % Fett)

2 EL Ahornsirup

2 Zweige frischer Rosmarin

2 kleine pinke Äpfel (Rote Susanne oder Rosalinde)

FÜR DAS SCOTCH-KARAMELL

130 g Zucker

200 g Sahne

60 ml Scotch (schottischer Whisky)

½ TL Salz

60 g Butter

ZUM SERVIEREN

Puderzucker

1 EL frische Rosmarinnadeln

AUSSERDEM

1 Springform (Ø 20 cm)

Dieser Apfelkuchen passt zu einem Gläschen schottischen Whisky an einem verregneten Nachmittag, und er ist für mich ein absoluter Männerkuchen: Nicht zu süß, durch den Rosmarin leicht kräutrig-herb ... und die Karamell-Glasur lässt Whisky-Liebhaber dahinschmelzen.

Zubereitung

Für den Kuchen den Backofen auf 180 °C Ober-/Unterhitze vorheizen. Eine runde Form mit 20 cm Durchmesser einfetten. Die Butter zusammen mit dem Zucker und dem herausgekratzten Mark der Vanilleschote schaumig aufschlagen. Dann die Eier einzeln dazugeben und jeweils kurz unterrühren. Die gemahlenen Mandeln mit Mehl, Salz und Backpulver mischen und zur Zucker-Ei-Mischung geben. Unterheben, dann Milch und Ahornsirup hinzugeben und ganz kurz unterrühren, nur so, dass sich die Zutaten eben miteinander verbinden. Den Rosmarin waschen, trocken schütteln, die Nadeln von den Zweigen zupfen, grob hacken, per Hand unterheben und den Teig in die vorbereitete Form füllen.

Die Äpfel schälen, halbieren, entkernen und dann längs ein wenig einritzen. Die Apfelhälften auf den Teig legen und den Kuchen auf der zweiten Schiene von unten im vorgeheizten Ofen etwa 35 Minuten backen. Eventuell gegen Ende der Backzeit mit Alufolie abdecken, damit er nicht zu dunkel wird.

In der Zwischenzeit das Karamell vorbereiten. Hierfür den Zucker in einer heißen Pfanne goldgelb karamellisieren lassen und mit der Sahne und dem Whisky ablöschen. Vorsicht, das spritzt ein wenig! Die Karamellsahne von Zeit zu Zeit durchrühren, bis der Zucker wieder vollständig geschmolzen ist und die Masse eine sirupartige Konsistenz hat. Das dauert ungefähr 5 Minuten. Zum Schluss Salz und Butter unterrühren.

Den fertigen Kuchen auf einem Gitter auskühlen lassen, mit Puderzucker bestäuben, mit Karamell beträufeln und mit den Rosmarinnadeln garnieren.

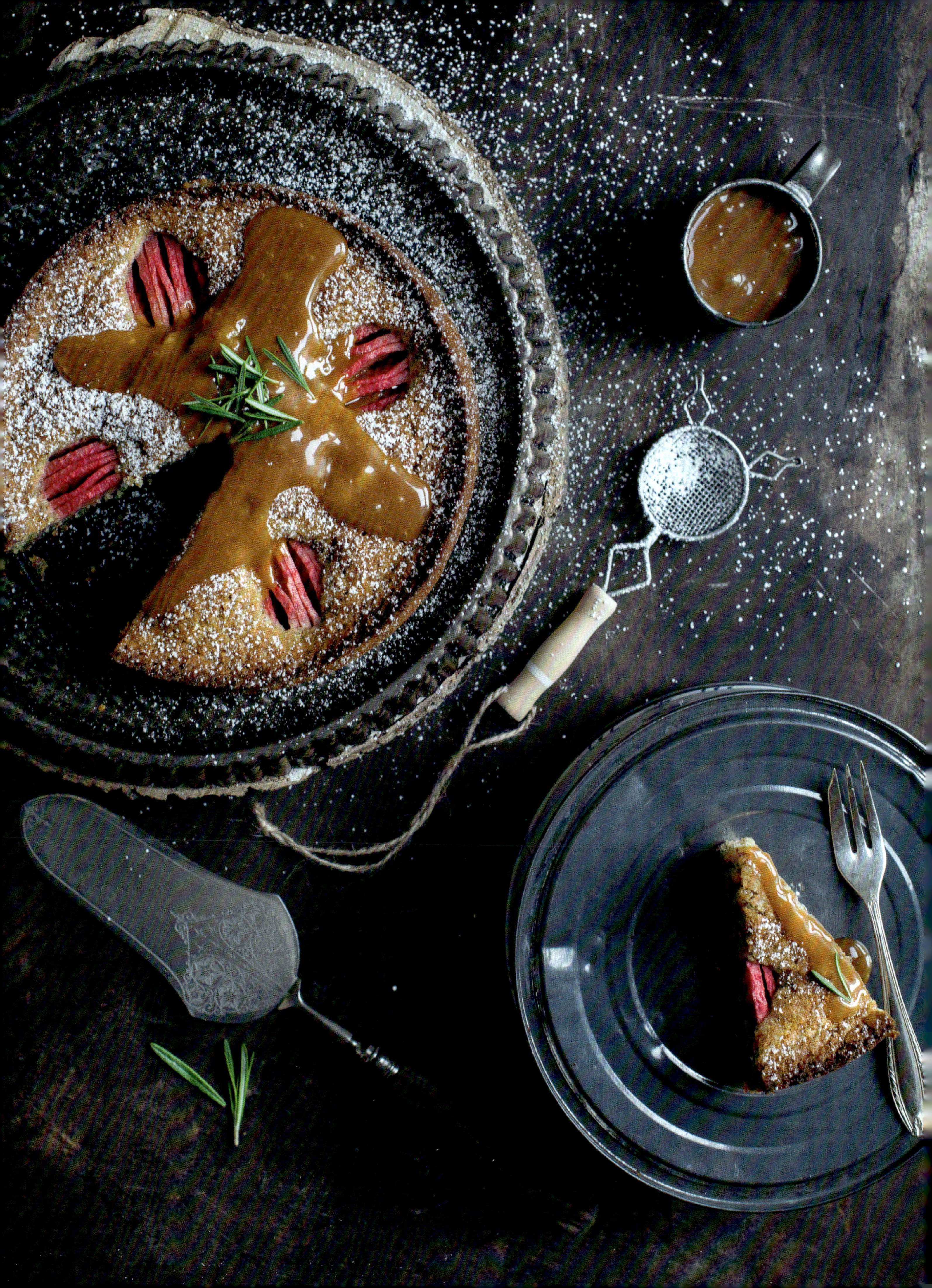

Donuts mit ESPRESSO-GLASUR

Espresso | Zuckerrübensirup | Schokolade | Allspice

Für ca. 10 Donuts

FÜR DIE DONUTS

- 100 g Weizenmehl (Type 405)
- 2 EL Maisstärke
- 75 g Zucker
- 1 TL Backpulver
- ¼ TL Salz
- 80 g Buttermilch
- 1 Ei (Größe L)
- 1 EL zerlassene Butter

FÜR DIE ESPRESSO-GLASUR

- 120 g Zuckerrübensirup
- 110 ml Espresso
- 85 g Schmand
- 100 g gesüßte Kondensmilch
- Salz

FÜR DEN SCHOKOLADEN-DIP

- 100 g dunkle Kuvertüre
- 60 ml Milch (3,5 % Fett)
- 15 g Puderzucker
- 1 TL Allspice-Gewürz (alternativ Zimt)

AUSSERDEM

- Donutblech
- Spritzbeutel

Diese Donuts sind was für Kaffee-Liebhaber. Die Glasur ist schön karamellig und schmeckt angenehm nach Espresso. Die Schokolade zum Dippen ist natürlich optional, denn die Espresso-Glasur allein ist ja schon süß genug. Aber wenn man schon nascht, dann auch richtig, oder? Diese Donuts sind aus einer Art Rührteig. Wer lieber Hefeteig mag, kann den Teig für die Donuts mit Rosen-Icing (siehe S. 258) auch für diese Donuts nehmen.

Zubereitung

Den Backofen auf 200 °C Ober-/Unterhitze vorheizen. Für den Teig die trockenen Zutaten gut miteinander vermischen. Buttermilch, Ei und zerlassene Butter ebenfalls verquirlen und zu den trockenen Zutaten geben. Alles zu einem glatten Teig verrühren. Ein Donutblech fetten und den Teig mit einem Spritzbeutel in die Formen spritzen. Dabei die Mulden nur zu drei Vierteln füllen. Die Donuts auf der mittleren Schiene 10–15 Minuten backen, dann aus den Formen nehmen und auf einem Gitter auskühlen lassen.

Für die Glasur den Zuckerrübensirup und den Espresso 10 Minuten köcheln lassen, bis sich alles schön verbunden hat. Vom Herd nehmen, den Schmand einrühren und die Kondensmilch hinzufügen. Die Espresso-Glasur mit 1 Prise Salz würzen.

Für den Schokoladen-Dip die Kuvertüre im Wasserbad schmelzen, vom Herd nehmen und die Milch und den Puderzucker einrühren, bis der Schokoladen-Dip glänzt. Nach Geschmack mit Allspice oder mit Zimt würzen.

Die Donuts in die Espresso-Glasur tunken und dann genüsslich in die gewürzte Schokolade dippen.

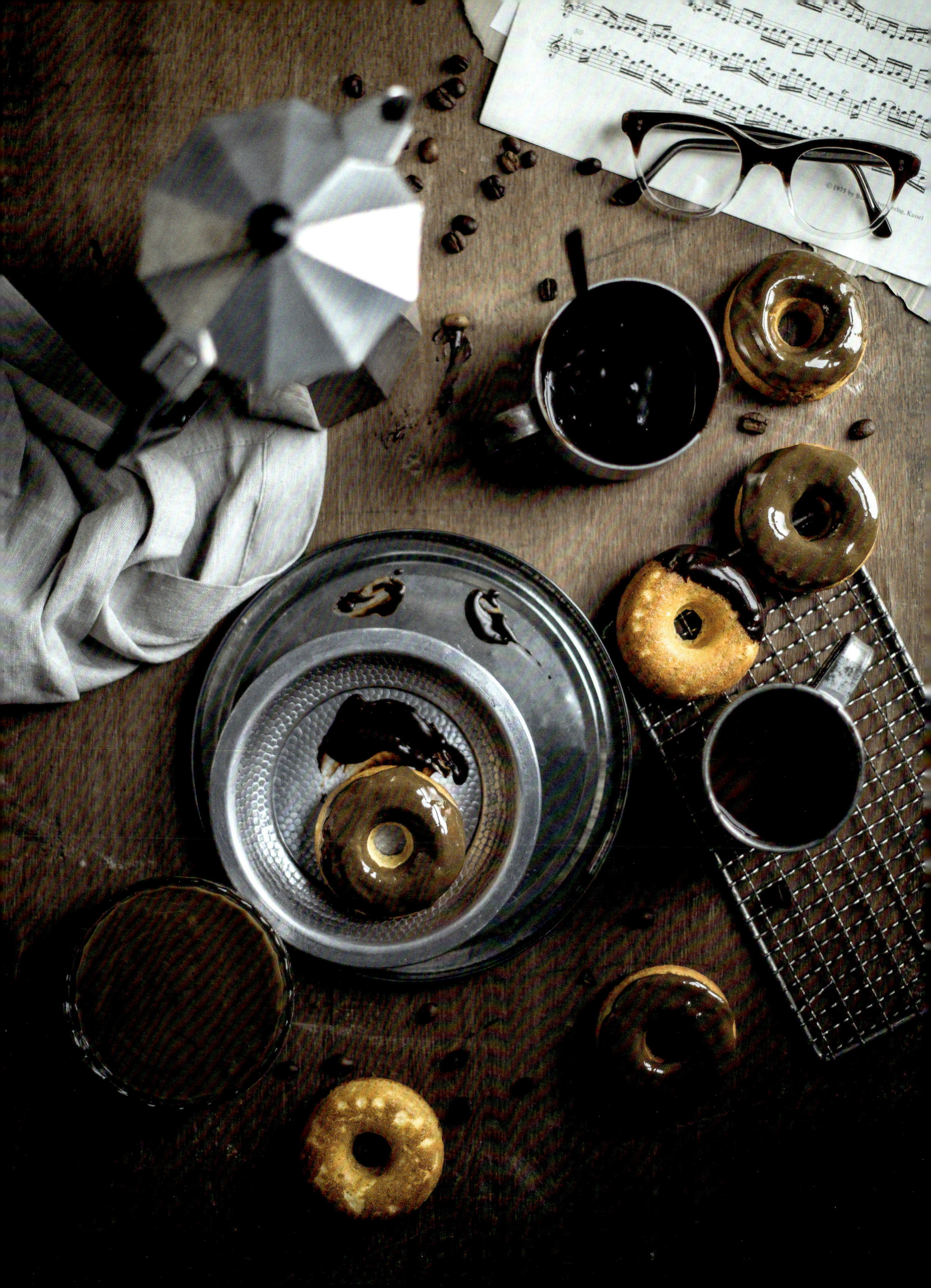

Zitronen-GRANITA

Zitrone | Zitronenmelisse | Gin

Für ca. 350 ml Granita

3 große Bio-Zitronen
130 g Zucker
6 Blätter frische Zitronenmelisse
1 ½ EL Gin

vegan | glutenfrei | laktosefrei

Granita ist unheimlich erfrischend und eine tolle Alternative zu Eiscreme, Popsicles & Co. Man kann sie ohne Eismaschine herstellen und braucht dazu nur wenige Zutaten: ein wenig frisch gepressten Saft von der Frucht, aus der man die Granita herstellen möchte, und Zucker. Meine Variante mit Zitrone, Gin und Zitronenmelisse ist toll als Erfrischung für heiße Tage oder auch als leichte Nascherei für zwischendurch.

Zubereitung

Die Zitronen waschen und die Schale mit einem Sparschäler abschälen. Die Zitronen auspressen. Schale, Saft (ca. 85 ml), Zucker und 45 ml Wasser in einen Topf geben. Diese Mischung 5–6 Minuten köcheln lassen, bis ungefähr 180 ml Sirup entstanden sind.

In der Zwischenzeit die Zitronenmelisse waschen und fein hacken. Den Sirup mit 180 ml Wasser und dem Gin mischen, die gehackte Zitronenmelisse hinzugeben. Die Mischung in eine gefrierfeste Schale füllen, abkühlen lassen und im Gefrierschrank mindestens 4–5 Stunden gefrieren. Einmal pro Stunde mit einer Gabel durchrühren und die Eiskristalle vermengen.

Wer die Mischung feiner möchte, kann sie zum Gefrieren auch in eine Eismaschine geben. Die Granita kann man auch gut mit Sekt oder Gin aufgießen.

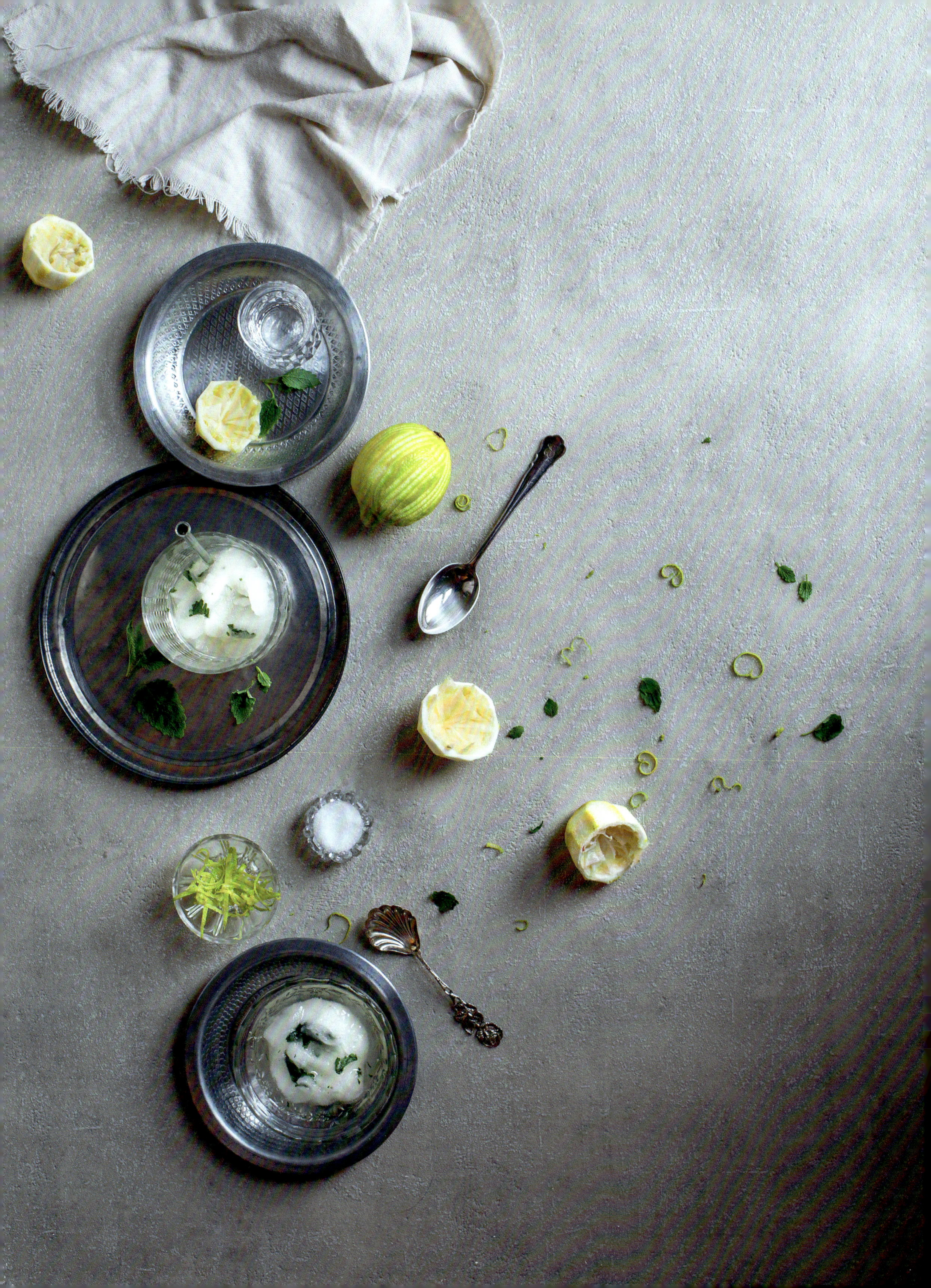

Raw Brownie Bites mit SALZKARAMELL

Dattel | Erdnuss | Kakao | Ceylon-Zimt | Kürbis | Vanille | Kokosmilch

Für 1 kleine Form (Ø 20 cm)

FÜR DEN KARAMELL

- 200 ml Kokosmilch
- 60 ml Ahornsirup
- Salz
- 1 TL Kokosöl

FÜR DIE 1. SCHICHT

- 350 g Hokkaido-Kürbis
- 1 EL Dattel-Erdnuss-Creme (siehe 2. Schicht)
- 80 g getrocknete, entsteinte Datteln
- 2 EL Kakaopulver
- 120 g Haselnusskerne
- ½ TL Salz
- Mark von ½ Vanilleschote
- 1 TL gemahlener Ceylon-Zimt
- 2 EL Johannisbrotkernmehl

Diese Brownies sind so lecker, dass man gar nicht mehr aufhören kann zu naschen. Sie sind süß, cremig, haben etwas Biss, und der Karamell obendrauf ist eine Wucht. Er ist kaum von herkömmlichem Karamell zu unterscheiden, enthält aber keinen raffinierten Zucker – man kann ihn über allen möglichen Süßkram träufeln.

Zubereitung

Für den Karamell die Kokosmilch mit dem Ahornsirup und 1 Prise Salz in einen Topf geben. Etwa 30 Minuten bei schwacher Hitze köcheln lassen, währenddessen immer wieder umrühren. Dabei karamellisiert die Kokosmilch. Das Kokosöl unterrühren und weitere 2 Minuten köcheln lassen, dann den Karamell in ein Glasgefäß gießen.

Für die erste Schicht der Raw Brownie Bites den Kürbis waschen, Kerne und Fasern entfernen, das Kürbisfleisch in Würfel schneiden und etwa 10 Minuten weich kochen. In einem Sieb abtropfen und auskühlen lassen.

In der Zwischenzeit für die zweite Schicht die Datteln mit den Erdnüssen in einem Hochleistungsmixer zu einer Creme pürieren.

Die Backform leicht ausfetten und mit Frischhaltefolie auslegen.

Für die erste Schicht 185 g des gekochten Kürbisses mit der Dattel-Erdnuss-Creme, Datteln, Kakaopulver, Haselnüssen, Salz, Vanillemark und Zimt im Mixer zu einer homogenen Masse mixen. Es dürfen noch Nussstückchen zu sehen sein. Das Johannisbrotkernmehl unterrühren und die Mischung in die vorbereitete Backform geben, gut verteilen und fest andrücken.

Weiter geht's auf der nächsten Seite.

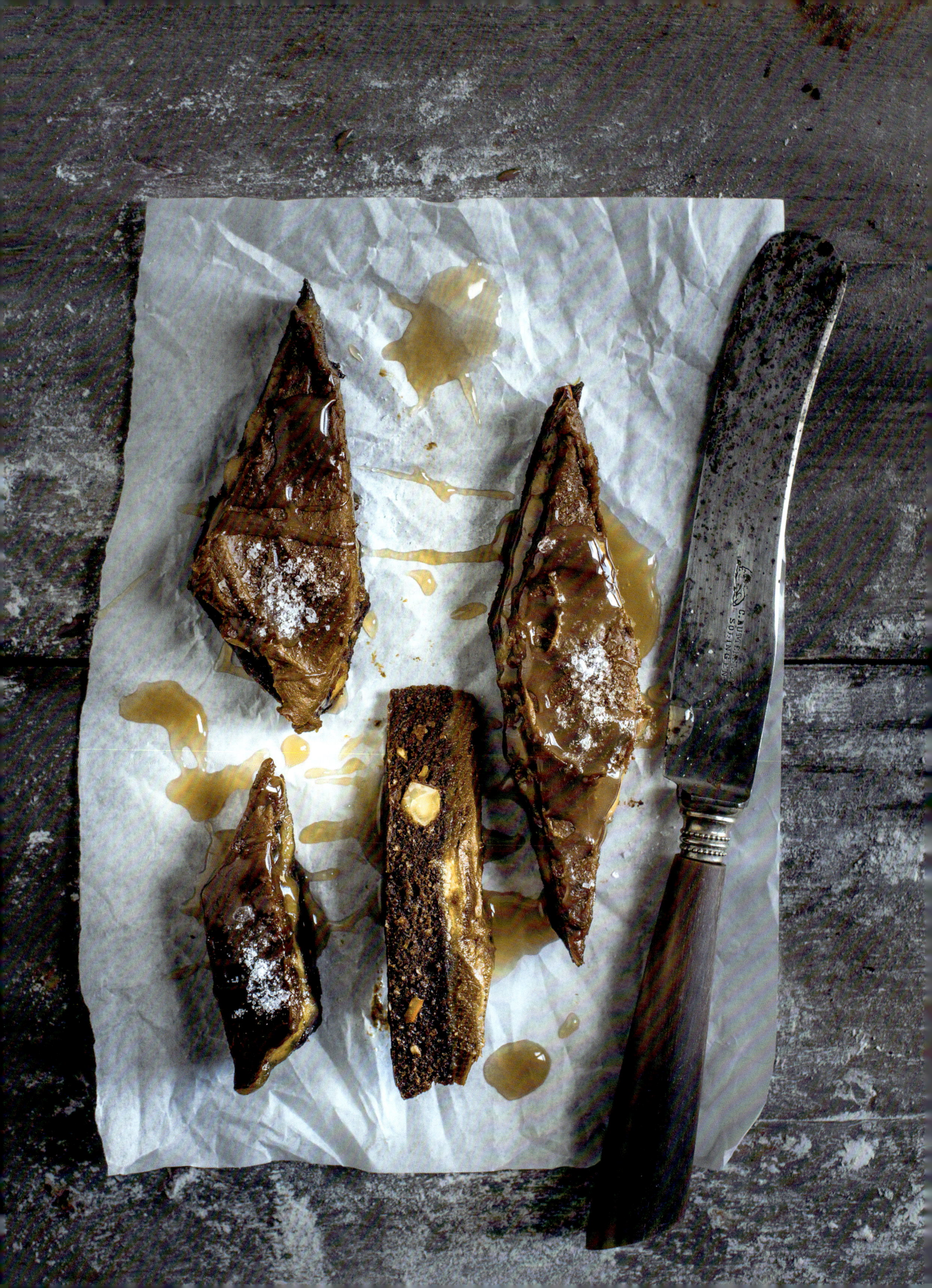

FÜR DIE 2. SCHICHT

30 g getrocknete, entsteinte Datteln

100 g geröstete, gesalzene Erdnusskerne

FÜR DIE 3. SCHICHT

2 EL Kokosöl

Mark von ½ Vanilleschote

1 TL Kakaopulver

2 TL Dattel-Erdnuss-Creme (siehe 2. Schicht)

Salz

3 EL Ahornsirup

1 TL Johannisbrotkernmehl

ZUM GARNIEREN

Meersalz (nach Belieben)

AUSSERDEM

Glasgefäß (ca. 250 ml)

Hochleistungsmixer

Springform (Ø 20 cm)

vegan | **glutenfrei** | **laktosefrei**

Als zweite Schicht die Dattel-Erdnuss-Creme auf die erste Schicht geben, dabei 2 TL zurückbehalten. Die Creme gleichmäßig verstreichen. Die Form ins Gefrierfach stellen.

Für die dritte Schicht den restlichen gekochten Kürbis (etwa 140 g) mit etwas erhitztem und flüssigem Kokosöl, Vanillemark, Kakaopulver, den restlichen 2 TL Dattel-Erdnuss-Creme, 1 Prise Salz, Ahornsirup und Johannisbrotkernmehl im Mixer zu einer glatten Creme pürieren.

Die Backform aus dem Gefrierfach nehmen, die dritte Schicht auf den anderen beiden Schichten verstreichen und im Gefrierfach weitere 20 Minuten kühlen.

Zum Servieren die Raw Brownie Bites in Rauten schneiden, mit Karamell beträufeln und nach Belieben mit Meersalz bestreuen.

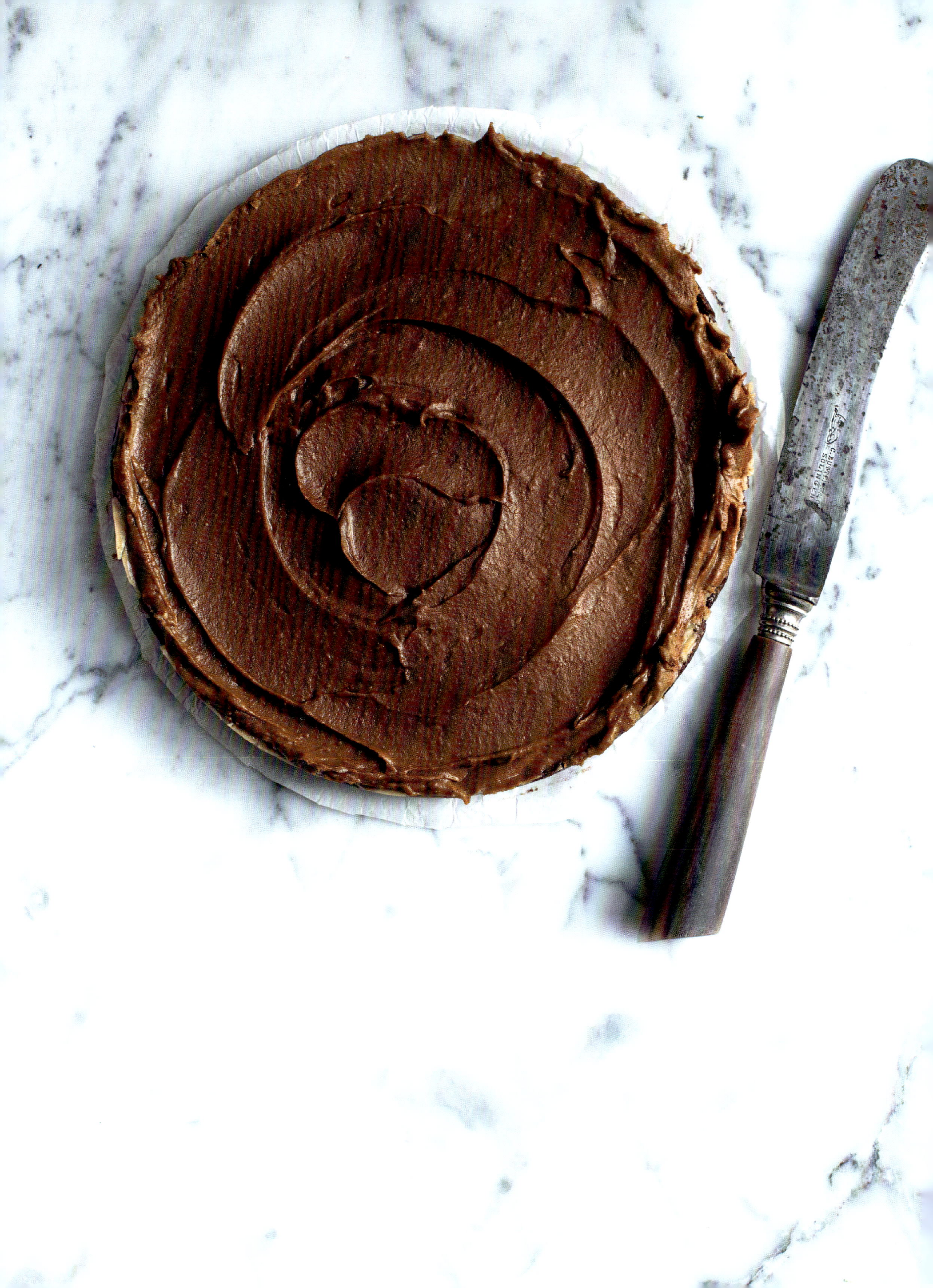

Matcha NICECREAM

Banane | Mandeldrink | Matcha | Pfefferminze | Buchweizen

Für 1 Person

**FÜR DIE NICECREAM
(AM VORTAG VORBEREITEN)**

200 g gefrorene Bananenscheiben
(von 2–3 Bananen)

50 ml Mandeldrink

2 TL Matchapulver

1 EL grob gehackte, frische Pfefferminze

FÜR DAS TOPPING

20 g Buchweizen

1 TL Ahornsirup

AUSSERDEM

Hochleistungsmixer

vegan | glutenfrei | laktosefrei

Nicecream – Eiscreme ganz ohne Reue. Diese eisige Leckerei ist die nette Schwester der Eiscreme. Sie besteht aus gefrorenen Bananen und Mandeldrink ... man könnte sie sogar gesund nennen. Wenn das mal kein Grund ist, öfter Nicecream zu essen. Ein weiterer Bonus: Sie ist superfix gemacht. Ich habe es mir angewöhnt, immer ein paar Bananen, in Scheiben geschnitten, einzufrieren. So kann ich ganz schnell eine Nicecream zaubern. Genau wie die Açai Bowl eignet sich die Nicecream auch wunderbar als eiskaltes Frühstück im Sommer.

Zubereitung

Am Vortag mehrere Bananen in Scheiben schneiden und einfrieren. Ich lege sie meist zum Einfrieren nebeneinander auf Backpapier, gebe sie, wenn sie gefroren sind, in einen Gefrierbeutel und bewahre sie so im Gefrierschrank auf.

Für das Topping den Buchweizen kurz in einer Pfanne rösten und anschließend mit dem Ahornsirup verrühren.

Für die Nicecream die gefrorenen Bananenscheiben zusammen mit dem Mandeldrink, dem Matchapulver und der Pfefferminze in einen Hochleistungsmixer geben und so lange mixen, bis eine Eiscreme entstanden ist. Die Eiscreme mit dem knusprigen Buchweizen bestreuen und sofort verzehren – friert man sie ein, wird sie relativ hart.

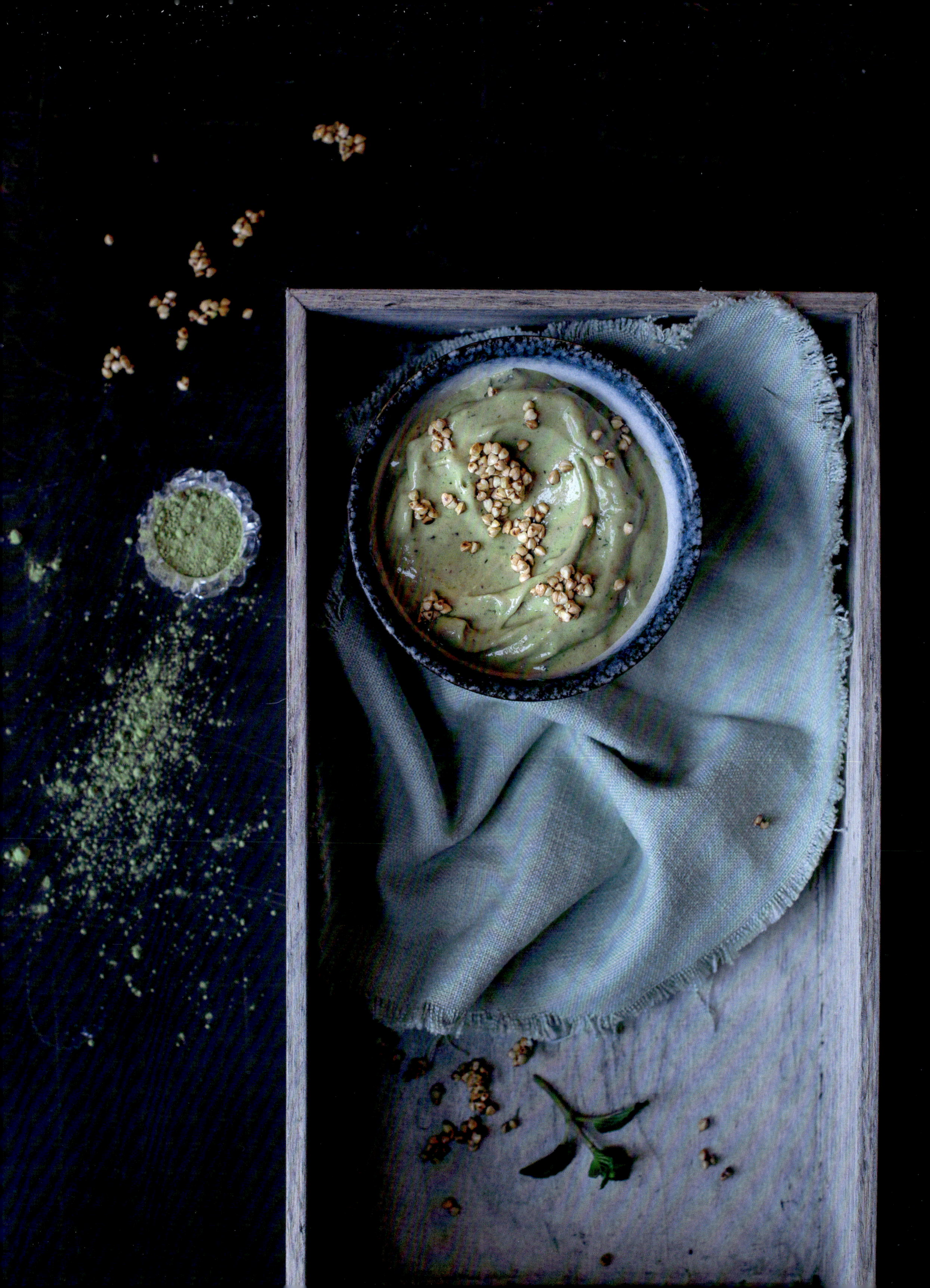

Zimtrollen mit EARL-GREY-FROSTING

Zimt | Orange | Kardamom | Earl Grey

Für ca. 12 Stück

FÜR DIE ZIMTROLLEN

240 ml Milch (3,5 % Fett)

115 g Zucker | 30 g frische Hefe

520 g Weizenmehl (Type 405)

½ TL Salz, plus 1 Prise

225 g Butter, plus etwas mehr für die Form

2 Eier (Größe M)

225 g Rohrzucker

4 EL gemahlener Zimt

FÜR DIE ORANGEN-MARMELADE (2 GLÄSER À 150 G)

4 große Bio-Orangen

8 g frischer Ingwer

ausgelöster und gemörserter Samen aus 2 Kardamomkapseln

6 EL Zucker | ¼ TL Zimt | ¼ TL Salz

¼ TL frisch gemahlener schwarzer Pfeffer

FÜR DAS EARL-GREY-FROSTING

2 TL Earl-Grey-Tee

1 Sternanis

1 TL gemahlener | Zimt 1 Nelke

½ TL frisch geriebener Ingwer

500 g Frischkäse

120 g Puderzucker

AUSSERDEM

Mörser

Filetiermesser

2 Schraubgläser (je ca. 150 ml)

Auflaufform (20 x 12 cm)

Wenn ich meine liebste süße Nascherei aus diesem Buch wählen müsste, dann würde die Wahl auf diese Zimtrollen fallen. Sie sind so wunderbar weich und buttrig, das Frosting hat eine so schöne Tee-Note, und die würzige Orangen-Marmelade dazu ist das Tüpfelchen auf dem i.

Zubereitung

Für den Teig die Milch erwärmen, den Zucker dazugeben und die Hefe hineinbröckeln. Gut durchrühren und abgedeckt etwa 10 Minuten stehen lassen, bis die Hefe arbeitet und die Milch Blasen wirft. Nun in einer weiteren Schüssel das Mehl und das Salz gut vermengen, 75 g Butter, die Eier und die Hefemilch dazugeben und mit der Küchenmaschine kurz zu einem glatten Teig kneten. Mit der Hand etwa 5 Minuten weiterkneten, bis der Teig ganz samtig ist. Den Teig nun abgedeckt 1 Stunde an einem warmen Ort gehen lassen.

Für die Marmelade 2 Orangen schälen, das Fruchtfleisch filetieren, entkernen, grob hacken und in einen Topf geben. Die Schale der anderen beiden Orangen mithilfe eines Sparschälers abschälen, das Weiße mit einem Filetiermesser entfernen und die Schale fein hacken. Die Orangen anschließend auspressen (ergibt etwa 150 ml Saft). Beides zu den filetierten Orangenstückchen in den Topf geben. Ingwer schälen, fein hacken und dazugeben. Kardamom, Zucker, Zimt, Salz, Pfeffer zu den Orangen geben und alles etwa 20 Minuten sanft köcheln lassen, bis die Flüssigkeit leicht dickflüssig ist. Ein wenig Marmelade auf einen kalten Teller geben, sodass diese sofort abkühlt und man sieht, ob sie die gewünschte Konsistenz hat. Die Marmelade in saubere Schraubgläser füllen und kühl und trocken aufbewahren.

Für das Frosting den Tee, die Gewürze und den Ingwer mit 150 ml kochendem Wasser übergießen und 30 Minuten ziehen lassen. Den Frischkäse mit der Hälfte des Puderzuckers glatt rühren. Nun 3 EL von dem abgekühlten Tee hinzufügen und den Frischkäse glatt rühren. Puderzucker hinzufügen, bis die Konsistenz cremig ist und das Frosting gleichmäßig vom Löffel fließt.

Für die Füllung der Zimtrollen 150 g Butter mit Rohrzucker, Zimt und 1 Prise Salz gut verrühren. Den Backofen auf 200 °C Ober-/Unterhitze vorheizen. Den Teig auf einer bemehlten Arbeitsfläche zu einem 1 cm dicken Rechteck ausrollen und komplett mit der Zimtbutter bestreichen. Dann der Länge nach aufrollen und in etwa 5 cm dicke Scheiben schneiden. Die Scheiben in eine gebutterte Auflaufform legen und etwa 8 Minuten backen.

Die Zimtrollen mit dem Frosting beträufeln, die Orangen-Marmelade dazu servieren.

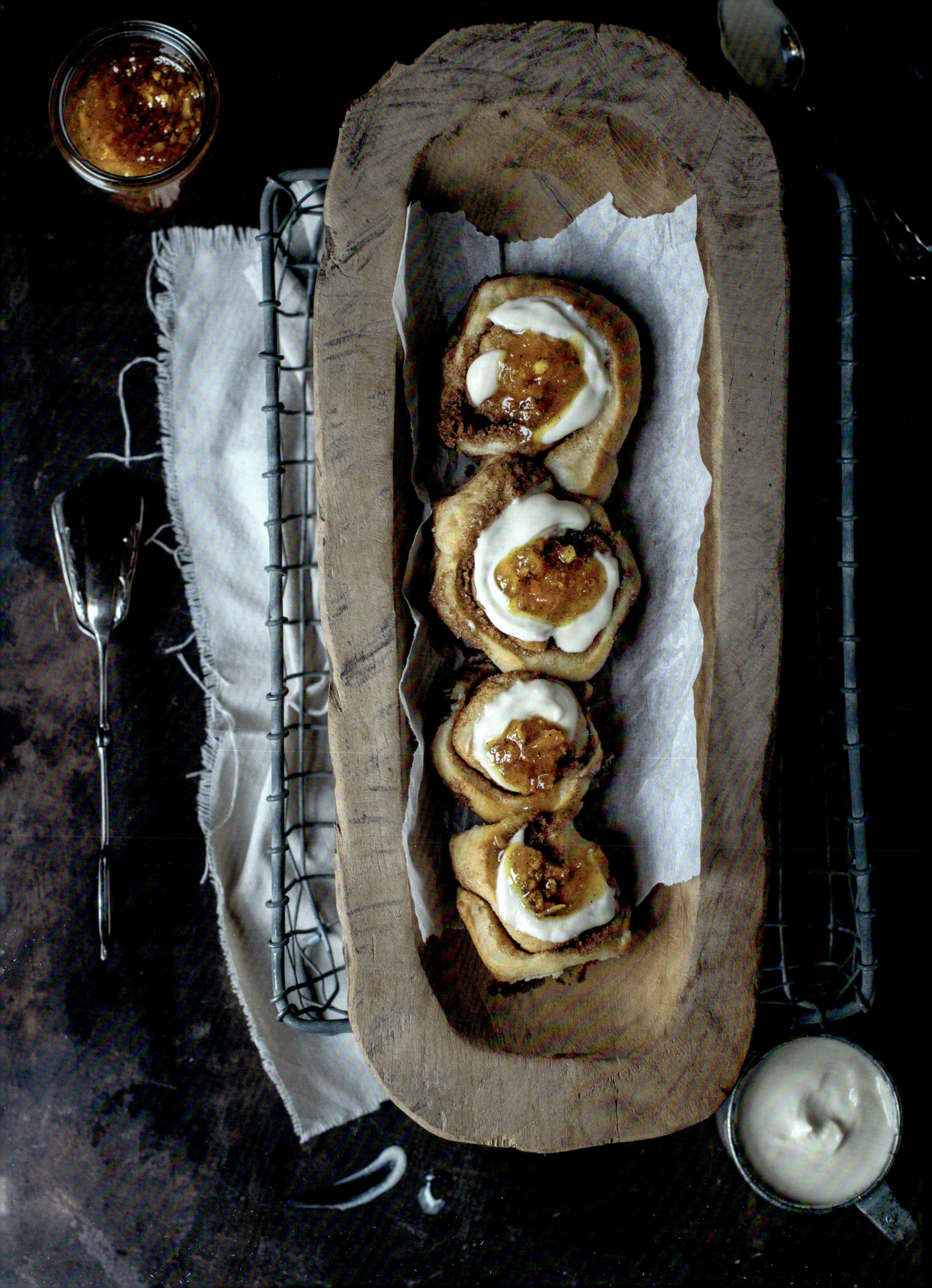

Pfeffrige Erdbeer-Marmeladen-BABKA

Erdbeere | Pfeffer | Frischkäse | Orange

Für 1 Kuchen (Ø 24 cm)

FÜR DEN TEIG

240 ml Milch (3,5 % Fett)

115 g Zucker

30 g frische Hefe

550 g Weizenmehl (Type 405)

½ TL Salz

75 g weiche Butter

2 Eier (Größe M)

Butter für die Form

FÜR DIE FÜLLUNG

500 g Erdbeeren

280 g Zucker

Salz

½ TL frisch gemahlener schwarzer Pfeffer

30 g weiche Butter

FÜR DIE GLASUR

75 g Frischkäse

30 ml Milch (3,5 % Fett)

25 g Puderzucker

abgeriebene Schale von ½ Bio-Orange

AUSSERDEM

Küchenmaschine

Kranzkuchenform (Ø 24 cm)

Ein köstlicher Hefekuchen, der in meiner Version mit zuckrig-süßer und gleichzeitig pfeffriger Marmelade gefüllt wird. Diese Babka schmeckt nach Erdbeeren und den ersten warmen Sonnenstrahlen. Sie wird zu einer Art Zopf geflochten, doch man kann den Teig auch in jede andere gewünschte Form bringen. Schneidet man kleine Schnecken daraus, brauchen sie im Ofen nur 10–15 Minuten.

Zubereitung

Für den Teig die Milch erwärmen, den Zucker dazugeben und die Hefe hineinbröseln. Gut verrühren und abgedeckt etwa 10 Minuten stehen lassen, bis die Milch Blasen wirft und die Hefe zu arbeiten beginnt. Nun in einer Schüssel Mehl und Salz mischen, Butter, Eier und den Hefeansatz dazugeben und alles mit der Küchenmaschine kurz zu einem glatten Teig kneten. Mit der Hand etwa 5 Minuten weiterkneten, bis der Teig ganz samtig ist. Den Teig dann abgedeckt für 1 Stunde an einem warmen Ort gehen lassen.

In der Zwischenzeit die Erdbeer-Marmelade herstellen. Dafür die Erdbeeren in einer Schüssel mit Wasser waschen und abtropfen lassen. Den Kelchansatz entfernen und die Erdbeeren mit Zucker und 1 Prise Salz etwa 20 Minuten einköcheln lassen. Die fertige Marmelade mit schwarzem Pfeffer würzen und abkühlen lassen.

Den Ofen auf 180 °C (Ober-/Unterhitze) vorheizen. Den Teig auf einer bemehlten Arbeitsfläche zu einem 1 cm dicken Rechteck ausrollen. Zunächst mit der weichen Butter und dann mit der Marmelade bestreichen. Das Rechteck der Länge nach schön eng einrollen. Die Rolle anschließend halbieren und beide Hälften nebeneinanderlegen. Die beiden Rollen abwechselnd übereinanderschlagen, als würde man mit zwei Strängen flechten. Die Form ausfetten und die geflochtene Rolle als Kranz hineinlegen. Im Ofen etwa 50 Minuten backen. Nach der Hälfte der Zeit mit Alufolie abdecken. Zwischendurch immer wieder mit einem Holzstäbchen prüfen, ob der Teig gar ist. Herausnehmen, abkühlen lassen.

Für die Glasur den Frischkäse mit der Milch glatt rühren, den Puderzucker hineinsieben und alles zu einer glänzenden Glasur verrühren. Die Glasur mit Orangenschale verfeinern und über den abgekühlten Kuchen träufeln.

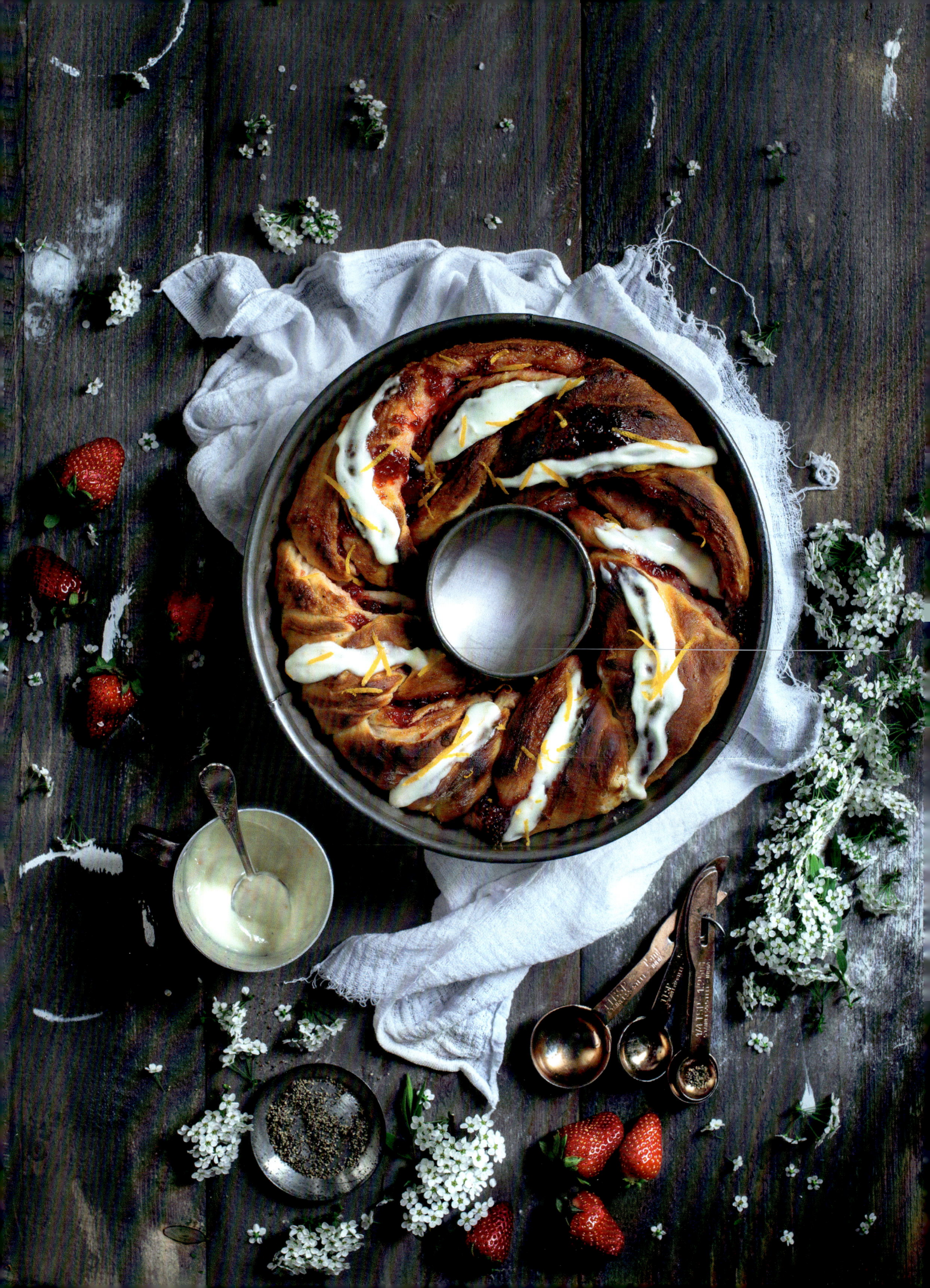

Süße Süßkartoffelscheiben
IM OFEN GERÖSTET

Süßkartoffel | Ceylon-Zimt | Pekannuss | Tonkabohne

FÜR 4 PERSONEN

400 g Süßkartoffeln
2 TL Kokosöl
80 g Pekannusskerne
6 EL Kokosblütenzucker
1 TL gemahlener Ceylon-Zimt
1 Msp. Tonkabohne

vegan | glutenfrei | laktosefrei

Kartoffeln zum Dessert? Aber klar! Der Kokosblütenzucker unterstreicht die eigene Süße der Süßkartoffeln, und mit Pekannüssen, Zimt und Tonkabohne werden sie eine unglaubliche Leckerei. Aber ebenso klar: Man kann diese Süßkartoffelscheiben nicht nur als Dessert naschen, sie passen zum Beispiel auch zu einem Grünkohlsalat mit vielen weiteren Nüssen, Parmesan und Granatapfelkernen ... Probiert es mal aus.

ZUBEREITUNG

Den Ofen auf 180 °C Ober-/Unterhitze vorheizen und ein Backblech mit Backpapier auslegen.

Die Süßkartoffel schälen, in 3 mm dünne Scheiben schneiden und die Scheiben auf dem Backblech verteilen. Das Kokosöl zerlassen, die Süßkartoffelscheiben damit bepinseln und im Ofen etwa 10 Minuten rösten.

Die Pekannüsse grob hacken. Die Süßkartoffelscheiben mit den gehackten Pekannüssen und 2 EL Kokosblütenzucker bestreuen und weitere 5 Minuten im Ofen karamellisieren.

Die Süßkartoffelscheiben aus dem Ofen nehmen und mit Zimt und und frisch geriebener Tonkabohne würzen. Den restlichen Kokosblütenzucker (4 EL) in einem kleinen Topf schmelzen und über die Kartoffelscheiben träufeln.

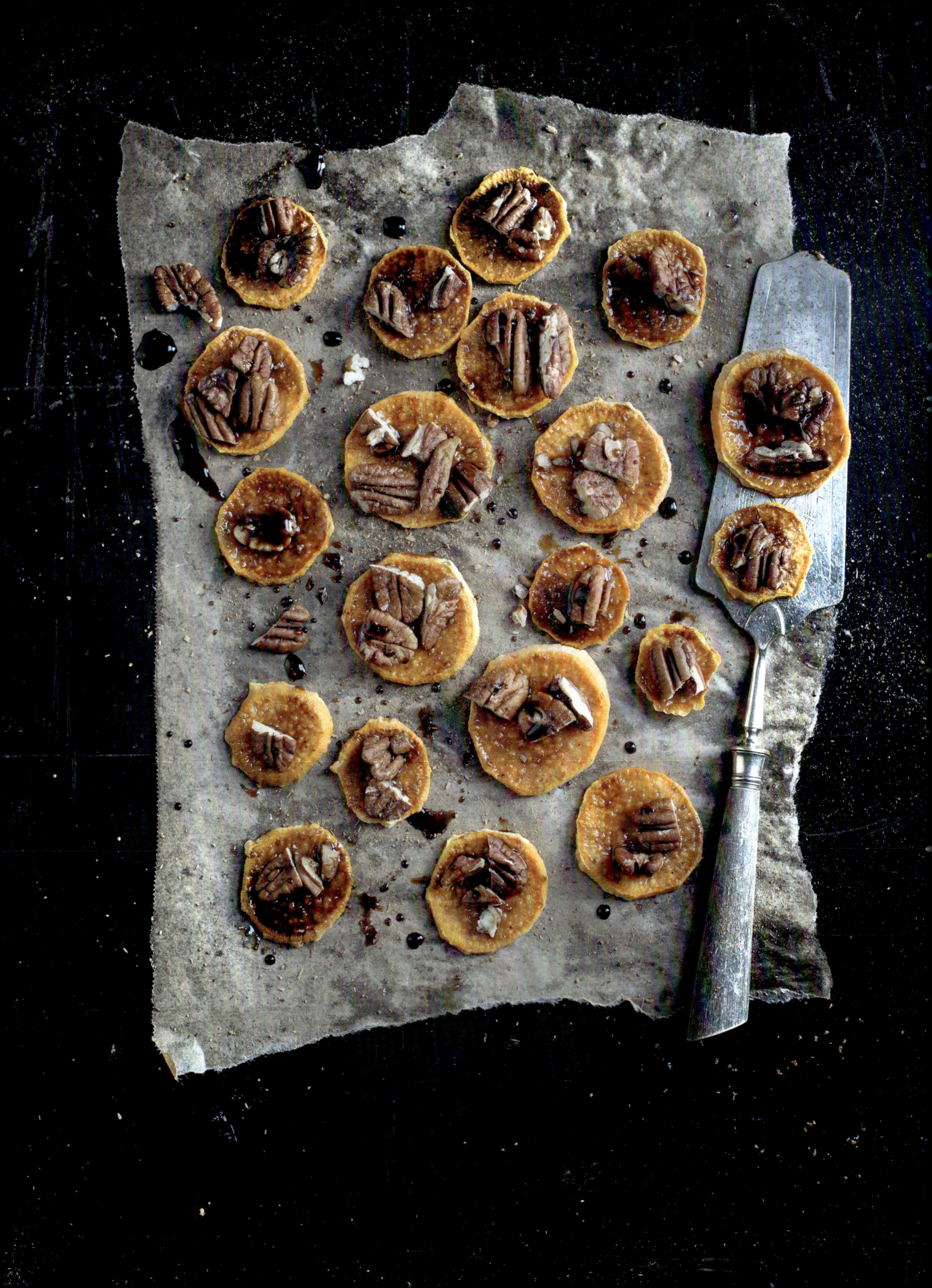

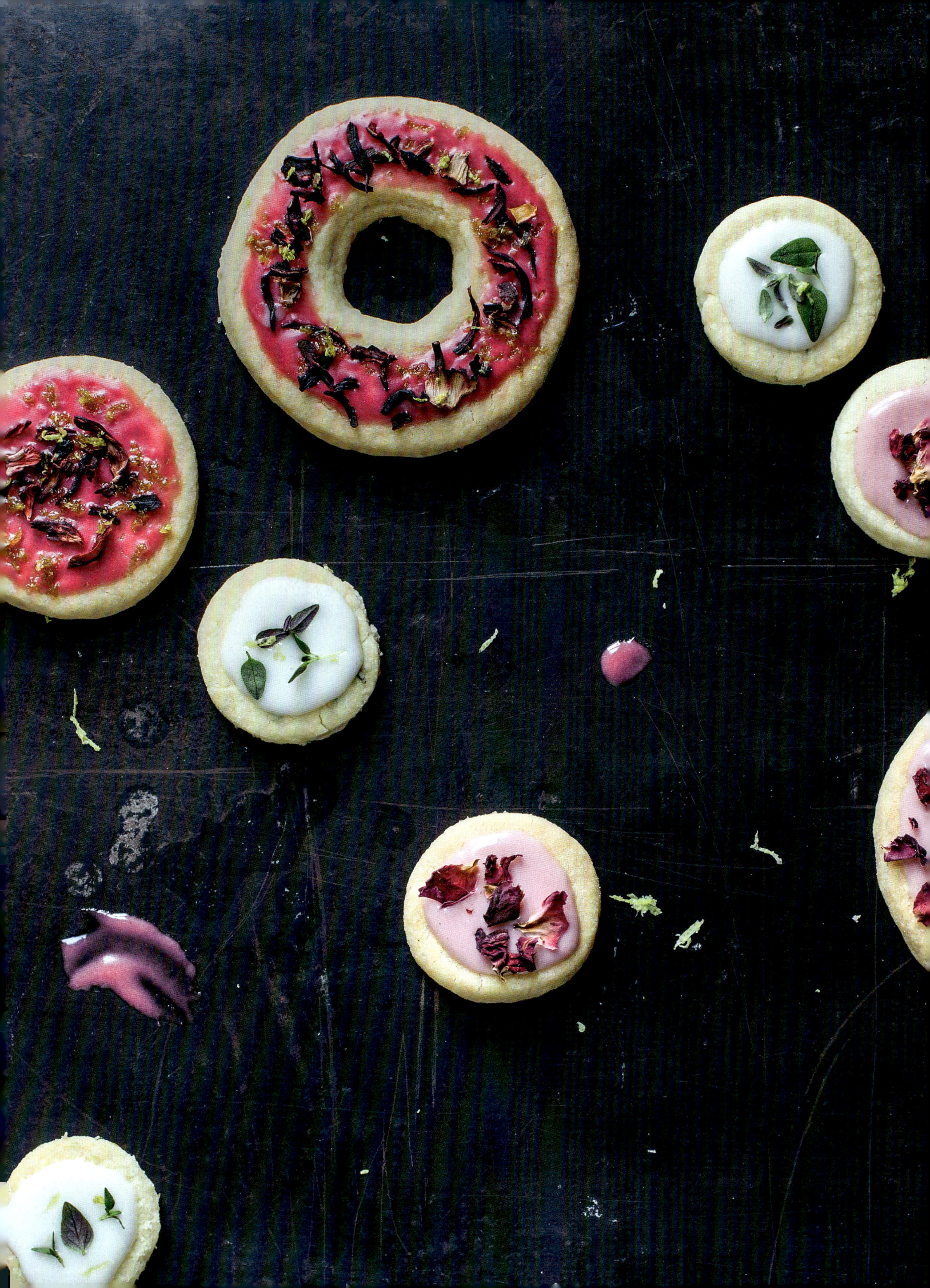

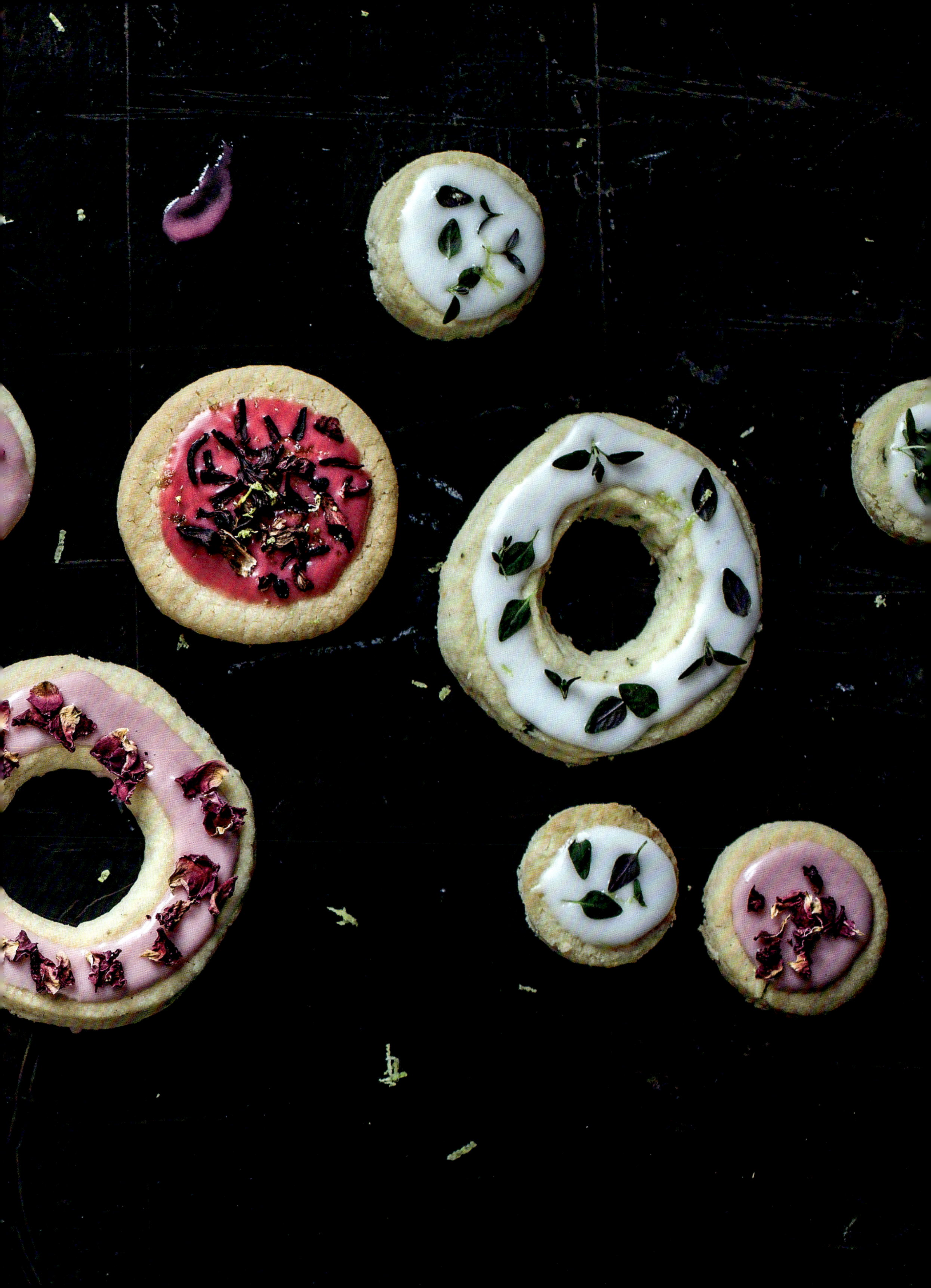

Donuts mit ROSEN-ICING

Brombeere | Rosenblüte | Pistazie

Für ca. 12 Donuts

FÜR DIE DONUTS

180 ml lauwarme Milch (3,5 % Fett)
1 TL Trockenhefe
80 g Zucker
35 g zimmerwarme Butter
2 Eier (Größe L)
430 g Weizenmehl (Type 405)

FÜR DIE BROMBEERSAUCE

300 g Brombeeren
40 g Crème fraîche
40 g Puderzucker

FÜR DAS ROSEN-ICING

80 g Puderzucker
10 ml Rosenwasser
½ TL Brombeersauce
1 EL Pistazien
1 EL getrocknete Rosenblütenblätter

Gebackene Donuts gibt es bei uns im Moment ganz oft. Zugegeben, an frittierte Donuts kommt so schnell nichts ran. Aber die gebackenen Donuts sind einfacher in der Zubereitung und auch sehr lecker. Diese Rosen-Donuts habe ich mit Hefeteig gemacht. Das ist meine liebste Basisvariante für in der Form gebackene Donuts.

Zubereitung

Den Backofen auf 180 °C Ober-/Unterhitze vorheizen. Für den Teig die warme Milch in eine Rührschüssel gießen und Trockenhefe und Zucker hinzufügen. Alles mit dem Knethaken kurz durchrühren. Zunächst 1 EL Butter, dann die Eier und Mehl hinzufügen. Den Teig mit dem Knethaken 2–3 Minuten rühren. Er sollte weich, samtig und noch leicht feucht sein. Auf keinen Fall zu viel Mehl hinzugeben. Den Teig in einer leicht gefetteten Schüssel 1 Stunde zugedeckt und an einem warmen Ort gehen lassen.

Den Teig anschließend auf einer bemehlten Fläche etwa 1 cm dick ausrollen, Kreise von etwa 6 cm Durchmesser ausstechen und mit dem Daumen ein Loch in die Mitte bohren. Die Donuts in leicht gefettete Donutformen legen. Weitere 30 Minuten gehen lassen. Die verbliebene Butter zerlassen. Die Donuts mit 1 EL zerlassener Butter bestreichen und im Ofen auf der mittleren Schiene 6 Minuten backen.

Für die Brombeersauce die Brombeeren waschen und in einem Topf mehrere Minuten einköcheln lassen, anschließend mit einem Stabmixer pürieren und durch ein feines Sieb streichen. 120 g Brombeerpüree mit Crème fraîche und Puderzucker zu einer glänzenden Creme rühren.

Für das Rosen-Icing den Puderzucker mit Rosenwasser und Brombeersauce glatt rühren. Die Pistazien grob hacken.

Die Donuts mit dem restlichen EL zerlassener Butter bestreichen und in das Icing dippen, mit gehackten Pistazien und Rosenblütenblättern dekorieren und mit der Brombeersauce servieren. Die Donuts sollten ganz frisch gegessen werden, dann sind sie am besten.

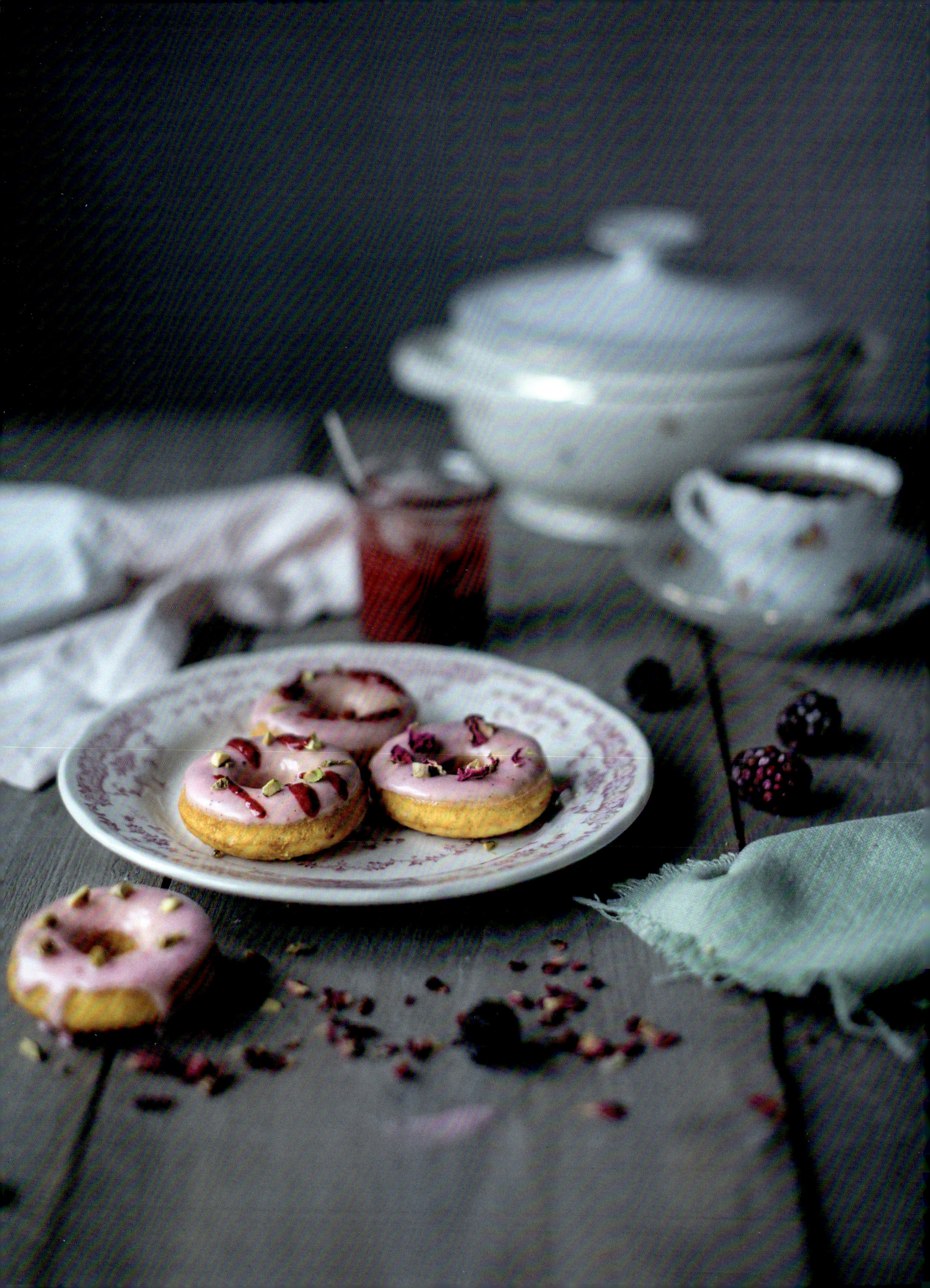

Schoko-Mandelmilch-POPSICLES

Schokolade | Nuss | Avocado | Dattel | Blütenpollen | Kakao-Nibs | schwarzer Sesam

Für 12 Popsicles

- 120 g geröstete, gesalzene Erdnusskerne
- 60 g Haselnusskerne
- 300 g getrocknete, entsteinte Datteln
- 200 g reife Avocado
- 460 ml Mandeldrink
- 80 g Kakaopulver

FÜR DIE GARNITUR, NACH BELIEBEN

- 100 g Zartbitterschokolade (mind. 70 % Kakaoanteil)
- 1 EL Blütenpollen
- 1 EL Pistazien
- 1 EL Kakao-Nibs
- ½ EL schwarzer Sesam
- ½ EL Kokosflocken
- ½ TL Hibiskus-Salz

AUSSERDEM

- Hochleistungsmixer
- 12 Popsicle-Formen

vegan | glutenfrei | laktosefrei

Was wäre, wenn Schokoladen-Eis plötzlich gesund wäre? Das wäre ein wahr gewordener Kindheitstraum! Mit diesem Rezept wird der Traum Wirklichkeit. Gesundes Schoko-Eis, das so intensiv nach Schokolade schmeckt, so cremig ist und keine Wünsche offen lässt – das ist fast zu gut, um wahr zu sein. Endlich kann man schon zum Frühstück mit gutem Gewissen ein Schoko-Eis essen, oder zwei oder drei ...

Zubereitung

Die Erdnüsse und Haselnüsse in einen Hochleistungsmixer geben und zunächst auf niedriger Stufe zu Nussmehl mahlen, anschließend auf höchster Stufe zu einer Nussbutter mixen. Die Datteln hinzufügen und so lange pürieren, bis eine geschmeidige Masse entstanden ist. Die Avocado halbieren, den Kern entfernen und das Fruchtfleisch auslösen. Den Mandeldrink und das Kakaopulver zur Dattel-Nuss-Mischung in den Mixer geben und alles etwa 1 Minute auf hoher Stufe zu einer cremigen Schokomasse mixen. In 12 Popsicle-Formen verteilen, je ein Holzstäbchen hineinstecken und im Gefrierschrank über Nacht gefrieren lassen.

Die Schokolade im Wasserbad schmelzen, die fertigen Popsicles damit beträufeln und die gewünschte Garnierung darauf verteilen. Dabei so schnell wie möglich arbeiten, denn die Schokolade wird durch die eiskalten Popsicles in wenigen Sekunden wieder fest, und dann hält die Garnierung nicht mehr. Die fertig dekorierten Popsicles z. B. auf einem mit Backpapier belegten Tablett wieder in den Gefrierschrank legen. Am selben Tag servieren.

Falls man die Popsicles länger aufbewahren möchte, sollte man sie ohne die Garnitur in den Popsicle-Formen aufbewahren und erst dekorieren, bevor man sie serviert. So vermeidet man unschönen Gefrierbrand.

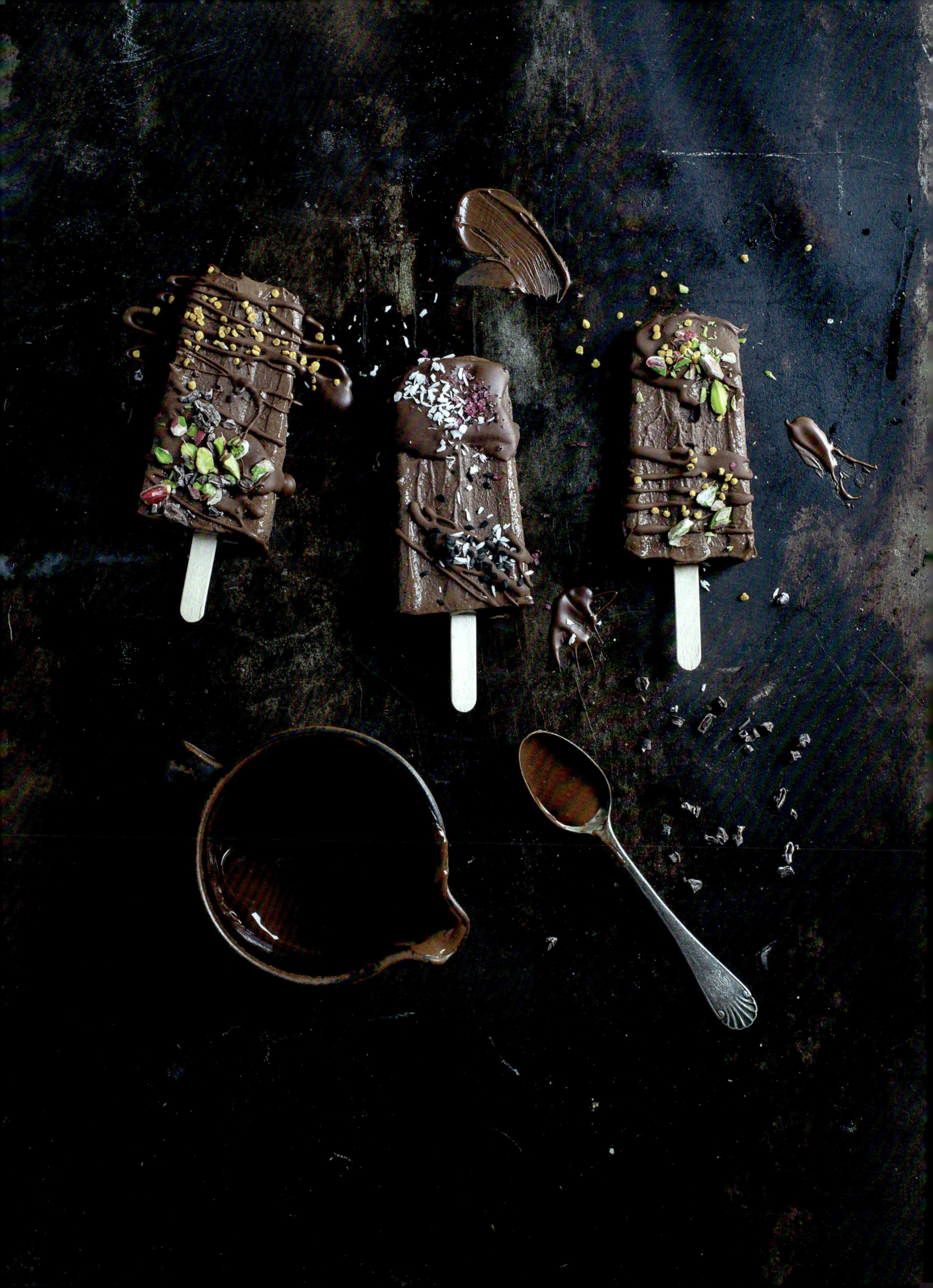

Pfirsich-Pies mit ZITRONENTHYMIAN

Bergpfirsich | Zitronenthymian

Für ca. 16 Hand Pies

FÜR DEN TEIG

230 g Weizenmehl (Type 405)

1 ½ EL Zucker

1 TL Salz

175 g eiskalte Butter

1 ½ EL Eiswasser

1 Eigelb

FÜR DIE FÜLLUNG

300 g Bergpfirsich

20 g Rohrzucker

½ TL Salz

4 große Zweige frischer Zitronenthymian

fein abgeriebene Schale von ½ Bio-Zitrone

Hand Pies sind super vorzubereiten und eignen sich ganz besonders für einen süßen Snack zwischendurch, da man sie ganz einfach und bequem aus der Hand essen kann und noch nicht mal eine Gabel benötigt. Diese Füllung aus fruchtigem Bergpfirsich und zitronigem Thymian duftet und schmeckt einfach nur herrlich.

Zubereitung

In einer großen Schüssel Mehl, Zucker und Salz mischen. Die kalte Butter in kleine Stückchen schneiden und zum Teig geben. Den Teig zwischen den Händen reiben und kneten, bis die Butter gut eingearbeitet ist und eine bröselige Masse entsteht. Nun das Eiswasser dazugeben und alles zügig mit den Händen zu einem glatten Teig formen. Die Teigkugel in Frischhaltefolie wickeln und im Kühlschrank 15 Minuten ruhen lassen. Danach den Teig auf einer bemehlten Fläche dünn ausrollen und ungefähr 32 Teigkreise mit einem Durchmesser von 8 cm ausstechen. Die Teigkreise erneut im Kühlschrank ruhen lassen, während man die Füllung herstellt.

Für die Füllung die Pfirsiche waschen, halbieren und die Steine entfernen. Die Hälften jeweils in 4 Stücke teilen. Die Pfirsichstücke mit Zucker und Salz in einen kleinen Topf geben und so lange bei mittlerer Hitze köcheln lassen, bis ein wenig Flüssigkeit verdampft und der Zucker geschmolzen ist. Die Blättchen von den Thymianzweigen zupfen, zusammen mit der Zitronenschale zu den Pfirsichen geben und den Topf vom Herd nehmen. Die Pfirsich-Thymian-Füllung ein wenig auskühlen lassen. Den Backofen auf 180 °C Ober-/Unterhitze vorheizen.

Die Teigkreise aus dem Kühlschrank nehmen und auf die Hälfte davon jeweils 1 EL der Pfirsich-Thymian-Füllung geben und die Ränder mit ein wenig Wasser betupfen. Die andere Hälfte der Teigkreise, die als Deckel dienen, mit einem kleinen Messer dreimal sternförmig einritzen. Die Deckel vorsichtig auf die Kreise mit der Füllung legen. Die Ränder zuerst sanft zusammendrücken, dann mit den Zinken einer Kuchengabel eindrücken und so verschließen. Das Eigelb mit 1 EL Wasser verrühren, die Pies damit bestreichen und im Ofen auf der zweiten Schiene von unten etwa 15 Minuten goldgelb backen. Herausnehmen und auf einem Gitter auskühlen lassen.

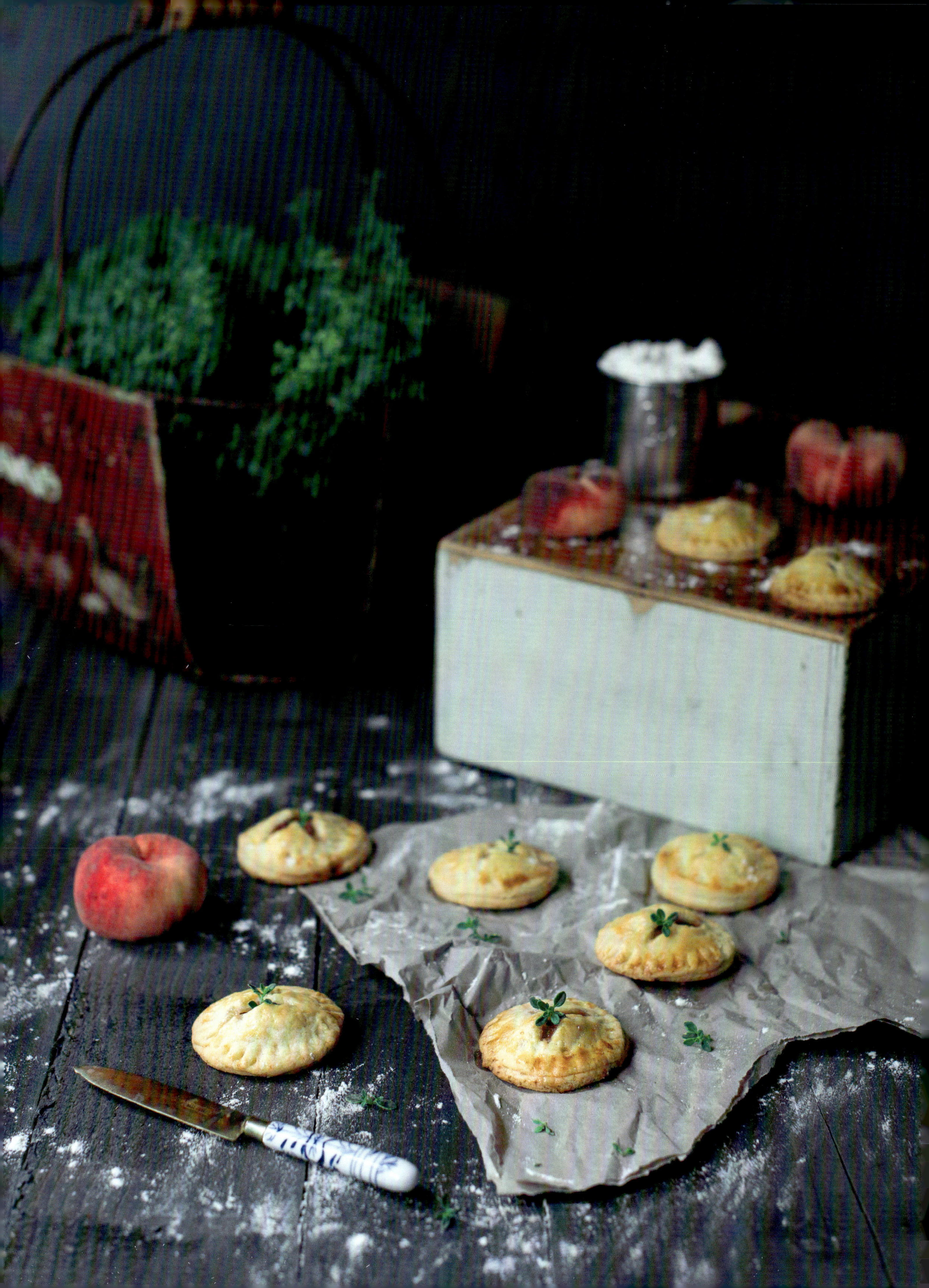

Brombeer- AÇAI-EIS

Açai | Brombeere

Für 1 Person

185 g TK-Brombeeren
50 ml Mandeldrink
1 EL Açai-Pulver

AUSSERDEM

Hochleistungsmixer

vegan | glutenfrei | laktosefrei

Für lila-pinkes Eis, das auch noch so schnell zubereitet ist, habe ich immer eine Schwäche. Normalerweise bin ich eher der nussig-karamellige Eistyp, doch für dieses leckere und auch gesunde Eis bin ich immer zu haben, denn gerade Brombeeren sind als Eis sehr köstlich. Das Tolle an diesem Eis ist, dass man es beliebig abwandeln kann. Schaut einfach mal in euren Gefrierschrank. Vielleicht schlummern da noch Beeren vom letzten Sommer, oder ihr habt gerade welche geerntet und wisst nicht, wohin damit? Dann friert sie schnell ein und macht euch dieses Eis innerhalb weniger Minuten immer frisch.

Zubereitung

Die gefrorenen Brombeeren zusammen mit dem Mandeldrink und dem Açai-Pulver in einen Hochleistungsmixer geben und so lange mixen, bis ein cremiges Eis entsteht. Dieses Eis ist nur für den direkten Verzehr geeignet, im Gefrierschrank wird es zu hart. Aber da es so schnell geht, kann man bei Bedarf immer für Nachschub sorgen.

TIPP | Probiert doch mal eine Variante mit Erdbeeren und Kokosmilch oder eine Variante mit Pfirsich, die ihr dann mit frischen Johannisbeeren und Granola verfeinert.

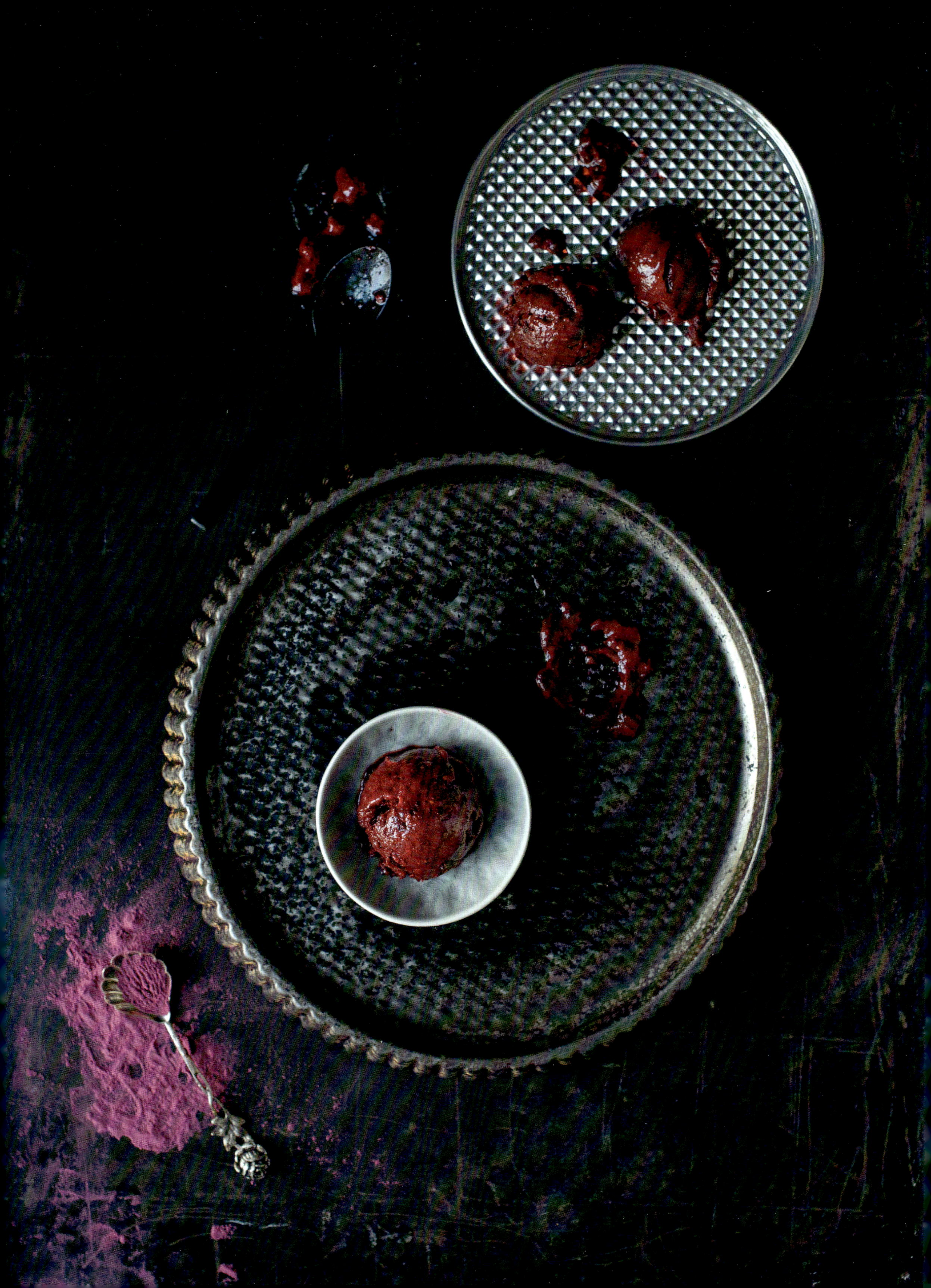

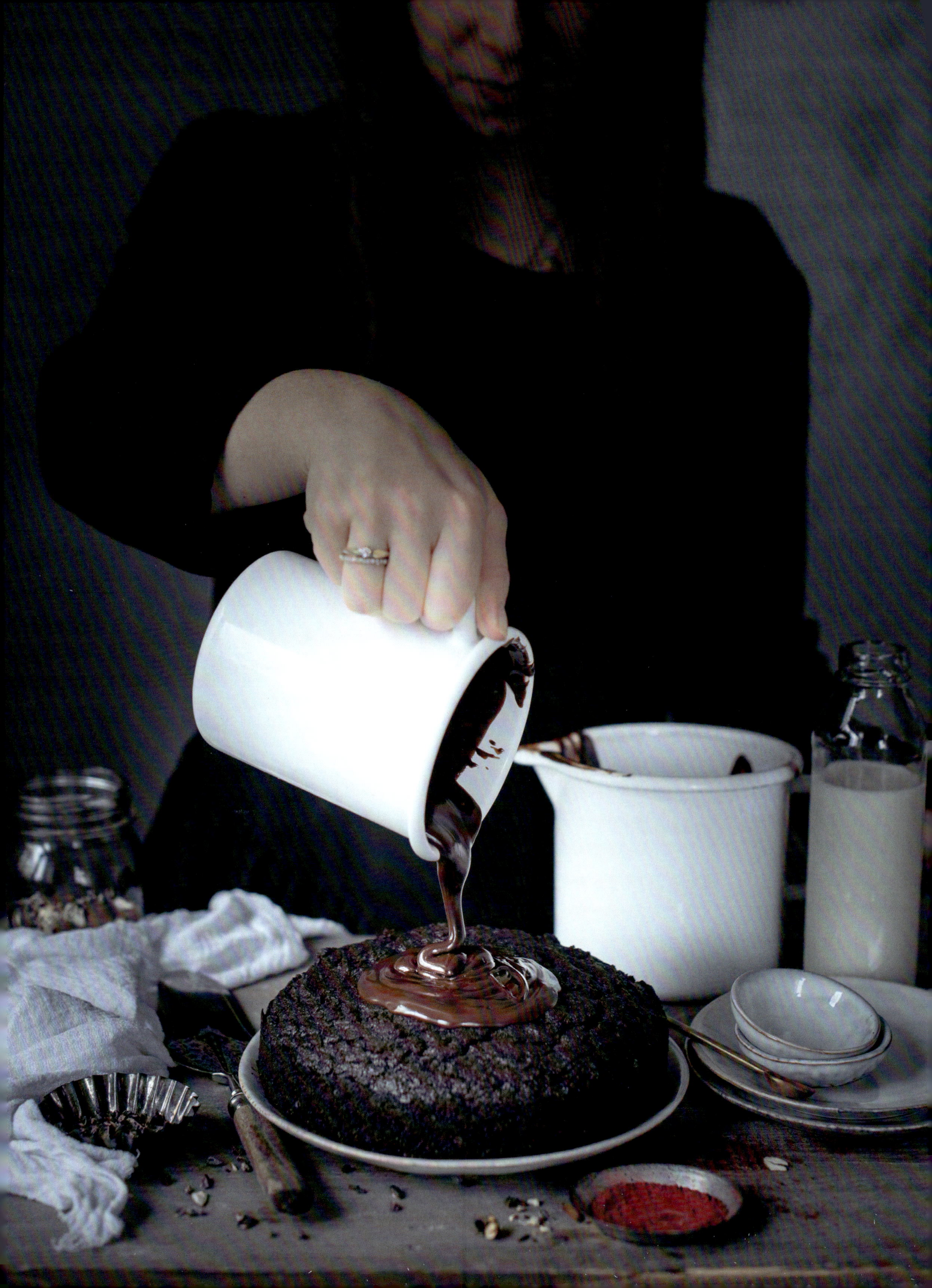

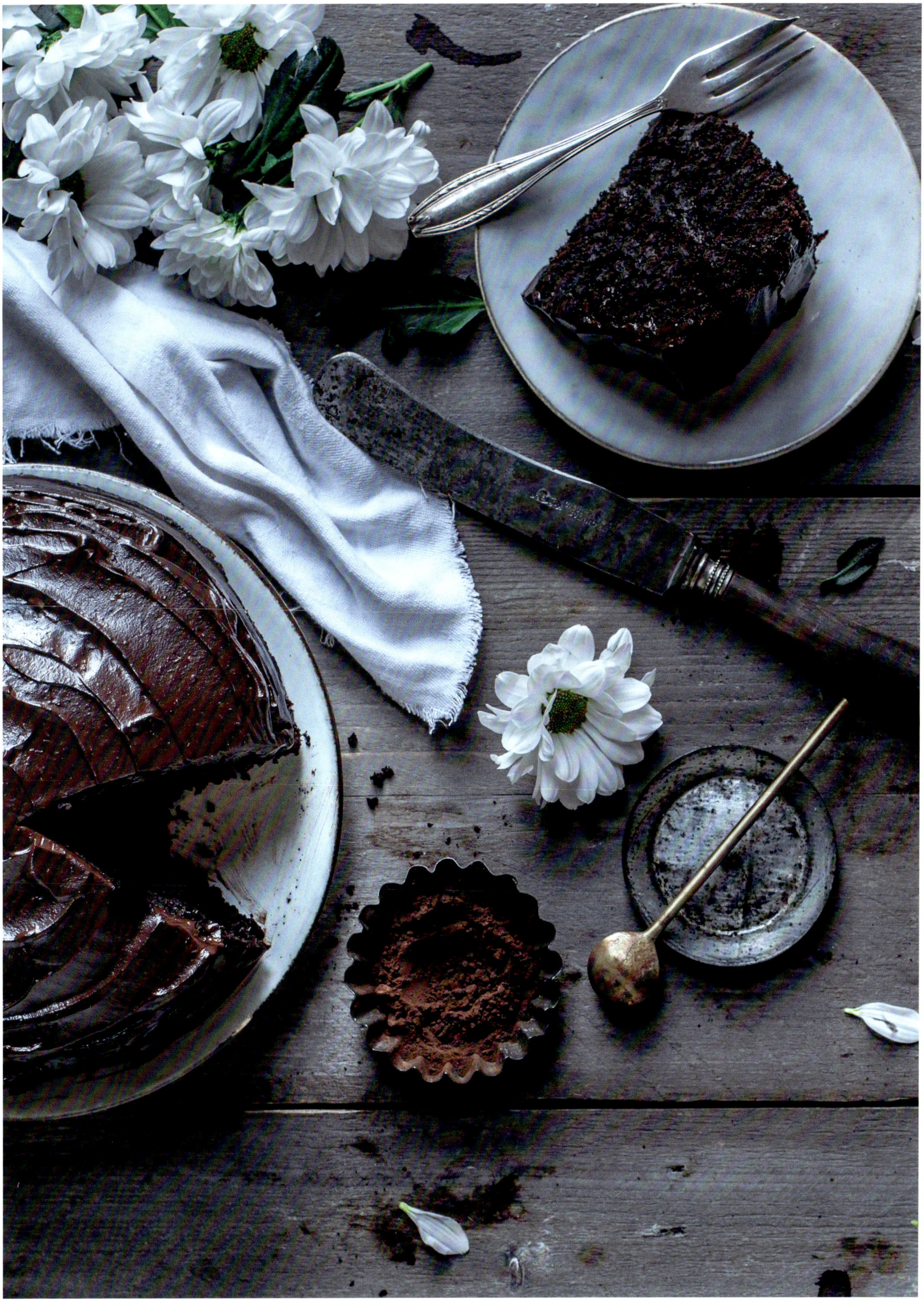

Schokoladen-Zucchini-Kuchen mit AVOCADO-FROSTING

Schokolade | Espresso | Zimt | Zucchini | Avocado | Vanille

Für 1 Kuchen (Ø 20cm)

FÜR DEN KUCHEN

- 250 g Dinkelmehl (Type 630)
- 70 g Kakaopulver
- 220 g Kokosblütenzucker
- 2 TL Natron
- 3 TL fein gemahlenes Espressopulver
- 2 TL gemahlener Ceylon-Zimt
- ½ TL Meersalz
- 2 EL geschroteter Leinsamen
- 240 ml Kokosmilch
- 60 ml Sonnenblumenöl
- 60 g Ahornsirup
- 240 g Zucchini

FÜR DAS AVOCADO-FROSTING

- 2 Avocados
- 50 g Kakaopulver
- 90 ml Ahornsirup
- Mark von ½ Vanilleschote
- ½ TL gemahlener Ceylon-Zimt
- 2 EL Kokosöl

AUSSERDEM

- 2 Backformen (je Ø 20 cm)

vegan | laktosefrei

Wenn man diesen Schokoladenkuchen isst, dann ahnt man nicht, dass er seine Saftigkeit einem Gemüse zu verdanken hat. Die zweite Überraschung ist dann das Frosting: Es besteht hauptsächlich aus Avocados und ist in Konsistenz und Geschmack ein Knaller. Ich glaube, das mache ich jetzt zu jedem Kuchen.

Zubereitung

Den Ofen auf 180 °C Ober-/Unterhitze vorheizen. Die Böden der Backformen mit Backpapier auslegen, den Rand frei lassen.

Für den Kuchen das Mehl in einer großen Schüssel mit Kakaopulver, Kokosblütenzucker, Natron, Espressopulver, Zimt und Meersalz mischen. Die Leinsamen mit 5 EL Wasser in eine Tasse geben und 5 Minuten quellen lassen.

Die Kokosmilch mit Sonnenblumenöl und Ahornsirup verrühren und zu der Mehlmischung in die Schüssel geben. Den Leinsamen unterrühren. Die Zucchini waschen, trocken tupfen und fein raspeln. Den Saft etwas herausdrücken und die Zucchini anschließend unter den Teig heben.

Den Teig auf die beiden Backformen verteilen. Die Kuchen im vorgeheizten Ofen etwa 40 Minuten backen, nach 30 Minuten die Stäbchenprobe machen.

In der Zwischenzeit das Frosting vorbereiten. Hierfür die Avocados halbieren, den Kern entfernen und das Fruchtfleisch mit Kakaopulver, Ahornsirup, Vanillemark, Zimt und dem flüssigen Kokosöl in einen Mixer geben. Alles zu einem glatten, glänzenden Frosting mixen.

Die Kuchenböden vollständig auskühlen lassen. Einen Boden auf eine Platte setzen und mit einem Viertel des Frostings bestreichen. Den zweiten Boden daraufsetzen und den Kuchen rundum mit dem restlichen Frosting bestreichen.

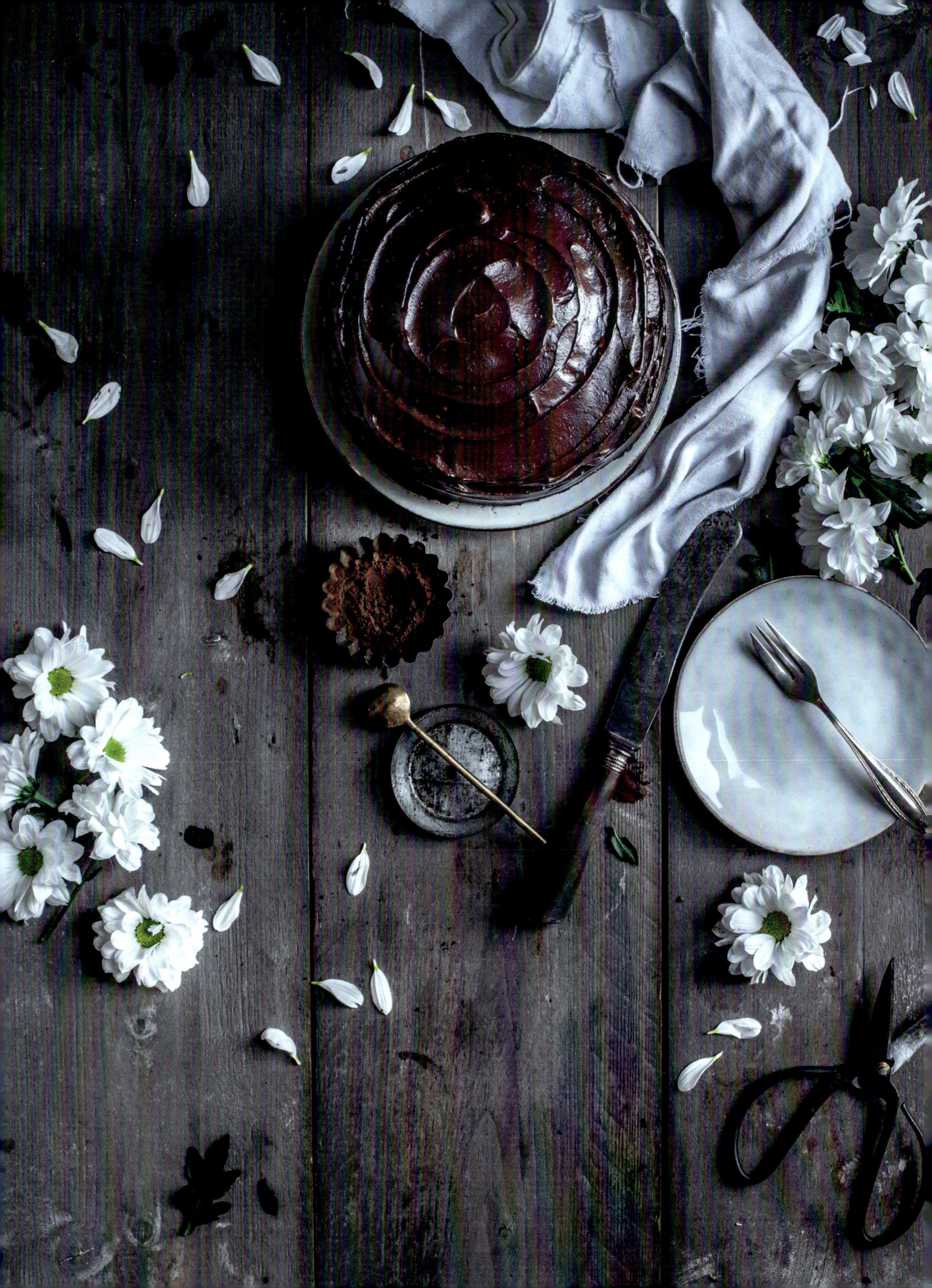

Layered NICECREAM

Vanille | Dattel | Schokolade | Chai | Mandel | Beeren | Blütenpollen

Für 4 Personen

FÜR DIE NICECREAM

850 g Banane

4 TL Chai-Mandelcreme

8 getrocknete, entsteinte Datteln

20 g Kakaopulver

200 ml Mandeldrink

Mark von 1 Vanilleschote

FÜR DIE CHAI-MANDELCREME

200 g Mandeln

1 Sternanis

2 kleine Nelken

ausgelöster Samen aus 1 Kardamomkapsel

½ TL gemahlener Ceylon-Zimt

½ TL Kubebenpfeffer

10 g frischer Ingwer

4 TL Kokosöl

FÜR DIE MARMELADE

500 g gemischte TK-Beeren

3 EL Kokosblütenzucker

1 TL Johannisbrotkernmehl

AUSSERDEM

Mörser

Hochleistungsmixer

Schraubglas (200 ml)

vegan | glutenfrei | laktosefrei

Nicecream ist die nette Schwester der Icecream. Meiner Schwäche für diese kalte Köstlichkeit gebe ich immer noch gern nach, denn Nicecream kommt ganz ohne Zucker aus und tut uns mit ihren vielen Gewürzen sogar noch Gutes! Eine erfrischende und gesunde Leckerei für heiße Tage!

Zubereitung

Für die Nicecream die Bananen, schälen in Scheiben schneiden und einige Stunden, am besten über Nacht, einfrieren.

Für die Chai-Mandelcreme die Mandeln in einer Pfanne ohne Fett rösten. Sternanis, Nelken und Kardamomsamen fein mörsern, mit Zimt und Kubebenpfeffer zu den Mandeln geben und bei schwacher Hitze mitrösten, bis die Gewürze zu duften beginnen. Den Ingwer schälen und fein hacken. Die Mandeln mit den Gewürzen, Ingwer und dem Kokosöl in einem Hochleistungsmixer pürieren. In einem geschlossenen Schraubglas aufbewahren.

Für die Beerenmarmelade die Früchte mit dem Zucker einige Minuten sanft köcheln lassen. Anschließend das Johannisbrotkernmehl unterrühren.

Für die Schokoladen-Nicecream die Hälfte der gefrorenen Bananen (etwa 350 g) mit 4 TL der Chai-Mandelcreme, 4 Datteln, Kakaopulver und der Hälfte des Mandeldrinks (100 ml) im Mixer zu einer Creme pürieren.

Für die Vanille-Nicecream die restlichen gefrorenen Bananen mit Vanillemark, 4 Datteln und 100 ml Mandeldrink im Mixer zu einer Creme pürieren.

Beide Nicecream-Sorten abwechselnd mit der Chai-Mandelcreme und der Beerenmarmelade in Gläser schichten.

TIPP Nicht unbedingt nötig, aber einfach schön: Ich garniere meine Nicecream gern mit Blütenpollen, Raw Cacao Nibs, Popcorn oder auch Heidelbeeren. Lasst eurer Fantasie einfach freien Lauf.

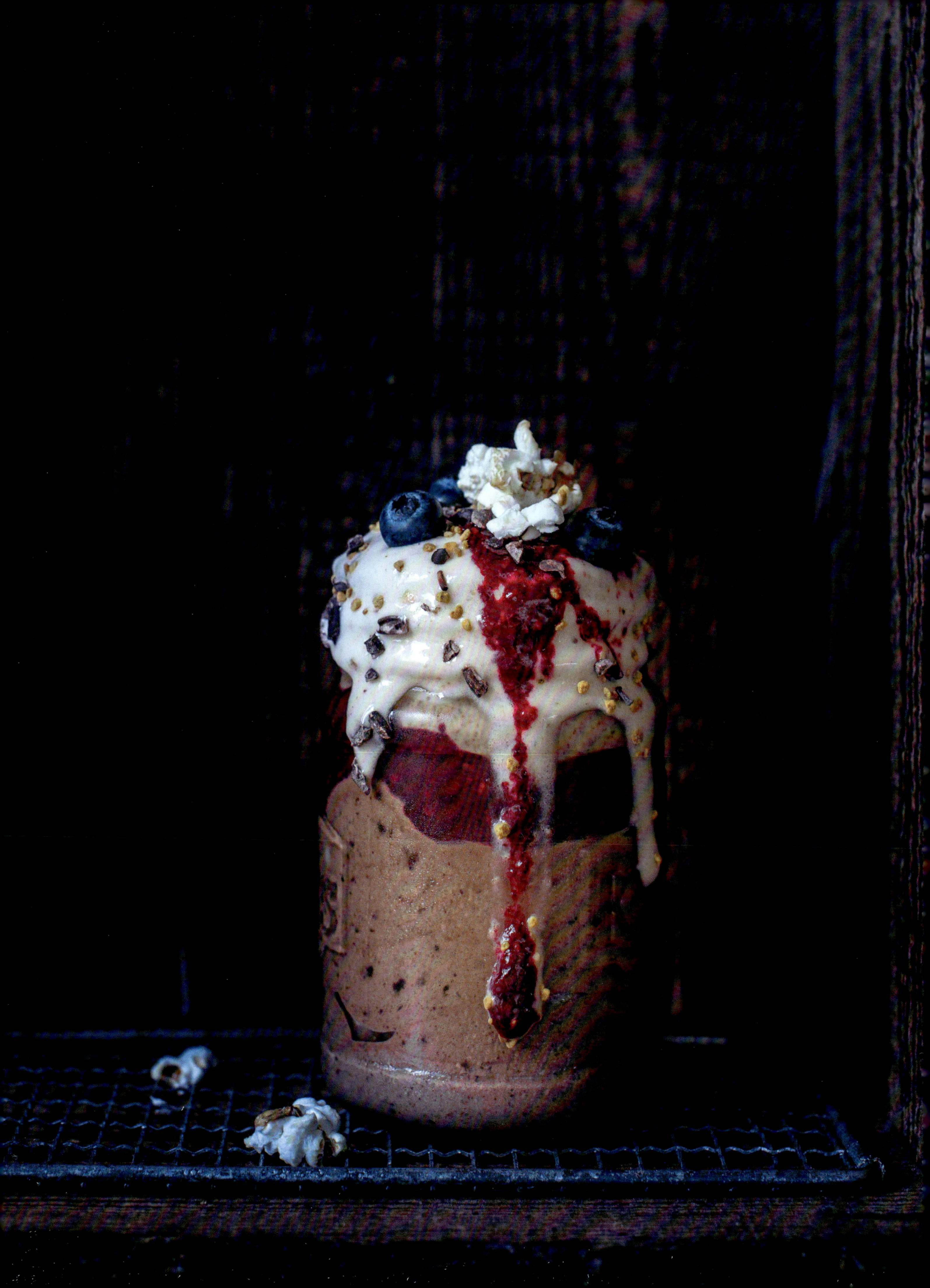

Zitronen-Ingwer-Popsicles MIT GURKE

Zitrone | Ingwer | Gurke

Für 12 Popsicles

FÜR DIE POPSICLES

25 g Bio-Ingwer

300 g Zucker

220 ml Saft von 2-3 Zitronen

1 Gurke

AUSSERDEM

12 Popsicle-Formen

vegan | glutenfrei | laktosefrei

Ihr braucht etwas Erfrischung an einem heißen Sommertag? Diese Popsicles mit Zitrone, Ingwer und Gurke sind die perfekte Abkühlung! Am besten stellt ihr gleich eine große Portion auf Vorrat her, dann habt ihr immer eine köstliche Erfrischung parat.

Zubereitung

Den Ingwer waschen und ungeschält in feine Scheiben schneiden. Den Zucker mit dem frisch gepressten Zitronensaft, den ausgepressten Zitronenhälften, den Ingwerscheiben und 420 ml Wasser in einen Topf geben. Die Mischung einige Minuten sanft köcheln lassen und anschließend durch ein Sieb gießen. Den Zitronen-Ingwer-Sirup im Kühlschrank etwa 30 Minuten abkühlen lassen.

Die Gurke waschen und mit einem Sparschäler dünne Streifen abschälen. Die Gurkenstreifen in 12 Portionen teilen und portionsweise überlappend aufeinanderlegen. Jede Portion grob einrollen und in eine Popsicle-Form drücken. Nun den Sirup auf die Formen verteilen. Dabei darauf achten, dass sich keine Luftblasen bilden. Am besten die Formen sanft auf den Tisch klopfen oder mit einem dünnen Stäbchen auf die Gurkenstreifen drücken und so letzte Luftblasen entfernen. In jede Form ein Holzstäbchen drücken. Die Popsicles im Gefrierschrank mindestens 5 Stunden gefrieren lassen.

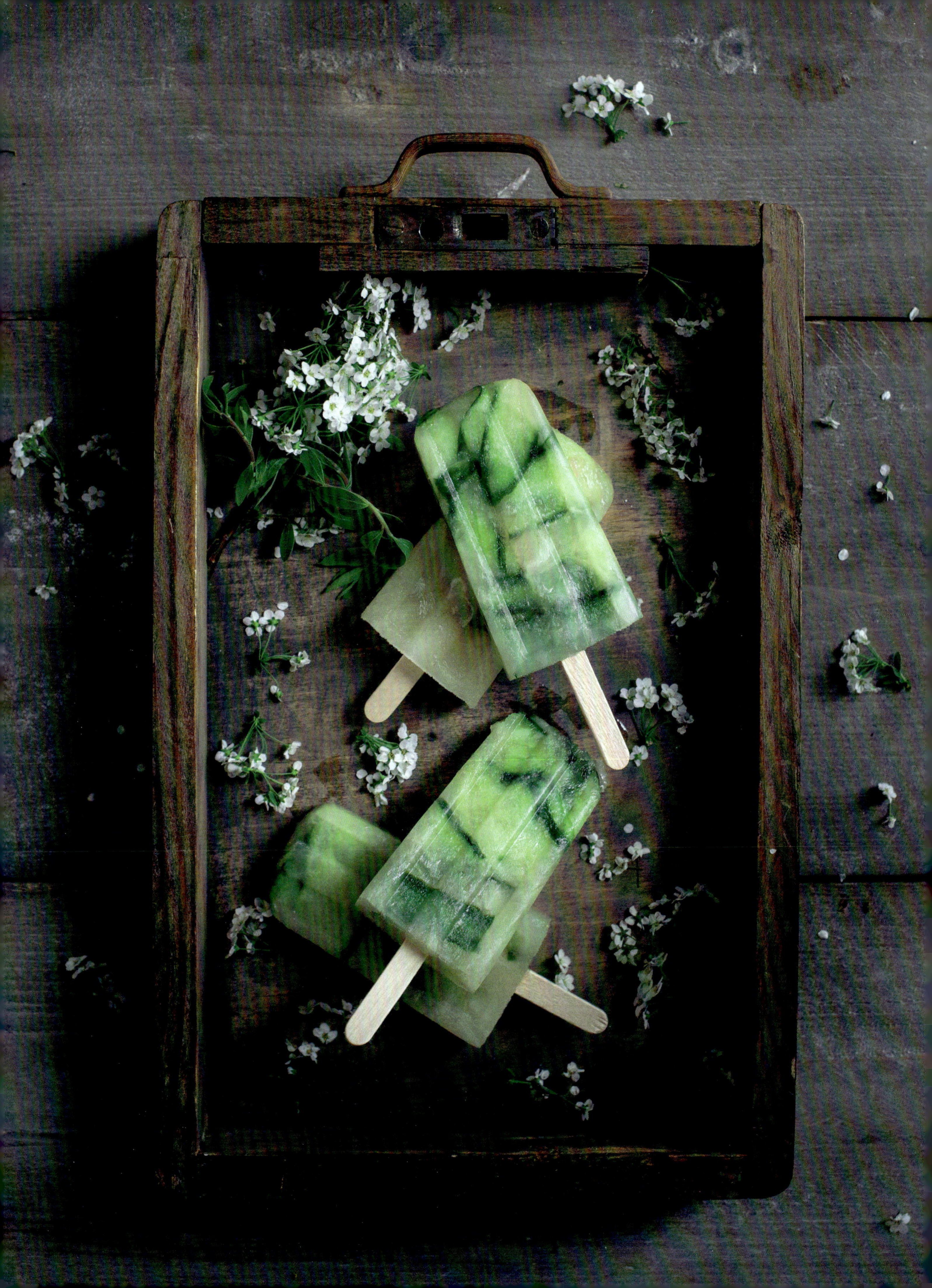

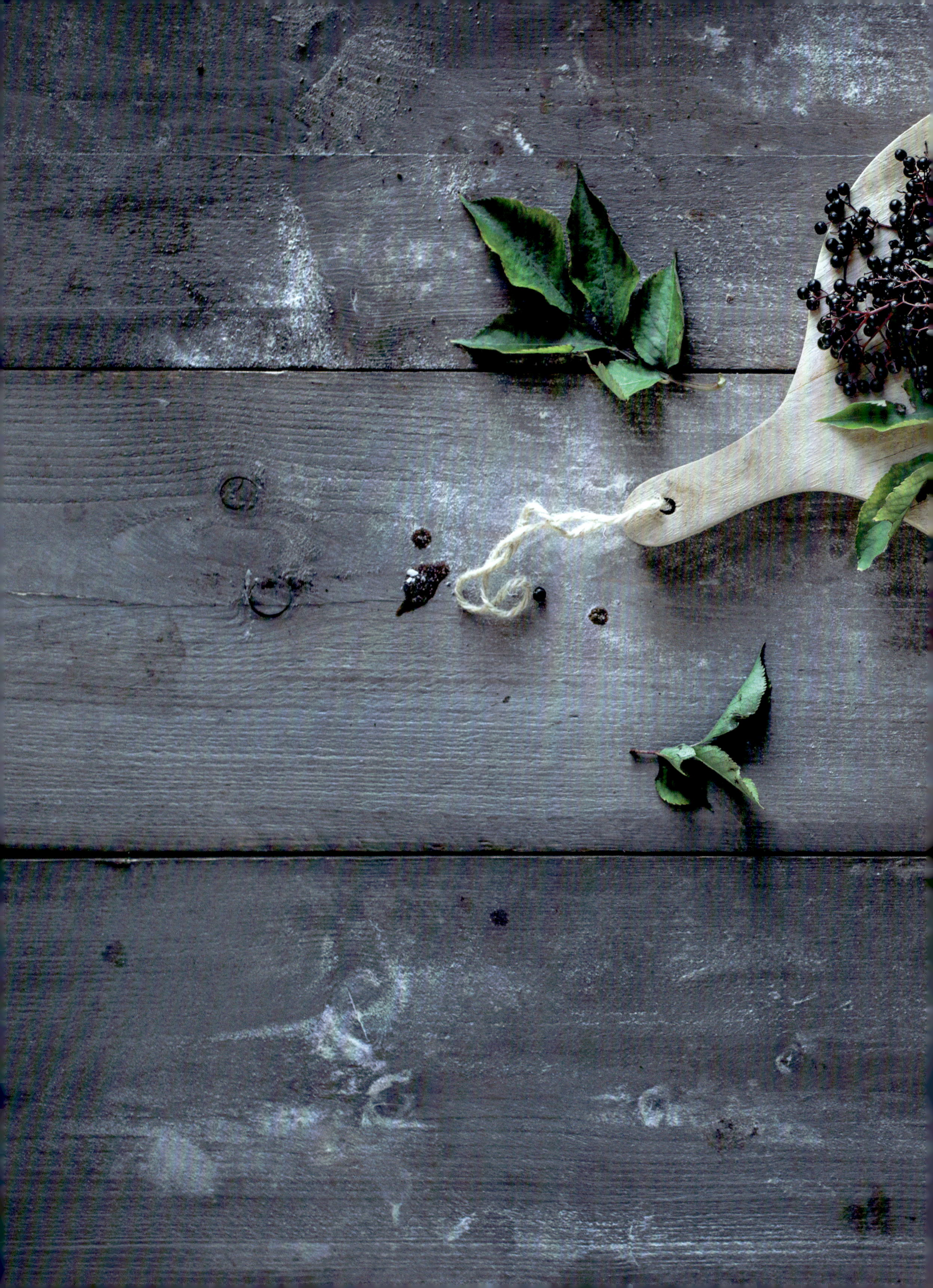

Smoothies, Getränke & Drinks

Eine bunte Vielfalt an Kräutern, Gewürzen, Beeren, Obst und Blüten verführt hier als wärmender Latte, frischer Lassi, süßer Sirup, fruchtiger Smoothie oder aromatischer Gewürz-Drink. Perfekt als Aperitif, Energiebooster oder Durstlöscher an heißen Sommertagen in der Hängematte, für einen gelungenen Start in den Tag, ein geselliges Beisammensein oder einfach als süße Belohnung nach einem anstregenden Tag. Ein himmlischer Genuss zum Wohlfühlen!

Pistazien-Matcha-Latte

Pistazie | Matcha

Für 500ml Pistaziendrink

120 g ungeschälte Pistazien

2 getrocknete, entsteinte Datteln
(nach Belieben, siehe Tipp)

Für 4 Matcha Latte

4 TL Matcha-Pulver

AUSSERDEM

Hochleistungsmixer

Glasflasche (500 ml)

vegan | glutenfrei | laktosefrei

Ich bin kein Kaffeetrinker, und seit einiger Zeit trinke ich nur noch sehr selten schwarzen Tee. Stattdessen trinke ich gern einen Matcha oder Matcha Latte, wenn ich nachmittags mal ein Tief habe. Matcha hat viele gesundheitsfördernde Eigenschaften, ist superlecker und macht zudem auf angenehme Weise wach: Man ist konzentriert und wird gleichzeitig ruhiger. Für meinen Matcha Latte nehme ich am liebsten Nussmilch. Diese hier ist aus Pistazien, und der feinherbe Geschmack von Matcha harmoniert ideal mit dem nussigen Drink.

Zubereitung

Am Vortag die Schalen der Pistazien entfernen und die Pistazienkerne in eine Schüssel geben. Es sollten etwa 100 g sein. Mit 500 ml Wasser bedecken und über Nacht abgedeckt einweichen lassen.

Am nächsten Tag das Wasser abgießen und die Pistazien in einem Sieb abspülen. Pistazien mit 500 ml frischem Wasser im Hochleistungsmixer sehr fein pürieren, bis eine dickflüssige Masse entstanden ist. Ein Sieb mit einem Passiertuch auslegen und über eine Schüssel hängen. Die Pistazienmasse hineingießen. Das Tuch fest eindrehen und so die Flüssigkeit aus der Masse herausdrücken. Den Pistaziendrink in eine Glasflasche füllen und verschließen. Der Drink hält sich im Kühlschrank etwa 3–4 Tage.

Für Matcha Latte das Matchapulver in ein hohes Gefäß geben. Den Pistaziendrink in einem kleinen Topf bei schwacher Hitze auf etwa 80 °C erhitzen. Das Matchapulver mit einem kleinen Schuss von dem warmen Pistaziendrink übergießen. Mit einem Quirl aus Metall oder Bambus so lange rühren, bis keine Klümpchen mehr zu sehen sind. Anschließend mit dem restlichen warmen Pistaziendrink aufgießen.

Den Matcha Latte auf vier Gläser verteilen. Wer mag, kann auch einen Teil des Pistaziendrinks mit einem Milchschäumer aufschäumen und anschließend auf den Matcha Latte geben.

TIPP | Den Matcha Latte könnt ihr pur trinken oder mit Kokosblütenzucker oder Ahornsirup süßen. Wenn ihr den Pistaziendrink selbst süßen möchtet, püriert ihr 2 Datteln mit den Pistazien. Anschließend, wie oben beschrieben, weiter verfahren.

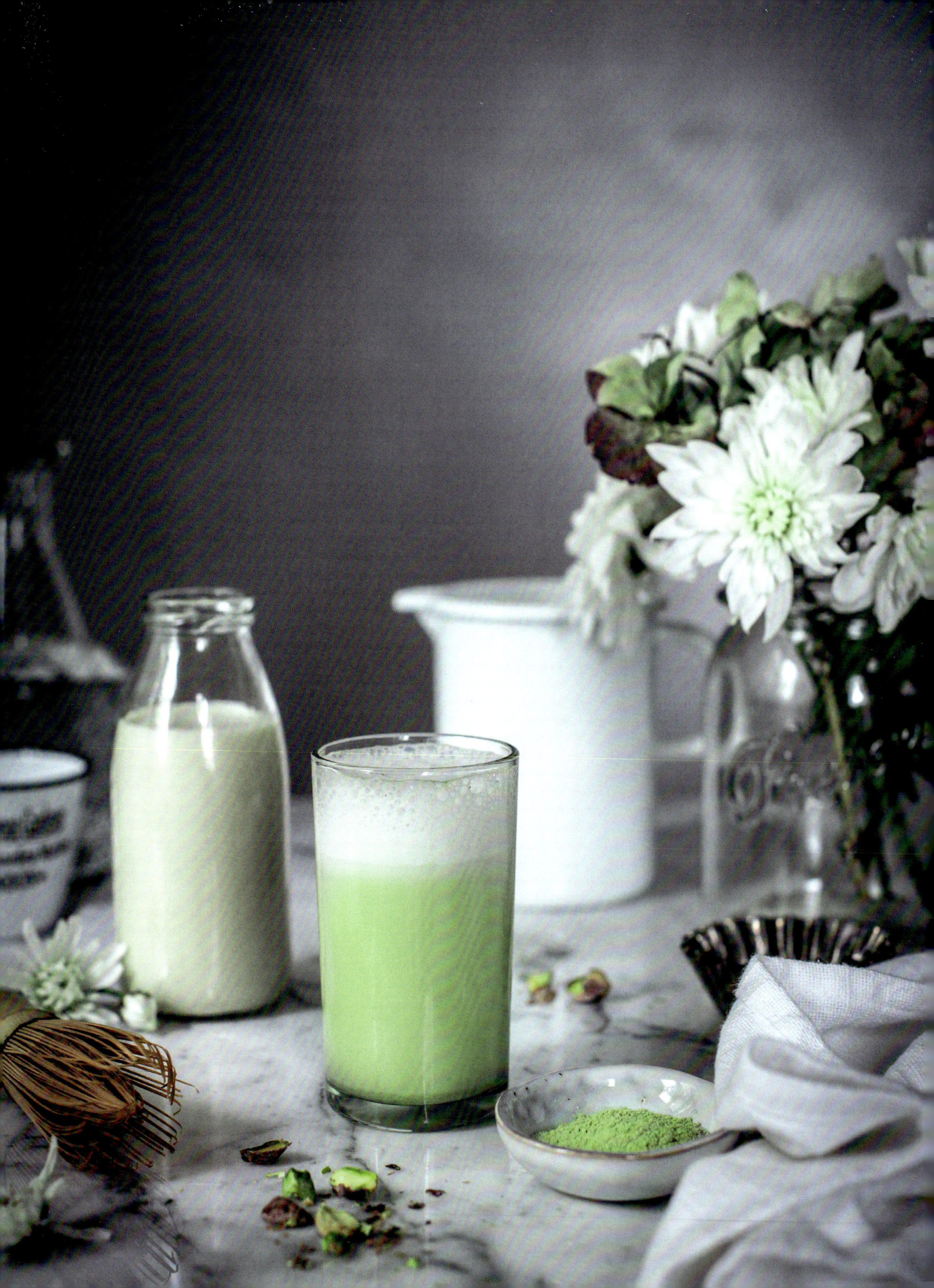

Chocolate LASSI

Zimt | Nelke | Kardamom | Pumpkin Spice | Schokolade

Für ca. 750 ml

400 ml Milch (3,5 % Fett)

ausgelöster Samen aus 2 Kardamomkapseln

3 ½ TL gemahlener Zimt

1 Nelke

½ TL Pumpkin Spice (Gewürzmischung)

Salz

100 g Zartbitter-Kuvertüre

220 g Joghurt (3,5 % Fett)

2 EL Ahornsirup

3 TL Kakaopulver

glutenfrei

Der wohl leckerste und würzigste Lassi, den ich je getrunken habe. Schön schokoladig und perfekt als süße Belohnung nach einem anstrengenden Tag. Denn die vielen Gewürze in diesem Drink machen wach und glücklich. Die Schokolade und der Kakao helfen natürlich auch dabei.

Zubereitung

Die Milch zusammen mit den Kardamomsamen, 3 TL Zimt, Nelke, Pumpkin Spice und 1 Prise Salz kurz erhitzen, bis die Milch dampft. Vom Herd nehmen, 5 Minuten ziehen lassen und erst dann die Gewürze entfernen. Die Kuvertüre grob hacken. Die Milch erneut erwärmen und die grob gehackte Kuvertüre unterrühren, bis sie geschmolzen ist. Die Schokoladenmilch nun im Kühlschrank abkühlen lassen.

Die kalte Schokoladenmilch mit Joghurt und Ahornsirup in einen Mixer geben und kurz mixen, damit sich alles schön verbindet. Chocolate Lassi in Gläser füllen, Kakaopulver und den restlichen Zimt miteinander vermischen und auf den Lassi geben.

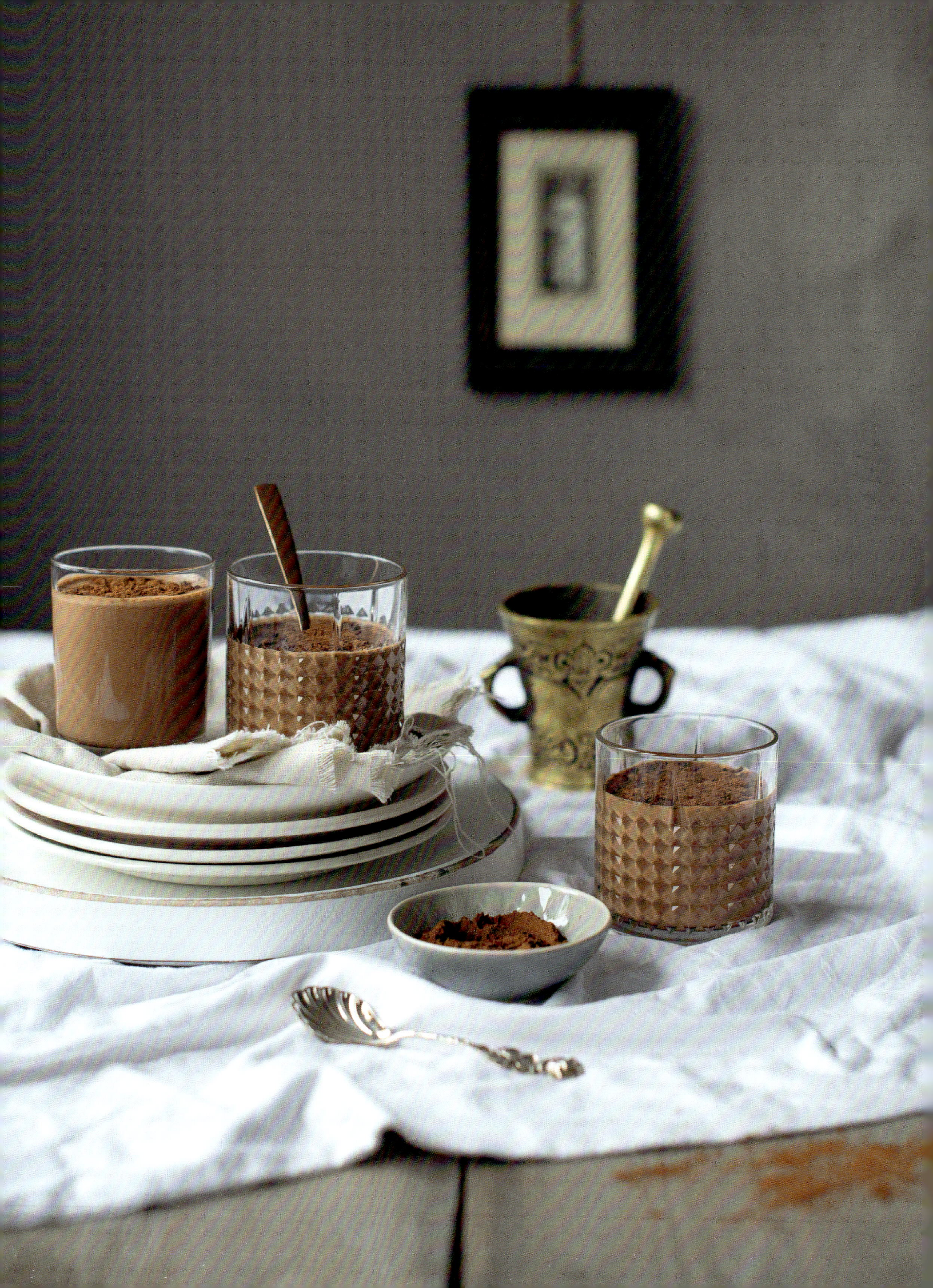

Açai SMOOTHIE

Açai | Beeren | Spinat | Blütenpollen | Kokos | Granatapfel

Für 4 Personen

- 2 Bio-Limetten
- 60 g Spinat
- 8 kleine getrocknete, entsteinte Datteln
- 2 TL Nussmus (z. B. Mandelmus)
- 2 TL Açai-Pulver
- 360 g gemischte TK-Beeren
- 300 ml Mandeldrink

ZUM GARNIEREN

- Brombeeren
- Heidelbeeren
- Blütenpollen
- Kokosraspeln
- Granatapfelkerne

AUSSERDEM

- Hochleistungsmixer

vegan | glutenfrei | laktosefrei

Ein Açai Smoothie ist schon seit einiger Zeit das Lieblingsfrühstück von vielen, die einen „healthy lifestyle" pflegen. Zu Recht, denn die brasilianische Beere ist eine Art Anti-Aging-Wunderwaffe und ein toller Energielieferant, außerdem stärkt sie das Immunsystem. In meinen Açai Smoothie gebe ich immer eine Handvoll Gemüse oder Blattsalat. Man schmeckt es nicht raus und hat so schon mit dem ersten Getränk ein paar „Greens" zu sich genommen. Dieser Smoothie ist ein toller und vor allem beerig leckerer Start in den Tag.

Zubereitung

Für den Smoothie die Limetten waschen und samt Schale in grobe Stücke schneiden. Den Spinat waschen und trocken schleudern. Spinat, Limettenstücke, Datteln, Nussmus, Açai-Pulver und die tiefgekühlten Beeren in einen Hochleistungsmixer geben. Den Mandeldrink hinzugießen und alles zu einem samtigen Smoothie mixen.

Den Smoothie in große Gläser gießen und mit Beeren, Blütenpollen, Kokosraspeln und Granatapfelkernen garnieren.

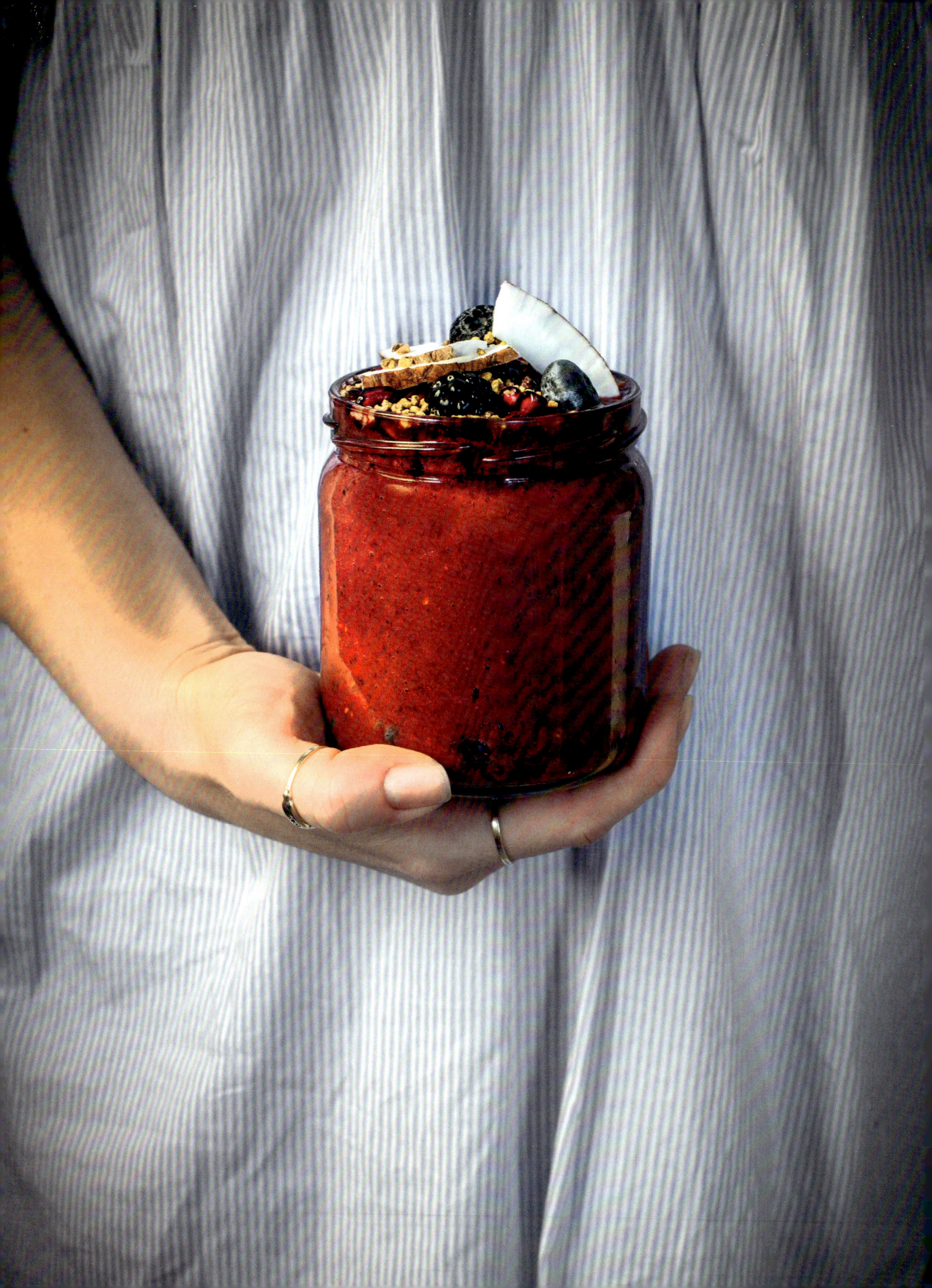

Geeiste GOLDEN MILK

Ingwer | Kurkuma | Mandel | Honig | Zimt | Kardamom | Cayennepfeffer

FÜR 4 PERSONEN

- 40 g frischer Ingwer
- 2 TL Kokosöl
- 3 TL gemahlene Kurkuma
- ausgelöster Samen aus 2 Kardamomkapseln
- ½ TL frisch gemahlener schwarzer Pfeffer
- 2 TL gemahlener Ceylon-Zimt
- ¼ TL Cayennepfeffer
- 8 TL flüssiger Honig
- 1 l Mandeldrink

AUSSERDEM

- Mörser
- Eiswürfel

glutenfrei | laktosefrei

Eine Golden Milk trinke ich eigentlich täglich. Vor allem in den kalten Monaten des Jahres wärmt sie Körper und Seele. Weil ich mich auch im Sommer mit der Golden Milk verwöhnen möchte, habe ich eine Variante auf Eis geschaffen. Mit Golden Milk tue ich meiner Seele und meinem Körper Gutes: Sie enthält viel gemahlene Kurkuma. Das Curcumin darin soll antioxidativ, entzündungshemmend und schmerzlindernd wirken. Der Geschmack meiner Golden Milk ist ohnehin wie Balsam für meine Seele.

ZUBEREITUNG

Den Ingwer schälen und mittelfein hacken. Das Kokosöl in einem Topf bei mittlerer Hitze zerlassen. Kurkuma und 2 TL Wasser hinzufügen und alles zu einer Paste rühren. Ingwer hinzugeben. Die Kardamomsamen mörsern und zur Paste geben. Pfeffer, Zimt, Cayennepfeffer und Honig hinzufügen und alles sorgfältig verrühren. Den Mandeldrink zugießen, die Hitze erhöhen und die Golden Milk unter Rühren einige Minuten sanft köcheln lassen.

Die Golden Milk vom Herd nehmen, abkühlen lassen und durch ein Sieb gießen. Auf Eis servieren.

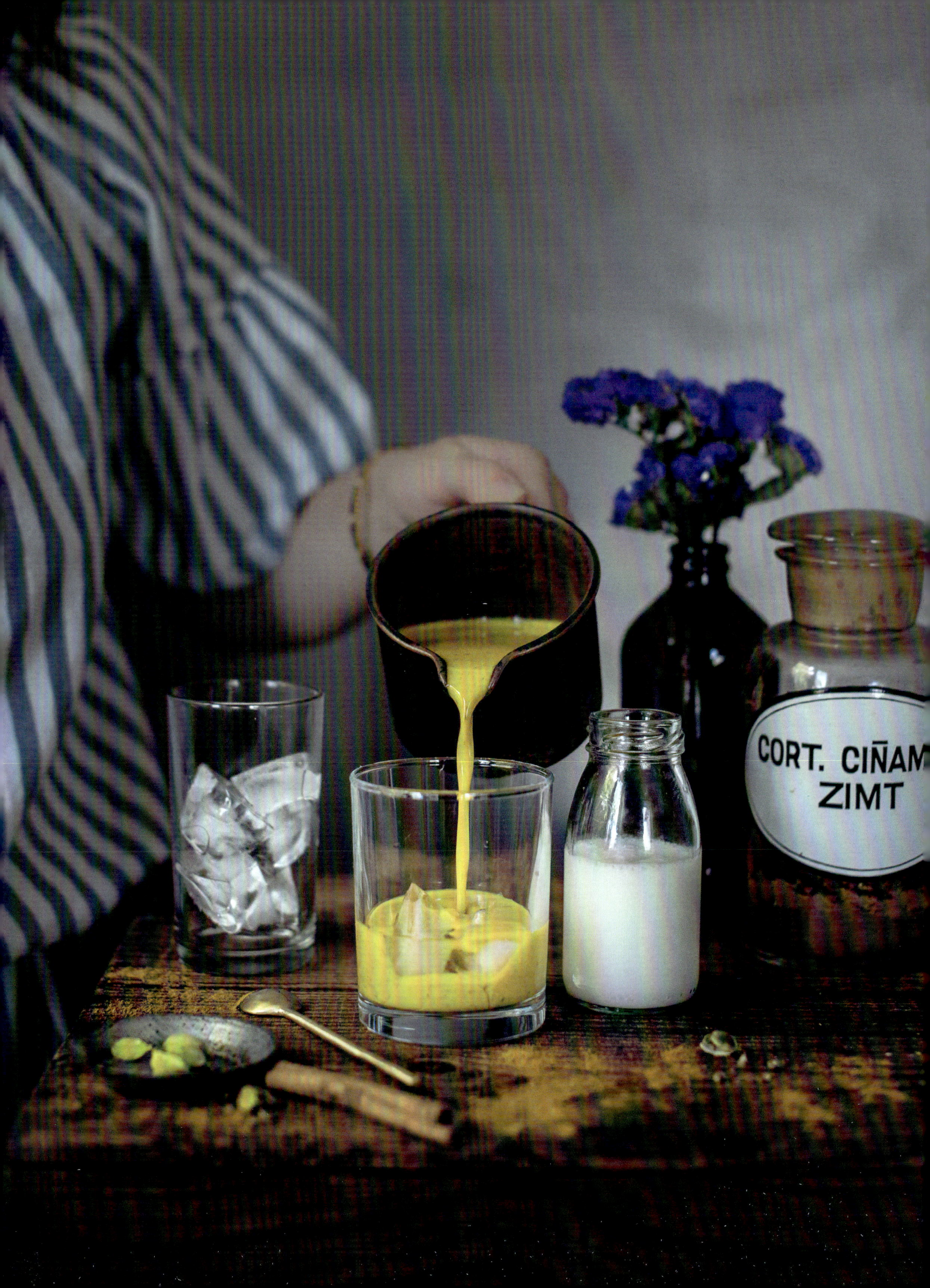
CORT. CIÑAM
ZIMT

Holunder- SAFT

Holunder | Ingwer | Zimt | Nelke

Für ca. 400 ml Saft

250 g entstielte frische Holunderbeeren
50 g frischer Ingwer
1 TL gemahlener Ceylon-Zimt
2 Nelken

AUSSERDEM

Glasgefäß (400 ml)

vegan | glutenfrei | laktosefrei

Jedes Jahr liebe ich es, mit dem Fahrrad am Feld entlangzufahren und die schönsten blühenden Holunderbüsche zu suchen. Aus den Blüten mache ich dann Holunderblütenzucker, einen Sirup oder Holunderbutter. Aber ich lasse immer zwei Drittel der Dolden hängen, um dann im Spätsommer die reifen Beeren zu ernten. Aus denen mache ich dann einen Holundersirup, der nicht nur wunderbar schmeckt, sondern auch bei ersten Erkältungsanzeichen wahre Wunder wirkt und das Immunsystem bei seiner Arbeit unterstützt.

Zubereitung

Die Holunderbeeren waschen. Den Ingwer schälen und grob hacken. Die Holunderbeeren mit 450 ml Wasser, Ingwer, Zimt und Nelken in einen Topf geben und abgedeckt für etwa 20 Minuten sanft köcheln lassen. Dann weitere 20 Minuten ohne Deckel köcheln lassen. Durch ein Sieb passieren, dabei den Saft auffangen und die Beeren noch etwas ausdrücken.

Den Sirup in einem Glasgefäß im Kühlschrank aufbewahren.

TIPP Wenn man das Glasgefäß gut verschließt, ist der Saft im Kühlschrank 3–4 Tage haltbar. Je frischer ihr ihn trinkt, desto gesünder ist er. Wenn ihr aber eine Riesenmenge Holunderbeeren gepflückt habt, könnt ihr den Saft auch haltbar machen: Stellt die mit Saft gefüllten und gut verschlossenen Glasflaschen in einen Topf mit Wasser. Die Flaschen dürfen sich nicht berühren. Nun bringt ihr das Wasser zum Kochen und lasst es etwa 30 Minuten köcheln. So hält sich der Saft einige Monate.

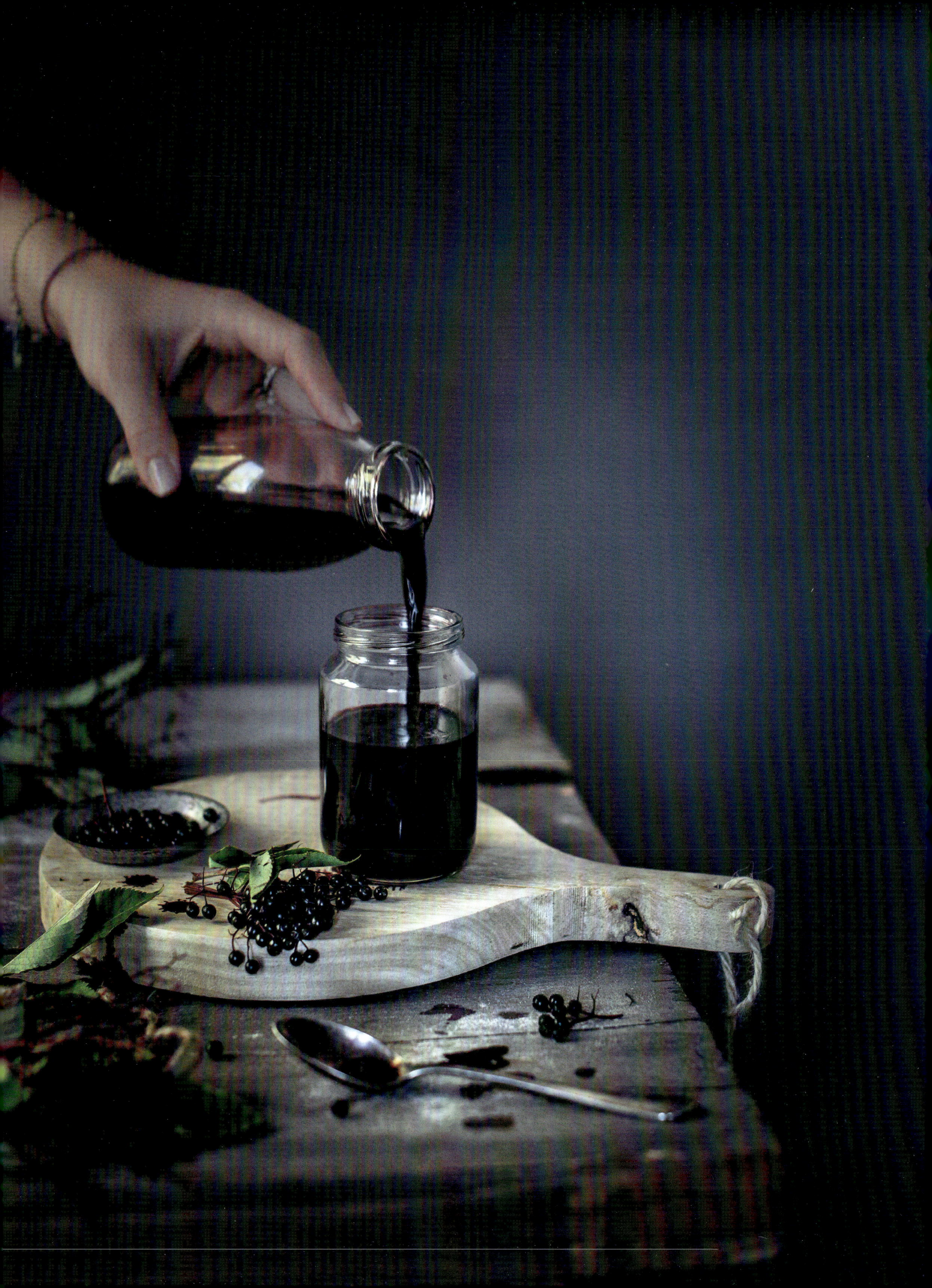

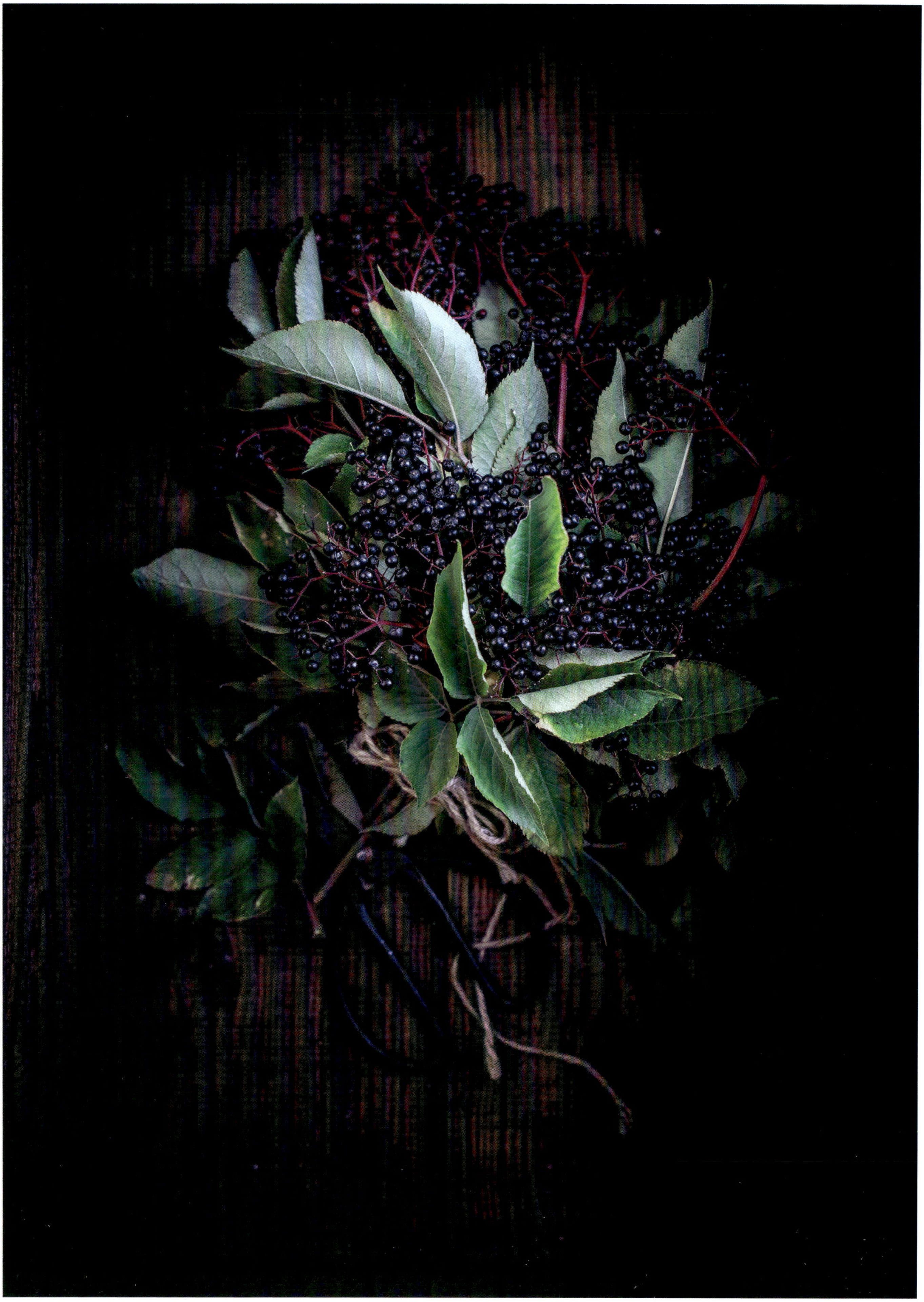

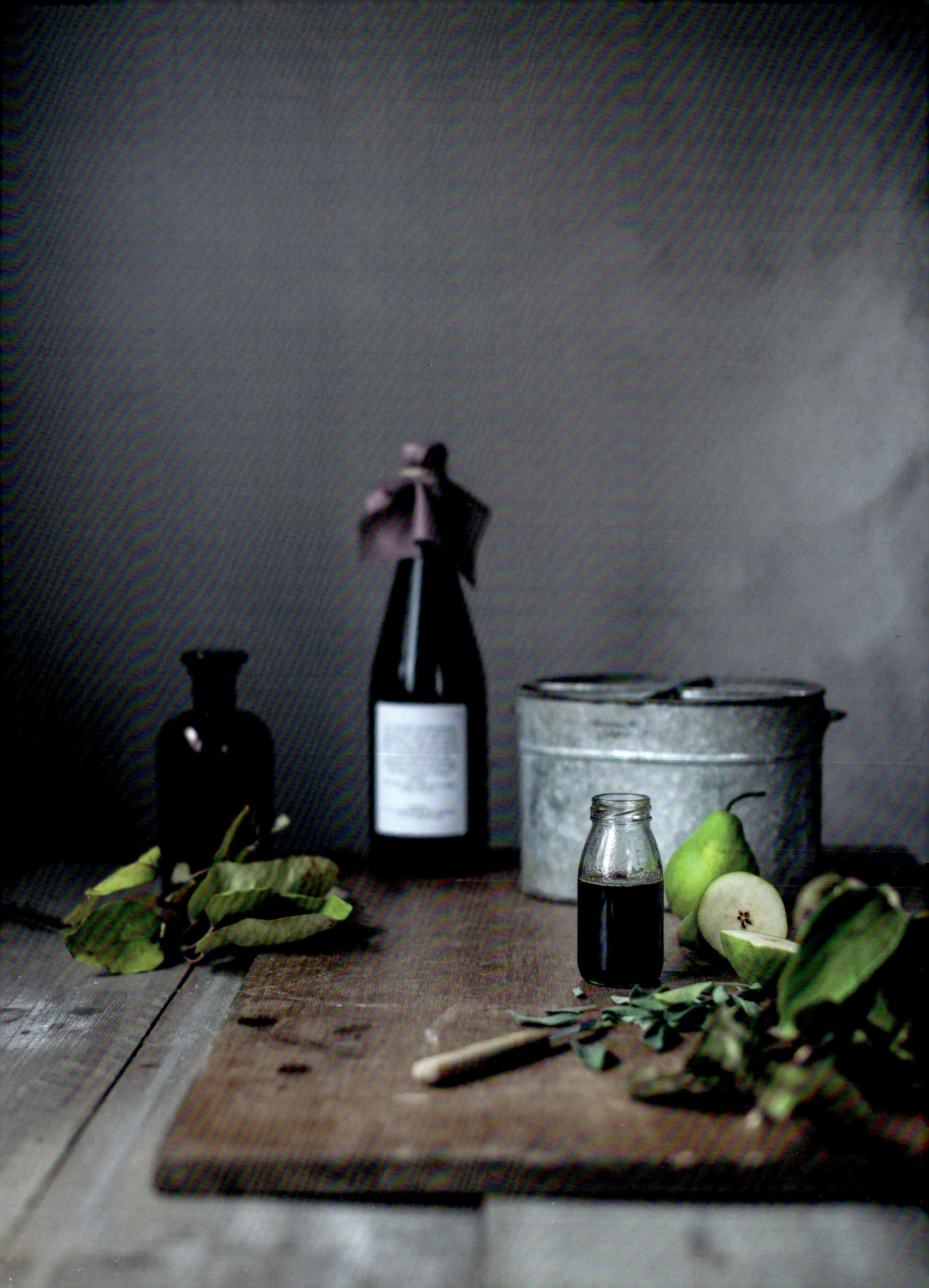

Limonade aus GEGRILLTEM PFIRSICH

Pfirsich | Rosmarin

Für ca. 250 ml Sirup

300 g Pfirsiche
1 EL Kokosöl
200 g Zucker
2 Zweige frischer Rosmarin

ZUM SERVIEREN

Sekt (alternativ Mineralwasser)

AUSSERDEM

Glasgefäß mit Schraubdeckel (250 ml)

vegan | glutenfrei | laktosefrei

Die Idee zu dieser Limonade kam mir, als wir an einem Grillabend zum Dessert ein paar Pfirsiche mit Butter, Rohrzucker und Rosmarin grillten. Ich wollte versuchen, diesen besonderen Geschmack in einem Getränk einzufangen. Herausgekommen ist ein fruchtig-süßer Sirup, der mit Wasser oder Sekt aufgegossen werden kann.

Zubereitung

Die Pfirsiche waschen, vierteln und den Stein entfernen. Eine Grillpfanne erhitzen oder den Grill anzünden. Die Pfirsichviertel mit ein wenig Öl bepinseln und ungefähr 1 Minute auf jeder Seite grillen.

Die Pfirsiche anschließend mit 300 ml Wasser in einen Topf geben und zugedeckt 20 Minuten sanft köcheln lassen. Den Topf vom Herd nehmen und 1 Stunde ruhen lassen. Das Pfirsichwasser durch ein Sieb in einen zweiten Topf gießen, dabei die Pfirsiche auffangen und ein wenig ausdrücken. Den Zucker hinzugeben. Den Rosmarin waschen, trocken schütteln, Nadeln abzupfen und ebenfalls hinzugeben, 10 Minuten zugedeckt und weitere 10 Minuten offen köcheln lassen. Die Rosmarinzweige entfernen, den Sirup in ein Glasgefäß mit Schraubdeckel gießen und im Kühlschrank aufbewahren.

Den Sirup ganz nach Geschmack mit Mineralwasser oder Sekt aufgießen. Ich finde eine Mischung im Verhältnis 1 : 3 (also 1 Teil Sirup und 3 Teile Wasser oder Sekt) unheimlich lecker.

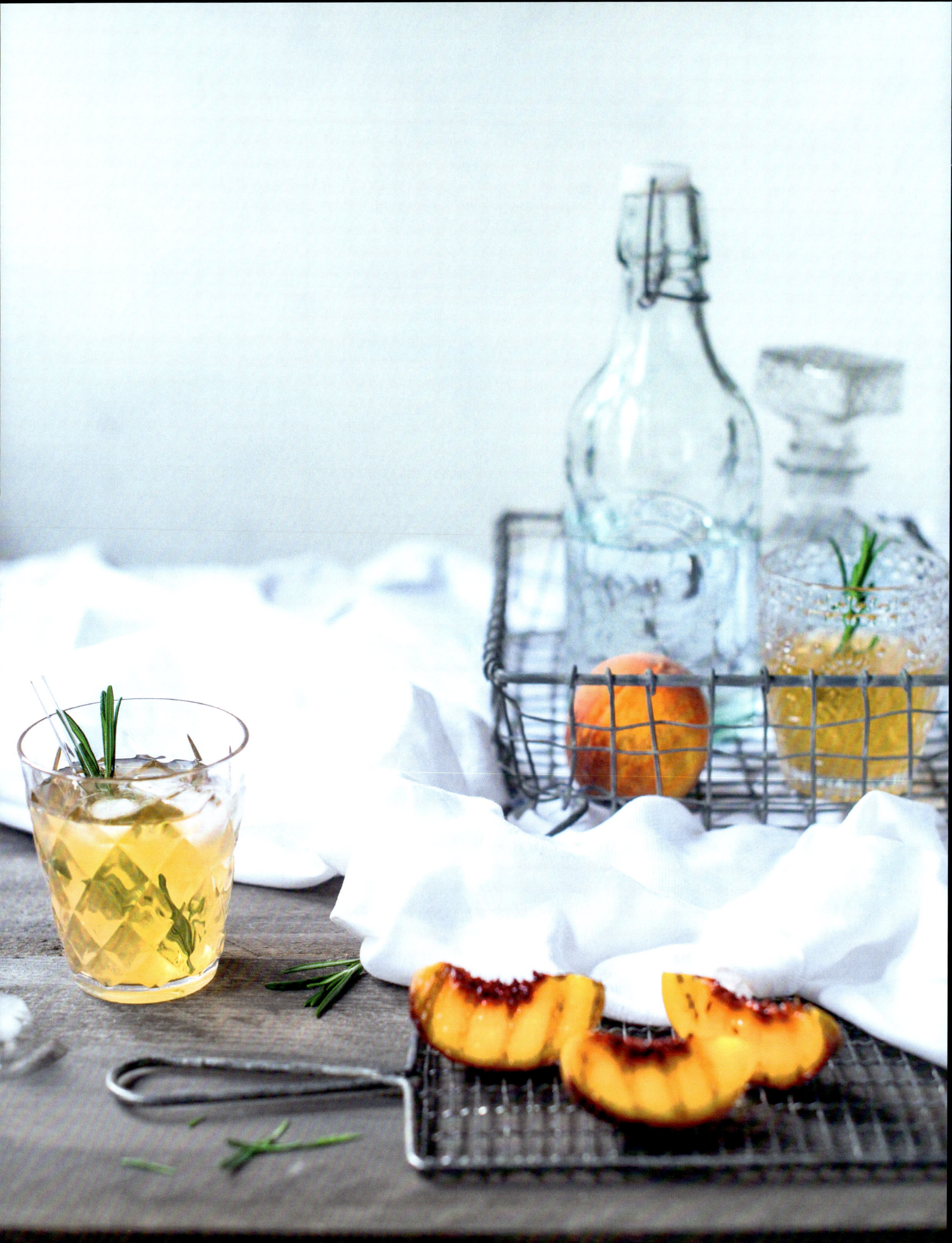

Champagner mit
BIRNEN-SALBEI-SIRUP

Birne | Ingwer | Salbei

Für ca. 130 ml Sirup

500 g Birnen
40 g frischer Ingwer
2 Stängel frischer Salbei
90 g Vollrohrzucker

ZUM SERVIEREN

Champagner (nach Belieben)
frische Salbeiblätter
1 Birne (nach Belieben)

AUSSERDEM

Glasgefäß (ca. 150 ml)

vegan | glutenfrei | laktosefrei

Birnensirup erinnert mich an einen heißen spätsommerlichen Erntetag, an dem die Sonne schon tiefer steht und die Luft klebrig-süß duftet. Mit Champagner aufgegossen, wird daraus schnell ein köstlicher Aperitif. Aber auch mit etwas Wasser oder Eiswürfeln schmeckt der Sirup wunderbar.

Zubereitung

Die Birnen waschen und in grobe Stücke schneiden, den Ingwer in Scheiben schneiden und die Salbeistängel waschen. Alles zusammen mit 1 l Wasser in einen Topf geben, abgedeckt einmal aufkochen und ungefähr 30 Minuten sanft weiterköcheln lassen.

Den entstandenen Saft durch ein Sieb gießen, um die festen Bestandteile zu entfernen. Den Birnensaft nun mit dem Zucker etwa 35 Minuten zu einem Sirup kochen. Den Sirup noch heiß in ein sauberes Glasgefäß gießen, abkühlen lassen und im Kühlschrank aufbewahren.

Zum Servieren den Sirup je nach Geschmack mit Champagner oder Wasser aufgießen und mit zerpflückten Salbeiblättern garnieren. Wer mag, dekoriert das Glas auch noch mit einer hauchdünnen Birnenscheibe.

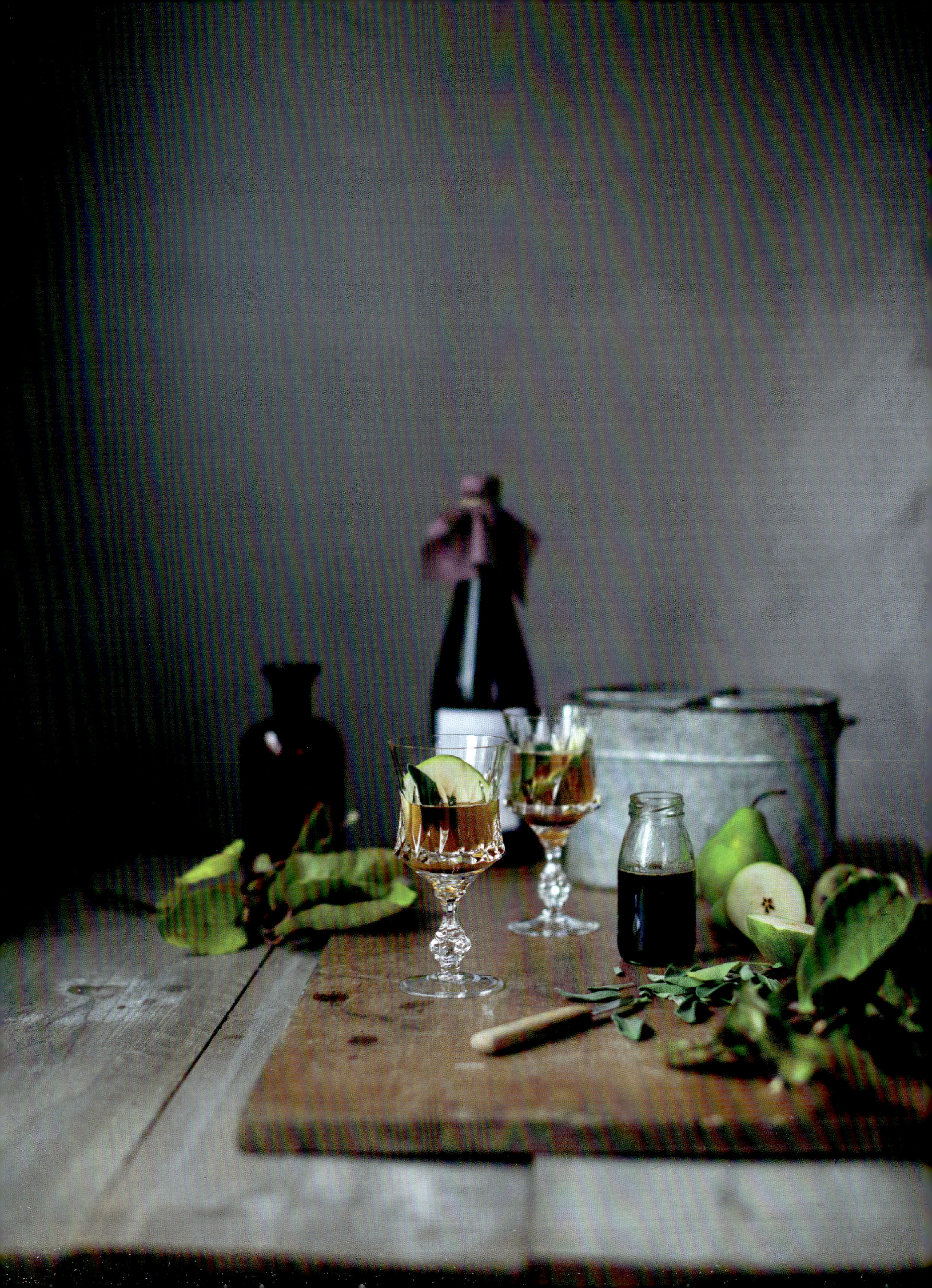

Rosen-
DRINK

Rose | Gewürztraminer | Crème de Cassis

Für 2 größere Gläser

100 ml Rosenwasser
100 g Zucker

ZUM SERVIEREN

150 ml gut gekühlter Gewürztraminer
150 ml Mineralwasser
40 ml Crème de Cassis

vegan | glutenfrei | laktosefrei

Dieser Rosendrink schmeckt am besten sehr kalt und ist der perfekte Auftakt für ein romantisches Dinner. Er duftet ganz wunderbar nach den schönen Blumen und passt einfach toll zum Lachs mit Rosen-Beeren-Vinaigrette (siehe S. 130). Überhaupt setze ich Rosen sehr sehr gerne in meiner Küche ein, denn sie verströmen ein unvergleichliches Aroma.

Zubereitung

Für den Rosendrink zunächst einen Sirup aus Rosenwasser und Zucker herstellen. Dafür beides in einen Topf geben, aufkochen und 2 Minuten köcheln lassen, bis der Zucker aufgelöst ist. Den Sirup abkühlen lassen.

Den abgekühlten Rosensirup mit Gewürztraminer, Mineralwasser und Crème de Cassis mischen und gut durchrühren. Auf zwei Gläser verteilen und am besten eiskalt servieren.

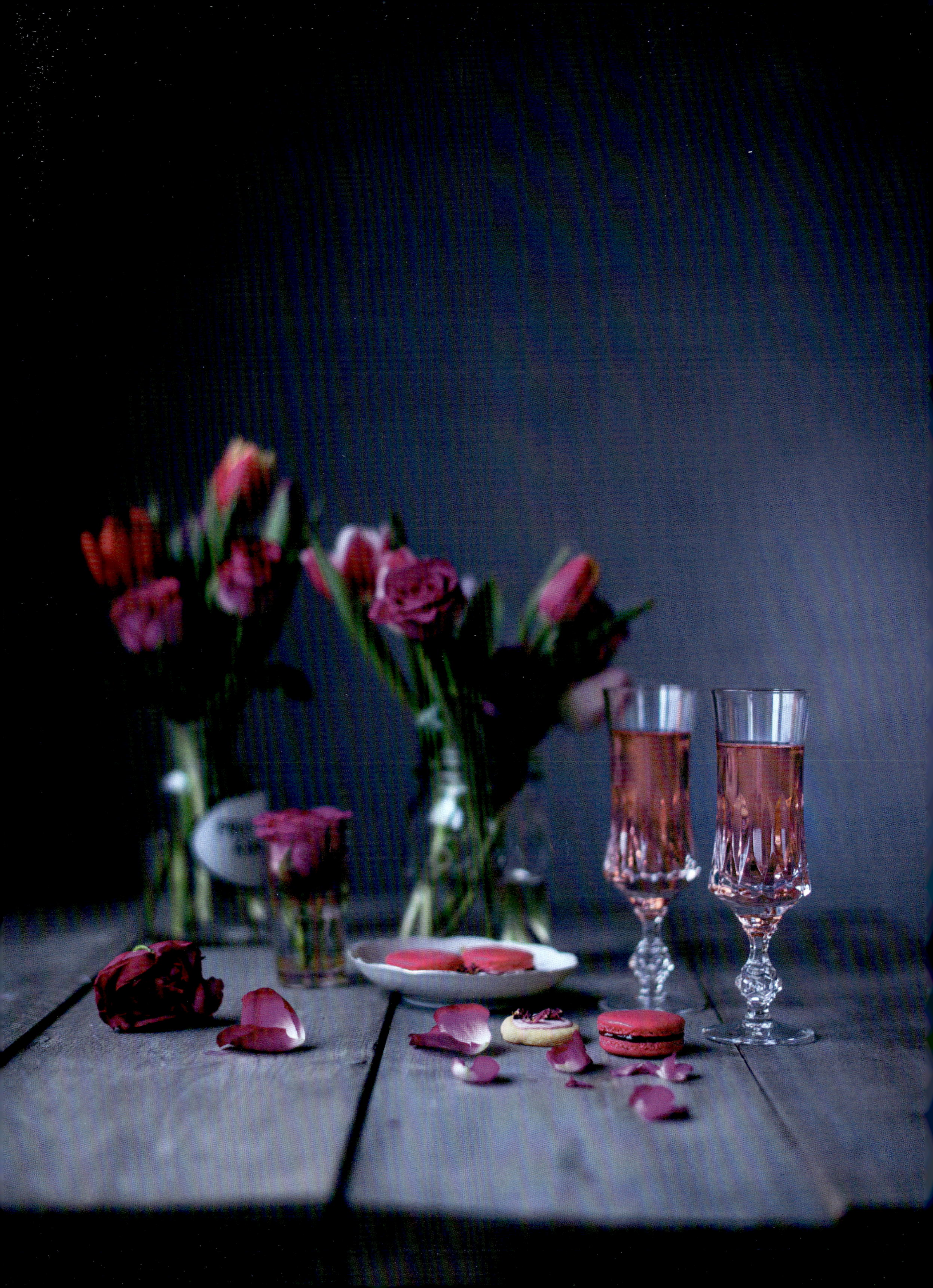

Drink mit WHISKY-THYMIAN-HONIG

Honig | Whisky | Thymian | Zitrone

FÜR 4 PERSONEN

FÜR DEN WHISKY-THYMIAN-HONIG (1 GLAS À 300 G)

4 EL frische Thymianblättchen

6 ganze Pfefferkörner

300 g flüssiger Honig

Salz

frisch gemahlener schwarzer Pfeffer

2 cl Whisky (z. B. von der Isle of Skye)

FÜR MÄNNER

2 TL Whisky-Thymian-Honig

4 cl Whisky

FÜR MÄDELS

40 ml Saft von 1 Zitrone

15 ml Whisky-Thymian-Honig

AUSSERDEM

Schraubglas (300 ml)

Whisky-Tumbler

Cocktailshaker

Eiswürfel

glutenfrei laktosefrei

Diese Drinks sind zusammen mit meinem Mann entstanden – er ist der Whisky-Liebhaber von uns beiden und stand mir beratend bei meinem Wunsch zur Seite, einen Drink aus Whisky und meinem Whisky-Thymian-Honig für Männer zu kreieren. Unsere Wahl fiel auf einen sehr torfigen Single Malt mit Noten von Meersalz, der die Süße des Honigs verträgt. Ich weiß, dass wahre Liebhaber ihren Whisky am liebsten pur trinken, und auch mein Mann zieht diese Variante vor, dennoch ist der Drink mit Honig einen Versuch wert – glaubt es uns. Für die Mädels haben wir uns für eine Art Limonade mit dem Whisky-Thymian-Honig entschieden, sauersüß und mit einem schönen Thymiangeschmack.

ZUBEREITUNG

Für den Whisky-Thymian-Honig die Thymianblättchen mit den Pfefferkörnern in ein Gewürzsäckchen geben. Den Honig mit dem Gewürzsäckchen in einen Topf geben, alles langsam erwärmen und bei niedriger Hitze 10 Minuten ziehen lassen.

Das Säckchen herausnehmen, den Honig mit je 1 Prise Salz und Pfeffer würzen und den Whisky dazugeben. Kurz durchrühren, dann den Honig in ein Schraubglas füllen und abkühlen lassen.

FÜR MÄNNER

Den Honig in einen Whisky-Tumbler geben, den Whisky angießen und mit einem Löffel gut verrühren.

FÜR MÄDELS

Den Zitronensaft zusammen mit dem Honig und 120 ml Wasser in einen Cocktailshaker geben und alles gut mixen.

Am besten auf Eis servieren.

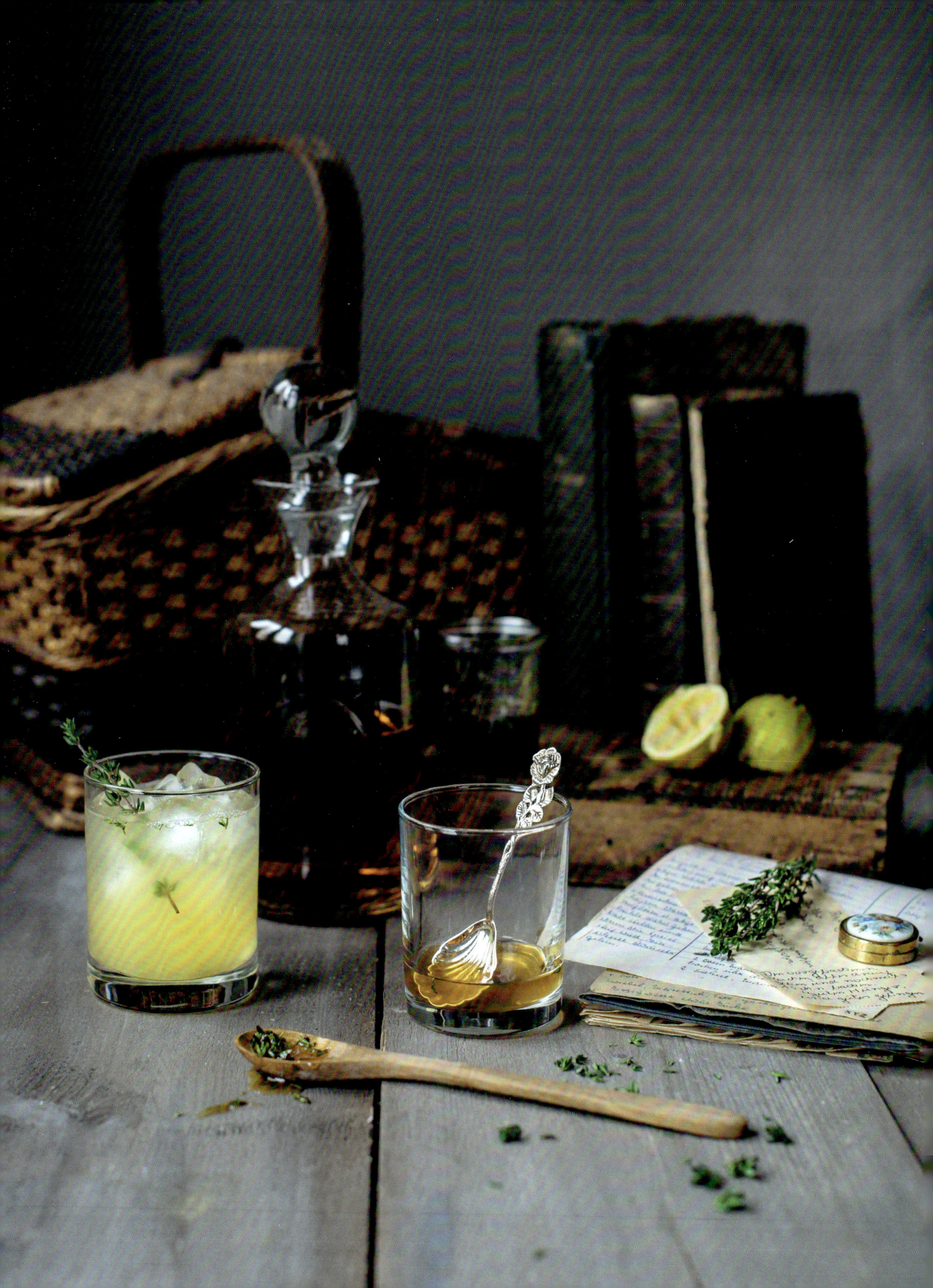

REZEPTREGISTER

A

Açai-Pulver
Açai Bowl 32
Açai Smoothie 280
Brombeer-Açai-Eis 264
Pflaumen-Açai-Bowl 34
Açai Smoothie 280
Allspice-Gewürz
Donuts mit Espresso-Glasur 240
Orangen-Hähnchen mit Grünkohl-Wildreis-Salat 224
Ananas
Knusprige Hähnchen-Ananas-Waffel-Sandwiches 176
Salsa-Tacos mit Pulled Mushrooms 188
Anis
Lebkuchen-Granola-Bowl 28
Apfel
Apfel-Fenchel-Salat 120
Buttriger Scotch-Apfelkuchen 238
Grilled Cheese Sandwich 212
Platte geröstete Kartoffeln mit Avocado und Koriander 142
Aubergine
Auberginen-Hummus mit Knäckebrot 64
Kichererbsen-Crêpes mit Röstgemüse 146
Austernpilz
Geröstete Teigtaschen mit Erdnuss-Sauce 166
Avocado
Buchweizen-Tortilla mit Linsen-Walnuss-Ragout 180
Erbsen-Falafel-Bowl 160
Frühlingsrollen mit veganem Chili 186
Grüne-Sauce-Burger 204
Herzhafte Avocado-Edamame Waffeln 44
Kichererbseneintopf mit Avocado-Minz-Salat 208
Pikantes Edamame-Avocado-Sandwich 76
Platte geröstete Kartoffeln mit Avocado und Koriander 142
Salsa-Tacos mit Pulled Mushrooms 188
Schokoladen-Zucchini-Kuchen mit Avocado-Frosting 268
Spinatbrot mit Cashew Cheese 78
Tacos mit Pulled Jackfruit 164

B

Baby-Spinat
Gebratener Halloumi mit Kichererbsen-Quinoa-Salat 118
Herzhafte Avocado-Edamame Waffeln 44
Mangold-Wraps mit Süßkartoffel-Hummus 170
Spinatbrot mit Cashew Cheese 78
Spinat-Gnocchi 220
Bacon
Buchweizen-Risotto 228
Crostini mit Ziegenkäse-Bacon-Crumble 70
Baharat-Gewürz
Marokkannische Kichererbsen-Linsen-Suppe 110
Quinoa Bowl mit pochiertem Ei 42

Banane
Açai Bowl 32
Buchweizen-Dattel-Granola mit Bananen-Pancakes 36
Layered Nicecream 270
Matcha-Nicecream 248
Smoothie-Crumble-Bowl 30
Bandnudeln
Linguine mit Ragù 206
Bao Burger mit BBQ Pulled Pork 194
Basilikum
Chorizo-Lasagne 200
Dinkel-Pizza mit Spinatpesto 198
Basilikum, lila
Grünes Hummus mit Dinkel-Naan-Brot 66
BBQ-Sauce 59
Beeren, gemischt
Açai Bowl 32
Açai Smoothie 280
Layered Nicecream 270
Smoothie-Crumble-Bowl 30
Spinat-Lachs-Salat mit Rosenaroma 130
Bergpfirsich
Pfirsich-Pies mit Zitronenthymian 262
Birne
Champagner mit Birnen-Salbei-Sirup 290
Mandel-Milchreis 29
Rote-Bete-Tortellini 222
Blaubeere
Crostini mit Ziegenkäse-Bacon-Crumble 70
Spinat-Lachs-Salat mit Rosenaroma 130
Blumenkohl
Brokkoli-Blumenkohl-Salat 128
Blutorange
Orangen-Hähnchen mit Grünkohl-Wildreis-Salat 224
Schoko-Granola mit Blutorangensirup 26
Bohnen, schwarz
Frühlingsrollen mit veganem Chili 186
Bohnen, weiß
Gestampfte Bohnen und Spinat im Roggensandwich 72
Weiße Bohnensuppe mit Croûtons 96
Brokkoli
Brokkoli-Blumenkohl-Salat 128
Grünes Hummus mit Dinkel-Naan-Brot 66
Brombeer Açai-Eis 264
Brombeer-Thymian-Marmelade 12
Brombeere
Açai Bowl 32
Açai Smoothie 280
Brombeer-Açai-Eis 264
Brombeer-Thymian-Marmelade 12
Donuts mit Rosen-Icing 258
Spinat-Lachs-Salat mit Rosenaroma 130
Zimt-Pfirsiche und Ricotta-Creme auf Roggenbrot 74
Brombeersauce
Donuts mit Rosen-Icing 258

Brot
Buchweizen-Risotto 228
Crostini mit Ziegenkäse-Bacon-Crumble 70
Ravioli mit Hackfleisch-Nuss-Füllung 174
Grilled Cheese Sandwich 212
Hackbällchen in Thymian-Pilz-Sauce 168
Kürbis-Gnocchi 218
Brunnenkresse
Socca-Pizza mit Mandel-Rucola-Pesto 226
Spinatbrot mit Cashew Cheese 78
Wärmende Möhren-Ingwer-Suppe 94
Weiße Bohnensuppe mit Croûtons 96
Buchweizen
Buchweizen-Dattel-Granola mit Bananen-Pancakes 36
Buchweizen-Risotto 228
Buchweizen-Tortilla mit Linsen-Walnuss-Ragout 180
Lebkuchen-Granola-Bowl 28
Mandel-Milchreis 29
Matcha-Nicecream 248
Salbei-Karamell-Ricotta-Pancakes 38
Smoothie-Crumble-Bowl 30
Bulgur
Kichererbseneintopf mit Avocado-Minz-Salat 208
Bunte Tomaten mit Miso-Tahini-Dinkelsalat 124
Burrata
Ravioli mit Hackfleisch-Nuss-Füllung 174
Buttermilch
Donuts mit Espresso-Glasur 240
Dunkler gesalzener Gugel mit Chai-Nugat 232
Kräuterbrot mit Schnittlauchbutter 60
Kürbis-Salbei-Brot mit Kürbisbutter 68
Buttriger Scotch-Apfelkuchen 238

C

Cashewkerne
Dinkel-Pizza mit Spinatpesto 198
Erbsen-Falafel-Bowl 160
Gedämpfte Teigtaschen mit Zucchini-Spinat-Füllung 152
Gemüsechips mit Cashew-Erdnuss-Creme 86
Kichererbsen-Crêpes mit Röstgemüse 146
Mangold-Wraps mit Süßkartoffel-Hummus 172
Salad Wraps mit Mango-Koriander-Salsa 156
Spinatbrot mit Cashew Cheese 78
Spinat-Gnocchi 220
Spinat-Lauch-Suppe mit gefüllten Zucchiniblüten 98
Cashewmus
Pflaumen-Açai-Bowl 34
Chai-Mandelcreme
Layered Nicecream 270
Champagner mit Birnen-Salbei-Sirup 290
Champignon
Gestampfte Bohnen und Spinat im Roggensandwich 72
Grilled Cheese Sandwich 212
Hackbällchen in Thymian-Pilz-Sauce 168
Vegane Zucchini-Pho-Bowl 90

Cheddar
Grilled Cheese Sandwich 212
Knusprige Hähnchen-Ananas-Waffel-
    Sandwiches 176
Chia-Samen
Açai Bowl 32
Schoko-Granola mit Blutorangensirup 26
Spinatbrot mit Cashew Cheese 78
Chilischote
Bao Burger mit BBQ Pulled Pork 194
Chorizo-Lasagne 200
Geröstete Teigtaschen mit Erdnuss-Sauce 166
Honig-Mango-Creme 55
Kichererbsen-Crêpes mit Röstgemüse 146
Knusprige Hähnchen-Ananas-Waffel-
    Sandwiches 176
Kürbiskern-Butter 54
Linguine mit Ragù 206
Mangold-Wraps mit Süßkartoffel-Hummus 170
Marokkannische Kichererbsen-Linsen-Suppe 110
Ramen mit wachsweichem Ei 102
Salad Wraps mit Mango-Koriander-Salsa 156
Salsa-Tacos mit Pulled Mushrooms 188
Süßkartoffel-Creme 58
Tomaten-Marmelade 50
Vegane Zucchini-Pho-Bowl 90
Chocolate Lassi 278
Chorizo-Lasagne 200
Couscous
Apfel-Fenchel-Salat 120
Brokkoli-Blumenkohl-Salat 128
Gedämpfte Teigtaschen mit Zucchini-
    Spinat-Füllung 152
Crème de Cassis
Rosendrink 292
Crème fraîche
Buchweizen-Tortilla mit Linsen-Walnuss-Ragout 180
Donuts mit Rosen-Icing 258
Dunkler gesalzener Gugel mit Chai-Nugat 234
Erbsensuppe mit Gemüsepommes 106
Hackbällchen in Thymian-Pilz-Sauce 168
Kichererbseneintopf mit Avocado-Minz-Salat 208
Marokkannische Kichererbsen-Linsen-Suppe 110
Crostini mit Ziegenkäse-Bacon-Crumble 70
Curry
Auberginen-Hummus mit Knäckebrot 64
Brokkoli-Blumenkohl-Salat 128
Grüne-Sauce-Burger 204
Kichererbseneintopf mit Avocado-Minz-Salat 208
Mangold-Wraps mit Süßkartoffel-Hummus 172
Marokkannische Kichererbsen-Linsen-Suppe 110
Salad Wraps mit Mango-Koriander-Salsa 156
Tacos mit Pulled Jackfruit 164
Thailändische Erdnuss-Kokos-Suppe 104
Wärmende Möhren-Ingwer-Suppe 94

D

Dattel
Açai Smoothie 280
Brokkoli-Blumenkohl-Salat 128
Buchweizen-Dattel-Granola mit Bananen-
    Pancakes 36
Kichererbseneintopf mit Avocado-Minz-Salat 208
Layered Nicecream 270
Peanutbutter Energy Balls 24
Pistazien-Matcha-Latte 276
Raw Brownies Bites mit Salzkaramell 244
Schoko-Mandelmilch-Popsicles 260
Dill
Bunte Tomaten mit Miso-Tahini-Dinkelsalat 124
Frühlingshafter Kartoffelsalat 114
Gurkensalat 122
Quick-Pickled-Gemüse 62
Quinoa Bowl mit pochiertem Ei 42
Spinat-Lauch-Suppe mit gefüllten Zucchiniblüten 98
Dinkel
Bunte Tomaten mit Miso-Tahini-Dinkelsalat 124
Dinkel-Pizza mit Spinatpesto 198
Donuts mit Espresso-Glasur 240
Donuts mit Rosen-Icing 258
Drink mit Whisky-Thymian-Honig 294
Dunkler gesalzener Gugel mit Chai-Nugat 232

E

Edamame
Edamame-Dip 56
Herzhafte Avocado-Edamame Waffeln 44
Miso-Tofu-Bowl 214
Pikantes Edamame-Avocado-Sandwich 76
Erbsen
Erbsen-Falafel-Bowl 160
Erbsensuppe mit Gemüsepommes 106
Gefüllte Kichererbsen-Puffer 84
Grünes Hummus mit Dinkel-Naan-Brot 66
Herzhafter Frühstückskuchen 40
Lachs mit Erdnusskruste 148
Socca-Pizza mit Mandel-Rucola-Pesto 228
Spinat-Gnocchi 220
Erbsensprossen
Spinat-Gnocchi 220
Erdbeere
Smoothie-Crumble-Bowl 30
Wildkräutersalat mit Erdbeeren 116
Zimtrollen mit Earl-Grey-Frosting 252
Erdnüsse
Bao Burger mit BBQ Pulled Pork 194
Erbsen-Falafel-Bowl 160
Gemüsechips mit Cashew-Erdnuss-Creme 86
Geröstete Teigtaschen mit Erdnuss-Sauce 166
Grünkohl-Kichererbsen-Salat 132
Lachs mit Erdnusskruste 148
Mangold-Wraps mit Süßkartoffel-Hummus 170
Peanutbutter Energy Balls 24
Raw Brownies Bites mit Salzkaramell 246
Schoko-Mandelmilch-Popsicles 260
Soba-Nudelsalat mit Ingwer-Tahini-Dressing 136
Thailändische Erdnuss-Kokos-Suppe 104
Erdnussmus
Peanutbutter Energy Balls 24
Röstmöhren mit Pfeffer-Honig 82
Thailändische Erdnuss-Kokos-Suppe 104
Erdnuss-Tofu
Miso-Tofu-Bowl 214
Espresso
Donuts mit Espresso-Glasur 240
Schokoladen-Zucchini-Kuchen mit Avocado-
    Frosting 268
Spinat-Lachs-Salat mit Rosenaroma 130

F

Feigen-Butter 14
Fenchel
Apfel-Fenchel-Salat 120
Feta
Gefüllte Kichererbsen-Puffer 84
Gurkensalat 122
Flohsamenschalen
Buchweizen-Dattel-Granola mit Bananen-
    Pancakes 36
Quiche mit Kohl und Gruyère 158
Frischkäse
Gedämpfte Teigtaschen mit Zucchini-
    Spinat-Füllung 152
Ravioli mit Hackfleisch-Nuss-Füllung 174
Zimtrollen mit Earl-Grey-Frosting 250
Frühlauch
Gedämpfte Teigtaschen mit Zucchini-
    Spinat-Füllung 152
Geröstete Teigtaschen mit Erdnuss-Sauce 166
Herzhafter Frühstückskuchen 40
Frühlingshafter Kartoffelsalat 114
Frühlingsrollen mit veganem Chili 186
Frühlingszwiebel
Gebratener Halloumi mit Kichererbsen-
    Quinoa-Salat 118
Gefüllte Kichererbsen-Puffer 84
Herzhafte Avocado-Edamame Waffeln 44
Kichererbsen-Crêpes mit Röstgemüse 146
Ramen mit wachsweichem Ei 102
Soba-Nudelsalat mit Ingwer-Tahini-Dressing 136
Thailändische Erdnuss-Kokos-Suppe 104
Vegane Zucchini-Pho-Bowl 90

G

Gartenkresse
Herzhafte Avocado-Edamame Waffeln 44
Miso-Tofu-Bowl 214
Platte geröstete Kartoffeln mit Avocado
    und Koriander 142
Gebratener Halloumi mit Kichererbsen-
    Quinoa-Salat 118
Gedämpfte Teigtaschen mit Zucchini-
    Spinat-Füllung 152
Geeiste Golden Milk 282
Gefüllte Kichererbsen-Puffer 84
Gemüsechips mit Cashew-Erdnuss-Creme 86
Geröstete Teigtaschen mit Erdnuss-Sauce 166
Gestampfte Bohnen und Spinat im
    Roggensandwich 72
Gin
Zitronen-Granita 242
Gorgonzola
Kürbis-Gnocchi 218
Granatapfel
Açai Smoothie 280
Brokkoli-Blumenkohl-Salat 128
Gebratener Halloumi mit Kichererbsen-
    Quinoa-Salat 118
Hackbällchen mit Granatapfelglasur 154
Kichererbseneintopf mit Avocado-Minz-Salat 208
Lebkuchen-Granola-Bowl 28
Orangen-Hähnchen mit Grünkohl-Wildreis-Salat 224

Röstmöhren mit Pfeffer-Honig 82
Salsa-Tacos mit Pulled Mushrooms 188
Schoko-Granola mit Blutorangensirup 26
Grapefruit
Gebratener Halloumi mit Kichererbsen-Quinoa-Salat 118
Grapefruit-Rote-Bete-Marmelade 19
Lebkuchen-Granola-Bowl 28
Grilled Cheese Sandwich 212
Grüne-Sauce-Burger 202
Grünes Hummus mit Dinkel-Naan-Brot 66
Grünkohl
Gemüsechips mit Cashew-Erdnuss-Creme 86
Grünkohl-Kichererbsen-Salat 132
Orangen-Hähnchen mit Grünkohl-Wildreis-Salat 224
Quiche mit Kohl und Gruyère 158
Gruyère
Quiche mit Kohl und Gruyère 158
Gurke
Bunte Tomaten mit Miso-Tahini-Dinkelsalat 124
Erbsen-Falafel-Bowl 160
Frühlingshafter Kartoffelsalat 114
Gurkensalat 122
Lachs mit Erdnusskruste 148
Zitronen-Ingwer-Popsicles mit Gurke 272
Gurkensalat 122

H

Hackbällchen in Thymian-Pilz-Sauce 168
Hackbällchen mit Granatapfelglasur 154
Haferflocken
Auberginen-Hummus mit Knäckebrot 64
Buchweizen-Dattel-Granola mit Bananen-Pancakes 36
Herzhafte Avocado-Edamame Waffeln 44
Quiche mit Kohl und Gruyère 158
Hähnchenbrust
Knusprige Hähnchen-Ananas-Waffel-Sandwiches 176
Orangen-Hähnchen mit Grünkohl-Wildreis-Salat 224
Halloumi
Gebratener Halloumi mit Kichererbsen-Quinoa-Salat 118
Harissa-Pulver
Brokkoli-Blumenkohl-Salat 128
Erbsen-Falafel-Bowl 160
Marokkannische Kichererbsen-Linsen-Suppe 110
Haselnüsse
Buchweizen-Dattel-Granola mit Bananen-Pancakes 36
Buchweizen-Risotto 228
Crostini mit Ziegenkäse-Bacon-Crumble 70
Dinkel-Pizza mit Spinatpesto 198
Gebratener Halloumi mit Kichererbsen-Quinoa-Salat 118
Kürbis-Scones 22
Lebkuchen-Granola-Bowl 28
Mandel-Milchreis 29
Raw Brownies Bites mit Salzkaramell 244
Rote-Bete-Pesto 52
Rote-Bete-Tortellini 222
Schoko-Granola mit Blutorangensirup 26
Schoko-Mandelmilch-Popsicles 260
Smoothie-Crumble-Bowl 30

Spinatbrot mit Cashew Cheese 78
Ziegenfrischkäse-Tortellini in Kürbissauce 184
Hefe
Dinkel-Pizza mit Spinatpesto 198
Donuts mit Rosen-Icing 258
Grüne-Sauce-Burger 202
Zimtrollen mit Earl-Grey-Frosting 250
Heidelbeere
Açai Smoothie 280
Pflaumen-Açai-Bowl 34
Herzhafte Avocado-Edamame Waffeln 44
Herzhafter Frühstückskuchen 40
Hibiskus-Salz
Schoko-Mandelmilch-Popsicles 260
Himbeere
Kürbisspalten mit Himbeer-Ketchup 85
Pflaumen-Açai-Bowl 34
Hokkaido-Kürbis
Kürbis-Gnocchi 218
Kürbis-Salbei-Brot mit Kürbisbutter 68
Kürbis-Scones 22
Kürbisspalten mit Himbeer-Ketchup 85
Marokkannische Kichererbsen-Linsen-Suppe 110
Miso-Tofu-Bowl 218
Quinoa Bowl mit pochiertem Ei 42
Ramen mit wachsweichem Ei 102
Raw Brownies Bites mit Salzkaramell 244
Ziegenfrischkäse-Tortellini in Kürbissauce 184
Holundersaft 284
Honig-Mango-Creme 55

I

Ingwer
Champagner mit Birnen-Salbei-Sirup 290
Frühlingshafter Kartoffelsalat 114
Frühlingsrollen mit veganem Chili 186
Geeiste Golden Milk 282
Holundersaft 284
Kichererbseneintopf mit Avocado-Minz-Salat 208
Kürbis-Salbei-Brot mit Kürbisbutter 68
Kürbis-Scones 22
Layered Nicecream 270
Lebkuchen-Granola-Bowl 28
Mandel-Milchreis 29
Miso-Tofu-Bowl 214
Ramen mit wachsweichem Ei 102
Soba-Nudelsalat mit Ingwer-Tahin-Dressing 136
Spinat-Gnocchi 220
Thailändische Erdnuss-Kokos-Suppe 104
Vegane Zucchini-Pho-Bowl 90
Wärmende Möhren-Ingwer-Suppe 94
Zimtrollen mit Earl Grey Frosting 250
Zitronen-Ingwer-Popsicles mit Gurke 272

J

Jackfruit
Tacos mit Pulled Jackfruit 164
Joghurt
Açai Bowl 32
Apfel-Fenchel-Salat 120
Auberginen-Hummus mit Knäckebrot 64
Buchweizen-Dattel-Granola mit Bananen-Pancakes 36

Chocolate Lassi 278
Gebratener Halloumi mit Kichererbsen-Quinoa-Salat 118
Gedämpfte Teigtaschen mit Zucchini-Spinat-Füllung 152
Gefüllte Kichererbsen-Puffer 84
Geröstete Teigtaschen mit Erdnuss-Sauce 166
Grünkohl-Kichererbsen-Salat 132
Gurkensalat 122
Lebkuchen-Granola-Bowl 28
Röstmöhren mit Pfeffer-Honig 82
Joghurt, griechisch
Grünes Hummus mit Dinkel-Naan-Brot 66
Grünkohl-Kichererbsen-Salat 132
Schoko-Granola mit Blutorangensirup 26
Spinatbrot mit Cashew Cheese 78
Johannisbeere
Salbei-Karamell-Ricotta-Pancakes 38
Spinat-Lachs-Salat mit Rosenaroma 130
Johannisbrotkernmehl
Layered Nicecream 270
Raw Brownies Bites mit Salzkaramell 244

K

Kaffee
Dunkler gesalzener Gugel mit Chai-Nugat 232
Kakao-Nibs
Schoko-Mandelmilch-Popsicles 260
Kakaopulver
Chocolate Lassi 278
Dunkler gesalzener Gugel mit Chai-Nugat 232
Layered Nicecream 270
Peanutbutter Energy Balls 24
Raw Brownies Bites mit Salzkaramell 244
Schoko-Granola mit Blutorangensirup 26
Schokoladen-Zucchini-Kuchen mit Avocado-Frosting 268
Schoko-Mandelmilch-Popsicles 260
Kapern
Edamame-Dip 56
Gestampfte Bohnen und Spinat im Roggensandwich 72
Socca-Pizza mit Mandel-Rucola-Pesto 226
Kardamom
Chocolate Lassi 278
Dunkler gesalzener Gugel mit Chai-Nugat 234
Geeiste Golden Milk 282
Layered Nicecream 270
Lebkuchen-Granola-Bowl 28
Zimtrollen mit Earl-Grey-Frosting 250
Kartoffel
Frühlingshafter Kartoffelsalat 114
Platte geröstete Kartoffeln mit Avocado und Koriander 142
Quiche mit Kohl und Gruyère 158
Spinat-Gnocchi 220
Spinat-Lauch-Suppe mit gefüllten Zucchiniblüten 98
Kerbel
Socca-Pizza mit Mandel-Rucola-Pesto 226
Kichererbsen
Auberginen-Hummus mit Knäckebrot 64
Edamame-Dip 56
Erbsen-Falafel-Bowl 160
Frühlingshafter Kartoffelsalat 114

Gebratener Halloumi mit Kichererbsen-
   Quinoa-Salat 118
Gefüllte Kichererbsen-Puffer 84
Grünes Hummus mit Dinkel-Naan-Brot 66
Grünkohl-Kichererbsen-Salat 132
Gurkensalat 122
Kichererbseneintopf mit Avocado-Minz-Salat 208
Marokkannische Kichererbsen-Linsen-Suppe 110
Platte geröstete Kartoffeln mit Avocado
   und Koriander 142
Salad Wraps mit Mango-Koriander-Salsa 156
Spinatbrot mit Cashew Cheese 78
Kichererbsen-Crêpes mit Röstgemüse 146
Kichererbseneintopf mit Avocado-Minz-Salat 208
Kidneybohnen
Tacos mit Pulled Jackfruit 164
Kirsche
Açai Bowl 32
**Knusprige Hähnchen-Ananas-Waffel-
   Sandwiches 176**
Kohlrabi
Apfel-Fenchel-Salat 120
Kokosmilch
Miso-Tofu-Bowl 214
Raw Brownies Bites mit Salzkaramell 244
Schokoladen-Zucchini-Kuchen mit Avocado-
   Frosting 268
Soba-Nudelsalat mit Ingwer-Tahini-Dressing 136
Süßkartoffel-Creme 58
Thailändische Erdnuss-Kokos-Suppe 104
Wärmende Möhren-Ingwer-Suppe 94
Kondensmilch
Donuts mit Espresso-Glasur 240
Koriander
Bao Burger mit BBQ Pulled Pork 194
Buchweizen-Tortilla mit Linsen-Walnuss-Ragout 180
Frühlingsrollen mit veganem Chili 186
Gebratener Halloumi mit Kichererbsen-
   Quinoa-Salat 118
Geröstete Teigtaschen mit Erdnuss-Sauce 166
Grünkohl-Kichererbsen-Salat 132
Hackbällchen mit Granatapfelglasur 154
Herzhafte Avocado-Edamame Waffeln 44
Kichererbsen-Crêpes mit Röstgemüse 146
Kichererbseneintopf mit Avocado-Minz-Salat 208
Knusprige Hähnchen-Ananas-Waffel-
   Sandwiches 176
Kürbisspalten mit Himbeer-Ketchup 85
Lebkuchen-Granola-Bowl 28
Marokkannische Kichererbsen-Linsen-Suppe 110
Miso-Tofu-Bowl 214
Pikantes Edamame-Avocado-Sandwich 76
Platte geröstete Kartoffeln mit Avocado und
   Koriander 142
Ramen mit wachsweichem Ei 102
Salad Wraps mit Mango-Koriander-Salsa 156
Salsa-Tacos mit Pulled Mushrooms 188
Thailändische Erdnuss-Kokos-Suppe 104
Vegane Zucchini-Pho-Bowl 90
Kräuterbrot mit Schnittlauchbutter 60
Kräuterseitlinge
Ramen mit wachsweichem Ei 102
Salsa-Tacos mit Pulled Mushrooms 188
Kreuzkümmel
Auberginen-Hummus mit Knäckebrot 64

BBQ-Sauce 59
Erbsen-Falafel-Bowl 160
Frühlingsrollen mit veganem Chili 186
Gebratener Halloumi mit Kichererbsen-
   Quinoa-Salat 118
Grünes Hummus mit Dinkel-Naan-Brot 66
Grünkohl-Kichererbsen-Salat 132
Hackbällchen mit Granatapfelglasur 154
Herzhafte Avocado-Edamame Waffeln 44
Kichererbsen-Crêpes mit Röstgemüse 146
Knusprige Hähnchen-Ananas-Waffel-
   Sandwiches 176
Kürbisspalten mit Himbeer-Ketchup 85
Mangold-Wraps mit Süßkartoffel-Hummus 170
Marokkannische Kichererbsen-Linsen-Suppe 110
Orangen-Hähnchen mit Grünkohl-Wildreis-Salat 224
Salad Wraps mit Mango-Koriander-Salsa 156
Socca-Pizza mit Mandel-Rucola-Pesto 226
Süßkartoffel-Creme 58
Tacos mit Pulled Jackfruit 164
Weiße Bohnensuppe mit Croûtons 96
Kubebenpfeffer
Gestampfte Bohnen und Spinat im
   Roggensandwich 72
Layered Nicecream 270
Salad Wraps mit Mango-Koriander-Salsa 156
Spinat-Lauch-Suppe mit gefüllten Zucchiniblüten 98
Ziegenfrischkäse-Tortellini in Kürbissauce 184
Zimt-Pfirsiche und Ricotta-Creme auf Roggenbrot
   74
Kürbis-Gnocchi 218
Kürbiskern-Butter 54
Kürbiskerne
Buchweizen-Dattel-Granola mit Bananen-
   Pancakes 36
Dunkler gesalzener Gugel mit Chai-Nugat 234
Kürbiskern-Butter 54
Lebkuchen-Granola-Bowl 28
Marokkannische Kichererbsen-Linsen-Suppe 110
Quiche mit Kohl und Gruyère 158
Smoothie-Crumble-Bowl 30
Kürbis-Salbei-Brot mit Kürbisbutter 68
Kürbis-Scones 22
Kürbisspalten mit Himbeer-Ketchup 85
Kurkuma
Frühlingshafter Kartoffelsalat 114
Geeiste Golden Milk 282
Herzhafte Avocado-Edamame Waffeln 44
Kichererbsen-Crêpes mit Röstgemüse 146
Mangold-Wraps mit Süßkartoffel-Hummus 172
Orangen-Hähnchen mit Grünkohl-Wildreis-Salat 224
Salad Wraps mit Mango-Koriander-Salsa 156
Tacos mit Pulled Jackfruit 164
Wärmende Möhren-Ingwer-Suppe 94

L

Lachsfilet
Lachs mit Erdnusskruste 148
Spinat-Lachs-Salat mit Rosenaroma 130
Lauch
Spinat-Lauch-Suppe mit gefüllten Zucchiniblüten 98
Layered Nicecream 270
Lebkuchen-Granola-Bowl 28

Leinsamen
Auberginen-Hummus mit Knäckebrot 64
Buchweizen-Dattel-Granola mit Bananen-
   Pancakes 36
Schoko-Granola mit Blutorangensirup 26
Schokoladen-Zucchini-Kuchen mit Avocado-
   Frosting 268
Spinatbrot mit Cashew Cheese 78
Limette
Açai Smoothie 280
Edamame-Dip 56
Gebratener Halloumi mit Kichererbsen-
   Quinoa-Salat 118
Gurkensalat 122
Miso-Tofu-Bowl 214
Soba-Nudelsalat mit Ingwer-Tahini-Dressing 136
Vegane Zucchini-Pho-Bowl 90
Limonade aus gegrilltem Pfirsich 288
Linguine alla Carbonara 190
Linguine mit Ragù 206
Linsen
Buchweizen-Tortilla mit Linsen-Walnuss-Ragout 180
Marokkannische Kichererbsen-Linsen-Suppe 110
Liquid Smoke
BBQ-Sauce 59
Lorbeerblatt
Linguine mit Ragù 206
Tomaten-Marmelade 50

M

Macarons mit Grapefruit-Ricotta-Füllung 236
Mazis-Blüte
Linguine mit Ragù 206
Mais
Frühlingsrollen mit veganem Chili 186
Mais-Hähnchen
Orangen-Hähnchen mit Grünkohl-Wildreis-Salat 224
Malzbier
Kürbis-Scones 22
Ofengemüse mit Rote-Bete-Pesto 144
Malzbrot
Wildkräutersalat mit Erdbeeren 116
Mandeldrink
Açai Smoothie 280
Brombeer-Açai-Eis 264
Buchweizen-Dattel-Granola mit Bananen-
   Pancakes 36
Frühlingsrollen mit veganem Chili 186
Geeiste Golden Milk 282
Herzhafte Avocado-Edamame Waffeln 44
Layered Nicecream 270
Mandel-Milchreis 29
Mangold-Wraps mit Süßkartoffel-Hummus 170
Matcha-Nicecream 248
Quiche mit Kohl und Gruyère 158
Salad Wraps mit Mango-Koriander-Salsa 156
Schoko-Mandelmilch-Popsicles 260
Ziegenfrischkäse-Tortellini in Kürbissauce 184
Mandel-Milchreis 29
Mandeln
Brokkoli-Blumenkohl-Salat 128
Buchweizen-Dattel-Granola mit Bananen-
   Pancakes 36
Buttriger Scotch-Apfelkuchen 238

Kichererbseneintopf mit Avocado-Minz-Salat 208
Layered Nicecream 270
Lebkuchen-Granola-Bowl 28
Macarons mit Grapefruit-Ricotta-Füllung 236
Peanutbutter Energy Balls 24
Schoko-Granola mit Blutorangensirup 26
Smoothie-Crumble-Bowl 30
Socca-Pizza mit Mandel-Rucola-Pesto 226

Mango
Honig-Mango-Creme 55
Salad Wraps mit Mango-Koriander-Salsa 156

Mangold
Mangold-Wraps mit Süßkartoffel-Hummus 172
Quinoa Bowl mit pochiertem Ei 42
Salsa-Tacos mit Pulled Mushrooms 188
Soba-Nudelsalat mit Ingwer-Tahini-Dressing 136
Spinat-Lachs-Salat mit Rosenaroma 130

Mangold-Wraps mit Süßkartoffel-Hummus 170
Marokkannische Kichererbsen-Linsen-Suppe 110

Maronen
Ziegenfrischkäse-Tortellini in Kürbissauce 184

Matcha-Nicecream 248

Matcha-Pulver
Matcha-Nicecream 248
Pistazien-Matcha-Latte 276

Minze
Bunte Tomaten mit Miso-Tahini-Dinkelsalat 124
Grünes Hummus mit Dinkel-Naan-Brot 66
Grünkohl-Kichererbsen-Salat 132
Gurkensalat 122
Kichererbseneintopf mit Avocado-Minz-Salat 208
Matcha-Nicecream 248
Röstmöhren mit Pfeffer-Honig 82
Spinat-Gnocchi 220
Thailändische Erdnuss-Kokos-Suppe 104

Miso-Paste
Bunte Tomaten mit Miso-Tahini-Dinkelsalat 124
Miso-Tofu-Bowl 214

Möhre
Erbsen-Falafel-Bowl 160
Erbsensuppe mit Gemüsepommes 106
Frühlingshafter Kartoffelsalat 114
Linguine mit Ragù 206
Mangold-Wraps mit Süßkartoffel-Hummus 170
Marokkannische Kichererbsen-Linsen-Suppe 110
Quick-Pickled-Gemüse 62
Röstmöhren mit Pfeffer-Honig 82
Soba-Nudelsalat mit Ingwer-Tahini-Dressing 136
Wärmende Möhren-Ingwer-Suppe 94

Mungobohnen
Ramen mit wachsweichem Ei 102

Muskatnuss
Chorizo-Lasagne 200
Feigen-Butter 14
Herzhafter Frühstückskuchen 40
Kürbis-Salbei-Brot mit Kürbisbutter 68
Lebkuchen-Granola-Bowl 28
Marokkannische Kichererbsen-Linsen-Suppe 110
Spinat-Gnocchi 220

N

Nelke
Chocolate Lassi 278
Hackbällchen mit Granatapfelglasur 154
Holundersaft 284

Kürbis-Salbei-Brot mit Kürbisbutter 68
Layered Nicecream 270
Linguine mit Ragù 206
Tomaten-Marmelade 50
Vegane Zucchini-Pho-Bowl 90
Zimtrollen mit Earl-Grey-Frosting 250

Nugat
Dunkler gesalzener Gugel mit Chai-Nugat 232

O

Ofengemüse mit Rote-Bete-Pesto 144

Orange
Buchweizen-Tortilla mit Linsen-Walnuss-Ragout 180
Feigen-Butter 14
Frühlingshafter Kartoffelsalat 114
Gebratener Halloumi mit Kichererbsen-
   Quinoa-Salat 118
Kürbis-Salbei-Brot mit Kürbisbutter 68
Lebkuchen-Granola-Bowl 28
Linguine alla Carbonara 190
Linguine mit Ragù 206
Orangen-Hähnchen mit Grünkohl-Wildreis-Salat 224
Rote-Bete-Pesto 52
Zimtrollen mit Earl-Grey-Frosting 250

P

Pak Choi
Vegane Zucchini-Pho-Bowl 90

Pancetta
Grilled Cheese Sandwich 212
Linguine alla Carbonara 190

Paprikaflocken
Auberginen-Hummus mit Knäckebrot 64

Parmaschinken
Rote-Bete-Tortellini 222

Parmesan
Auberginen-Hummus mit Knäckebrot 64
Buchweizen-Risotto 228
Chorizo-Lasagne 200
Geröstete Teigtaschen mit Erdnuss-Sauce 166
Grilled Cheese Sandwich 212
Herzhafter Frühstückskuchen 40
Linguine alla Carbonara 190
Linguine mit Ragù 206
Ravioli mit Hackfleisch-Nuss-Füllung 174
Rote-Bete-Pesto 52
Spinat-Gnocchi 220
Wildkräutersalat mit Erdbeeren 116
Ziegenfrischkäse-Tortellini in Kürbissauce 184
Zimt-Pfirsiche und Ricotta-Creme auf
   Roggenbrot 74

Peanutbutter Energy Balls 24

Pecorino
Apfel-Fenchel-Salat 120

Pekannuss-Butter 18

Pekannüsse
Pekannuss-Butter 18
Schoko-Granola mit Blutorangensirup 26
Süße Süßkartoffelscheiben im Ofen geröstet 254

Petersilie
Auberginen-Hummus mit Knäckebrot 64
Brokkoli-Blumenkohl-Salat 128
Erbsen-Falafel-Bowl 160
Frühlingsrollen mit veganem Chili 186

Gebratener Halloumi mit Kichererbsen-
   Quinoa-Salat 118
Grünes Hummus mit Dinkel-Naan-Brot 66
Kichererbsen-Crêpes mit Röstgemüse 146
Kichererbseneintopf mit Avocado-Minz-Salat 208
Ofengemüse mit Rote-Bete-Pesto 144
Quinoa Bowl mit pochiertem Ei 42
Ravioli mit Hackfleisch-Nuss-Füllung 174
Tacos mit Pulled Jackfruit 164

Petersilienwurzel
Erbsensuppe mit Gemüsepommes 106

Pfefferbeeren, rosa
Spinat-Lachs-Salat mit Rosenaroma 130

Pfeffrige Erdbeer-Marmeladen-Babka 252

Pfirsich
Limonade aus gegrilltem Pfirsich 288
Ricotta-Thymian-Pfirsiche aus dem Ofen 140
Smoothie-Crumble-Bowl 30
Zimt-Pfirsiche und Ricotta-Creme auf
   Roggenbrot 74

Pfirsich-Pies mit Zitronenthymian 262

Pflaume
Pflaumen-Açai-Bowl 34
Bao Burger mit BBQ Pulled Pork 194

Pflaumensaft
Hackbällchen mit Granatapfelglasur 154

Pikantes Edamame-Avocado-Sandwich 76

Pimentkörner
Hackbällchen mit Granatapfelglasur 154

Pinienkerne
Brokkoli-Blumenkohl-Salat 128
Spinatbrot mit Cashew Cheese 78
Spinat-Gnocchi 220

Pistazie
Buchweizen-Dattel-Granola mit Bananen-
   Pancakes 36
Donuts mit Rosen-Icing 258
Lebkuchen-Granola-Bowl 28
Orangen-Hähnchen mit Grünkohl-Wildreis-Salat 224
Pistazien-Matcha-Latte 276
Schoko-Mandelmilch-Popsicles 260
Smoothie-Crumble-Bowl 30
Spinat-Lachs-Salat mit Rosenaroma 130
Wildkräutersalat mit Erdbeeren 116

**Platte geröstete Kartoffeln mit Avocado
   und Koriander 142**

Portulak
Wildkräutersalat mit Erdbeeren 116

Pumpkin Spice
Chocolate Lassi 278
Kürbis-Salbei-Brot mit Kürbisbutter 68

Q

Quiche mit Kohl und Gruyère 158
Quick-Pickled-Gemüse 62

Quinoa
Gebratener Halloumi mit Kichererbsen-
   Quinoa-Salat 118
Quinoa Bowl mit pochiertem Ei 42

R

Radicchio-Blätter
Grüne-Sauce-Burger 204

Radieschen
Erbsen-Falafel-Bowl 160
Frühlingshafter Kartoffelsalat 114
Grünes Hummus mit Dinkel-Naan-Brot 66
Quick-Pickled-Gemüse 62
Wildkräutersalat mit Erdbeeren 116
Ramen mit wachsweichem Ei 102
Ravioli mit Hackfleisch-Nuss-Füllung 174
Raw Brownies Bites mit Salzkaramell 244
Reispapier
Frühlingsrollen mit veganem Chili 186
Rettich
Lachs mit Erdnusskruste 148
Rettich-Kresse
Buchweizen-Tortilla mit Linsen-Walnuss-Ragout 180
Rhabarber-Marmelade mit French Toast 20
Ricotta
Herzhafter Frühstückskuchen 40
Macarons mit Grapefruit-Ricotta-Füllung 236
Ricotta-Thymian-Pfirsiche aus dem Ofen 140
Salbei-Karamell-Ricotta-Pancakes 38
Spinat-Gnocchi 220
Zimt-Pfirsiche und Ricotta-Creme auf Roggenbrot 74
Ricotta-Thymian-Pfirsiche aus dem Ofen 140
Rindfleisch
Grüne-Sauce-Burger 204
Hackbällchen in Thymian-Pilz-Sauce 168
Hackbällchen mit Granatapfelglasur 154
Linguine mit Ragù 206
Roggenvollkornbrot
Gestampfte Bohnen und Spinat im Roggensandwich 72
Pikantes Edamame-Avocado-Sandwich 76
Weiße Bohnensuppe mit Croûtons 96
Zimt-Pfirsiche und Ricotta-Creme auf Roggenbrot 74
Rosenblütenblätter
Donuts mit Rosen-Icing 258
Spinat-Lachs-Salat mit Rosenaroma 130
Rosendrink 292
Rosenkohl
Quiche mit Kohl und Gruyère 158
Rosenwasser
Donuts mit Rosen-Icing 258
Rosendrink 292
Rosinen
Apfel-Fenchel-Salat 120
Kichererbseneintopf mit Avocado-Minz-Salat 208
Rote-Bete-Tortellini 222
Rosmarin
Buttriger Scotch-Apfelkuchen 238
Grapefruit-Rote-Bete-Marmelade 19
Limonade aus gegrilltem Pfirsich 288
Röstmöhren mit Pfeffer-Honig 82
Rote Bete
Gemüsechips mit Cashew-Erdnuss-Creme 86
Grapefruit-Rote-Bete-Marmelade 19
Ofengemüse mit Rote-Bete-Pesto 144
Quick-Pickled-Gemüse 62
Rote-Bete-Pesto 52
Rote-Bete-Tortellini 222
Rotkohl
Mangold-Wraps mit Süßkartoffel-Hummus 170
Quinoa Bowl mit pochiertem Ei 42

Rotwein
Bao Burger mit BBQ Pulled Pork 194
Buchweizen-Tortilla mit Linsen-Walnuss-Ragout 180
Linguine mit Ragù 206
Rucola
Dinkel-Pizza mit Spinatpesto 198
Socca-Pizza mit Mandel-Rucola-Pesto 226
Rucolakresse
Erbsensuppe mit Gemüsepommes 106
Rundkornreis
Mandel-Milchreis 29

S

Salad Wraps mit Mango-Koriander-Salsa 156
Salat
Erbsen-Falafel-Bowl 160
Knusprige Hähnchen-Ananas-Waffel-Sandwiches 176
Salad Wraps mit Mango-Koriander-Salsa 156
Spinatbrot mit Cashew Cheese 78
Salatgurke
Pikantes Edamame-Avocado-Sandwich 76
Spinatbrot mit Cashew Cheese 78
Salbei
Champagner mit Birnen-Salbei-Sirup 290
Kürbis-Gnocchi 218
Kürbis-Salbei-Brot mit Kürbisbutter 68
Kürbis-Scones 22
Salbei-Karamell-Ricotta-Pancakes 38
Salsa-Tacos mit Pulled Mushrooms 188
Schafskäse
Frühlingshafter Kartoffelsalat 114
Schalotte
Buchweizen-Tortilla mit Linsen-Walnuss-Ragout 180
Mangold-Wraps mit Süßkartoffel-Hummus 172
Socca-Pizza mit Mandel-Rucola-Pesto 228
Tacos mit Pulled Jackfruit 164
Schnittlauch
Kräuterbrot mit Schnittlauchbutter 60
Spinatbrot mit Cashew Cheese 78
Schoko-Granola mit Blutorangensirup 26
Schokoladen-Zucchini-Kuchen mit Avocado-Frosting 268
Schoko-Mandelmilch-Popsicles 260
Schweinefleisch
Chorizo-Lasagne 200
Geröstete Teigtaschen mit Erdnuss-Sauce 166
Ravioli mit Hackfleisch-Nuss-Füllung 174
Schweinenacken
Bao Burger mit BBQ Pulled Pork 194
Scotch
Buttriger Scotch-Apfelkuchen 238
Sekt
Limonade aus gegrilltem Pfirsich 288
Senf
Grilled Cheese Sandwich 212
Hackbällchen in Thymian-Pilz-Sauce 168
Kürbisspalten mit Himbeer-Ketchup 85
Senfsamen
Gurkensalat 122
Sesam
Apfel-Fenchel-Salat 120
Geröstete Teigtaschen mit Erdnuss-Sauce 166
Sesamöl
Apfel-Fenchel-Salat 120

Gedämpfte Teigtaschen mit Zucchini-Spinat-Füllung 152
Lachs mit Erdnusskruste 148
Miso-Tofu-Bowl 214
Sesam, schwarz
Edamame-Dip 56
Erbsen-Falafel-Bowl 160
Grüne-Sauce-Burger 202
Herzhafte Avocado-Edamame Waffeln 44
Lebkuchen-Granola-Bowl 28
Mangold-Wraps mit Süßkartoffel-Hummus 172
Miso-Tofu-Bowl 214
Pikantes Edamame-Avocado-Sandwich 76
Platte geröstete Kartoffeln mit Avocado und Koriander 142
Schoko-Mandelmilch-Popsicles 260
Smoothie-Crumble-Bowl 30
Soba-Nudelsalat mit Ingwer-Tahini-Dressing 136
Spinatbrot mit Cashew Cheese 78
Wärmende Möhren-Ingwer-Suppe 94
Wildkräutersalat mit Erdbeeren 116
Sesam, weiß
Auberginen-Hummus mit Knäckebrot 64
Herzhafte Avocado-Edamame Waffeln 44
Röstmöhren mit Pfeffer-Honig 82
Shiitake-Pilze, getrocknet
Vegane Zucchini-Pho-Bowl 90
Shiso-Kresse
Gedämpfte Teigtaschen mit Zucchini-Spinat-Füllung 152
Geröstete Teigtaschen mit Erdnuss-Sauce 166
Wildkräutersalat mit Erdbeeren 116
Skyr
Rhabarber-Marmelade mit French Toast 20
Smoothie-Crumble-Bowl 30
Soba-Nudeln
Miso-Tofu-Bowl 214
Soba-Nudelsalat mit Ingwer-Tahini-Dressing 136
Socca-Pizza mit Mandel-Rucola-Pesto 226
Soja-Joghurtalternative
Herzhafte Avocado-Edamame Waffeln 44
Mangold-Wraps mit Süßkartoffel-Hummus 172
Sojasauce
Bunte Tomaten mit Miso-Tahini-Dinkelsalat 124
Frühlingsrollen mit veganem Chili 186
Gebratener Halloumi mit Kichererbsen-Quinoa-Salat 118
Geröstete Teigtaschen mit Erdnuss-Sauce 166
Gestampfte Bohnen und Spinat im Roggensandwich 72
Gurkensalat 122
Hackbällchen in Thymian-Pilz-Sauce 168
Hackbällchen mit Granatapfelglasur 154
Lachs mit Erdnusskruste 148
Ramen mit wachsweichem Ei 102
Ravioli mit Hackfleisch-Nuss-Füllung 174
Salad Wraps mit Mango-Koriander-Salsa 156
Salsa-Tacos mit Pulled Mushrooms 188
Soba-Nudelsalat mit Ingwer-Tahini-Dressing 136
Tacos mit Pulled Jackfruit 164
Thailändische Erdnuss-Kokos-Suppe 104
Vegane Zucchini-Pho-Bowl 90
Sonnenblumenkerne
Edamame-Dip 56
Schoko-Granola mit Blutorangensirup 26

Spinatbrot mit Cashew Cheese 78
Weiße Bohnensuppe mit Croûtons 96
Spargel, grün
Frühlingshafter Kartoffelsalat 114
Wildkräutersalat mit Erdbeeren 116
Spinat
Açai Smoothie 280
Frühlingshafter Kartoffelsalat 114
Gestampfte Bohnen und Spinat im Roggensandwich 72
Spinat-Lachs-Salat mit Rosenaroma 130
Spinatbrot mit Cashew Cheese 78
Spinat-Gnocchi 220
Spinat-Lachs-Salat mit Rosenaroma 130
Spinat-Lauch-Suppe mit gefüllten Zucchiniblüten 98
Sprossen
Bao Burger mit BBQ Pulled Pork 194
Socca-Pizza mit Mandel-Rucola-Pesto 226
Weiße Bohnensuppe mit Croûtons 96
Sternanis
Kürbisspalten mit Himbeer-Ketchup 85
Layered Nicecream 270
Vegane Zucchini-Pho-Bowl 90
Zimtrollen mit Earl-Grey-Frosting 250
Suppengrün
Vegane Zucchini-Pho-Bowl 90
Süße Süßkartoffelscheiben im Ofen geröstet 254
Süßkartoffel
Mangold-Wraps mit Süßkartoffel-Hummus 170
Süße Süßkartoffelscheiben im Ofen geröstet 254
Süßkartoffel-Creme 58
Süßkartoffel-Creme 58
Szechuan-Pfeffer
Geröstete Teigtaschen mit Erdnuss-Sauce 166

T

Tacos mit Pulled Jackfruit 164
Tahini
Auberginen-Hummus mit Knäckebrot 64
Bunte Tomaten mit Miso-Tahin-Dinkelsalat 124
Gemüsechips mit Cashew-Erdnuss-Creme 86
Grünkohl-Kichererbsen-Salat 132
Smoothie-Crumble-Bowl 30
Soba-Nudelsalat mit Ingwer-Tahin-Dressing 136
Thailändische Erdnuss-Kokos-Suppe 104
Thymian
Brombeer-Thymian-Marmelade 12
Crostini mit Ziegenkäse-Bacon-Crumble 70
Drink mit Whisky-Thymian-Honig 294
Frühlingshafter Kartoffelsalat 114
Hackbällchen in Thymian-Pilz-Sauce 168
Linguine alla Carbonara 190
Ricotta-Thymian-Pfirsiche aus dem Ofen 140
Ziegenfrischkäse-Tortellini in Kürbissauce 184
Zimt-Pfirsiche und Ricotta-Creme auf Roggenbrot 74
Tofu
Frühlingsrollen mit veganem Chili 186
Mangold-Wraps mit Süßkartoffel-Hummus 172
Salad Wraps mit Mango-Koriander-Salsa 156
Thailändische Erdnuss-Kokos-Suppe 104
Vegane Zucchini-Pho-Bowl 90

Tomate
Buchweizen-Tortilla mit Linsen-Walnuss-Ragout 180
Bunte Tomaten mit Miso-Tahin-Dinkelsalat 124
Frühlingsrollen mit veganem Chili 186
Grünes Hummus mit Dinkel-Naan-Brot 66
Knusprige Hähnchen-Ananas-Waffel-Sandwiches 176
Linguine mit Ragù 206
Tacos mit Pulled Jackfruit 164
Tomaten-Marmelade 50
Tonkabohne
Mandel-Milchreis 29
Süße Süßkartoffelscheiben im Ofen geröstet 254
Tortillas
Salsa-Tacos mit Pulled Mushrooms 188

V

Vanilleschote
Buttriger Scotch-Apfelkuchen 238
Layered Nicecream 270
Mandel-Milchreis 29
Orangen-Hähnchen mit Grünkohl-Wildreis-Salat 224
Pekannuss-Butter 18
Raw Brownies Bites mit Salzkaramell 244
Schokoladen-Zucchini-Kuchen mit Avocado-Frosting 268
Smoothie-Crumble-Bowl 30
Vegane Zucchini-Pho-Bowl 90
Voatsiperifery-Pfeffer
Kürbisspalten mit Himbeer-Ketchup 85

W

Walnüsse
Buchweizen-Tortilla mit Linsen-Walnuss-Ragout 180
Erbsen-Falafel-Bowl 160
Kürbis-Gnocchi 218
Ravioli mit Hackfleisch-Nuss-Füllung 174
Spinatbrot mit Cashew Cheese 78
Wärmende Möhren-Ingwer-Suppe 94
Wassermelonen-Salat 121
Weiße Bohnensuppe mit Croûtons 96
Weißwein
Buchweizen-Risotto 228
Weißweinessig
Grilled Cheese Sandwich 212
Whisky
Drink mit Whisky-Thymian-Honig 294
Wildkräutersalat mit Erdbeeren 116
Wildreis
Erbsen-Falafel-Bowl 160
Orangen-Hähnchen mit Grünkohl-Wildreis-Salat 224
Wintertrüffel
Grilled Cheese Sandwich 212
Wirsing
Gemüsechips mit Cashew-Erdnuss-Creme 86
Grilled Cheese Sandwich 212

Z

Zartbitterschokolade
Schoko-Mandelmilch-Popsicles 260

Ziegenfrischkäse
Buchweizen-Risotto 228
Rote-Bete-Tortellini 222
Ziegenfrischkäse-Tortellini in Kürbissauce 184
Ziegenkäse
Crostini mit Ziegenkäse-Bacon-Crumble 70
Zimt
Brokkoli-Blumenkohl-Salat 128
Buchweizen-Dattel-Granola mit Bananen-Pancakes 36
Chocolate Lassi 278
Dunkler gesalzener Gugel mit Chai-Nugat 234
Feigen-Butter 14
Frühlingsrollen mit veganem Chili 186
Geeiste Golden Milk 282
Hackbällchen mit Granatapfelglasur 154
Herzhafte Avocado-Edamame Waffeln 44
Holundersaft 284
Kürbis-Salbei-Brot mit Kürbisbutter 68
Kürbis-Scones 22
Layered Nicecream 270
Lebkuchen-Granola-Bowl 28
Linguine mit Ragù 206
Mandel-Milchreis 29
Marokkannische Kichererbsen-Linsen-Suppe 110
Orangen-Hähnchen mit Grünkohl-Wildreis-Salat 224
Raw Brownies Bites mit Salzkaramell 244
Rhabarber-Marmelade mit French Toast 20
Schoko-Granola mit Blutorangensirup 26
Schokoladen-Zucchini-Kuchen mit Avocado-Frosting 268
Smoothie-Crumble-Bowl 30
Süße Süßkartoffelscheiben im Ofen geröstet 254
Süßkartoffel-Creme 58
Vegane Zucchini-Pho-Bowl 90
Wärmende Möhren-Ingwer-Suppe 94
Weiße Bohnensuppe mit Croûtons 96
Zimt-Pfirsiche und Ricotta-Creme auf Roggenbrot 74
Zimtrollen mit Earl-Grey-Frosting 250
Zimt-Pfirsiche und Ricotta-Creme auf Roggenbrot 74
Zimtrollen mit Earl-Grey-Frosting 250
Zitronen-Granita 242
Zitronen-Ingwer-Popsicles mit Gurke 272
Zitronenmelisse
Zitronen-Granita 242
Zitronenthymian
Pfirsich-Pies mit Zitronenthymian 262
Zucchini
Gedämpfte Teigtaschen mit Zucchini-Spinat-Füllung 152
Gefüllte Kichererbsen-Puffer 84
Herzhafter Frühstückskuchen 40
Kichererbsen-Crêpes mit Röstgemüse 146
Schokoladen-Zucchini-Kuchen mit Avocado-Frosting 268
Socca-Pizza mit Mandel-Rucola-Pesto 226
Spinat-Lauch-Suppe mit gefüllten Zucchiniblüten 98
Vegane Zucchini-Pho-Bowl 90
Zuckerschoten
Bao Burger mit BBQ Pulled Pork 194
Lachs mit Erdnusskruste 148

ÜBER DIE AUTORIN

Katharina Küllmer ist es eine Herzensangelegenheit, ihre Liebe zu gutem Essen weiterzugeben. Mit ihren Büchern möchte sie den Lesern stets Mut machen, Gewürze und Zutaten spielerisch zu kombinieren und auch mal Ungewöhnliches zu wagen.

Als Food-Fotografin, Rezeptentwicklerin und Food-Stylistin arbeitet Katharina seit Jahren für die auflagenstärksten Food-Zeitschriften. Sie ist immer wieder als Expertin bei Fernseh-Formaten gefragt und setzt für viele Unternehmen spannende Fotoprojekte rund um Essen und Genuss um.

Für ihre eigenen Bücher kocht, fotografiert und schreibt Katharina voller Leidenschaft und Hingabe und verzaubert mit ihren unverwechselbaren Bildern und ihrem ganz eigenen Kochstil viele Leser.

WEITERE BÜCHER DER AUTORIN

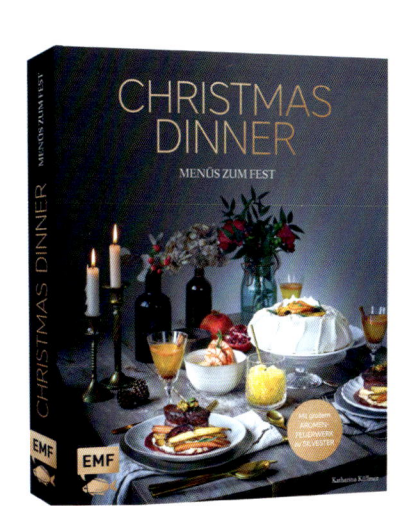

CHRISTMAS DINNER

Menüs zum Fest
200 Seiten, 21 x 26 cm

ISBN 978-3-96093-448-6

30,00 € / 30,90 € (A)

AROMENFEUERWERK

Gerichte mit Gewürzen, Kräutern und Früchten
240 Seiten, 22 x 26 cm

ISBN 978-3-86355-449-1

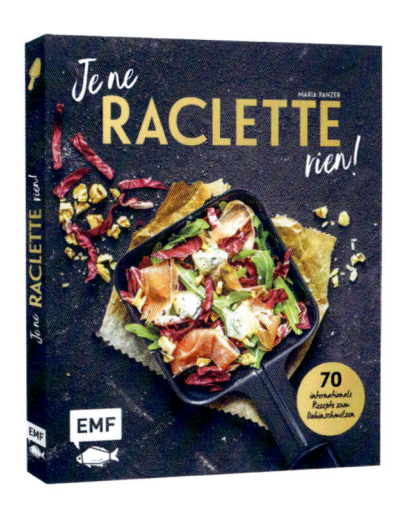

29,99 € (D) / 30,90 € (A)

JE NE RACLETTE RIEN!

70 internationale Rezepte zum Dahinschmelzen
144 Seiten, 17 x 21 cm

ISBN 978-3-96093-422-6

15,00 € (D) / 15,50 € (A)

IMPRESSUM

Bibliografische Information der Deutschen Bibliothek.

Die Deutsche Bibliothek verzeichnet diese Publikation in der Deutschen Nationalbibliografie.

Detaillierte bibliografische Daten sind im Internet über http://www.dnb.de/ abrufbar.

Alle in diesem Buch veröffentlichten Abbildungen sind urheberrechtlich geschützt und dürfen nur mit ausdrücklicher schriftlicher Genehmigung des Verlags gewerblich genutzt werden. Eine Vervielfältigung oder Verbreitung der Inhalte des Buchs ist untersagt und wird zivil- und strafrechtlich verfolgt. Das gilt insbesondere für Vervielfältigungen, Übersetzungen, Mikroverfilmungen und die Einspeicherung und Verarbeitung in elektronischen Systemen.

Die im Buch veröffentlichten Aussagen und Ratschläge wurden von Verfasser und Verlag sorgfältig erarbeitet und geprüft. Eine Garantie für das Gelingen kann jedoch nicht übernommen werden, ebenso ist die Haftung des Verfassers bzw. des Verlags und seiner Beauftragten für Personen-, Sach- und Vermögensschäden ausgeschlossen.

Bei der Verwendung im Unterricht ist auf dieses Buch hinzuweisen.

EIN BUCH DER EDITION MICHAEL FISCHER

1. Auflage 2019

© 2019 Edition Michael Fischer GmbH, Donnersbergstr. 7, 86859 Igling

Projektleitung: Diana Jedrzejewski
Covergestaltung, Layout und Satz: Bernadett Linseisen
Lektorat: Diana Jedrzejewski
Texte und Fotografie: Katharina Küllmer, Espenau

ISBN 978-3-96093-443-1

Gedruckt bei: Firmengruppe APPL, aprinta druck, Wemding, Deutschland

www.emf-verlag.de